Caro aluno, seja bem-vindo!

A partir de agora, você tem a oportunidade de estudar com uma coleção didática da SM que integra um conjunto de recursos educacionais impressos e digitais desenhados especialmente para auxiliar os seus estudos.

Para acessar os recursos digitais integrantes deste projeto, cadastre-se no *site* da SM e ative sua conta.

Veja como ativar sua conta SM:

1. Acesse o *site* <www.edicoessm.com.br>.
2. Se você não possui um cadastro, basta clicar em "Login/Cadastre-se" e clicar em "Quero me cadastrar" e seguir as instruções.
3. Se você já possui um cadastro, digite seu *e-mail* e sua senha para acessar.
4. Após acessar o *site* da SM, entre na área "Ativar recursos digitais" e insira o código indicado abaixo:

CB042975

3SSRN - HDQY8 - A8XDD - W53PB

Você terá acesso aos recursos digitais por 36 meses, a partir da data de ativação desse código.

Ressaltamos que o código de ativação somente poderá ser utilizado uma vez, conforme descrito no "Termo de Responsabilidade do Usuário dos Recursos Digitais SM", localizado na área de ativação do código no *site* da SM.

Em caso de dúvida, entre em contato com nosso **Atendimento**, pelo telefone **0800 72 54876** ou pelo *e-mail* **atendimento@grupo-sm.com** ou pela internet <**www.edicoessm.com.br**>.

Desejamos muito sucesso nos seus estudos!

Requisitos mínimos recomendados para uso dos conteúdos digitais SM

Computador	Tablet	Navegador
PC Windows	**Tablet IPAD IOS**	**Internet Explorer 10**
• Windows XP ou superior	• IOS versão 7.x ou mais recente	**Google Chrome 20** ou mais recente
• Processador dual-core	• Armazenamento mínimo: 8GB	**Mozilla Firefox 20** ou mais recente
• 1 GB de memória RAM	• Tela com tamanho de 10"	
PC Linux	**Outros fabricantes**	Recomendado o uso do Google Chrome
• Ubuntu 9.x, Fedora Core 12 ou OpenSUSE 11.x	• Sistema operacional Android versão 3.0 (Honeycomb) ou mais recente	Você precisará ter o programa Adobe Acrobat instalado, *kit* multimídia e conexão à internet com, no mínimo, 1Mb
• 1 GB de memória RAM	• Armazenamento mínimo: 8GB	
Macintosh	• 512 MB de memória RAM	
• MAC OS 10.x	• Processador dual-core	
• Processador dual-core		
• 1 GB de memória RAM		

ENSINO MÉDIO | FILOSOFIA | VOLUME ÚNICO

{ FILOSOFIA e CIDADANIA }

JOSÉ ANTONIO MARINA

BACHAREL EM FILOSOFIA E LETRAS PELA
UNIVERSIDADE COMPLUTENSE DE MADRI

1ª edição
São Paulo
2010

Filosofía y Ciudadanía
© Ediciones SM, 2008

Gerência editorial	Márcia Takeuchi
Direção de arte e industrial	Alysson Ribeiro
Edição	Cintia Shukusawa, Fabiana Ferreira Lopes, Rogério Ramos
Apoio editorial	Cristina Frota
Tradução	Angela dos Santos, Antón Castro Míguez
Adaptação	Thiago Tremonte de Lemos
Revisão e preparação	Luciana Campos de Carvalho Abud, Márcio Della Rosa, Maurício Tavares, Agnaldo Holanda, Cláudia Rodrigues do Espírito Santo, Esther Oliveira Alcântara, Liliane Fernanda Pedroso, Sirlaine Cabrine Fernandes, Tatiana Gregório
Edição de arte	Eduardo Rodrigues, Melissa Steiner Rocha
Projeto gráfico	Erika Tiemi Yamauchi, Aline Frederico, Mônica Oldrine
Capa	Maritxu Eizaguirre
Mapas	Allmaps
Iconografia	Sara Alencar, Sara Plaza, Priscila Ferraz, Mariana Zanato, Robson Mereu
Editoração eletrônica	Equipe SM, EXATA Editoração Eletrônica
Produção industrial	Alexander Maeda
Impressão	Prol Editora Gráfica

Dados Internacionais de Catalogação na Publicação (CIP)
(Câmara Brasileira do Livro, SP, Brasil)

Marina, José Antonio
    Filosofia e cidadania, ensino médio : volume
único / José Antonio Marina ; [tradução Angela dos
Santos, Antón Castro Míguez]. — 1. ed. — São Paulo :
Edições SM, 2010.

Título original: Filosofía y ciudadanía.
Bibliografia.
ISBN 978-85-7675-610-1 (aluno)
ISBN 978-85-7675-611-8 (professor)

1. Filosofia (Ensino médio) I. Título.

10-08771   CDD-107.12

Índices para catálogo sistemático:
1. Filosofia : Ensino médio 107.12
                    1ª edição, 2010
                    3ª impressão, 2014

Edições SM Ltda.
Rua Tenente Lycurgo Lopes da Cruz, 55
Água Branca 05036-120 São Paulo SP Brasil
Tel. 11 2111-7400
edicoessm@grupo-sm.com
www.edicoessm.com.br

Apresentação

Este livro defende que a filosofia é o motor da inteligência. Por isso, ela está o tempo todo em todos os lugares. Não se trata de uma atividade supérflua, mas da força que impulsiona o grande projeto de humanização de nossa espécie. Tinha razão Sócrates: "Não se pode viver humanamente sem filosofar". Também é, logicamente, um conjunto de saberes. Não é verdade que a filosofia seja um eterno começar, sem progresso; um mero questionamento sobre problemas aos quais não se consegue dar solução. Ao contrário, a filosofia é atividade necessária para a vida pessoal e social.

Uma segunda convicção permeia este livro: a de que com a filosofia ocorre o mesmo que com a lógica. Todos têm de saber utilizá-la, ainda que não seja um especialista nessa área. Um dos objetivos da filosofia é submeter à crítica as crenças recebidas, as evidências do mundo natural, e clarear a realidade. E isso deve ser feito nas diferentes situações nas quais nos encontramos.

O mundo do adolescente deve ser filosoficamente esclarecido por adolescentes, aqueles que o constituem e o vivem. Por isso, gostaríamos que, com a colaboração dos professores, este livro servisse para elaborar uma "filosofia jovem", feita por jovens, por meio da qual possamos todos aprender.

O Autor

A **organização** do livro

■ Páginas de abertura

Abertura de capítulo

▸ Uma imagem e o índice do capítulo resumem os conteúdos que serão trabalhados.

▸ Um texto introdutório descreve a aventura da inteligência ao propor modos novos de pensar, sentir e agir.

■ Desenvolvimento dos conteúdos

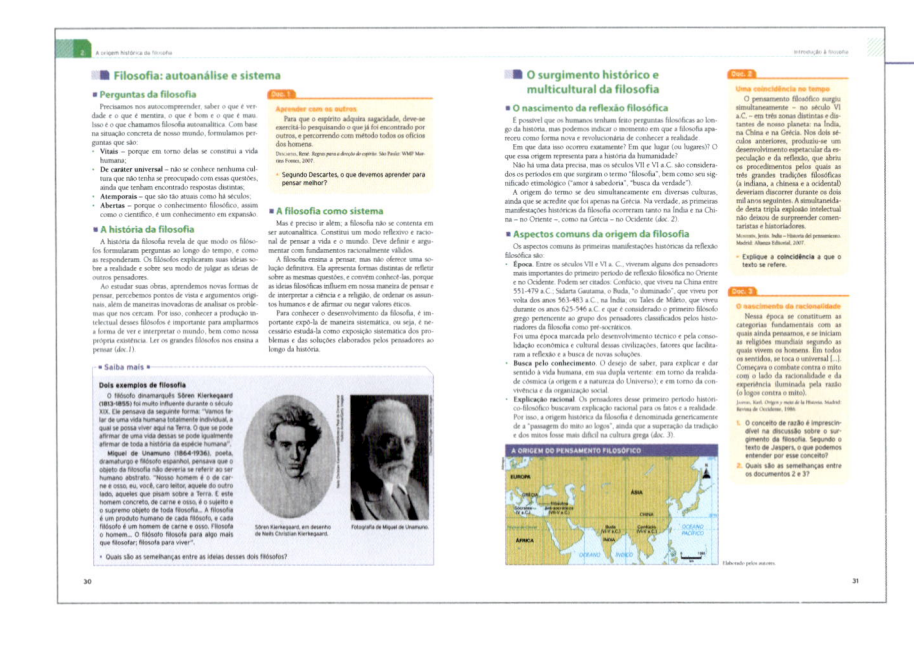

▸ Nestas páginas são desenvolvidos os conteúdos, que contam com alguns boxes auxiliares: "Docs. numerados" (documentos autorais); "Saiba mais" (informações complementares); "Glossário" (palavras de difícil compreensão); "Conceitos principais"; e "Sugestão de livros, filmes e *sites* para o aluno".

Escola de filosofia

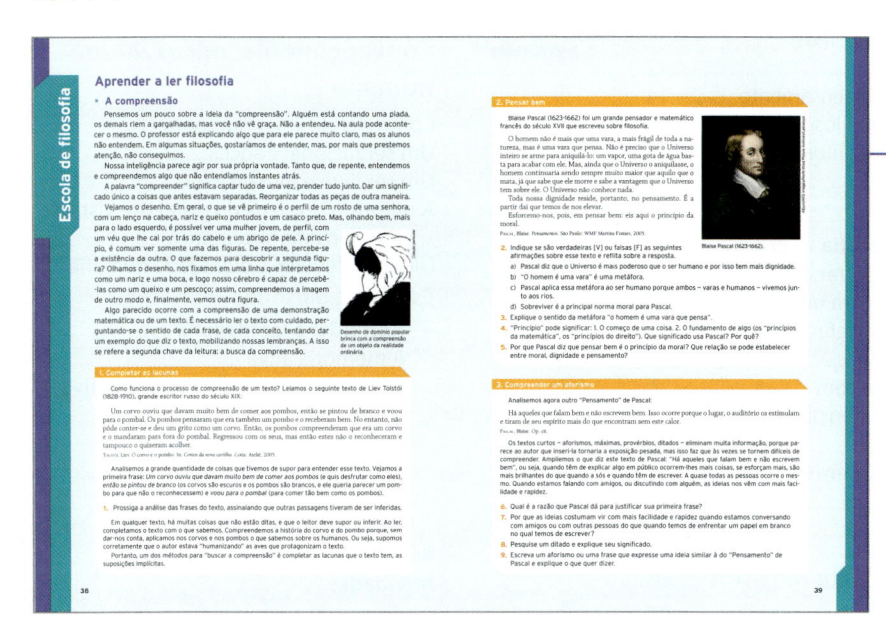

▸ Conjunto de documentos filosóficos e questões para os alunos, subdivididos em quatro grandes temas: "Aprender a ler filosofia", "Buscar a verdade com...", "Buscar a felicidade com os filósofos" e "Filosofia jovem".

Páginas finais

Resumo do capítulo
▸ Resumo dos conteúdos estudados do capítulo.

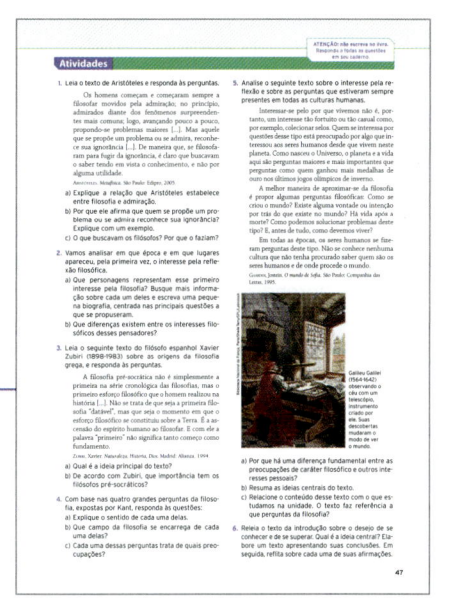

Atividades
▸ Questões de recapitulação e análise do conteúdo do capítulo são propostas ao aluno.

Sumário

1

O surgimento da filosofia

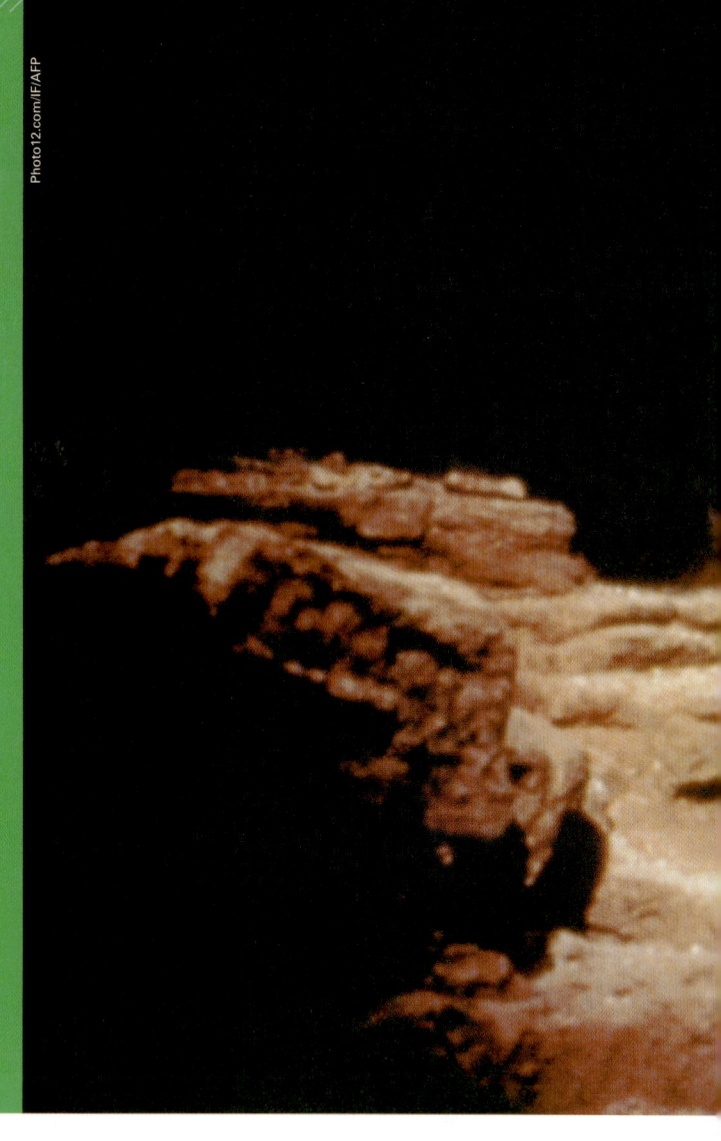

Photo12.com/IF/AFP

Introdução: uma vida inteligente e nobre

Todo ser humano deseja ter uma vida inteligente e nobre. Não somos, como muitos pensam, apenas miseráveis, egoístas e submetidos às modas. Nem somos meros consumidores. Somos também criadores. Precisamos, sem dúvida, viver bem, mas também necessitamos nos sentir dignos, livres e capazes de fazer coisas valiosas. A filosofia é um convite para obter uma vida verdadeiramente humana, pois consiste, exatamente, em viver inteligentemente.

A inteligência é a faculdade mais importante do ser humano. Permite que enfrentemos problemas, inventemos coisas, tomemos decisões adequadas. Por isso, é importante saber utilizá-la. Nosso modo de viver depende de como usamos nossa inteligência, no trabalho, na escola, na vida familiar, com os amigos e na vida em sociedade.

Em nossa vida, ocorre a mesma coisa que no jogo de cartas. Todos nós – na vida e no jogo – recebemos cartas as quais não podemos escolher: cartas genéticas, sociais, econômicas, culturais e políticas. Algumas cartas nos servem e outras, não. Todavia, só isso não basta; é preciso saber jogar, lidar com as cartas que se têm nas mãos. Do mesmo modo, temos de saber lidar com a realidade que nos cerca e, sem dúvida, a melhor forma de fazer isso é agir com base na capacidade de pensar.

Ensinar a usar a inteligência da melhor maneira possível é tarefa da educação, mas, especialmente, da filosofia.

O filósofo é um explorador incansável, que não se limita a olhar e a contemplar o mundo, mas que reflete sobre o que vê, investiga os fatos. Analisa os elementos que o cercam e aspira a viver de acordo com o que pensa.

Cena inicial do filme *2001 – Uma odisseia no espaço*, produzido em 1968, direção de Stanley Kubrick.

Por isso, a filosofia é uma área fundamental do conhecimento humano, pois avalia nossa forma de ser e de agir. No decorrer de nossa trajetória de vida, assimilamos crenças, valores, preconceitos e verdades que precisam ser analisados, questionados e criticados. Essa é a missão da filosofia: auxiliar a compreender, avaliar e agir racionalmente. Somente quando algo é pensado criticamente, sem se limitar a repetir o que existe no senso comum, passa a ser definitivamente apropriado.

Ter ideias claras, dirigir bem a vida e compreender o mundo não são tarefas fáceis. Para conseguir realizá-las, é preciso aprender muitas coisas e, sobretudo, aprender a pensar criticamente.

O adolescente, por exemplo, deve pensar filosoficamente nas questões que lhe chamam atenção, porque suas preocupações envolvem o processo de crescimento e amadurecimento; ele precisa entender que vive um momento delicado, que envolve escolhas de todas as ordens.

A filosofia é um pensamento rigoroso que tem como objetivos refletir e investigar o mundo em que vivemos, questionando modelos, problematizando valores e práticas. Para "fazer filosofia", convém aprender a pensar bem, saber o que outros (filósofos, poetas, psicólogos, cientistas, etc.) pensaram sobre a vida e sobre o mundo, saber interpretar teorias e conceitos e verificar a validade dos argumentos. Devemos procurar conhecer as formas de interpretação do mundo, a fim de buscarmos uma forma autônoma e vigorosa de encarar a vida.

Há uma ideia que é muito adequada para começar um estudo de filosofia: *incipit vita nova*. "Comece uma vida nova". É o que pretendemos com esta obra: discutir caminhos para começar a pensar filosoficamente e, assim, viver melhor.

O pensamento como ponto de partida

O que é pensar?

Uma das coisas que nossa inteligência faz constantemente é pensar. Por isso usamos tanto a palavra "pensar". É comum dizer: "Só penso em você"; "Você deve pensar antes de agir"; "Estive pensando no que me disse". Quase sempre pensamos com palavras, como se estivéssemos falando a nós mesmos. Mas também podemos pensar sem elas, apenas observando imagens, passando de uma a outra, como quando fazemos um exercício físico (passando de um movimento a outro).

São perguntas que cabem especialmente ao filósofo: "O que é pensar?"; "Para que pensamos?"; "Por que há pensamentos melhores que outros?"; "O que posso fazer para pensar melhor?". Comecemos com a primeira pergunta: O que significa a palavra "pensar"?

> **Pensar** é criar ideias. É operar mentalmente valendo-se do conhecimento e adotando regras, métodos e critérios adequados.

Elementos necessários ao pensamento

Para pensar são necessários quatro elementos fundamentais:

- **Informações** – são os **dados ou conhecimentos que devemos usar** e que estarão de alguma forma conservados na memória ou em algum instrumento auxiliar, como livros ou anotações. Por exemplo: para pensar sobre o futebol temos de saber como se joga, conhecer as regras, etc. Para pensar sobre matemática, devemos conhecer uma série de noções: o que é o número, qual é a operação, o que é polígono, etc. Um carro não pode transitar sem combustível, assim como não podemos pensar sem ter informações, as quais são o combustível do pensamento. Não devemos aprender por aprender. Devemos aprender para pensar. E devemos pensar para agir.

Alexandre Belém/JC Imagem

▲ O ser humano supera seus próprios limites. O jamaicano Usain Bolt vencendo os 100 metros rasos nas Olimpíadas de Pequim, em 2008.

- **Operações** – são as **atividades mentais que realizamos utilizando as informações**, como comparar, relacionar, decompor, compor, multiplicar, deduzir, inferir, imaginar, etc.
- **Regras, métodos e critérios**
  Regra é a norma que permite realizar um pensamento consistente. Cada tipo de pensamento tem suas regras. As regras para escrever um poema são diferentes das regras para fazer ciência. Ao dizer "dentes de pérolas e lábios de rubi" estou estabelecendo uma relação metafórica, válida para a poesia, mas pouco significativa para a ciência.
  Método é o procedimento ou conjunto de regras para alcançar um conhecimento ou realizar um projeto.
  Critério é a verificação da validade de algum pensamento. Precisamos ter critério para saber se estamos seguindo o caminho adequado, se estamos conseguindo o resultado que desejamos. Uma pessoa sem critério julga as coisas ou toma decisões de forma aleatória e sem precisão. É importante destacar que não se utiliza o mesmo critério para escrever uma carta de amor e para escrever um trabalho de física; é necessário adotar critérios adequados em cada situação.
- **Meta** – é o objetivo que se quer alcançar. Precisamos saber o que queremos conseguir. A forma como usamos as palavras e a oralidade, por exemplo, não é a mesma para propósitos diferentes. Para contar uma piada e para explicar um conceito, expressamo-nos de maneiras distintas.

Réplica da escultura *O pensador*, de Auguste Rodin (1840-1917), que fica no Instituto Ricardo Brennand, em Recife (PE).
˅

Nicolas Asfouri/fF/AFP

■ Pensamento e discurso

Pensar não é um luxo, mas uma necessidade. Queiramos ou não, estamos sempre captando algum tipo de informação e refletindo sobre ela. Em algumas ocasiões, fazemos isso de maneira automática: se estamos caminhando, escolhemos a trajetória a ser percorrida, calculamos a distância, apressamos os passos, desviamos de obstáculos, etc. Em outras situações, pensamos voluntariamente em algum assunto. **O pensamento é a ferramenta que temos para resolver um problema e atingir uma meta.**

Nascemos com a capacidade de pensar, mas podemos desenvolvê-la muito ou pouco. **A inteligência humana é aperfeiçoável**, pode melhorar, ampliar-se ou, ao contrário, retrair-se. Há muitas formas de pensar, e estas estão sempre vinculadas à **linguagem**. Pensamos com palavras, discutindo, elaborando discursos.

Um **discurso** é tudo o que resulta da atividade de articular informações e de expor pensamentos com palavras. **Não sabemos o que pensamos sobre uma coisa até sermos capazes de afirmá-la a nós mesmos ou a outra pessoa**. As palavras permitem esclarecer nossas crenças ou sentimentos.

Pensar é uma atividade produtiva, criadora, que permite atingir alguns objetivos. Como veremos, há **pensamentos práticos** (que se dirigem a fazer coisas) e **pensamentos teóricos** (que se propõem a conhecer as coisas). Para ampliar a capacidade de pensar, é preciso exercitar algumas operações:

- **Expressar**. No uso da inteligência, podemos distinguir dois momentos. O primeiro é o **momento receptivo** da inteligência, presente em todas as atividades nas quais se recebe informação, como ver, escutar, ler, sentir. Aprender, por exemplo, é uma atividade receptiva. O segundo é o **momento ativo**, produtivo, criador e **expressivo**. Não aprendemos só pelo gosto de aprender, mas para viver, para agir, para nos comunicar.

  Expressar consiste em **dar forma e expor ideias ou sentimentos**, e isso, às vezes, supõe um **esforço**. Sem o momento ativo, não haveria o desenvolvimento da inteligência. Uma inteligência passiva é como um carro com um motor que não funciona.

- **Descrever**. Às vezes, o pensamento pretende **relatar como são as coisas ou os acontecimentos**. Esta é uma das primeiras formas de conhecimento, de acessar dados da realidade, procurando, alcançá-la de maneira mais precisa. A descrição deve ser **objetiva**, **exata** e **completa**. Se quiser descrever o que sinto para um médico, por exemplo, devo cumprir esses três requisitos, caso contrário ele não conseguirá pré-diagnosticar a doença.

- **Explicar**. Significa pôr à luz o que está oculto, **esclarecer** (*doc. 1*). Quando queremos explicar algo, precisamos indicar suas causas, os fundamentos que sustentam esta ou aquela forma de pensar ou, caso se trate de um comportamento, os fins que se pretendem alcançar. **Explicar é necessário para compreender**.

- **Justificar**. O que se afirma, muitas vezes, precisa ser justificado, ou seja, devem se **dar razões** pelas quais se afirma uma coisa e não outra, em suma, atribuir um valor aceitável ao que se faz e pensa. Por exemplo, portar arma de fogo, a fim de se proteger, é justificável?

> **Pensar racionalmente** significa poder dar **justificativas, provas, argumentos** do que se está dizendo, de modo que possa ser compreendido, comprovado e aceito por outras pessoas.

Doc. 1

Esclarecer o pensamento

O objetivo da filosofia é o esclarecimento do pensamento. Filosofia não é uma teoria, mas uma atividade. Seu resultado não são as proposições filosóficas, mas o esclarecimento dessas proposições. A filosofia deve esclarecer e delimitar com precisão os pensamentos, que, de outro modo, seriam opacos e confusos.

WITTGENSTEIN, Ludwig. *Tractatus logico-philosophicus*. São Paulo: Edusp, 2001.

- Com base no pensamento de Wittgenstein, descreva as principais características da filosofia.

O pensamento, os problemas e os saberes

Os problemas e as perguntas

A vida nos apresenta continuamente problemas que precisamos resolver. Todos têm problemas e de vários tipos. Ninguém se livra deles. O que caracteriza a filosofia é que ela não se limita a reconhecê-los, mas a fazer perguntas sobre eles. O que é um problema? Quantos tipos de problemas existem? Como posso resolvê-los? Como sei que resolvi bem os problemas? E, além de analisar os problemas externos, nos propomos muitas vezes a problematizar os nossos próprios sentimentos e pensamentos.

> **Problema** significa etimologicamente "o que caiu no meio do caminho e impede de avançar". É um **obstáculo** que se opõe a nossos interesses ou projetos. Em cada problema há um **conhecimento**, fundamental para ajudar a compreendê-lo e a superá-lo.

> **Perguntar** é uma das características mais próprias da inteligência humana; com frequência formulamos os problemas em forma de perguntas.

Os animais também têm problemas, como fugir, salvar-se, caçar, mas eles os resolvem aproveitando os mecanismos instintivos. Os seres humanos, por sua vez, fazem **perguntas** que revelam o problema, qualificando-o, criando possibilidades para sua resolução, por meio do pensamento.

Uma pergunta consiste em:
- Um modo de **pedir informação**.
- Um modo de **orientar nossa busca pela informação**. Por exemplo, fazemos perguntas sobre **fatos da realidade**. Por que as nuvens se formam? Por que o Sol se põe? Como surgiu o Universo? Também fazemos perguntas a nós mesmos e, dessa forma, buscamos informação em nossa memória ou tentamos consegui-la mediante o pensamento. O que eu fiz ontem? Por que estou triste?

As perguntas são essenciais para que a inteligência e o conhecimento possam se desenvolver. Por isso, as crianças fazem muitas perguntas espontaneamente. E também o fazem os grandes sábios. Podemos definir o ser humano como o ser que faz, a si mesmo, continuamente, perguntas (*doc. 2*).

Saiba mais

Chegar a uma solução graças a uma pergunta

Alexander Fleming (1881-1956), importante biólogo britânico, estudava alguns tipos de bactérias. Para isso, ele cultivava as bactérias em lâminas de vidro. Um dia, revisando as lâminas, viu que em uma delas as bactérias não tinham crescido ao redor de uma zona contaminada por fungos. Qualquer outra pessoa jogaria a lâmina fora, achando que estava estragada, mas Fleming se fez uma pergunta muito importante: Por que este fungo impediu que as bactérias crescessem? Dessa pergunta surgiu a penicilina, um antibiótico obtido do fungo, que foi o primeiro medicamento realmente efetivo contra as infecções bacterianas (*doc. 3*).

Fleming, o inventor da penicilina.

Ed Ford/AP/Imageplus

- Com base na experiência de Fleming, discuta a importância de fazer perguntas para o desenvolvimento do conhecimento.

Doc. 2

O valor da pergunta

A pergunta precisa de uma resposta, solicita e espera uma resposta. A pergunta provavelmente constitui a forma mais sutil de relação social, não apenas prática, mas intelectual e moral. Na constituição da consciência humana, talvez não haja episódio mais importante do que a expressão em forma de pergunta, mais do que a expressão em forma de grito ou de qualquer outra interjeição emocional. A pergunta é o terreno no qual, pela primeira vez, rompe-se a coerção da necessidade física e põe-se o fundamento da liberdade espiritual. Na pergunta expressa-se, pela primeira vez, a curiosidade dirigida não no sentido da posse de um objeto, mas na aquisição de um conhecimento. É o começo de toda "curiosidade intelectual", verdadeira e pura.

CASSIRER, Ernst. *Filosofia das formas simbólicas*. São Paulo: Martins Editora, 2001.

- Por que, segundo Cassirer, perguntar é tão importante para as relações humanas?

Doc. 3

Fazer perguntas para chegar à verdade

As maiores conquistas da física moderna se devem ao audaz impulso com que o homem, em lugar de seguir a natureza, se antecipa a ela, valendo-se de uma interrogação. Para chegar à verdade, em um acordo da inteligência com as coisas, supõe-se uma certa maneira de se perguntar por ela.

ZUBIRI, Xavier. *Naturaleza, Historia, Dios*. Madrid: Alianza Editorial, 1999.

- Discuta a afirmação de Zubiri: "Para chegar à verdade, em um acordo da inteligência com as coisas, supõe-se uma certa maneira de se perguntar por ela".

O pensamento nos diferentes saberes

Respondemos às perguntas com base no pensamento. Pensar permite conhecer, e conhecer nos permite agir racionalmente. Todas as disciplinas que estudamos pretendem ensinar a pensar uma determinada área do conhecimento. A matemática, por exemplo, ensina a pensar sobre números, relações e operações. A física ensina a pensar sobre o movimento e outros fenômenos da natureza. A ética ensina a pensar e a problematizar as diversas formas de conduta e comportamento.

Não se trata de aprender e "memorizar" apenas dados, mas de pensar sobre eles, relacioná-los, compará-los, inferir uns com outros, etc.

Portanto, o importante não é memorizar o conteúdo de uma matéria, mas pesquisar, pensar, discutir e refletir. No caso da filosofia, é fundamental entender que: **Filosofar é uma atividade, é o exercício do pensamento e da reflexão**.

A filosofia reflete sobre tudo o que a inteligência humana faz, sobre tudo o que se conhece, sobre sentimentos e ações. Cada disciplina trata de um conhecimento específico, enquanto a filosofia é mais abrangente. Ela pergunta: O que é o conhecimento? Quais são os fundamentos dessa área do saber? E assim por diante. É como se subíssemos numa torre para ver melhor toda a paisagem. Por isso, do ponto de vista da filosofia, podemos perguntar sobre todas as demais disciplinas.

Diferenças no pensamento

Todas as áreas do conhecimento apresentam modos específicos de pensar; no entanto, apresentam os quatro componentes do pensamento que estudamos anteriormente. A diferença entre elas é que lidam com diferentes informações, fazem diferentes perguntas, têm critérios diversos para resolver problemas.

ᨆ Os objetivos de cada disciplina são diferentes, mas as operações mentais são comuns. O pensamento realiza uma série de operações mentais.

- **Informação**. Cada área específica do conhecimento lida com um tipo de informação. A história, por exemplo, trabalha com dados do passado. A ética, com os valores e o comportamento humano. O inglês, com a língua inglesa, e assim por diante.
- **Metas**. Cada área do saber tem alguns objetivos e pretende responder a perguntas específicas. A história quer averiguar o que aconteceu no passado. A física quer descobrir as leis da natureza. A gramática se interessa pelas funções comunicativas, pelas estruturas gramaticais e sintáticas.
- **Método**. Muda também conforme as disciplinas. Cada uma tem seu próprio método de operar. Em todas elas, contudo, o pensamento precisa articular os argumentos de forma **lógica**.
- **Operações mentais**. Enquanto as informações, as metas e os métodos mudam de uma área do conhecimento para outra, as operações realizadas ao pensar são comuns, ainda que às vezes não pareçam. Exatamente por serem **comuns** é que podemos usar a mesma inteligência para pensar em coisas tão diferentes. Ocorre o mesmo na vida prática. É importante conhecer essas semelhanças para que as diferenças não nos assustem.

■ Saiba mais ■

O importante é o resultado?

O que vemos representado no mapa ao lado é o resultado das viagens de alguns exploradores. Ao observar essa representação, esquecemos de aventuras, riscos, triunfos, fracassos, emoções que os viajantes experimentaram durante as descobertas; ou seja, muitas vezes nos atemos apenas ao produto e não pensamos no processo.

Se alguém nos dissesse que o mais importante num jogo de futebol é o resultado e que isso já basta, pensaríamos que essa pessoa nunca jogou futebol na vida e que o principal mesmo é o jogo, e mais divertido ainda é jogar.

- Pense em outros exemplos que mostrem a importância do processo, do trabalho ou do pensamento diante do simples resultado final.

Mapa do Brasil, *Atlas Miller de Lopo Homem dos Reis*, 1519, Biblioteca Nacional da França. Para além da imaginação, os exploradores do século XVI conseguiram uma boa representação cartográfica da costa brasileira.

Os aspectos comuns ao pensamento

Para compreender os aspectos comuns a toda forma de pensar, vamos comparar **dois exemplos de pensamento:** o poético e o matemático. Esta é outra característica da filosofia: relacionar conhecimentos ou atividades diversas.

■ O pensamento poético

Vamos ler os seguintes versos do poeta chileno Pablo Neruda.

> Na noite, na tua mão
>
> Brilhou como um vaga-lume
>
> Meu relógio

Quais foram as operações que o poeta realizou para escrever esses versos ou quais são as operações que nós deveríamos realizar para escrever um texto semelhante?

Neruda buscou algo que fosse parecido à esfera de um relógio brilhando na escuridão e encontrou um "vaga-lume". No lugar de dizer "Na noite, na tua mão brilhou a esfera luminosa do meu relógio", escreveu "brilhou como um vaga-lume meu relógio". As operações feitas são buscar um aspecto análogo ao que se quer dizer e substituir um pelo outro. Essa é uma operação característica do pensamento poético, uma **metáfora** que conecta uma realidade com outra análoga.

■ O pensamento matemático

Vejamos agora um exemplo matemático. "Um número elevado à potência zero é igual a um", na expressão matemática, $a^0 = 1$. Essa frase parece incompreensível. O que o matemático faz para poder compreendê-la? Procura elementos análogos, que na matemática devem ser semelhantes e produzir a mesma resposta, e não aproximações, como na poesia de Neruda. Que outras coisas são iguais a zero? O resultado de uma subtração $(x - x = 0)$. Agora, tal como fez Neruda no poema, vamos substituir o zero pela subtração de um número por si mesmo: $a^{(x - x)} = 1$.

Não parece que tenhamos avançado muito. Continuemos buscando elementos análogos. Desta vez vamos buscar informação na memória e lembrar o que sabemos sobre potências. Como se dividem as potências de mesma base? Subtraindo os expoentes. Agora parece que avançamos um pouco.

A expressão $a^{(x - x)}$ é igual a uma divisão: a^x dividido por a^x. Estamos resolvendo o problema. Qual é o resultado de um número dividido pelo mesmo número? Sempre será 1. Pois o mesmo acontece com as potências do nosso exemplo. Já descobrimos o mistério. Depois de **buscar casos análogos** (neste caso, com resultados iguais) e de **substituí-los** na expressão original, sabemos por que um número elevado a zero é igual a um.

Desenvolver bem nossas operações mentais, saber relacionar, comparar, substituir, conectar logicamente, conectar metaforicamente, continuar uma série, entre outras, são habilidades que servem para todas as disciplinas, para todas as profissões, todas as situações de vida, e por isso são estudadas pela filosofia.

Coleção Roger-Viollet/IF/AFP

⌃ Pablo Neruda (1904-1973), poeta chileno.

Tomasz Trojanowski/Shutterstock.com

⌃ Pensamento lógico. O pensamento matemático utiliza habilidades comuns a muitas situações de nossa vida.

O que é o pensamento filosófico?

O que é a filosofia?

O que é pensar filosoficamente ou simplesmente "filosofar"? A que tipos de perguntas essa área responde? Qual é seu objetivo? Quais são seus critérios?

A filosofia, tal como as demais áreas do conhecimento, nasce do desejo de perguntar, de conhecer, de investigar, de encontrar soluções – ações que incentivam a espécie humana a evoluir.

Neste sentido, o filósofo quer conhecer, investigar e fazer perguntas. Já aquele que não é filósofo limita-se a crer no que contam, a obedecer às ordens sem refletir sobre elas, a submeter-se aos preconceitos.

Quem não tem uma atitude filosófica desenvolve parcialmente sua inteligência e sua liberdade. Por isso, Sócrates de Atenas (469-399 a.C.), um dos primeiros filósofos gregos, dizia: "Uma vida sem filosofia não é uma vida humana".

Elementos do pensamento filosófico

Como ocorre em todas as formas de pensamento, na filosofia há quatro elementos do pensamento:

- **Informação.** A filosofia se interessa pela própria **inteligência** e pela **realidade** de uma forma geral. Na Antiguidade grega, Aristóteles de Estágira dizia que a filosofia "é o conjunto de todo o saber humano", de modo que não há um campo determinado como nas outras disciplinas.
- **Metas.** As duas grandes metas da filosofia são o **conhecimento** e a **felicidade**. Na caminhada para atingir esses objetivos tão ambiciosos, os filósofos construíram pilares do saber que se tornaram independentes da filosofia, porque definiram suas próprias metas (*doc. 4*).

A física e as ciências naturais tratam do conhecimento da natureza, e a história, dos acontecimentos humanos ocorridos no passado. A filosofia, por sua vez, não se satisfaz apenas com os resultados apresentados pelas ciências e sempre procura ir além, até mesmo discutindo as categorias de análise das ciências e seus propósitos sociais e políticos. **Todas as ciências pretendem conhecer a verdade, mas a filosofia pergunta: O que é a verdade?**

- **Operações mentais.** A filosofia utiliza as mesmas operações mentais que as outras ciências. É um **pensamento racional**, que busca conhecer a realidade e justificar seus conhecimentos com argumentos válidos.
- **Métodos.** A filosofia tem como método a argumentação e a justificação racional. Não lhe interessam as opiniões pessoais, as preferências, os caprichos. Quer fundamentar com dados e argumentos tudo o que analisa e afirma. Aspira a **conseguir um saber válido e valioso**. É isso que caracteriza a filosofia. Suas regras e métodos adaptam-se à necessidade de justificar proposições racionalmente.

Doc. 4

A independência das ciências

Para os gregos, "filosofia" era "o amor à sabedoria". Assim, todas as pesquisas científicas eram "filosofia" e a palavra "filosofia" tinha o mesmo significado que "ciência" [...]. Do núcleo comum da ciência única e universal chamada "filosofia" começaram a se separar as várias ciências [...] as diferentes especialidades que originaram historicamente as ciências naturais, as exatas e as humanas.

Evangelista Torricelli (1608-1647) foi matemático e físico italiano.

AJDUKIEWICZ, Kazimierz. *Introducción a la filosofía – epistemología y metafísica*. Madrid: Cátedra, 1986.

- Por que a palavra "filosofia" teria o mesmo significado que a palavra "ciência"?

O pensamento antes da filosofia

Os humanos sempre se fizeram perguntas "filosóficas". Nossos antepassados pré-históricos enterravam os cadáveres com certos rituais, o que nos leva a acreditar que tinham algumas posições sobre o além e sobre a vida após a morte. A **magia** e o **mito** eram os modos que eles tinham para resolver as grandes perguntas teóricas e práticas.

A filosofia aparece quando essas inquietudes sobre a realidade, as perguntas sobre a vida e a morte, tentam ser respondidas tendo como base o **pensamento racional**, fundamentado em argumentos que pretendem ser válidos. Não foi uma mudança imediata, mas supôs, no entanto, uma espécie de revolução cultural, uma mudança radical na forma de pensar e explicar a realidade.

Entenderemos melhor o alcance do pensamento racional (filosófico) se o compararmos com pensamentos ou explicações anteriores à filosofia, isto é, com o pensamento mitológico.

▲ *A origem da Via Láctea* (1575), de Jacopo Tintoretto (1518-1594), pintor italiano.

O pensamento mitológico

O **mito** pretendia explicar a realidade de um modo poético, sem buscar as leis naturais, sem submeter ideias a um processo de comprovação. Nos mitos, os fenômenos naturais ocorrem de forma **arbitrária**, de acordo com a vontade de um ser superior, e os elementos são sempre comparados com os humanos. Os mitos são **produtos da imaginação e da tradição** que vão sendo transmitidos de geração em geração. Um bom exemplo de pensamento mitológico é dado por Hesíodo (que viveu por volta do século VIII a.C.) em sua obra *Teogonia*. Nesse trabalho, o poeta grego explica a origem dos deuses que formavam a mitologia grega, bem como as forças geradoras do Universo:

> Sim bem primeiro nasceu Caos, depois também
> Terra de amplo seio, de todos sede irresvalável sempre,
> dos imortais que têm a cabeça do Olimpo nevado,
> e Tártaro nevoento no fundo do chão de amplas vias,
> e Eros: o mais belo entre Deuses imortais,
> solta-membros, dos Deuses todos e dos homens todos
> ele doma no peito o espírito e a prudente verdade.
>
> Do Caos Érebos e Noite negra nasceram.
> Da Noite aliás Éter e Dia nasceram,
> gerou-os fecundada unida a Érebos em amor.
> Terra primeiro pariu igual a si mesma
> Céu constelado, para cercá-la toda ao redor
> e ser aos Deuses venturosos sede irresvalável sempre.
> [...]
>
> HESÍODO. *Teogonia – a origem dos deuses.* São Paulo: Iluminuras, 1995.

De outro lado, o **logos** (fundamento do pensamento racional filosófico) considera que os fenômenos naturais ocorrem porque são necessários, porque assim exige sua própria natureza, conforme princípios internos que devem ser conhecidos. As explicações próprias do logos são produtos do **raciocínio** e da **investigação** e se baseiam em **argumentos** que tentam demonstrar suas afirmações de uma forma inteligível.

▲ *Saturno devora um filho* (1823), de Francisco Goya (1746-1828), pintor espanhol.

Glossário

Raciocínio: Conjunto de atividades mentais que consiste em conectar ideias, de acordo com certas regras. Este procedimento permite obter novas conclusões valendo-se de afirmações iniciais.

Argumento: Raciocínio discursivo (baseado na linguagem) empregado para provar ou demonstrar uma proposição ou afirmação, baseando-se em algumas ideias ou informações prévias.

A utilidade da filosofia

São os objetivos principais da filosofia:

- **Ensinar a pensar bem**. Cada área do conhecimento ensina a pensar de uma determinada maneira. A filosofia encarrega-se do **pensamento em geral**, das normas da lógica, de avaliar a verdade, de perceber a diferença entre o pensamento teórico e o prático.

- **Ajudar a entender a realidade.** Enquanto os outros saberes se encarregam de uma parcela da realidade – a história, a arte, a astronomia, a biologia, etc. –, a filosofia encarrega-se da **totalidade dos seres**, de suas propriedades mais comuns e de suas relações com o meio e com outros indivíduos. Permite que conheçamos a nós mesmos como sujeitos da história, como criadores da cultura. Busca respostas às perguntas que estão além do campo de cada uma das ciências.

- **Contribuir para a compreensão e melhoria do próprio mundo.** A ideia de "mundo interior" tem muita importância na filosofia. Ainda que vários indivíduos compartilhem de uma mesma situação, não significa que a vivenciem da mesma forma. Cada um a intepreta com base em sua singularidade, sente as coisas de uma maneira única, tem uma vida, interesses e experiências próprias. A filosofia, nesses casos, ajuda a interpretar o próprio mundo com uma **atitude crítica**, a fim de avaliar as ações e também tudo aquilo que nos cerca.

- **Ajudar a viver livremente**. Essa sempre foi uma **das aspirações** da filosofia. Há muitas situações pessoais conflituosas, difíceis, que nos afetam profundamente. A filosofia ajuda a tomar decisões em assuntos verdadeiramente importantes. Serve como apoio para **encontrar o sentido** da vida, para **construir** o projeto pessoal próprio, compreender os demais, dizer **o que pode ser tolerado** e o que não pode. A liberdade é uma conquista, e os filósofos sempre tentaram alcançá-la (*doc. 5*).

- **Colaborar na realização do projeto ético comum de construir um mundo justo e solidário.** A filosofia não deve apenas ajudar a conhecer a realidade, mas deve mudá-la. O grande projeto da espécie humana, o que guia sua inteligência, é a construção de uma sociedade mais harmoniosa, um **mundo compartilhado** em que todos nós possamos **conviver com justiça** e no qual estejamos em boas condições **para realizar nosso projeto individual de felicidade.**

Doc. 5

Maior liberdade

Minha filosofia é a ginástica. A verdadeira filosofia parece que deve ser elevada a uma "arte de pensar" para o exercício do intelecto, do mesmo modo que a ginástica e a dança são para o corpo. Todo treinamento, toda prática repetitiva produz um aumento da liberdade.

VALERY, Paul. *Cuadernos* (1894-1945). Barcelona: Galaxia Gutenberg, 2007.

- Como Valery relaciona "filosofia" e "liberdade"?

A construção de uma sociedade justa não depende apenas daquilo que fazemos, mas também do que somos.

Aprender a ler filosofia

▪ Ler, reconstruir e interpretar

Para podermos fazer nossa própria filosofia é necessário conhecer o que já disseram outros filósofos, ler seus trabalhos. Às vezes, isso pode ser difícil. Mas o mais importante é aproveitar o que eles dizem para aprender a pensar por conta própria. Esta seção tem um duplo objetivo: aprender a ler os textos de filosofia e orientar a ler filosoficamente qualquer texto.

A primeira dica para aprender a ler filosofia é:

▪ **ler não é receber informação, mas construí-la.** Ler não é passar os olhos pelas letras e esperar que se faça a luz dentro de nós. O que há num texto é só um conjunto de indicações ou de pistas para reconstruirmos o que o escritor quer transmitir. Para compreender um texto, temos de **interpretar o que ele diz**, completando a informação com algo que já sabemos.

1. Servir-se da própria inteligência

Ser menor de idade significa ser incapaz de se servir da própria inteligência sem a ajuda de outro. Somos culpados de sermos menores de idade quando a causa disso não reside na falta de inteligência, mas na falta de decisão e valor para servir-se por si mesmo dela sem a guia de outro. Atreva-se a pensar. Eis o lema da ilustração.

KANT, Immanuel. *¿Que es la Ilustración? Y otros escritos de Ética, Política y Filosofía.* Madrid: Alianza Editorial, 2004.

1. A covardia é a causa de ser menor de idade?
2. A criança é culpada por ser menor de idade?
3. Kant está dizendo que se atrever a pensar é uma característica do menor de idade? Discuta sua resposta.

2. Atrever-se a caminhar

Durante sete anos não pude dar um passo. Quando fui ao grande médico ele me perguntou: Por que você usa muletas? E eu respondi: Porque estou aleijado.

"Não é estranho", me disse. "Experimente caminhar. São estes trecos que te impedem de andar. Ande, atreva-se! Arraste-se de quatro!"

Rindo como se fosse um monstro, pegou minhas queridas muletas, as quebrou nas minhas costas e, sem deixar de rir, as jogou ao fogo.

Agora estou curado. Ando. Fui curado por uma gargalhada. Só algumas vezes, quando vejo umas muletas, cambaleio um pouco por algumas horas.

BRECHT, Bertolt. *Poemas e canções.* São Paulo: Civilização Brasileira, 1966.

4. O autor recomenda que não se usem muletas?
5. Ele diz alguma coisa similar ou o contrário ao que Kant afirma no texto anterior?
6. O que simboliza a ideia de "andar com muletas"? É uma metáfora relacionada a "pensar com independência?" Justifique sua resposta.

Bertolt Brecht (1898-1956) foi um importante teatrólogo alemão.

3. O mito da caverna

Este texto é um famoso mito escrito por Platão de Atenas (428-348 a.C.). Para melhor entender essa alegoria, é necessário imaginar o cenário: um grupo de pessoas vivia no fundo de uma caverna desde que eram crianças; acorrentadas, de costas para a entrada e olhando para a parede do fundo da caverna. A luz entra pelo buraco da entrada e projeta sobre a parede do fundo da caverna as sombras dos que passam. Os acorrentados enxergaram somente essas sombras durante toda a sua vida e pensam que não existe outra coisa, que o mundo é um conjunto de sombras. No texto, Sócrates, o protagonista da obra, explica a alegoria a um ouvinte.

Alusão à alegoria da caverna de Platão.

– Crês que os que estão assim viram outra coisa que não sejam as sombras projetadas na parede da caverna que está na frente deles?

– Que outra coisa poderiam ver?

– Então, não há dúvida de que só terão como real as sombras que veem?

– Assim é.

– O que aconteceria se um deles fosse libertado e fosse obrigado a sair e a olhar a luz? Ficaria deslumbrado pelo Sol, quase não enxergaria nada e pensaria que as sombras que via antes, quando estava na caverna, eram mais verdadeiras. Não o crês assim?

– Sem dúvida nenhuma.

– Ele precisaria se acostumar, penso eu, para poder chegar a ver as coisas de cima. O que ele veria mais facilmente seriam, antes de tudo, as sombras, depois as imagens dos homens e de outros objetos refletidos nas águas, e, mais tarde, os próprios objetos. E, então, ao poder ver as cores e os corpos, não crês que se sentiria feliz por ter saído de sua prisão e que sentiria compaixão pelos companheiros que continuavam na caverna?

– Exatamente.

– E se voltasse ao mesmo lugar de antes, não crês que seus olhos se encheriam de trevas, como acontece com quem deixa subitamente a luz do Sol?

– Certamente.

– E os demais não ririam dele, dizendo-lhe que, porque tinha saído fora, tinha voltado com os olhos estragados? E não pensariam que não valia a pena tentar ser livres? E se alguém quisesse desamarrá-los, para empurrá-los para a luz, não o matariam, se pudessem?

– Sem dúvida alguma.

PLATÃO. *A República*. São Paulo: Martins Editora, 2009.

7. Quem quer voltar para libertar os prisioneiros da caverna?

8. Qual é a reação dos encarcerados? Queriam ser livres ou preferiam permanecer escravizados?

9. Esse é um texto otimista ou pessimista? Por quê?

10. Esse texto afirma a mesma coisa ou o contrário do que diz Kant no primeiro texto? Explique o que os dois textos têm em comum ou comente as diferenças entre eles.

11. Compare a situação dos prisioneiros da caverna com a de uma pessoa que conhece a realidade por meio da televisão.

12. Platão relaciona liberdade ao conhecimento do mundo real, fora da caverna. Discuta essa relação e diga se você concorda com a visão de Platão (lembre-se de fundamentar sua opinião).

Buscar a verdade com um filósofo

▪ Sócrates: definir, perguntar e lembrar

Sócrates, um dos primeiros filósofos gregos, parece uma personagem de romance policial. Exerceu grande influência no pensamento ocidental e, depois de 25 séculos, ainda continuamos falando dele. No entanto, não nos deixou nenhum texto escrito. Tudo o que sabemos sobre suas ideias foi contado por seus discípulos, especialmente Platão. O problema é que Platão, que foi um escritor maravilhoso, transformou Sócrates no protagonista da maioria de seus textos, aos quais são chamados de "Diálogos", pois envolvem a discussão entre dois pensadores, geralmente Sócrates e um antagonista, de modo que não sabemos o que há de verdade ou de ficção nessa personagem tão famosa.

Uma das coisas que podemos afirmar com certeza é que Sócrates ensinou uma geração de jovens atenienses a pensar. Como ele fazia? Ensinando a definir, a perguntar e a lembrar. Sócrates saía à rua e começava a conversar com seus amigos ou vizinhos. Logo aparecia algum tema interessante, como a valentia, o amor ou a justiça, por exemplo. Então, ele propunha buscar uma definição exata para esses conceitos.

1. Aprender a definir

O que é definir? Definir algo é assinalar aspectos que permitem identificar uma coisa, distingui-la das demais e incluí-la num grupo ou numa categoria. Uma boa definição permite distinguir entre características **essenciais**, que se referem a todos os exemplares, e características **acidentais**, as quais apenas alguns exemplares podem apresentar.

Qual era o método de Sócrates? O pensador fazia **perguntas** aos seus amigos ou conhecidos, que lhe davam opiniões distantes de uma definição do conceito em questão. Com outras perguntas, o interlocutor percebia seus equívocos e, pouco a pouco, abandonava suas "opiniões" e se elevava na busca de uma definição categórica, ou melhor, na concepção da ideia em discussão. Esse processo – o método socrático de fazer seu interlocutor conceber ideias – é conhecido como maiêutica (o parto das ideias). Segundo Sócrates, as ideias estão impressas em nosso espírito e nos esquecemos delas; no entanto, por meio do diálogo, o indivíduo é levado a se lembrar.

> **Glossário**
>
> **Essência**: Conjunto de características de uma coisa que não podem mudar sem que a coisa deixe de ser o que é. Por exemplo: pertence à essência de um triângulo ter três lados – um triângulo de quatro lados não é um triângulo, e sim um quadrado ou um retângulo.
>
> **Acidente**: Do ponto de vista filosófico, é o conjunto de características que podem mudar sem que a essência da coisa mude. Um triângulo rosa não deixará de ser triângulo se o pintarmos de azul.

A maior grandeza que minha arte tem é a capacidade de pôr à prova, por todos os meios, se o que o pensamento do jovem gera é algo imaginário e falso ou fecundo e verdadeiro [...]. Muitos, em efeito, muitos me censuram porque sempre pergunto aos outros e eu mesmo nunca dou nenhuma resposta sobre nada [...]. Assim é que não sou sábio de modo algum, nem consegui nenhum descobrimento que tenha sido gerado por minha própria alma. No entanto, os que têm trato comigo, ainda que pareçam alguns muito ignorantes no começo, enquanto avança nossa relação, todos fazem admiráveis progressos, se Deus o concede, como eles mesmos ou qualquer outra pessoa pode ver. É evidente que não aprendem nunca nada de mim, pois são eles mesmos e por si mesmos os que descobrem e geram muitos belos pensamentos.

PLATÃO. *Teeteto-Crátilo*. Belém: UFPA, 1988.

1. Por que Sócrates diz que não é sábio de modo algum?
2. Você acredita realmente que os demais não aprendiam nada de Sócrates?

Uma boa **definição** deve cumprir as seguintes regras:

- O definido não pode entrar na definição. Por exemplo, não se pode dizer "uma mesa é uma mesa com pés e um tabuleiro".
- A definição deve permitir identificar a coisa e distingui-la do restante. Por exemplo, quando há a afirmação: o ser humano é um animal, mortal, bípede, vertebrado, racional e político, não se confunde o ser humano com nenhum outro ser.

3. Descreva, com suas palavras, em que consiste uma boa definição.
4. Escolha um objeto e defina-o corretamente, de modo que ele não seja confundido com nenhum outro objeto e que a definição inclua todas as variedades ou exemplares possíveis.

Sócrates deu importantes contribuições à ética, à teoria do conhecimento e à lógica.

Museu Capitolino, Roma/Alfredo Dagli Orti/F/AFP

2. A precisão ao definir

As definições de Sócrates eram extremamente complexas. Por exemplo, numa das obras de Platão, *Laques*, há a tentativa de definir a coragem. Sócrates pensou que, para saber definir a coragem, deveria perguntar a um guerreiro chamado Laques, que havia feito da coragem a sua profissão. Laques respondeu:

Não é difícil responder à tua pergunta. Caso uma pessoa esteja disposta a recusar, firme em sua posição, os inimigos, e a não fugir, sabes bem que esse tal é corajoso.

Mas Sócrates lhe pergunta depois:

Queria saber não só sobre os valentes soldados [...], mas também dos que têm coragem nos perigos do mar, e de quantos o são diante das doenças, da pobreza e dos assuntos públicos e, mais ainda, de quantos são valentes não só diante de dores e terrores, mas também diante de paixões e prazeres, tanto resistindo como se virando do avesso, pois, em efeito, existem alguns valentes em tais situações.

PLATÃO. *Laques*. Lisboa: Edições 70, 2007.

Praça da Paz Celestial, Pequim, China, em 5 de junho de 1989. O homem que resistiu à coluna de tanques durante o massacre da Paz Celestial tornou-se, em todo o mundo, um exemplo de coragem.

5. Por que Sócrates pergunta pelos que têm coragem nos perigos do mar ou diante das doenças e da pobreza? Pode-se aplicar a esses casos a definição anterior dada por Laques? Por quê?

6. Há coragem não só diante dos perigos, mas também diante dos prazeres? O que Sócrates quis dizer? Dê um exemplo.

E Sócrates continua com outro exemplo, em que define a palavra "rapidez", aplicável a casos muito diferentes (correr, falar, compreender...):

Caso alguém me perguntasse: "Sócrates, como defines isso que tu chamas rapidez em todos os casos?" Responderia que a capacidade de realizar em pouco tempo muitas coisas eu a chamo "rapidez" [...]. Tenta agora também tu definir assim a coragem, no que consiste sua capacidade, a mesma ante o prazer e ante a dor.

PLATÃO. *Laques*. Op. cit.

7. Responda a Sócrates e defina o que é coragem, de forma que seja aplicável a todos os possíveis casos.

O que Sócrates nos ensina é que para pensar bem temos de:
- Definir as palavras com clareza.
- Separar o essencial do acidental.
- Fazer-se perguntas para comprovar que não há falhas na definição.
- Buscar na memória ou nos livros ou perguntando a outras pessoas se há casos que não se encaixem na definição.

3. Uma definição válida?

Diógenes Laércio (200-250) atribuiu a Platão a seguinte definição de ser humano:

Platão definiu o ser humano como um "animal bípede sem plumas", definição que foi muito celebrada. Diógenes de Sínope (c. 412-323 a.C.) apareceu com um galo desplumado, o introduziu na escola e disse: "Eis aqui o ser humano de Platão".

LAÉRCIO, Diógenes. *Vidas de los filósofos más ilustres; vida de los sofistas*. México: Porrúa, 2004.

8. Essa definição de ser humano é correta? Por quê?

Buscar a felicidade com os filósofos

▪ Inteligência emocional e amizade

Buscar a verdade e a felicidade têm sido os grandes objetivos dos filósofos. Isso os fez meditar muito sobre os sentimentos, os desejos, o prazer, a bondade, a dor, a maldade, ou seja, sobre as questões que mais importam a todos. Tentavam conhecer como a alma humana funciona e como se deveria viver.

Buscamos na família e nos amigos o equilíbrio emocional para a resolução de boa parte dos problemas cotidianos.

Os filósofos de autoajuda ficaram na moda nos últimos anos. Eles pretendem ajudar a resolver os problemas da vida por meio da filosofia. Um dos mais conhecidos, o pensador canadense Lou Marinoff, escreveu o livro de grande sucesso, *Mais Platão e menos Prozac* (o Prozac é um medicamento antidepressivo). Epicuro de Samos (341-323 a.C.), um famoso filósofo grego, dizia: "toda filosofia deve servir para curar alguma doença da alma". Mas se referia, sobretudo, às mazelas produzidas pelo erro ou por uma má compreensão dos desejos e sentimentos. Esse tipo de filosofia é o antecedente do que se chama na atualidade "inteligência emocional", que procura educar os sentimentos.

1. A inteligência emocional

O estudo da inteligência emocional tem cinco objetivos:

- **Compreender os próprios sentimentos.** Muitas vezes não sabemos o que sentimos; deixamos que sentimentos confusos ou equivocados guiem nossas ações.

- **Saber regulá-los.** Estar à mercê dos sentimentos pode causar muita infelicidade e trazer condutas inadequadas. Basta pensar na depressão, na tristeza, na fúria, na inveja, no ódio, na impaciência, no ciúme. Por isso, é fundamental controlar os sentimentos com a razão.

- **Compreender os sentimentos alheios.** Muitas pessoas são incapazes de entender as demais. Não sabem interpretar suas mensagens. "Empatia" é o nome que se dá à capacidade de entender os sentimentos alheios e é uma característica indispensável para a convivência.

- **Saber como manter boas relações com os demais.** Há pessoas que têm habilidades sociais, que sabem se dar bem com as demais, enquanto outras provocam rejeição. Os problemas de interação, de timidez ou de fobias sociais condenam muita gente à solidão.

- **Saber como se animar e se motivar.** Não podemos esperar que outra pessoa nos anime ou nos motive. Somos nós mesmos os responsáveis pela automotivação, embora isso nem sempre seja tarefa fácil. Daí a importância de desenvolver a inteligência emocional.

1. Resuma os cinco objetivos da inteligência emocional.

2. A amizade e o estudo dos sentimentos

Os filósofos que sempre estiveram preocupados com a felicidade dão muita importância ao estudo dos sentimentos. Platão escreveu sobre o amor e a valentia; Sêneca (4 a.C.-65 d.C.), sobre a fúria e a tristeza; Santo Tomás de Aquino (1224-1274), René Descartes (1596-1650), Barch Espinosa (1632-1677), David Hume (1711-1776), Adam Smith (1723-1790), Immanuel Kant (1724-1804) e muitos outros escreveram tratados sobre os sentimentos.

Aristóteles escreveu bastante sobre a amizade na sua obra *Ética a Nicômaco*, na qual diz que a amizade é um dos aspectos mais importantes da vida. Ele a considerou um tema filosófico de grande interesse:

> A amizade é a coisa mais necessária para a vida. Em efeito, sem amigos ninguém gostaria de viver, ainda que possuísse todos os demais bens. Até os ricos e os que ocupam altos cargos e têm poder parecem sentir esta necessidade de amigos com a força máxima.

ARISTÓTELES. *Ética a Nicômaco*. São Paulo: Edipro, 2009.

2. Você concorda com a afirmação de Aristóteles? Por quê?

3. O que é a amizade?

Já sabemos que, para pensar bem, temos de definir o objeto sobre o qual se fala. A quem chamaríamos amigo ou amiga? Um companheiro a quem só vemos na aula, mas com quem mal falamos, é um amigo? Podemos ter muitos amigos ou só um ou dois? Alguém com quem nos divertimos muito quando saímos, mas em quem não confiamos, é um amigo?

Caso [um homem] encontre alguém sensato, de quem não se deve recear, mas que pode se abrir com ele, com toda a confiança, alguém que, além disso, tem um modo de julgar as coisas que coincide com o seu, em tal caso pode desafogar-se, não

Na juventude, grande parte das nossas experiências é vivida e compartilhada com os amigos mais próximos.

está totalmente só com seus pensamentos, como numa prisão, mas desfruta de uma liberdade.

KANT, Immanuel. *A metafísica dos costumes*. São Paulo: Edipro, 2008.

3. Por que Kant relaciona a amizade à liberdade?

4. Amizade e amor

Os gregos distinguiam "amizade" e "amor"; *philia* e *eros*. O amor tinha para eles um componente erótico, sexual. Discutiam se os dois eram compatíveis. Uma das primeiras defensoras dos direitos da mulher, a inglesa Mary Wollstonecraft (1759-1797), escreveu:

Em grande medida, o amor e a amizade não podem compartilhar o mesmo peito: ainda quando ambos estejam inspirados por diferentes objetos, debilitam-se ou se destroem e quando se trata do mesmo objeto, só podem sentir-se sucessivamente.

WOLLSTONECRAFT, Mary. *Vindicación de los derechos de la mujer*. v. 18. Madrid: Cátedra, 1994. (Col. Feminismos.)

4. Pode existir apenas amizade entre um homem e uma mulher? Por quê?

5. Pode-se manter uma amizade durante toda a vida?

6. Pode existir amizade entre pais e filhos? E entre irmãos?

5. A amizade busca o bem

Aristóteles distinguia três tipos de amizade. A que se baseia na utilidade, a que se baseia no prazer e a que se baseia no bem. Aos que buscam no amigo a utilidade ou o prazer, só lhes interessa o que lhes convém ou o que lhes agrada. Esses não querem seus amigos pelo que são, mas pelo que podem proporcionar-lhes. A amizade perfeita é aquela na qual os amigos desejam-se o bem.

Por que não nos aborrecemos com os amigos? Porque a amizade verdadeira sempre é aventura, exploração dos mistérios da vida, procura. Assim nasce a amizade durante a infância e durante a adolescência [...]. Em alguma medida, todo adolescente é filósofo porque se propõe interrogações cruciais: por que as coisas são deste modo e não de outro? Por que estou aqui e o que vim fazer aqui? Aonde vou e aonde devo ir? São as perguntas da consciência que desperta, assombrada de si e do mundo, assombrada e seduzida, seduzida por tudo aquilo que lhe pode ocorrer e desorientada por tudo aquilo a que deve renunciar. A amizade está ligada a essas interrogações. A relação com o amigo assinala as possibilidades e os limites da pessoa. A amizade é identificação e diferenciação [...]. A amizade também dá segurança, porque o amigo está junto de nós.

ALBERONI, Francesco. *A amizade*. São Paulo: Rocco, 1992.

7. Aristóteles definiu quais tipos de amizade? Explique qual delas é a amizade perfeita e por quê.

8. Conforme Alberoni, o que a amizade proporciona?

Filosofia jovem

▪ Quem sou eu?

Os filósofos gregos consideravam que a finalidade primordial da filosofia era "conhecer-se a si mesmo" e tentar "melhorar a própria alma".

O que significa "conhecer-se"? Isso é algo que preocupa a todos, mas, em especial, aos jovens, porque a adolescência é uma etapa reflexiva, cheia de dúvidas e de decisões. Em cada idade há perguntas próprias a serem respondidas. As crianças perguntam sobre tudo o que veem; os adolescentes, fundamentalmente, interrogam-se sobre si mesmos.

Quem sou eu? O que sou? Como sou? O que pode ser interpretado como egocentrismo pode ser apenas um grande interesse que os adolescentes têm em se conhecer. De certa maneira, somos um mistério para nós mesmos. Isso foi dito por um grande filósofo que escreveu, possivelmente, uma das primeiras autobiografias filosóficas: Santo Agostinho (354-430).

O autoconhecimento pode ser considerado a realização do projeto individual, a busca dos sonhos e dos desejos pessoais.

Uma pessoa que escreve uma autobiografia deveria fazer quais perguntas a si mesma? Temos algumas sugestões:

- **O que sou?** Um ser humano, um homem, uma mulher. Isso é dizer muito pouco. Algumas respostas possíveis foram as de Blaise Pascal (1623-1662): "O homem é uma cana pensante"; Viktor Frankl (1905-1997): "O homem é um ser que busca sentido"; Jean-Paul Sartre (1905-1980): "O homem é uma paixão inútil"; ou Aristóteles: "O homem é um animal racional".
- **Como sou?** Cada um tem uma personalidade. No entanto, com base no temperamento (a personalidade recebida geneticamente), nas capacidades e no caráter (a personalidade aprendida na infância), podem-se decidir o projeto de vida e os valores que vão reger a personalidade definitiva. Esse é o espaço da liberdade.
- **Quem sou?** Como responder a essa pergunta? Falando do nome e do sobrenome; falando dos pais, da trajetória de vida. A ideia que temos sobre nós mesmos determinará grande parte da nossa vida. Por isso é tão importante a autocompreensão e o autoconhecimento.

1. Conhecer o bem e a verdade

Jamais, enquanto viva, deixarei de filosofar e de instruir a tudo o que encontre, dizendo-lhe uma e outra vez: Querido amigo, você é um ateniense, um cidadão da maior e mais famosa cidade do mundo, por tua sabedoria e teu poder, não te envergonhes de velar por tua fortuna, por teu prestígio e por tua honra, sem que em troca preocupes em não conhecer o bem e a verdade nem em fazer que tua alma seja a melhor possível.

PLATÃO. *Apologia de Sócrates*. Porto Alegre: L&PM, 2008.

1. De acordo com o texto, o que é filosofar?
2. Por que o texto considera tão importante buscar o bem e a verdade?

2. Santo Agostinho em primeira pessoa

Santo Agostinho de Hipona escreveu uma autobiografia filosófica – *Confissões* – no século IV. Tentou, como a maioria dos filósofos, dizer coisas importantes para toda a humanidade, valendo-se da autobiografia: "Pois, o que é meu coração senão o coração humano?". Tentou esclarecer seu próprio mistério. Quando seu melhor amigo morreu, Santo Agostinho afirmou:

Converti-me num grande mistério para mim mesmo e perguntava para a minha alma por que estava tão triste e tão alterado e não sabia o que me responder. Só o choro me era doce e ocupava o lugar do meu amigo.

Santo Agostinho. *Confissões*. v. 10. São Paulo: Paulus, 1997. (Col. Patrística.)

3. Por que Santo Agostinho diz que se converteu num grande mistério para si mesmo? O que ele não compreende?

4. Tente se lembrar de uma situação parecida com a relatada por Santo Agostinho, que tenha acontecido com você. Como foi sua reação e seus sentimentos?

3. Rousseau em primeira pessoa

Jean-Jacques Rousseau (1712-1778), um grande filósofo francês do século XVIII, também escreveu a autobiografia e deu a ela o mesmo título que Santo Agostinho: *Confissões*. Começou sua obra de uma maneira muito presunçosa:

Empreendo uma tarefa da que jamais houve exemplo e que não terá imitadores. Quero descobrir ante meus semelhantes um homem com toda a verdade da natureza e este homem serei eu.

Eu só. Sinto meu coração e conheço os homens: não sou como ninguém que vi e ainda me atrevo a crer que como ninguém dos que existem. Se não valho mais, sou, ao menos, diferente de todos. Quando soar a trombeta do Juízo Final, me apresentarei com este livro na destra, diante do Juiz supremo e direi: "Eis aqui o que fiz, o que pensei, o que eu fui".

Rousseau, Jean-Jacques. *Confissões*. São Paulo: Edipro, 2007.

Redigir diários é uma maneira de registrarmos e elaborarmos nossas confissões íntimas, em especial as que ainda não dominamos por completo.

5. Que diferenças existem entre esse texto e o de Santo Agostinho?

6. O que Rousseau propõe nesse texto?

Escrever um *blog* filosófico

Os textos anteriores servem de ponto de partida para escrever reflexões sobre nós mesmos e sobre nossos projetos de vida. Este é um momento oportuno para começar a escrever um "*blog* filosófico". As ideias que temos sobre nós mesmos determinarão grande parte de nossa vida... Que tal começar?

O pensamento como ponto de partida

O que é pensar?
- Pensar é operar mentalmente com a informação para atingir uma meta, de acordo com regras, métodos e critérios adequados.

Elementos necessários ao pensamento
- Informação, dados ou conhecimentos.
- Operações, atividades mentais que realizamos com a informação.
- Regra ou norma para realizar um raciocínio correto.
- Método – conjunto de regras. Critério – regra para avaliar. Meta – objetivo que se quer alcançar.

Pensamento e discurso
- O pensamento usa a linguagem, elabora discursos (resultado da atividade de discorrer). Há pensamentos práticos e teóricos.
- As operações comuns são: expressar, descobrir, explicar e justificar.

O pensamento, os problemas e os saberes

Os problemas e as perguntas
- Um problema é um obstáculo: supõe um conhecimento (aonde queremos chegar) e uma ignorância (como fazer para chegar).
- Com as perguntas, propomos e concretizamos o problema. Elas servem para pedir informação e orientar nossa procura sobre a realidade ou sobre nós mesmos.

O pensamento nos diferentes saberes
- Filosofar é uma atividade. A filosofia reflete sobre os demais saberes.

Diferenças no pensamento
- Cada saber ou disciplina lida com um tipo de informação, apresenta algumas metas e rege-se por alguns critérios e regras. Mas todos usam operações mentais comuns.

Os aspectos comuns ao pensamento

O pensamento poético
- As aproximações metafóricas são operações mentais, próprias do pensamento poético, e unem duas realidades semelhantes.

O pensamento matemático
- Na matemática, procede-se de um modo similar, mas os elementos análogos devem ser completamente semelhantes.
- A filosofia estuda as operações mentais que usam os diferentes saberes.

O que é o pensamento filosófico?

O que é a filosofia?
- Etimologicamente, é amor ao conhecimento ou à sabedoria.
- A filosofia é a atitude de quem quer conhecer, saber, desenvolver sua inteligência e liberdade.

Elementos do pensamento filosófico
- Informação: a filosofia se interessa pela própria inteligência e por toda a realidade.
- Metas: o conhecimento (verdade) e a felicidade (bem).
- Operações mentais: o pensamento racional.
- Métodos: obter um saber válido e valioso.

O pensamento antes da filosofia

O pensamento mitológico
- É uma explicação poética da realidade, produto da imaginação e da tradição, em contraposição ao *logos* (pensamento racional), baseado em argumentos e em pesquisa.

A utilidade da filosofia

Principais funções
- Ensinar a pensar bem: a filosofia ocupa-se do pensamento em geral (lógica).
- Ajudar a entender a realidade: ocupa-se da totalidade dos seres.
- Esclarecer e melhorar o próprio mundo: ajuda a desenvolver uma atitude crítica.
- Ajudar a viver livremente, a encontrar um sentido e a construir um projeto de vida.
- Colaborar para a realização de um projeto ético comum.

1. Explique em que consiste pensar, defina cada um dos elementos necessários para o pensamento e dê um exemplo de cada um deles.
   a) Informação
   b) Operações mentais
   c) Regras, métodos e critérios
   d) Metas

2. Todas as culturas tentaram explicar a origem do mundo, inventando para isso os mitos. Assim os mesopotâmios explicaram a origem do mundo:

   > Quando, no alto, o céu não tinha ainda nome e embaixo a terra firme também não tinha nome, não havia nada mais que o deus das águas, seu progenitor, e a mãe das águas, que pariu a todos os seres, com suas águas misturadas em um só corpo.

   Agora conheça um mito polinésio sobre a origem do mundo:

   > Ta'aroa foi o antepassado de todos os deuses: Ele fez todas as coisas. Ele se fez, sem pai nem mãe. Ta'aroa estava sentado numa concha, nas trevas, desde toda a eternidade. A concha era como um ovo que dava voltas no espaço infinito, sem céu, nem terra, nem lua, nem sol, nem estrelas.

   a) Explique o que é um mito e que tipo de informação ele proporciona sobre a realidade.
   b) O que ambos os textos têm em comum? Em que se diferenciam da reflexão filosófica?

3. Explique o que é a filosofia do ponto de vista etimológico e como atitude de vida.
   a) Quais são os elementos próprios do pensamento filosófico? Explique cada um deles.
   b) Quais eram as formas de pensamento anteriores à filosofia? Explique por que não são formas de pensamento racional.

4. Analise esta frase de Edmund Husserl (1859-1936): "Desde seus primórdios, a filosofia pretendeu ser uma ciência estrita, mais ainda, a ciência que satisfaria as necessidades teóricas mais profundas".
   a) Explique o sentido da frase e relacione-a com o que você estudou neste capítulo.
   b) O que faz da filosofia uma ciência estrita?
   c) Quais são as "necessidades teóricas mais profundas" a que se refere Husserl?

5. Leia o seguinte texto de Henry David Thoreau (1817-1862), um escritor norte-americano do século XIX, no qual explica sua forma de entender no que consiste uma vida filosófica.

   > Ser um filósofo não consiste meramente em ter pensamentos sutis, nem sequer em fundar uma escola, mas em amar a sabedoria até o ponto de viver conforme seus preceitos, uma vida simples, independente, magnânima e confiada. Consiste em resolver alguns problemas da vida, não só desde um ponto de vista teórico, mas também prático. O filósofo vai à frente da sua época, inclusive na forma de viver.

   THOREAU, Henry David. *Walden* – Ou a vida nos bosques. São Paulo: Aquariana, 2007.

   a) Resuma as ideias fundamentais expostas por Thoreau.
   b) Em que aspectos essas ideias coincidem com o que estudamos neste capítulo?

6. Analise os seguintes trechos de José Ortega y Gasset (1883-1955) sobre a filosofia e a orientação.

   > A filosofia parte da desorientação. Não que ao homem lhe aconteça desorientar-se, perder-se na sua vida, senão que, pelo visto, a situação do homem, a vida, é desorientação, é estar perdido, e por isso existe a metafísica.
   >
   > A ideia de orientação é mais radical, mais funda e prévia que a ideia de saber e não o contrário. O estar orientado não se esclarece verdadeiramente pelo conceito de saber, a orientação não é um saber, mas ao contrário, o saber é uma orientação.

   ORTEGA Y GASSET, José. *Unas lecciones de metafísica*. Madrid: Alianza Editorial, 1999.

   Bússola e mapa, instrumentos de orientação física, em alusão à ideia de orientação proposta pelo filósofo espanhol José Ortega y Gasset.

   a) Explique a relação que Ortega y Gasset estabelece entre orientação e filosofia.
   b) Esses fragmentos fazem referência a que conceitos estudados no capítulo?

7. Volte a ler o texto da introdução, que fala sobre a vida inteligente e nobre. A que conclusão é possível chegar ao terminar este capítulo? Justifique a importância de ter uma vida assim.

A origem histórica da filosofia

Museu do Vaticano

Introdução: "Conhece-te a ti mesmo"

"Conhece-te a ti mesmo". Essa inscrição no Templo de Apolo, na cidade de Delfos, Grécia Antiga, é uma referência fundamental para o pensamento filosófico, não só pelo fato de Sócrates (469-399 a.C.), um dos principais filósofos da Antiguidade, tê-la adotado em sua doutrina, mas também por levar à reflexão sobre a nossa própria condição humana. Outro filósofo, o inglês Thomas Hobbes (1588-1679), dois mil anos depois de Sócrates, dizia que essa ideia ainda não havia sido compreendida. Na introdução de sua principal obra, *Leviatã* (1651), ele afirmou que, caso os humanos adotassem o pensamento transmitido pela inscrição, conseguiriam realmente conhecerem-se uns aos outros.

É fato que queremos conhecer uns aos outros e, além disso, ler, compreender o mundo que nos cerca. Tentamos conhecer esse mundo e satisfazer nossos desejos mais íntimos. E o que mais queremos é a felicidade. Todavia, convém analisar melhor o que significa essa palavra. Chamamos de "felicidade" a satisfação de nossos grandes desejos, os quais podemos resumir em três:

- Bem-estar. "O ser humano não pode viver sem algum tipo de prazer", disse Santo Tomás de Aquino (1224-1274).
- Viver bem em sociedade. "O homem é um animal político", explicou Aristóteles (384-322 a.C.), por isso, é fundamental que nos realizemos coletivamente.
- Ampliar nossas possibilidades de conhecer, de atuar, de criar. "Criar é o destino da espécie humana", escreveu Henri Bergson (1859-1941).

Todas as sociedades conceberam linguagens, formas de expressão artística, como a música, a pintura e a poesia. E também buscaram maneiras de explicar o mundo, seja com as superstições, seja com as lendas, os mitos e, enfim, as religiões. Toda cultura, de um modo ou de outro, apresenta algum tipo de expli-

A escola de Atenas, século XVI, pintura do italiano Rafael, é uma representação renascentista da academia de Platão.

cação sobrenatural sobre o mundo em que vivemos. Além disso, cria um ambiente de compartilhamento de identidades, uma noção de união social, promovendo também segurança e esperança.

Há várias formas de interpretar o mundo, além das explicações religiosas, e um dos caminhos é a filosofia, que é a manifestação do desejo de conhecer a realidade e de superar a si mesmo. Para compreender bem a filosofia, é importante conhecer a história dessa área do conhecimento. É inevitável constatar que não há uma unidade entre os pensamentos dos diversos filósofos históricos, uma vez que trazem consigo particularidades, desejos individuais e opiniões e que viveram em contextos políticos e culturais diferentes. Por isso mesmo a história da filosofia é tão rica.

O filósofo francês René Descartes (1596-1650) escreveu: "Não há estupidez que não tenha sido defendida alguma vez por algum filósofo". Talvez seja assim mesmo. Mas o que não pode faltar em um filósofo é a vontade de interpretar o mundo.

Cientistas, poetas, pintores e sacerdotes religiosos tentaram e tentam também, à sua maneira, elaborar formas de conhecer o mundo e a si mesmos. No entanto, para isso, foi escolhido pelos filósofos um método muito preciso. Eles querem descobrir o grande destino da inteligência, fazer novas perguntas sobre as ciências, os avanços da técnica, as religiões, a política, a arte e as criações humanas em geral.

A filosofia contempla o dinamismo da inteligência humana, suas invenções e erros, e tenta vislumbrar um rumo. A espécie humana busca constantemente se redefinir e encontrar novos sentidos para sua existência. A capacidade de pensar concede um poder maravilhoso ou terrível, dependendo da forma como a usamos. Podemos nos afirmar como uma espécie dotada de dignidade, ou podemos destruir a vida no planeta. São duas possibilidades que estão abertas.

Filosofia: autoanálise e sistema

Perguntas da filosofia

Precisamos nos autocompreender, saber o que é verdade e o que é mentira, o que é bom e o que é mau. Isso é o que chamamos filosofia autoanalítica. Com base na situação concreta de nosso mundo, formulamos perguntas que são:

- **Vitais** – porque em torno delas se constitui a vida humana;
- **De caráter universal** – não se conhece nenhuma cultura que não tenha se preocupado com essas questões, ainda que tenham encontrado respostas distintas;
- **Atemporais** – que são tão atuais como há séculos;
- **Abertas** – porque o conhecimento filosófico, assim como o científico, é um conhecimento em expansão.

A história da filosofia

A história da filosofia revela de que modo os filósofos formularam perguntas ao longo do tempo, e como as responderam. Os filósofos explicaram suas ideias sobre a realidade e sobre seu modo de julgar as ideias de outros pensadores.

Ao estudar suas obras, aprendemos novas formas de pensar, percebemos pontos de vista e argumentos originais, além de maneiras inovadoras de analisar os problemas que nos cercam. Por isso, conhecer a produção intelectual desses filósofos é importante para ampliarmos a forma de ver e interpretar o mundo, bem como nossa própria existência. Ler os grandes filósofos nos ensina a pensar (*doc.1*).

Doc. 1

Aprender com os outros

Para que o espírito adquira sagacidade, deve-se exercitá-lo pesquisando o que já foi encontrado por outros, e percorrendo com método todos os ofícios dos homens.

DESCARTES, René. *Regras para a direção do espírito*. São Paulo: WMF Martins Fontes, 2007.

- Segundo Descartes, o que devemos aprender para pensar melhor?

A filosofia como sistema

Mas é preciso ir além; a filosofia não se contenta em ser autoanalítica. Constitui um modo reflexivo e racional de pensar a vida e o mundo. Deve definir e argumentar com fundamentos racionalmente válidos.

A filosofia ensina a pensar, mas não oferece uma solução definitiva. Ela apresenta formas distintas de refletir sobre as mesmas questões, e convém conhecê-las, porque as ideias filosóficas influem em nossa maneira de pensar e de interpretar a ciência e a religião, de ordenar os assuntos humanos e de afirmar ou negar valores éticos.

Para conhecer o desenvolvimento da filosofia, é importante expô-la de maneira sistemática, ou seja, é necessário estudá-la como exposição sistemática dos problemas e das soluções elaborados pelos pensadores ao longo da história.

Saiba mais

Dois exemplos de filosofia

O filósofo dinamarquês **Sören Kierkegaard (1813-1855)** foi muito influente durante o século XIX. Ele pensava da seguinte forma: "Vamos falar de uma vida humana totalmente individual, a qual se possa viver aqui na Terra. O que se pode afirmar de uma vida dessas se pode igualmente afirmar de toda a história da espécie humana".

Miguel de Unamuno (1864-1936), poeta, dramaturgo e filósofo espanhol, pensava que o objeto da filosofia não deveria se referir ao ser humano abstrato. "Nosso homem é o de carne e osso, eu, você, caro leitor, aquele do outro lado, aqueles que pisam sobre a Terra. E este homem concreto, de carne e osso, é o sujeito e o supremo objeto de toda filosofia... A filosofia é um produto humano de cada filósofo, e cada filósofo é um homem de carne e osso. Filosofa o homem... O filósofo filosofa para algo mais que filosofar; filosofa para viver".

Sören Kierkegaard, em desenho de Neils Christian Kierkegaard.

Fotografia de Miguel de Unamuno.

- Quais são as semelhanças entre as ideias desses dois filósofos?

▨ O surgimento histórico e multicultural da filosofia

▪ O nascimento da reflexão filosófica

É possível que os humanos tenham feito perguntas filosóficas ao longo da história, mas podemos indicar o momento em que a filosofia apareceu como forma nova e revolucionária de conhecer a realidade.

Em que data isso ocorreu exatamente? Em que lugar (ou lugares)? O que essa origem representa para a história da humanidade?

Não há uma data precisa, mas os séculos VII e VI a.C. são considerados os períodos em que surgiram o termo "filosofia", bem como seu significado etimológico ("amor à sabedoria", "busca da verdade").

A origem do termo se deu simultaneamente em diversas culturas, ainda que se acredite que foi apenas na Grécia. Na verdade, as primeiras manifestações históricas da filosofia ocorreram tanto na Índia e na China – no Oriente –, como na Grécia – no Ocidente (*doc. 2*).

▪ Aspectos comuns da origem da filosofia

Os aspectos comuns às primeiras manifestações históricas da reflexão filosófica são:

- **Época**. Entre os séculos VII e VI a. C., viveram alguns dos pensadores mais importantes do primeiro período de reflexão filosófica no Oriente e no Ocidente. Podem ser citados: Confúcio, que viveu na China entre 551-479 a.C.; Sidarta Gautama, o Buda, "o iluminado", que viveu por volta dos anos 563-483 a.C., na Índia; ou Tales de Mileto, que viveu durante os anos 625-546 a.C. e que é considerado o primeiro filósofo grego pertencente ao grupo dos pensadores classificados pelos historiadores da filosofia como pré-socráticos.

  Foi uma época marcada pelo desenvolvimento técnico e pela consolidação econômica e cultural dessas civilizações, fatores que facilitaram a reflexão e a busca de novas soluções.

- **Busca pelo conhecimento**. O desejo de saber, para explicar e dar sentido à vida humana, em sua dupla vertente: em torno da realidade cósmica (a origem e a natureza do Universo); e em torno da convivência e da organização social.

- **Explicação racional**. Os pensadores desse primeiro período histórico-filosófico buscavam explicação racional para os fatos e a realidade. Por isso, a origem histórica da filosofia é denominada genericamente de a "passagem do mito ao logos", ainda que a superação da tradição e dos mitos fosse mais difícil na cultura grega (*doc. 3*).

A ORIGEM DO PENSAMENTO FILOSÓFICO

Elaborado pelo autor.

Doc. 2

Uma coincidência no tempo

O pensamento filosófico surgiu simultaneamente – no século VI a.C. – em três zonas distintas e distantes de nosso planeta: na Índia, na China e na Grécia. Nos dois séculos anteriores, produziu-se um desenvolvimento espetacular da especulação e da reflexão, que abriu os procedimentos pelos quais as três grandes tradições filosóficas (a indiana, a chinesa e a ocidental) deveriam discorrer durante os dois mil anos seguintes. A simultaneidade desta tripla explosão intelectual não deixou de surpreender comentaristas e historiadores.

MOSTERÍN, Jesús. *India* – Historia del pensamiento. Madrid: Alianza Editorial, 2007.

- Explique a **coincidência** a que o texto se refere.

Doc. 3

O nascimento da racionalidade

Nessa época se constituem as categorias fundamentais com as quais ainda pensamos, e se iniciam as religiões mundiais segundo as quais vivem os homens. Em todos os sentidos, se toca o universal [...]. Começava o combate contra o mito com o lado da racionalidade e da experiência iluminada pela razão (o logos contra o mito).

JASPERS, Karl. *Origen y meta de la Historia*. Madrid: Revista de Occidente, 1986.

1. O conceito de razão é imprescindível na discussão sobre o surgimento da filosofia. Segundo o texto de Jaspers, o que podemos entender por esse conceito?

2. Quais são as semelhanças entre os documentos 2 e 3?

A filosofia no Oriente e no Ocidente

▲ Confúcio (551-479 a.C.) criou uma das mais importantes doutrinas orientais: o confucionismo.

▲ Sidarta Gautama, século VI a.C., foi o fundador do budismo indiano.

Ainda que aceitemos uma origem comum, a filosofia oriental e a ocidental seguiram caminhos diferentes, porque seus interesses foram distintos desde o princípio.

A cultura grega dirigiu seus esforços na busca de uma explicação racional para a origem do universo e dos elementos que compunham a natureza (*physis*, em grego). Isso ocorreu por volta do século VI a.C. Dessa direção da filosofia surgiu, com o tempo, a ciência.

Já a filosofia oriental se manteve mais ligada à religião e à espiritualidade, apegada à tradição e à compreensão da natureza humana.

A essência dos ensinamentos de Confúcio, um dos pensadores mais destacados da filosofia chinesa, dirige-se para a definição da boa conduta na vida, o melhor governo do Estado, o cuidado da tradição, o estudo e a meditação.

O budismo, na Índia, geralmente identificado como uma prática religiosa, é uma filosofia que cultiva a espiritualidade, porque confere ao espírito a solução de todos os problemas e aspirações da humanidade.

Em suma, a filosofia oriental direcionou seus passos para a compreensão da natureza humana, centrando-se na experiência espiritual, enquanto a filosofia ocidental voltou-se para a natureza de um modo geral.

A filosofia ocidental

O que diferencia a filosofia ocidental da oriental é a ideia de sabedoria (*sophia*, em grego). Para os orientais, a sabedoria é uma experiência de salvação. O sábio hindu ou budista busca a união com o Absoluto. Para os filósofos ocidentais – primeiro os gregos da Antiguidade – a noção de sabedoria estava diretamente ligada à razão.

A filosofia ocidental se separou da oriental, passando do mito ao *logos* (o termo grego dá a noção de razão, mas seu sentido etimológico exprime a ideia de "palavra", "fala", "discurso"); da experiência espiritual como base da ponderação à experiência sensível como base da argumentação. E isso ocorreu na Grécia (*doc. 4*).

A filosofia e a cultura da Antiguidade grega caracterizaram-se pelos seguintes aspectos:

- **A defesa da liberdade**. Consciência do sujeito humano e de sua autonomia;
- **O sentido pessoal e original da produção artística**;
- **A reflexão política**. Entre os gregos antigos era fundamental a discussão sobre os papéis que os diferentes indivíduos deviam exercer na organização da *polis* (sociedade, cidade). A democracia é uma das experiências políticas gregas mais significativas;
- **O conhecimento racional**. As razões mais profundas e universais da realidade levam os gregos a serem considerados os iniciadores do pensamento filosófico.

Doc. 4

Os gregos, inventores da filosofia

O primeiro povo que de fato filosofa é o povo grego. Outros povos anteriores tiveram cultura, tiveram religião, tiveram sabedoria; mas não tiveram filosofia.

Eles nos impregnaram das filosofias orientais, da filosofia indiana, da filosofia chinesa. Essas não são filosofias. São concepções geralmente vagas sobre o Universo e a vida. São religiões, são sapiência popular mais ou menos genial, mais ou menos desenvolvida; mas filosofia não há na história da cultura humana, do pensamento humano, até os gregos.

Os gregos foram os inventores disso que se chama filosofia. Os descobridores da razão, os que pretenderam que com a razão, com o pensamento racional, se pudesse encontrar o que as coisas são, se pudesse averiguar o último fundo das coisas.

GARCÍA MORENTE, Manuel; ZARAGÜETA, Juan. *Fundamentos de filosofia*. São Paulo: Mestre Jou, 1980.

Gravura (1754) de Ambroise Tardieu que representa Tales de Mileto (624-556 a.C.), um dos primeiros filósofos gregos. Para ele, a água é o princípio de tudo.

1. Por que, segundo o documento, a filosofia é grega?
2. Compare este texto com os documentos 2 e 3.

■ Principais etapas históricas da filosofia ocidental

A história da filosofia costuma ser dividida em grandes períodos que não são absolutamente precisos, já que o pensamento filosófico não seguiu uma evolução linear. Todavia, acompanham, de algum modo, a tradicional periodização da história ocidental. Assim, podem-se destacar as seguintes etapas:

- **A filosofia antiga**. Abarca desde o século VII a.C. até o século III d.C., mas sua influência se estende até os nossos dias, em virtude, principalmente, do pensamento socrático e das escolas de Platão e de Aristóteles (séculos V-IV a.C.). A principal característica da filosofia grega é o esforço da razão humana por explicar todos os fenômenos cósmicos e humanos mediante análise e argumentos racionais, sem apelar para explicações de caráter mítico ou religioso.
- **A filosofia medieval**. Dominou o Ocidente desde o século IV até o Renascimento (século XV). As figuras do pensamento medieval que mais influenciaram a história da filosofia foram Santo Agostinho (354-430) e Santo Tomás de Aquino (1224-1274). A característica principal desse período foi a subordinação do pensamento filosófico à teologia cristã da Igreja católica.
- **A filosofia moderna**. Foi inaugurada com a revolução científica no século XVI e se firmou com René Descartes no século XVII. Centra-se, sobretudo, na reflexão sobre o conhecimento e sobre o ser humano. A revolução científica, que propiciou a aparição da filosofia moderna, foi um dos impulsos renovadores mais importantes da história cultural do Ocidente.

  Durante esse período, destacou-se, principalmente na Europa, o movimento conhecido como Iluminismo (também chamado de Ilustração ou Esclarecimento). Alguns dos filósofos iluministas que se destacam são o escocês David Hume (1711-1776), o franco-suíço Jean-Jacques Rousseau (1712-1778) e o alemão Immanuel Kant (1724-1804), que situaram o esforço da razão humana dentro dos limites do empirismo e do racionalismo.
- **A filosofia contemporânea**, que teve início no século XIX, foi marcada pelo desenvolvimento do conhecimento científico. Em alguns momentos, a ciência experimental pretendeu converter-se no único conhecimento possível sobre a realidade. As relações entre a filosofia e a ciência tornaram-se difíceis.

  Surgiram correntes muito díspares, umas a favor do modelo científico do conhecimento (o positivismo, por exemplo), e outras que, sem negá-lo, afirmam que o modelo científico se tornou insuficiente para entender a complexidade da realidade humana, como a fenomenologia e o existencialismo.
- **Na atualidade**, a ideia mais defendida é a que existem modos distintos de conhecimento e que todos são necessários. Admite-se a existência de distintos tipos de saber.

  O cientista tem alguns critérios e métodos próprios e se ocupa de um tipo de explicação da realidade empírica. Mas a realidade humana não se limita ao material e natural; possui dimensões que ultrapassam esses limites marcados pela ciência. O ser humano reinventa-se, propõe-se novos desafios, discute eticamente práticas e valores, absorve e resiste a formas culturais diferentes da sua, enfim, não é apenas um autômato pronto para ser dissecado e integralmente conhecido, mas uma força transformadora carregada de desejos e sentimentos.

Museu de Arte e História de Viena

∧ Torre de Babel, de Pieter Brueghel, o Velho, c. 1563. Óleo sobre painel. Museu Kunsthistorisches, Viena.

| Grandes períodos da filosofia ocidental ||
Período	Características
Filosofia antiga	Esforço da razão por explicar a natureza e a vida social.
Filosofia medieval	Herdeira do pensamento greco-romano, subordina-se à teologia cristã da Igreja católica.
Filosofia moderna	Reflete sobre o ser humano e sobre o conhecimento.
Filosofia contemporânea	Marcada pelo apogeu da ciência e da crítica da tradição filosófica.
Época atual	Procura outras formas de conhecimento, além do científico.

Filosofia e verdade

A filosofia como um saber radical

Atualmente, questionamos a própria ideia de uma verdade única e absoluta, todavia, a força propulsora para o desenvolvimento da filosofia na Grécia antiga foi exatamente a busca pela verdade do conhecimento. Assim, a filosofia grega definiu-se, desde o princípio, como um saber radical. Mas como a filosofia entende a verdade (*doc. 5*)?

É um saber radical porque:

- busca compreender a raiz e a origem das coisas;
- apresenta uma vontade por entender e explicar a totalidade da realidade humana, seja a de origem cósmico-natural (o Universo, a natureza ou os seres naturais), seja especificamente a humana, como os comportamentos moral, político, artístico.

Para atingir esse saber, a filosofia dispõe dos seguintes meios:

- **A experiência empírica**, ou seja, os dados recebidos pelos sentidos.
- **O pensamento lógico**, que organiza os dados da realidade, analisa e os interpreta.

Museu do Vaticano

∧ Detalhe da pintura *A escola de Atenas*. Ao centro, à esquerda, apontando para o alto, Platão; ao seu lado está Aristóteles; sentado na escada, Diógenes de Sínope; e sentado do lado esquerdo da escada, apoiado no mármore, Heráclito.

Doc. 5

Um saber radical

A filosofia é um saber radical porque se propõe problemas últimos e primeiros, e porque se esforça em pensá-los de modo radical. Esse radicalismo do pensamento filosófico o distingue dos outros modos de conhecimento; sobretudo, o das ciências, porque estas, longe de se proporem problemas radicais, não admitem mais em princípio que os suscetíveis de solução, portanto, problemas mansos, como animais domésticos [...]. Mas os problemas da filosofia são os problemas absolutos e são absolutamente problemas, sem limitação nenhuma de seu brio pavoroso; são os problemas ferozes que amedrontam e angustiam a existência humana, dos que o homem é portador e sofredor permanente.

A natureza e o domínio dela são questões presentes em toda a história da filosofia.

Luiz Cláudio Marigo/Opção Brasil Imagens

ORTEGA Y GASSET, José. *Sobre la razón histórica*. Madrid: Alianza Editorial, 1988.

- O que distingue a filosofia das ciências, segundo Ortega y Gasset?

▪ Saiba mais ▪

O raciocínio

O raciocínio lógico é um elemento fundamental da filosofia e algo comum a todos os seres humanos. Nas palavras do filósofo escocês David Hume: "O raciocínio rigoroso e preciso é o único remédio universal válido para todas as pessoas e disposições".

Paul Matthew/Shutterstock.com

- Explique o que Hume quer dizer com a expressão "remédio universal".

■ A verdade como conhecimento da realidade

A busca radical da verdade empreendida pelos filósofos está presente em sua origem histórica. Os primeiros filósofos, conhecidos com o nome genérico de pré-socráticos (anteriores a Sócrates), entenderam que o primeiro assunto que a filosofia deveria explicar era a origem de todo o real, isto é, a origem da natureza.

■ Saiba mais ■

Arché

Para encontrar a origem da natureza e de todo o Universo, os primeiros filósofos recorreram à pesquisa de um elemento primeiro a partir do qual pudessem ter surgido todos os demais. Um elemento que tinha de ser a causa de todas as coisas. Esse princípio é a *arché*.

A *arché* é um elemento encontrado na *physis* (podendo ser a terra, a água, o ar ou o fogo), e também na razão, que tem de ordenar, refletir e elaborar um discurso que explique e justifique a realidade. Desse modo, Aristóteles de Estágira, filósofo grego posterior aos pré-socráticos, referiu-se a eles como os "físicos", os primeiros físicos (*doc. 6*).

Platão de Atenas (428-348 a.C.) e Aristóteles de Estágira (384-322 a.C.) – professor e aluno – influenciam até hoje o pensamento ocidental.

- O que significava o conceito de "arché" para os primeiros filósofos gregos?

Doc. 6

Os primeiros físicos

A maioria dos primeiros filósofos acreditava somente em princípios que se dão sob a forma de matéria; pois afirmavam que o elemento e o princípio primeiro de todas as coisas é aquele a partir do qual todas as coisas existem e chegam por primeira vez ao ser (a arché) [...]. Respeito ao número e à espécie de tal princípio, não dizem todos o mesmo, mas sim que Tales, o iniciador de tal filosofia, afirmava que é a água.

ARISTÓTELES. *Metafísica*. São Paulo: Edipro, 2005.

- Por que os primeiros filósofos receberam o nome de "físicos"?

■ A verdade e o bem

A filosofia grega ocupou-se também, desde o princípio, da busca pela verdade do ponto de vista humano, ou seja, a verdade entendida como aspiração ao bem moral e à felicidade.

Essa mudança de interesses é conhecida como **reviravolta antropológica**, e foi protagonizada por Sócrates de Atenas e pelos sofistas no século V a.C., como Górgias de Leontini (480-375 a.C.) e Protágoras de Abdera (480-410 a.C.) (*doc. 7*).

Enquanto os sofistas pensavam que os valores e as normas morais são relativos, dependendo dos interesses e das conveniências do momento, Sócrates defendeu que a tarefa primeira da filosofia consistia em estabelecer definições universais e objetivas sobre os valores morais que devem reger a convivência humana e política.

Sócrates representa, assim, o início da busca da verdade no âmbito da ética ou da filosofia moral.

Doc. 7

A reviravolta antropológica da filosofia em direção à ética e à política

[Sócrates], longe de buscar como tantos outros o que afeta a natureza, longe de buscar a origem do que "os sábios" (*sophós*) chamam mundo [...], demonstrava a loucura de tais especulações [...]. Respeito a ele, entretendo-se sem cessar com aquele que está ao alcance do homem, examinava o que é piedoso e o que é ímpio, o que é honrado e o que é vergonhoso, o que é justo e, pelo contrário, injusto; em que consistem a sabedoria e a loucura, o valor e a pusilanimidade; o que é o Estado e o que é um homem do Estado; que é o governo e como se tomam as rendas. Enfim, discorria a propósito de todos os conhecimentos que tornam o homem virtuoso, e sem os quais pensava que realmente se merecia o nome de escravo.

JENOFONTE. *Recuerdos socráticos*. Madrid: Alianza Editorial, 2009.

- Com base no relato de Xenofonte, apresente as preocupações filosóficas de Sócrates.

Perguntas da filosofia

Immanuel Kant, um dos filósofos mais importantes da história, sintetizou os interesses fundamentais da filosofia em torno de quatro perguntas básicas (*doc. 8*).

O que posso conhecer?

Como podemos estar seguros do que conhecemos? Quais são os limites do conhecimento?

A filosofia parte do desejo de explicar e conhecer o que nos cerca.

Isso é possível em virtude da capacidade reflexiva e investigativa do ser humano, de querer saber sobre aquilo que lhe é estranho, de entender algo alheio a ele mesmo, algo que não compreende e que deseja conhecer. Desse modo, o ser humano faz perguntas do tipo: "Como surgiu o Universo?", "Quais são suas leis explicativas?", "Pode-se chegar a conhecer tudo o que há nele, ou há algum limite para o conhecimento?".

As respostas a essas questões vieram primeiro de filósofos e depois de cientistas:

- O filósofo investigando como o conhecimento obtido contemplaria a verdade, ou se há "realidades humanas" que escapariam ao conhecimento científico.
- O cientista buscando um método que lhe sirva para encontrar a verdade de coisas e fenômenos reais, tanto sobre sua origem como sobre as leis que os explicam.

A condição humana apresenta numerosas facetas, por isso a filosofia não se detém aos limites da ciência com seu método. Ela quer conhecer mais, quer encontrar um sentido completo para a existência. Assim, investiga os limites do conhecimento e da verdade, mas tampouco se conforma com eles, lançando-se a novas buscas e ampliando as respostas.

Como devo me comportar?

Como viver em sociedade? O que é a felicidade e como alcançá-la? Além da preocupação com o conhecimento da natureza e do mundo que o cerca, o ser humano também se preocupa em saber o que fazer com sua vida, como dirigir sua conduta, como se comportar com os demais e consigo mesmo. Ele se descobre como um ser que pode e precisa escolher sua conduta.

Se sua conduta estivesse prefixada de antemão, o ser humano agiria exclusivamente por meio de seus instintos. Por isso, somente um ser livre e dotado de razão necessita assumir uma conduta, porque tem de direcioná-la, irremediavelmente, em alguma direção.

O ser humano descobre em sua própria conduta um motivo de reflexão. Descobre que tem uma conduta deliberativa, que ele pode dirigi-la, controlá-la, organizá-la, julgá-la. Para isso, precisa de critérios, pautas, normas, valores, o que é possível de ser obtido por meio da **moral**, que tipifica os comportamentos deliberativos e discute, problematiza e avalia os valores comumente aceitos.

Além de nosso comportamento individual, temos de nos preocupar com nossas atitudes políticas e sociais, pois vivemos em uma sociedade cada vez mais complexa. A filosofia ocupou-se, desde sua origem, da organização social e política, buscando critérios racionais para decidir que normas e valores são os mais adequados para dirigir nossa conduta, em uma direção que nos encaminhe a viver melhor, conosco mesmos e com os outros.

Esse caminho, que culmina no reconhecimento da dignidade e da singularidade, requer muitos compromissos, mudanças e acordos, que devem ser postos em prática. Por isso, essa parte da filosofia denomina-se "filosofia prática", porque reflete sobre as possibilidades de ação para mudar a realidade, para conduzi-la a fim de encontrar a felicidade individual e coletiva.

Doc. 8

As perguntas e os campos da filosofia

O campo da filosofia se resume nas seguintes perguntas: O que posso conhecer?, Como devo me comportar?, O que posso esperar? e O que é o ser humano?

Da primeira pergunta se ocupa a metafísica; da segunda, a moral; da terceira, a religião, e da quarta, a antropologia. Mas, na realidade, todas elas poderiam incluir-se na antropologia, pois as três primeiras perguntas se referem à última.

KANT, Immanuel. *Crítica da razão pura*. São Paulo: Martin Claret, 2009.

- Discuta como as três primeiras perguntas se referem à última.

■ O que posso esperar?

Existe vida após a morte? A vida humana tem algum sentido transcendental?

O ser humano é consciente de sua própria finitude e por isso mesmo necessita encontrar um sentido para sua existência. Há alguém superior que seja a origem e constitua o sentido único do real?

Esse tema sempre ocupou a humanidade, e a filosofia e a ciência tentaram também responder a essas questões. A ciência buscando explicações empíricas à origem do Universo; a filosofia, por sua vez, procurando alguma explicação lógica e razoável a tais questões.

Não se trata de revelar provas experimentais, ao modo científico, mas de buscar argumentos e evidências que possam conduzir-nos a pensar que a vida tenha um sentido além do meramente cósmico ou natural. Veremos que existem diversos campos de reflexão para chegar a esse tipo de conhecimento. Um deles, a metafísica, tenta aprofundar-se nesse tema e abordar a realidade humana.

A história da filosofia mostra numerosos exemplos de filósofos que recorreram a Deus.

Trata-se de explicações filosóficas que compartilham a ideia comum da existência de Deus como origem primeira da realidade e como o ser que dota a vida humana de sentido.

Podemos encontrar argumentos racionais, como é o caso do argumento de Santo Anselmo (1034-1109) ou das cinco vias para demonstrar a existência de Deus, feitas por Santo Tomás de Aquino. Ou podemos encontrar argumentos mais vitais, como os de Santo Agostinho e Kierkegaard.

Mas também achamos argumentos para demonstrar o contrário, a negação da existência de Deus e de qualquer sentido transcendental da vida humana.

Em qualquer caso, tanto negando como afirmando sua existência, fica patente a importância e a necessidade que o ser humano tem e sempre teve de encontrar algum sentido para sua vida.

Por isso, a filosofia se ocupa na busca de respostas.

■ O que é o ser humano?

Kant afirma que essa pergunta sintetiza todas as anteriores. Somente porque há um ser vivo ao qual chamamos "ser humano", capaz de formular perguntas sobre sua origem e a do mundo que o cerca, pode sur-

Museu Britânico, Londres

O ancião dos dias, do poeta e pintor William Blake (1757-1827).

gir com o tempo uma resposta denominada filosofia. Se esse ser estranho e ao mesmo tempo extraordinário não tivesse aparecido há tanto tempo, não teríamos o conhecimento que temos hoje sobre arte, religião, moral e política.

A filosofia ocupou-se, desde sua origem, do estudo da condição humana; entendeu o homem como um ser biológico, sujeito às mesmas leis naturais que os outros seres, mas com características próprias e exclusivas, como a racionalidade, a liberdade, a sociabilidade, a arte, a linguagem...

Considerando todas essas dimensões naturais e culturais, assim como as contribuições de outras ciências (paleontologia, história, arqueologia, biologia, genética, etc.), a história da filosofia nos oferece diversas teorias ou concepções sobre o ser humano e sua humanidade.

Conhecê-las nos permite compreender a história do ser humano e sua possível evolução, não só biológica, mas cultural, social e política. Sobretudo nos ajuda a conhecer melhor e a entender a nossa individualidade e o nosso destino comum como seres humanos.

O projeto ético comum de construir um mundo justo e solidário, onde a convivência seja possível, deve partir dessas reflexões sobre as dimensões biológicas e culturais do ser humano. Esse estudo faz parte do que se denomina "antropologia filosófica".

Aprender a ler filosofia

▪ A compreensão

Pensemos um pouco sobre a ideia da "compreensão". Alguém está contando uma piada, os demais riem a gargalhadas, mas você não vê graça. Não a entendeu. Na aula pode acontecer o mesmo. O professor está explicando algo que para ele parece muito claro, mas os alunos não entendem. Em algumas situações, gostaríamos de entender, mas, por mais que prestemos atenção, não conseguimos.

Nossa inteligência parece agir por sua própria vontade. Tanto que, de repente, entendemos e compreendemos algo que não entendíamos instantes atrás.

A palavra "compreender" significa captar tudo de uma vez, prender tudo junto. Dar um significado único a coisas que antes estavam separadas. Reorganizar todas as peças de outra maneira.

Vejamos o desenho. Em geral, o que se vê primeiro é o perfil de um rosto de uma senhora, com um lenço na cabeça, nariz e queixo pontudos e um casaco preto. Mas, olhando bem, mais para o lado esquerdo, é possível ver uma mulher jovem, de perfil, com um véu que lhe cai por trás do cabelo e um abrigo de pele. A princípio, é comum ver somente uma das figuras. De repente, percebe-se a existência da outra. O que fazemos para descobrir a segunda figura? Olhamos o desenho, nos fixamos em uma linha que interpretamos como um nariz e uma boca, e logo nosso cérebro é capaz de percebê-las como um queixo e um pescoço; assim, compreendemos a imagem de outro modo e, finalmente, vemos outra figura.

Coleção particular

Desenho de domínio popular brinca com a compreensão de um objeto da realidade ordinária.

Algo parecido ocorre com a compreensão de uma demonstração matemática ou de um texto. É necessário ler o texto com cuidado, perguntando-se o sentido de cada frase, de cada conceito, tentando dar um exemplo do que diz o texto, mobilizando nossas lembranças. A isso se refere a segunda chave da leitura: a busca da compreensão.

1. Completar as lacunas

Como funciona o processo de compreensão de um texto? Leiamos o seguinte texto de Liev Tolstói (1828-1910), grande escritor russo do século XIX:

Um corvo ouviu que davam muito bem de comer aos pombos, então se pintou de branco e voou para o pombal. Os pombos pensaram que era também um pombo e o receberam bem. No entanto, não pôde conter-se e deu um grito como um corvo. Então, os pombos compreenderam que era um corvo e o mandaram para fora do pombal. Regressou com os seus, mas então estes não o reconheceram e tampouco o quiseram acolher.

TOLSTÓI, Liev. O corvo e o pombo. In: *Contos da nova cartilha.* Cotia: Ateliê, 2005.

Analisemos a grande quantidade de coisas que tivemos de supor para entender esse texto. Vejamos a primeira frase: *Um corvo ouviu que davam muito bem de comer aos pombos* (e quis desfrutar como eles), *então se pintou de branco* (os corvos são escuros e os pombos são brancos, e ele queria parecer um pombo para que não o reconhecessem) e *voou para o pombal* (para comer tão bem como os pombos).

1. Prossiga a análise das frases do texto, assinalando que outras passagens tiveram de ser inferidas.

Em qualquer texto, há muitas coisas que não estão ditas, e que o leitor deve supor ou inferir. Ao ler, completamos o texto com o que sabemos. Compreendemos a história do corvo e do pombo porque, sem dar-nos conta, aplicamos nos corvos e nos pombos o que sabemos sobre os humanos. Ou seja, supomos corretamente que o autor estava "humanizando" as aves que protagonizam o texto.

Portanto, um dos métodos para "buscar a compreensão" é completar as lacunas que o texto tem, as suposições implícitas.

Blaise Pascal (1623-1662) foi um grande pensador e matemático francês do século XVII que escreveu sobre filosofia.

O homem não é mais que uma vara, a mais frágil de toda a natureza, mas é uma vara que pensa. Não é preciso que o Universo inteiro se arme para aniquilá-lo: um vapor, uma gota de água basta para acabar com ele. Mas, ainda que o Universo o aniquilasse, o homem continuaria sendo sempre muito maior que aquilo que o mata, já que sabe que ele morre e sabe a vantagem que o Universo tem sobre ele. O Universo não conhece nada.

Toda nossa dignidade reside, portanto, no pensamento. É a partir daí que temos de nos elevar.

Esforcemo-nos, pois, em pensar bem: eis aqui o princípio da moral.

PASCAL, Blaise. *Pensamentos*. São Paulo: WMF Martins Fontes, 2005.

Blaise Pascal (1623-1662).

2. Indique se são verdadeiras [V] ou falsas [F] as seguintes afirmações sobre esse texto e reflita sobre a resposta.

a) Pascal diz que o Universo é mais poderoso que o ser humano e por isso tem mais dignidade.

b) "O homem é uma vara" é uma metáfora.

c) Pascal aplica essa metáfora ao ser humano porque ambos – varas e humanos – vivemos junto aos rios.

d) Sobreviver é a principal norma moral para Pascal.

3. Explique o sentido da metáfora "o homem é uma vara que pensa".

4. "Princípio" pode significar: 1. O começo de uma coisa. 2. O fundamento de algo (os "princípios da matemática", os "princípios do direito"). Que significado usa Pascal? Por quê?

5. Por que Pascal diz que pensar bem é o princípio da moral? Que relação se pode estabelecer entre moral, dignidade e pensamento?

Analisemos agora outro "Pensamento" de Pascal:

Há aqueles que falam bem e não escrevem bem. Isso ocorre porque o lugar, o auditório os estimulam e tiram de seu espírito mais do que encontram sem este calor.

PASCAL, Blaise. Op. cit.

Os textos curtos – aforismos, máximas, provérbios, ditados – eliminam muita informação, porque parece ao autor que inseri-la tornaria a exposição pesada, mas isso faz que às vezes se tornem difíceis de compreender. Ampliemos o que diz este texto de Pascal: "Há aqueles que falam bem e não escrevem bem", ou seja, quando têm de explicar algo em público ocorrem-lhes mais coisas, se esforçam mais, são mais brilhantes do que quando a sós e quando têm de escrever. A quase todas as pessoas ocorre o mesmo. Quando estamos falando com amigos, ou discutindo com alguém, as ideias nos vêm com mais facilidade e rapidez.

6. Qual é a razão que Pascal dá para justificar sua primeira frase?

7. Por que as ideias costumam vir com mais facilidade e rapidez quando estamos conversando com amigos ou com outras pessoas do que quando temos de enfrentar um papel em branco no qual temos de escrever?

8. Pesquise um ditado e explique seu significado.

9. Escreva um aforismo ou uma frase que expresse uma ideia similar à do "Pensamento" de Pascal e explique o que quer dizer.

Buscar a verdade com os psicólogos

▪ A inteligência, o sucesso e a felicidade

Um filósofo sabe que ainda conhece muito pouco diante da imensidão de coisas que há para se aprender. Sócrates já disse: "Só sei que nada sei". Equivale a dizer que, apesar de sabermos muitas coisas, somos conscientes das que ignoramos, por isso temos de aprender sempre e com todos. Por exemplo, com os psicólogos.

Robert Sternberg é, atualmente, um dos grandes especialistas mundiais no estudo da inteligência. Escreveu muitos livros, um deles com um título curioso: *Por que as pessoas inteligentes conseguem ser tão estúpidas?* Que perguntas poderíamos fazer a esse estudioso caso o encontrássemos? Uma das maiores demonstrações de inteligência é fazer boas perguntas. Pensemos em algumas possíveis:

- Pode-se melhorar a inteligência?
- É importante ter inteligência para alcançar o sucesso?
- Como fazer para pensar melhor?

Robert J. Sternberg, psicólogo norte-americano, nasceu em 1949; é especialista no estudo da criatividade e da inteligência.

1. Valorizar a própria inteligência

Robert Sternberg conta parte de sua história em um texto intitulado "Minha vida como imbecil".

Quando era aluno da escola primária, fracassei miseravelmente nos testes de inteligência a que fui submetido. Os testes me angustiavam terrivelmente. Simplesmente ao ver que um psicólogo da escola entrava na sala de aula para passar um teste de inteligência, tinha um ataque de pânico. E no momento em que o psicólogo dizia "Já!", para que começássemos, me encontrava em tal estado de temor que quase não podia responder a nenhuma das perguntas. Ainda estava nas primeiras perguntas, enquanto meus colegas já estavam entregando o teste. Para mim, o jogo dos testes estava terminado antes de começar, e sempre com o mesmo resultado: minha derrota.

Mas logo Sternberg teve sorte: Tive que assistir à aula da senhora Alexa. Ela não se importou com os testes. Acreditou que eu podia melhorar e esperou mais de mim. Não só isso: exigiu mais de mim. E eu consegui. Converti-me em um estudante de primeira linha.

STERNBERG, Robert. Minha vida como imbecil. In: *Inteligência plena*. Porto Alegre: Artmed, 2003.

1. O que acontecia com Sternberg nos testes de inteligência durante sua infância?

2. O que se pode deduzir de sua posterior evolução na vida?

Com essa experiência, Sternberg escreveu um livro sobre como pensar bem. Intitulou-o *Inteligência triunfante*. Estes são alguns de seus pressupostos:

1. As pessoas com inteligência triunfante não se deixam influenciar pelo que dizem outras pessoas sobre sua inteligência. Confiam em suas possibilidades.

2. Há diferentes tipos de inteligência. Uma pessoa que não é capaz de resolver problemas matemáticos talvez seja um gênio em mecânica.

3. As pessoas com inteligência triunfante não esperam que os problemas apareçam inesperadamente, mas reconhecem sua existência antes que se tornem extremamente difíceis, e então começam a resolvê-los. Para isso, buscam cuidadosamente a informação sobre o problema e se centram em como utilizar efetivamente essa informação. Analisam os prós e os contras. Uma vez que tenham se decidido, avaliam a solução e corrigem os erros à medida que os descobrem.

4. As pessoas com inteligência triunfante são ativas. Buscam para si mesmas e para os demais tarefas que permitam a criatividade; definem e redefinem ativamente os problemas.

5. As pessoas com inteligência triunfante estão dispostas a crescer.

Os filósofos acrescentam um conselho a mais a esses dados por Sternberg:

6. As pessoas com inteligência triunfante sabem escolher melhor aquilo em que ter sucesso.

3. Dê um exemplo, real ou inventado, de cada um dos seis conselhos anteriores. Escolha um dos conselhos e discuta seu significado.

2. Ter sucesso

O que significa ter sucesso? É importante responder a essa pergunta. Como sempre, o primeiro passo é definir. Vejamos as seguintes definições de "ter sucesso":

1. Ter sucesso é ganhar muito dinheiro.
2. Ter sucesso é ser uma pessoa famosa.
3. Ter sucesso é ter muito poder.
4. Ter sucesso é que todas as garotas ou todos os garotos se apaixonem por você.
5. Ter sucesso é conseguir ser feliz.
6. Ter sucesso é atingir uma meta ou terminar bem um projeto.

A felicidade parece estar presente nesta jovem família. Sucesso é isso, para eles.

4. Qual das definições anteriores lhe parece a mais correta? Por quê?

5. Que vantagens e desvantagens cada uma delas apresenta?

Convém lembrar que uma boa definição deve servir para todos os casos designados pela palavra. Para algumas pessoas, ter sucesso não consiste em ganhar dinheiro, ter fama, poder ou muitos namorados; assim, rejeitaríamos as quatro primeiras definições.

E as demais? A mais ampla é a número 6: "Ter sucesso é atingir uma meta ou terminar bem um projeto". É uma boa definição, porque vale para todos os casos. Indica-nos que se pode triunfar em uma coisa e fracassar em outras.

Identificar o sucesso com a felicidade (número 5) parece ser, no entanto, mais definitiva. Ser feliz é o projeto que todos temos inevitavelmente. Se o realizamos, podemos dizer que triunfamos.

6. Por que a felicidade parece ser a resposta mais definitiva para o sucesso? Você concorda com isso? Reflita sobre sua resposta.

3. Alcançar a felicidade

Mas como se consegue a felicidade? Essa é uma questão pessoal. Vamos apenas oferecer algumas informações que podem ser úteis.

1. Convém distinguir entre "sucessos sonhados" e "sucessos projetados". Os "sonhos" são muito comuns a todas as idades, mas especialmente frequentes na adolescência. Sentimos que somos protagonistas de histórias fenomenais. Os sonhos são agradáveis, porque não se movem na realidade.

Qualquer um pode se sentir um aventureiro, uma celebridade ou um médico, mesmo que tenha medo de andar de elevador, seja tímido ou sinta enjoo ao ver uma gota de sangue. Esses "sucessos sonhados" não nos estimulam a consegui-los e, com muita frequência, nos deixam apenas sonhando. Os "sucessos projetados", por sua vez, devem levar em conta a realidade, a individual e a dos demais.

2. Nem sempre as pessoas têm sucesso em todas as áreas da vida. Ter sucesso no trabalho não significa que se tenha também na vida familiar ou amorosa. Dessa forma, é fundamental ter uma ordem de prioridades e, portanto, uma hierarquia de metas a serem alcançadas.

3. Deve-se tentar não depender em excesso de projetos que não estão ao nosso alcance, como, por exemplo, depositar as esperanças no sorteio da mega-sena para ser feliz.

4. O fim e os meios para se obter sucesso devem ser éticos, decentes.

5. O sucesso máximo é conseguir satisfazer harmoniosamente as três grandes necessidades do ser humano: o bem-estar, ter boas relações com os demais e ampliar nossas possibilidades (criar, progredir, conhecer).

7. Resuma as ideias principais expostas sobre o sucesso e que podem nos servir de guia para alcançar a felicidade. Expresse sua opinião sobre cada uma delas.

Buscar a felicidade com os filósofos

▪ Falar consigo mesmo

Na obra *Pensamentos*, Pascal expôs muitas ideias importantes para que possamos nos conhecer melhor e sermos felizes. Vamos comentar uma delas.

"O homem está feito de tal maneira que, por dizer-lhe que é tonto, pode acreditar. E, à força de dizer a si mesmo, acaba por acreditar também. Se o homem inicia uma conversa interior, é importante saber conduzi-la".

Todos somos vulneráveis quanto à opinião dos outros. Mas lembremos o conselho de R. Sternberg: "As pessoas com inteligência triunfante não se deixam influenciar pelo que dizem outras pessoas sobre sua inteligência". Pascal acrescenta algo interessante: em sua opinião, é muito importante que o ser humano saiba controlar a conversa consigo mesmo.

Cada pessoa conversa consigo mesma. Analisa continuamente sua vida e, às vezes, se aborrece consigo, se julga ou se dá conselhos.

Nessa conversa íntima, algumas vezes nos tratamos bem e em outras nem tanto. Por isso, Pascal nos adverte sobre a importância de termos uma autocrítica positiva.

1. Nosso modo de ver a vida

Ao fazer uma autocrítica, nos tratamos de forma positiva ou negativa? Jogamos a culpa de tudo sobre nós ou não nos sentimos culpados de nada? Como vemos a nossa própria vida? Analisemos um caso prático:

Um amigo ou amiga X ficou de me ligar no sábado para sair, mas não ligou. Como assimilo o que ocorreu? Há várias formas de fazê-lo:

1. X não é de se confiar e me irritei à toa.
2. Ninguém quer sair comigo. Ninguém gosta de mim.
3. Que idiota fui ao acreditar nele. Como posso ser tão imbecil?
4. Com certeza houve algum problema. X não teve culpa.

1. Que atitude parece mais razoável em sua opinião? Por quê?

Duas jovens adolescentes, que parecem amigas, conversam animadamente em um parque.

2. A contribuição de Freud

Todos escutamos a "voz da consciência" que nos diz se estamos fazendo o bem ou o mal. Kant, um dos mais importantes filósofos da história, falava dessa "assombrosa faculdade da consciência moral, que coloca o ser humano como testemunha contra ou a favor de si mesmo". Também nesse caso os pensadores nos dão bons conselhos. De onde vem essa voz?

Sigmund Freud (1856-1939), o fundador da psicanálise, distinguia fontes de ocorrências dentro de cada um de nós:

O Id, que é a fonte de nossos desejos.

O Superego, que é a presença em nós dos valores da sociedade, ou do grupo a que pertencemos, ou da figura paterna. É o ideal do eu. Sua voz é a voz da consciência, que nos julga desde o ponto de vista da sociedade, da religião, ou dos valores familiares.

O Ego, o eu, procura organizar estas outras duas fontes de ocorrências, para ajustá-las à realidade.

2. Segundo Freud, de onde procederia essa "voz da consciência"? Que função ela tem?

3. Explique com suas próprias palavras os três conceitos de Freud: Id, Ego e Superego.

3. A voz da consciência moral

As pessoas obcecadas com as coisas não podem evitar que, vez ou outra, as preocupações voltem à sua cabeça. Algo parecido ocorre com quem está apaixonado, com quem tem medo ou com quem tem muita vontade de fazer algo.

Essa fonte de ocorrências, que não dominamos, é chamada de "eu ocorrente".

As ocorrências são particulares, mas parecem funcionar por vontade própria. Às vezes desejaria não tê-las, porque são desagradáveis. Esse "eu ocorrente" é o que Freud chamava "Id". Com esse pronome em terceira pessoa, queria indicar que, ainda que faça parte de nós, está de alguma maneira distante. Felizmente, podemos controlar de alguma maneira essas ocorrências ou suscitar outras. Podemos mudar de ideia, distrair-nos, aprender, impedir que essas ocorrências involuntárias dirijam nosso comportamento. É o que se chama de "eu executor". Podemos dar ordens a nós

Senhora parece em paz com sua "voz da consciência".

mesmos, e o "eu ocorrente" nos obedece, se o treinamos bem. Grande parte da educação consiste em treinar o "eu executor" para que tire proveito de seu "eu ocorrente". Freud chamava "Ego" a esse "eu executor", que negocia com o Id.

O "eu executor" tem uma ideia do que deve fazer. Conhece a realidade, sabe que não pode deixar-se arrastar pelos desejos do Id, projeta sua vida, antecipa as coisas. Há uma "voz interior" que lhe diz que não deve fazê-lo. Essa voz interior, que é também uma fonte de ocorrências, é o que Freud chamava "Superego".

4. Elabore um quadro esquematizando as funções do "eu ocorrente", do "eu executor" e da "voz interior". Indique suas correspondências com os termos de Freud.

É muito importante que essa "voz da consciência" fale em nome dos valores justos e nos fale justamente. Se isso não está presente, uma pessoa pode não ter consciência do bem e do mal; se os valores ou modelos em que se baseia são equivocados, pode impulsioná-la a tomar decisões errôneas ou perigosas. Por isso é tão importante a educação da consciência moral.

4. Aprender a dirigir a própria conduta

Controlamos nossa conduta mediante nossa "fala interior". Com muita frequência, as pessoas impulsivas carecem desse freio íntimo. Por isso, convém recomendar que aprendam a falar consigo mesmas, que introduzam a fala interior como solução, para não se deixar levar pela fúria ou pelo impulso. É um recurso bastante inteligente.

Dois cientistas russos, o psicólogo Lev Vygotsky (1896-1934) e o neurologista Alexander Luria (1902-1977), estudaram a relação da linguagem interior com o comportamento voluntário.

A criança aprende a dirigir sua conduta obedecendo às ordens dos adultos.

Jovem mãe com seu bebê. A criança começa seu longo aprendizado humano.

A origem da função reguladora da linguagem é a capacidade da criança de se subordinar à linguagem do adulto. Esta linguagem, que frequentemente vem acompanhada de gestos indicadores, é a primeira etapa que traz consideráveis modificações na organização da atividade psíquica da criança. O nome da coisa dita pela mãe, e seu gesto indicador, reorganiza a atenção da criança e separa a coisa mencionada do resto das coisas. Em consequência, a atenção da criança começa a se liberar dos mecanismos reflexos, e começa a se subordinar à ação da linguagem do adulto.

LURIA, Alexander. *Pensamento e linguagem* – as últimas conferências de Luria. Porto Alegre: Artmed, 2001.

5. De acordo com Alexander Luria, como se subordina a criança à linguagem do adulto?

Educar nossa fala interior, saber como conversar conosco mesmos, não dar uma explicação negativa para fatos que acontecem e aprender a dar-nos ordens são habilidades indispensáveis para uma vida livre.

Filosofia jovem

▪ Ser adolescente

A vida tem diversas fases, a começar pela do bebê, e vai passando por distintas idades. Isso é inevitável. A adolescência especialmente pode ser entendida de duas maneiras:

1. Como uma idade.

2. Como um modelo de comportamento.

Alguns pensam que a adolescência é um período de falta de controle, insensatez, violência e de preocupação com o que as pessoas dizem. Essa imagem comum que se tem da adolescência é real?

1. Definir a adolescência

Antes de começar a pensar sobre esse tema, é preciso definir: O que é a adolescência? Quando ela começa? Quando termina? Vejamos alguns pontos sobre a questão.

No Brasil, o Estatuto da Criança e do Adolescente (Lei Federal nº 8 069, de 13 de julho de 1990), em seu artigo 2º, diz o seguinte: "Considera-se criança, para os efeitos desta Lei, a pessoa até doze anos de idade incompletos, e adolescente aquela entre doze e dezoito anos de idade".

▪ Do ponto de vista da medicina:

A Organização Mundial de Saúde (OMS) define a adolescência como "a etapa que transcorre entre os 10 e 19 anos, considerando-se duas fases: a adolescência precoce (10-14 anos) e a adolescência tardia (15-19 anos)".

▪ Segundo as distintas culturas:

Em muitas culturas há "ritos de passagem" para marcar a transição da infância para a idade adulta. Este tipo de evento procura marcar um momento significativo para os valores de determinada cultura, a fim de caracterizar o amadurecimento do indivíduo e o início de sua participação ativa na vida social de sua comunidade.

▪ Segundo a psicologia:

A psicologia considera que a adolescência é uma etapa do desenvolvimento humano, entre a infância e a idade adulta. Pode ser precoce ou tardia, e possivelmente mudar de uma cultura para outra. A idade cronológica é apenas orientadora.

▪ Modelos de adolescência:

Durante muitos anos, a psicologia popular insistiu na adolescência como idade problemática, difícil e inclusive trágica, em que há uma mistura de irresponsabilidade e inconsciência. Atualmente, os pesquisadores consideram que esse modelo não traz apenas elementos biológicos, mas também elementos culturais e, por isso, não é universal.

Jovens conversam em local com pistas improvisadas de *skate*.

Image Source/Folha Imagem

1. Qual dessas definições ou concepções de adolescência você acredita que será a mais útil para trabalhar com o tema? Por quê?

2. Pesquise informações sobre o que se considera jovem e adolescente em outras culturas, diferentes das do mundo ocidental.

3. Proponha sua própria definição de adolescência. Considere as concepções mencionadas e que se adaptem à sua realidade.

2. Retrato do adolescente

Vejamos o retrato que André Comte-Sponville, um filósofo francês da atualidade, faz do adolescente:

Não se pode reduzir a adolescência a uma simples transformação fisiológica.

Que comoção, no entanto! O desenvolvimento dos órgãos genitais, o aparecimento dos caracteres sexuais secundários (os peitos que vão se desenvolvendo nas meninas, a voz que muda nos garotos...), a fecundidade que se instala, o crescimento que se acelera, o corpo inteiro que se modifica...

Mas existe também a relação com os pais, que já não é mais a mesma, a relação com os amigos, a relação com a sexualidade, a relação consigo mesmo e com o mundo... A gente se faz perguntas. Busca-se. Contradiz-se. É a idade dos contrastes, das contradições, dos conflitos, internos inclusive. Tudo se mistura. Narcisismo e generosidade, exaltação e melancolia, conformismo e rebeldia, solidão e espírito de grupo, timidez e excentricidade. Não se é, se vem a ser. Move-se provisoriamente dentro do provisório, dentro do inacabado. Toma-se pelo lado trágico mais que pelo sério.

Aos 17 anos não se é frívolo. Se é impaciente ou se está cansado, os pais dizem que é por causa do crescimento, dos estudos, das noitadas por demais longas, das noites demasiado breves. O que ocorre é que a vida cansa, esgota, decepciona, e é preciso treinamento ou resignação. Qualquer um se aborrece com frequência. Não se é feliz. O adolescente está contra a família, a sociedade, o mundo inteiro. Preferem seus sonhos. Preferem seus ideais. É a idade das grandes rebeliões, das grandes cóleras, dos grandes desesperos (o suicídio nos adolescentes é a segunda causa de morte, depois dos acidentes de trânsito), dos grandes sentimentos. Afirma-se, opondo-se.

COMTE-SPONVILLE, André. *A vida humana*. São Paulo: WMF Martins Fontes, 2007.

4. Discuta o retrato do adolescente descrito por Comte-Sponville.

5. Que expressões ou palavras são positivas e quais parecem negativas no texto?

6. Explique o sentido da última frase: "Afirma-se, opondo-se". Você concorda com essa afirmação? Reflita sobre sua resposta.

3. Dados estatísticos

Segundo um estudo feito pelo sociólogo espanhol Francisco Javier Elzo, com base em enquetes com 4 000 adolescentes e jovens, estes se veem como:

Pouco tolerantes, pouco trabalhadores, imaturos, consumistas, egoístas, que somente pensam no presente, que dão muita importância para ganhar dinheiro e levar uma vida sexual satisfatória.

Parece que os jovens têm uma opinião muito negativa de si mesmos, "talvez porque internalizaram a imagem social que se tem deles".

7. A imagem descrita acima é correta? Debata os resultados da pesquisa de Elzo feita com os jovens espanhóis e compare com os casos de sua realidade.

8. O que quer dizer "internalizar"? Como é a imagem social que se tem da adolescência e da juventude?

Escrever um *blog* filosófico

Continuemos nosso *blog* ou diário filosófico, acrescentando nossas reflexões sobre a adolescência, sobre como se vive essa etapa, com preocupações e esperanças. Em que sentido, dentre os que vimos, somos adolescentes? Esse é um bom tema para continuar nossa reflexão.

Resumo do capítulo

Filosofia: autoanálise e sistema

Perguntas da filosofia
- Fazemos perguntas vitais, de caráter universal, atemporal e abertas (em processo de contestação).

A história da filosofia
- A história da filosofia nos ajuda a compreender a complexidade do real e o modo como os filósofos tentaram esclarecer o mundo deles.

A filosofia como sistema
- A filosofia busca definir e organizar explicações com fundamentos racionalmente válidos;
- É necessário estudar a filosofia como exposição sistemática dos problemas e das soluções elaborados pelos pensadores ao longo da história.

O surgimento histórico e multicultural da filosofia

O nascimento da reflexão filosófica
- A filosofia apareceu como uma forma nova de viver e conhecer a realidade por volta dos séculos VII-VI a.C., mais ou menos simultaneamente na China, na Índia e na Grécia.

Aspectos comuns da origem da filosofia
- Entre os séculos VII e VI a. C., viveram Confúcio, Buda, Tales de Mileto e outros filósofos pré-socráticos.
- Surgiu uma atitude de busca pelo sentido da vida.
- Surgiu a necessidade de buscar uma explicação mais completa que as mítica e religiosa.

A filosofia no Oriente e no Ocidente

- Confúcio busca a definição de uma boa conduta, o melhor governo, o estudo, a meditação e a tradição.
- O budismo é também uma filosofia da espiritualidade.

A filosofia ocidental
- A sabedoria é o conhecimento racional com base nos argumentos.
- Antiguidade grega: defesa do espírito de liberdade, arte humanizada, participação política e conhecimento científico universal.

Principais etapas históricas da filosofia ocidental
- **Filosofia antiga:** a razão tenta explicar todos os fenômenos.
- **Filosofia medieval:** subordinada à teologia cristã.
- **Filosofia moderna:** afirma-se com Descartes e chega ao auge com o Iluminismo.
- **Filosofia contemporânea:** marcada pelas relações com a ciência.
- Na **atualidade:** existem dimensões além do empírico e do natural.

Filosofia e verdade

A filosofia como um saber radical
- Busca compreender a origem.
- Aspira explicar a totalidade.
- Usa a experiência e o pensamento.

A verdade como conhecimento da realidade
- Busca-se a origem do real: a *arché*.

A verdade e o bem
- Aspiração ao bem moral e à felicidade.
- "Reviravolta antropológica": busca por definições universais sobre os valores morais.

Perguntas da filosofia

O que posso conhecer?
- A filosofia parte do desejo de explicar.
- Busca respostas às preocupações humanas para dar sentido à existência.

Como devo me comportar?
- Preocupação com a conduta, com respeito a si mesmo e aos demais.
- Busca de critérios e valores para a organização social e política.
- É uma "filosofia prática" para mudar a realidade e ajudar a buscar a felicidade.

O que posso esperar?
- O ser humano é consciente de sua finitude e busca sentido para sua existência.

O que é o ser humano?
- O estudo da natureza humana leva em conta suas dimensões naturais e culturais.
- "Antropologia filosófica": distintas concepções do ser humano.

Atividades

1. Leia o texto de Aristóteles e responda às perguntas.

> Os homens começam e começaram sempre a filosofar movidos pela admiração; no princípio, admirados diante dos fenômenos surpreendentes mais comuns; logo, avançando pouco a pouco, propondo-se problemas maiores [...]. Mas aquele que se propõe um problema ou se admira, reconhece sua ignorância [...]. De maneira que, se filosofaram para fugir da ignorância, é claro que buscavam o saber tendo em vista o conhecimento, e não por alguma utilidade.
>
> ARISTÓTELES. *Metafísica*. São Paulo: Edipro, 2005.

a) Explique a relação que Aristóteles estabelece entre filosofia e admiração.

b) Por que ele afirma que quem se propõe um problema ou se admira reconhece sua ignorância? Explique com um exemplo.

c) O que buscavam os filósofos? Por que o faziam?

2. Vamos analisar em que época e em que lugares apareceu, pela primeira vez, o interesse pela reflexão filosófica.

a) Que personagens representam esse primeiro interesse pela filosofia? Busque mais informação sobre cada um deles e escreva uma pequena biografia, centrada nas principais questões a que se propuseram.

b) Que diferenças existem entre os interesses filosóficos desses pensadores?

3. Leia o seguinte texto do filósofo espanhol Xavier Zubiri (1898-1983) sobre as origens da filosofia grega, e responda às perguntas.

> A filosofia pré-socrática não é simplesmente a primeira na série cronológica das filosofias, mas o primeiro esforço filosófico que o homem realizou na história [...]. Não se trata de que seja a primeira filosofia "datável", mas que seja o momento em que o esforço filosófico se constituiu sobre a Terra. É a ascensão do espírito humano ao filosofar. E com ele a palavra "primeiro" não significa tanto começo como fundamento.
>
> ZUBIRI, Xavier. *Naturaleza, Historia, Dios*. Madrid: Alianza, 1994.

a) Qual é a ideia principal do texto?

b) De acordo com Zubiri, que importância tem os filósofos pré-socráticos?

4. Com base nas quatro grandes perguntas da filosofia, expostas por Kant, responda às questões:

a) Explique o sentido de cada uma delas.

b) Que campo da filosofia se encarrega de cada uma delas?

c) Cada uma dessas perguntas trata de quais preocupações?

5. Analise o seguinte texto sobre o interesse pela reflexão e sobre as perguntas que estiveram sempre presentes em todas as culturas humanas.

> Interessar-se pelo por que vivemos não é, portanto, um interesse tão fortuito ou tão casual como, por exemplo, colecionar selos. Quem se interessa por questões desse tipo está preocupado por algo que interessou aos seres humanos desde que vivem neste planeta. Como nasceu o Universo, o planeta e a vida aqui são perguntas maiores e mais importantes que perguntas como quem ganhou mais medalhas de ouro nos últimos jogos olímpicos de inverno.
>
> A melhor maneira de aproximar-se da filosofia é propor algumas perguntas filosóficas: Como se criou o mundo? Existe alguma vontade ou intenção por trás do que existe no mundo? Há vida após a morte? Como podemos solucionar problemas deste tipo? E, antes de tudo, como devemos viver?
>
> Em todas as épocas, os seres humanos se fizeram perguntas deste tipo. Não se conhece nenhuma cultura que não tenha procurado saber quem são os seres humanos e de onde procede o mundo.
>
> GAARDER, Jostein. *O mundo de Sofia*. São Paulo: Companhia das Letras, 1995.

Galileu Galilei (1564-1642) observando o céu com um telescópio, instrumento criado por ele. Suas descobertas mudaram o modo de ver o mundo.

Biblioteca Nacional da França, Paris/Sheila Terry/SPL/Latinstock

a) Por que há uma diferença fundamental entre as preocupações de caráter filosófico e outros interesses pessoais?

b) Resuma as ideias centrais do texto.

c) Relacione o conteúdo desse texto com o que estudamos na unidade. O texto faz referência a que perguntas da filosofia?

6. Releia o texto da introdução sobre o desejo de se conhecer e de se superar. Qual é a ideia central? Elabore um texto apresentando suas conclusões. Em seguida, reflita sobre cada uma de suas afirmações.

3 A inteligência humana

Neste capítulo

Introdução: construir a realidade

Todos queremos viver em liberdade e procuramos construir caminhos para alcançar esse propósito. Se um problema atravessa nossas vidas, nos sentimos impossibilitados de estar plenamente livres, pois há limitações e dificuldades de atuar. Ficamos em uma rua sem saída.

Felizmente, a inteligência nos permite encontrar soluções e nos possibilita criar alternativas. O pensamento liberta! Não nos contentamos em conhecer, não nos basta possuir, não somos seres passivos. Nossos projetos buscam conectar-se à realidade e ampliá-la. Por exemplo, milhares de pessoas leem livros de autoajuda, pois desejam mudar sua própria realidade, ainda que os resultados sejam pequenos. Então, por que continuam lendo? Porque a simples ideia de que "se pode" mudar enche o coração de esperança.

Em muitas ocasiões, nos sentimos presos à realidade, sem poder agir, limitados pelas contingências da vida. Felizmente, a inteligência nos diz que, dentro de certos limites − a morte é um deles −, a realidade não está totalmente decidida; está esperando que acabemos de defini-la. A realidade não é bela nem feia, nem justa nem injusta, nem exultante nem deprimente, não há maniqueísmo. A vida é um conjunto de possibilidades que devem ser construídas. Por isso, nada é definitivo, tudo está por vir. As coisas adquirem propriedades novas quando vamos em direção a elas com novos projetos.

Observemos essa explosão do real em múltiplas possibilidades. Cada coisa é uma fonte de ocorrências, cada ponto se converte na intersecção de infinitas retas, ou de infinitos caminhos. Cada vez mais se desfazem os limites entre o natural e o artificial.

A construção da realidade também ocorre nas brincadeiras infantis.

A capacidade humana de transformar abre possibilidades. A poesia de Carlos Drummond de Andrade (1902-1987), por exemplo, cria imagens diferentes de nosso cotidiano, levando a uma perspectiva de mundo que não conhecíamos.

A poesia de Drummond é resultado de sua inteligência, de sua sensibilidade. Podemos compreender que o ser humano é capaz de reinventar sua própria realidade e de pluralizar as possibilidades de ver e de viver a vida. Leia, a seguir, um poema do autor.

Mãos dadas

Não serei o poeta de um mundo caduco.

Também não cantarei o mundo futuro.

Estou preso à vida e olho meus companheiros.

Estão taciturnos mas nutrem grandes esperanças.

Entre eles, considero a enorme realidade.

O presente é tão grande, não nos afastemos.

Não nos afastemos muito, vamos de mãos dadas.

Não serei o cantor de uma mulher, de uma história,

não direi os suspiros ao anoitecer, a paisagem

vista da janela,

não distribuirei entorpecentes ou cartas de suicida,

não fugirei para as ilhas nem serei raptado por serafins.

O tempo é a minha matéria, o tempo presente,

os homens presentes, a vida presente.

ANDRADE, Carlos Drummond de. *Sentimento do mundo*. Rio de Janeiro: Mediafashion, 2008. v. 4. (Col. Folha Grandes Escritores Brasileiros.)

O que é a inteligência humana?

Ao usar a inteligência, nossos principais objetivos são conhecer e direcionar o pensamento para a ação, aproveitando-se do próprio conhecimento adquirido. Direcionar o comportamento supõe resolver os problemas que determinadas situações apresentam.

Por que não podemos conhecer diretamente o *Umwelt* de outros animais?

Pode-se mensurar a inteligência animal por meio dos instrumentos que eles utilizam para conseguir alimentos. A observação científica comprova que certos animais, como golfinhos, corvos, macacos-prego, papagaios, além de chimpanzés e gorilas, entre outros, são muito bem sucedidos nesse tipo de interação com o meio como estratégia de sobrevivência.

Parece haver algo mais do que instintos nesse tipo de ação animal, que a aproxima da ação humana. Os humanos vivem entre objetos e realidades que podem manter diante de si, e dirigem a ação não só pelo estímulo que estão sentindo, mas **pelo que pensam, projetam e inventam**.

Sensação e percepção

Para sobreviver, necessitamos ter informação sobre aquilo que nos cerca. Essas informações são obtidas primeiramente por meio de nossos sentidos. Os órgãos sensoriais captam a ação de um estímulo – luz, som, cheiro, cor, etc.

Imaginemos uma pessoa com os olhos vendados que recebe um objeto e tem de adivinhar o que é. Ela vai explorá-lo com as mãos; sentirá a superfície, o volume, a textura, a temperatura, o tamanho – essas são sensações. E, de repente, dá-se conta de que é uma cafeteira. Nesse momento, essa pessoa atribuiu sentido às sensações dispersas e percebeu o objeto.

> **Perceber** é dar significado a um conjunto de sensações. Ao perceber, uma forma se destaca e adquire um significado.

A experiência sensível (sensação e percepção) cumpre duas funções:
- Proporciona-nos informação, dados do mundo real.
- Põe-nos em contato com as coisas que realmente existem. Para poder afirmar com segurança que uma coisa existe, temos de relacioná-la com os sentidos. Se estamos seguros da existência de algum objeto, é porque podemos demonstrá-la valendo-se de experiências sensoriais.

Ainda que pareça que a percepção é algo muito simples, trata-se de um fenômeno complexo. A retina fragmenta a imagem, que adentra pelo nervo óptico como um impulso elétrico, até chegar ao lóbulo occipital do cérebro, onde se reorganiza novamente. Então, o que era um fenômeno físico, um impulso elétrico, transforma-se em **fenômeno consciente**. Desse modo, percebemos um objeto.

Doc. 1

A *Umwelt* em nosso sistema perceptivo-operacional

Se vcoê etsá sdeno cpaaz de ednenetr etsa fsrae, é pqorue sau *Uwlemt* leh pagroromu praa cguonesir ftrliar de tdoo eses fxiee cfunsoo de ppceteros anepas aliuqo qeu vlae a pnea ser ldoi sdneguo sues issnteeres de cnoscçâturo ed cntonehciemo. Eis a presença da *Umwelt* em seu aparato perceptivo-operacional.

UEXKÜLL, Thure von. A teoria da Umwelt de Jakob von Uexküll. *Revista Galáxia*, n. 7, abr. 2004. Disponível em: <revistas.pucsp.br/index.php/galaxia/article/viewFile/1369/852>. Acesso em: 9 abr. 2010.

- Reescreva o texto acima, dando sentido às palavras, e discuta por que o compreendemos, mesmo sem ele estar redigido de forma convencional.

◼ A consciência

A consciência depende do funcionamento do cérebro, possivelmente, da coordenação de muitas funções desse órgão. Mas isso não é suficiente para explicá-la. A consciência é um fenômeno emergente, que se produz pela conjunção de muitos elementos distintos. Da união de compostos inorgânicos surgiu a vida; da união de fenômenos neurais emerge a consciência (*doc. 2*).

O cérebro apresenta mecanismos para estabilizar as imagens, ou seja, para que percebamos objetos estáveis, ainda que as sensações e os movimentos mudem continuamente. Se você mover a cabeça de um lado a outro enquanto lê, os estímulos que chegam aos olhos mudam, mas, no entanto, a página e o texto permanecem os mesmos, estáveis.

◼ Perceber e pensar com conceitos

Também podemos reconhecer um mesmo rosto, ainda que algumas vezes a fisionomia mude, que a pessoa esteja séria, rindo ou fazendo caretas. Para que isso seja possível, devemos ter em nosso cérebro uma espécie de esquema, ou resumo, desse rosto, que nos permita reconhecê-lo em qualquer situação ou de qualquer perspectiva. A esse esquema chamamos **conceito perceptivo**.

> **Conceito perceptivo** é uma seleção de traços que permitem reconhecer uma forma entre todas as outras formas, como a mesma impressão de um mesmo ser.

A palavra "conceito" vem de "conceber", que significa "engendrar". Na filosofia, utiliza-se o termo "conceito" para indicar que essa imagem interna, essa representação, esse objeto mental, não é uma cópia de algo exterior, não é uma fotografia mental, mas que foi "concebida", "engendrada", "produzida" pela inteligência, com base na informação dos sentidos. A imagem que temos na memória do rosto de uma pessoa é um conceito perceptivo desse rosto, por isso podemos identificá-lo.

Mas a inteligência não se limita à absorção dos conceitos perceptivos que permitem identificar um rosto ou um objeto concreto. A inteligência humana é capaz de produzir também conceitos abstratos.

Um conceito abstrato é um conjunto de propriedades que servem para reconhecer os seres de um mesmo grupo: cachorros, vacas, pessoas, árvores. Podemos até mesmo produzir conceitos que se refiram a coisas inexistentes: fadas, fantasmas, etc.

> **Conceito** é um conjunto de traços, notas ou aspectos que permitem identificar ou classificar seres e coisas.

Em resumo: os conceitos podem ser perceptivos ou abstratos. "Minha casa" é um conceito perceptivo. "A casa" é um conceito abstrato. O conjunto de todos os seres designados por um conceito abstrato é chamado "classe" ou "categoria".

Dessa forma, a inteligência é capaz de, mediante os conceitos, manipular a enorme quantidade de informações recebidas da realidade.

Doc. 2

Os usos do termo "consciência"

O termo "consciência" é ambíguo, já que se refere a uma variedade de fenômenos distintos. Às vezes é utilizado para se referir a uma capacidade cognitiva, tal como a capacidade de fazer introspecção ou de informar sobre os próprios estados mentais. Às vezes é usado como sinônimo de "vigília". Outras vezes está ligado à capacidade de concentrar a atenção ou de controlar voluntariamente a conduta. Às vezes "ser consciente de algo" se reduz ao mesmo que "saber sobre algo" [...]. Mas quando se falar de consciência, vou me referir à qualidade subjetiva da experiência: como é ser um agente cognitivo.

CHALMERS, David J. *La mente consciente*: en busca de una teoría fundamental. Trad. de José A. Álvarez. Barcelona: Gedisa, 1999.

• Quais são os significados da palavra "consciência" nesse texto? Você conhece outro sentido? Qual?

■ Propriedades dos conceitos

Os conceitos têm duas propriedades:

- **Compreensão**: conjunto de aspectos que definem um conceito. Quando uma definição é dada, esse conjunto de aspectos é exposto. Por exemplo: "quadrado" é um conceito que nos permite identificar toda uma série de propriedades geométricas. A definição determina os aspectos essenciais desse conceito, no caso, uma figura formada por quatro lados iguais.

- **Extensão**: conjunto de seres identificados mediante um conceito.

Quanto maior for a compreensão de um conceito, menor será o número de seres aos quais ele poderá ser aplicado. A compreensão do conceito "mamífero", por exemplo, é menor que a compreensão do conceito "gato". Por isso, a extensão de "mamífero" é maior (o número de seres que inclui é maior) que a extensão do conceito "gato".

A inteligência humana é, portanto, capaz de articular, combinar, inventar e relacionar conceitos, bem como estabelecer esquemas e sistemas de entendimento. É o que fazemos ao imaginar, ao inventar, ao lembrar e ao pensar.

■ O uso da inteligência

O fato de todos nós possuirmos inteligência não significa que fazemos o mesmo uso dela. Alguns se voltam para uma prática reflexiva mais formal, e fundamentada em argumentos lógicos. Outros preferem um pensamento mais livre, voltado às manifestações artísticas. Em suma, as pessoas assumem atitudes diferentes diante do uso da inteligência.

É possível identificar indivíduos pouco dispostos à reflexão. Podemos encontrar pessoas que gostam de pensar e de pesquisar, que não se deixam convencer sem argumentos e que estão seguras de que a razão é o melhor modo de resolver os problemas. Àqueles que preferem evitar qualquer reflexão mais profunda, deixando de avaliar os conhecimentos que lhes são oferecidos, Platão (428-348 a.C.) – importante filósofo grego, aluno de Sócrates – chamava "misólogos", ou seja, os que odeiam o pensamento.

A capacidade de dirigir nossas operações mentais – que é própria de nossa inteligência – transforma por completo o conhecimento perceptivo, fazendo-o inteligível. Esta é a grande novidade que a inteligência humana introduz: dirigir nossas operações mentais mediante projetos inventados por nós.

Não nos deixamos levar somente por mecanismos instintivos, mas escolhemos a interpretação que julgamos mais adequada acerca do conhecimento. Ademais, recebemos informações, aprendemos e formamos conceitos que se convertem em uma parte essencial de nossa inteligência.

■ Saiba mais ■

O olhar inteligente

A linguagem nos ajuda a dirigir o olhar. Os poetas nos ensinam a olhar a realidade e nos estimulam a pensar e a ver o mundo de outras perspectivas. Tal como o poeta chileno Pablo Neruda (1904-1973), vencedor do prêmio Nobel de Literatura em 1971. Este poema dedicado à cebola permite-nos apreciar a realidade, aspectos e detalhes, que em nossa mera percepção sensorial resultam-nos não evidentes, abrindo outras possibilidades de interpretação para este ser.

Cebola, / luminosa redoma, / pétala a pétala / formou-se a tua formosura, / escamas de cristal te acrescentaram / e no segredo da terra sombria / arredondou-se o teu ventre de orvalho. [...]

NERUDA, Pablo. As mãos e os frutos: ode à cebola. In: *Antologia*. Trad. de José Bento. Viana do Castelo: Inova, 1973. Disponível em: <http://www.flickr.com/photos/ruy_romas/ 864811338/>. Acesso em: 30 mar. 2010.

- Como você vê a cebola no poema?

A atenção e a memória

A atenção inteligente

A atenção é uma das faculdades mentais em que se vê com maior clareza a diferença entre a inteligência e os instintos. Qualquer cérebro tem uma capacidade limitada de processar informação. Por exemplo, é muito difícil ler um livro enquanto recitamos a tabuada. Recebemos muitos estímulos, mas não podemos atender a todos.

> **Atenção** é a capacidade de selecionar uma informação que consideramos relevante, deixando os demais estímulos em segundo plano.

Quando estamos muito concentrados em algo, não nos damos conta do que acontece ao redor. Por isso, Ortega y Gasset dizia, em tom de brincadeira, que a "paixão é uma doença da atenção". Não se pode pensar em outra coisa.

Podemos distinguir entre dois tipos de atenção:

- **Atenção involuntária**. Tal como os outros animais, atendemos automaticamente a um instinto. Um ruído nos faz ficar atentos, um odor na cozinha nos indica que há um alimento sendo preparado.
- **Atenção voluntária**. Esta é exclusivamente humana. Prestamos atenção ao que nos interessa. Já não somos dependentes do estímulo mais forte, mas podemos selecionar o estímulo que desejamos. Esta é a atenção inteligente.

A memória inteligente

> **Memória** é a capacidade de adquirir uma informação ou uma habilidade e conservá-la, recuperá-la ou utilizá-la.

Os cientistas distinguem vários tipos de memória:

- **Memória sensorial** (**visual** ou **icônica**). Os órgãos dos sentidos mantêm o estímulo recebido durante um brevíssimo espaço de tempo, para que o cérebro possa extrair a informação.
- **Memória de curto prazo**. Mediante essa memória, mantém-se uma pequena quantidade de informação durante um curto período de tempo, muitas vezes por repetição da mesma informação. Por exemplo, podemos manter na memória um número de telefone enquanto estamos anotando-o, mas o esquecemos imediatamente depois.
- **Memória de longo prazo**. É a que mantém durante muito tempo as informações ou as habilidades aprendidas. Costuma ser dividida em três grandes conjuntos:
  - Memória semântica, que conserva a informação referente aos conceitos.
  - Memória anedótica, que guarda as lembranças dos fatos concretos de nossa vida.
  - Memória procedimental, que guarda os hábitos adquiridos, as formas de atuar.
- **Memória de trabalho** (ou **operacional**). É uma memória temporal que se usa enquanto se está trabalhando em uma tarefa ou em um problema concreto, com o fim de armazenar e manipular a informação necessária. Pode ser considerada uma memória de curto prazo (*doc. 3*).

^ A atenção e a memória são fundamentais para o bom desempenho escolar.

Christopher Robbins/Image Source/Folha Imagem

Doc. 3

Bases biológicas da memória

Para que a memória retenha a informação resultante de um novo conhecimento, é necessário que se produzam certas mudanças na atividade ou na estrutura cerebral.

Hoje em dia existe um acordo bastante generalizado sobre o funcionamento das memórias imediata e recente, que requer uma atividade elétrica do cérebro, enquanto a manutenção da informação durante longos períodos de tempo requer mudanças estruturais ou químicas no cérebro. Ambos os processos estão intimamente relacionados.

HUIDOBRO, Álvaro; JIMÉNEZ, Miguel Ángel. *Cómo funciona mi cérebro*. Madrid: Acento, 2003.

- Segundo o documento, quais são as mudanças produzidas pelo cérebro ao memorizar algo?

A aprendizagem

Como aprendemos?

Um ser humano aprende quando é capaz de conservar a informação recebida das operações realizadas.

Os animais aprendem com base em três mecanismos principais:

- **Os estímulos condicionados**. O cientista russo Ivan Pavlov (1849-1936) foi o descobridor desse tipo de estímulo. Realizou experimentos com cachorros. Por exemplo, muitos animais têm o chamado "reflexo de salivação": produzem saliva quando veem comida.

Um movimento reflexo é o que se realiza de maneira automática ou involuntária. O movimento que se realiza sempre que se apresenta o estímulo e que não necessita de nenhuma outra condição para ser eficaz chama-se incondicionado. Assim, a comida é um estímulo incondicionado que desencadeia o reflexo de salivação do cachorro.

O experimento de Pavlov consistiu em tocar uma campainha cada vez que se apresentava a comida ao cachorro. Depois de várias repetições, tocou a campainha sem mostrar a comida ao cachorro, e comprovou que também nessa situação se desencadeava o reflexo de salivação. Ou seja, o animal havia associado a campainha à comida, e agora reagia ao som, que havia se convertido também em estímulo. Como a campainha somente se converte em estímulo com a condição de aparecer previamente associada à comida, chama-se estímulo condicionado.

Em resumo, os animais – incluindo os humanos – aprendem coisas por associação de estímulos.

^ Ivan Pavlov.

^ B. F. Skinner.

^ Konrad Lorenz.

- **O condicionamento operante**. Foi estudado pelo psicólogo norte-americano B. F. Skinner (1904-1990). Comprovou que os animais tendem a repetir os atos com os quais foram premiados e a evitar aqueles com os quais foram castigados. Os humanos também se comportam desse modo, segundo Skinner. Operando com prêmios e castigos, pode-se dirigir a conduta de um animal. Assim, golfinhos, cachorros e animais de circo são adestrados.

- **A cunhagem** (*imprinting*). O austríaco Konrad Lorenz (1903-1989) descobriu que os animais recém-nascidos conservavam na memória a primeira imagem que receberam. Tratava-se de uma aprendizagem instantânea, que dava forma a (cunhava) sua memória. Como a mãe é quem primeiro os animais veem ao nascer, reconhecem como mãe qualquer coisa que vejam. Lorenz fez experimentos com patos e gansos e percebeu que esses animais acreditavam que ele era a sua mãe, e o seguiam por todas as partes.

A aprendizagem humana

Além desses mecanismos de aprendizagem, há outros, compartilhados por humanos e animais. Por exemplo, a aprendizagem por imitação. As crianças são grandes imitadoras; aprendem a linguagem por imitação. Ademais, podemos aprender por mediação da linguagem. Assim se transmite a maior parte da cultura de gerações passadas.

Grande parte dos mecanismos de memória na aprendizagem animal ocorre por meio de processos automáticos que não se podem controlar. Nesse caso, eles aprendem o que seus mecanismos genéticos e os estímulos ambientais lhe indicam, sem saber que estão aprendendo; não podem dirigir sua aprendizagem.

No caso dos humanos, há o aprendizado voluntário, ou melhor, inteligente. Ou seja, podemos decidir o que queremos aprender. Aprendemos de acordo com nossos projetos de aprendizagem e construímos nossa própria memória.

A isso chamamos "eu executor", o eu que faz planos e dá a ordem de realizá-los, seleciona a informação que vai armazenar e decide como construir a sua memória pessoal (*doc. 4*).

Doc. 4

Aprender de memória

O que significa a frase "aprender algo de memória"? É uma frase feita, que serviu para etiquetar todo um modelo de ensino. Há algum outro modo de aprender que não seja com a memória?

Inadequadamente se chama decorar, mas deveria se chamar aprender a repetir, sem entender, informações que não se integram a outros conhecimentos.

Quando um especialista aprende, reestruturando toda sua estrutura mental com a nova informação e servindo-se dela para novas tarefas, também está decorando, mas aprende outras coisas.

MARINA, José Antonio. *Teoría de la inteligencia creadora*. Barcelona: Anagrama, 2005.

- Por que se pergunta se "há algum outro modo de aprender que não seja com a memória"?

■ Características da aprendizagem humana

Aprendemos melhor quando:

- **Podemos dar um significado à informação**. A memória conserva com muita dificuldade a informação que não compreende, e que não pode sintetizar. Por exemplo, é custoso lembrar a seguinte série de palavras: "molhada / carros / e / iam / estrada / muito / a / devagar / os/ estava", mas ao contrário é muito simples lembrar: "A estrada estava molhada e os carros iam muito devagar". A frase apresenta-nos um significado único, enquanto que as palavras desconexas estão sem contexto e sem significado. Por isso, memorizar sem compreender é sempre mais complicado.

- **Assimilamos a informação nova com base na informação já conhecida**. Percebemos as coisas e compreendemos a informação com base no que já conhecemos. Assim, partimos do que nos é conhecido. Por exemplo, é mais fácil compreender equações aritméticas de 2° grau se já conhecemos de antemão operações como a multiplicação e a divisão.

- **Operamos ativamente**. A aprendizagem voluntária é ativa. É certo que lembramos de certas coisas sem querer, inclusive de algumas que gostaríamos de esquecer e, por algum motivo, não podemos. Mas para aprender ativamente, lembramos melhor o que organizamos, o que repetimos e o que integramos em unidades mais amplas.
  - Organizamos a informação quando fazemos um esquema e seguimos na ordem os passos de uma argumentação.
  - Repetimos a informação, que ajuda a fixar os conhecimentos e as habilidades. O treinamento de um jogador de futebol, por exemplo, consiste em repetir muitas vezes as jogadas. Por isso, refazer uma lição melhora extraordinariamente a aprendizagem.
  - Ampliamos nossa aprendizagem quando situamos a informação nova em contexto já conhecido.

Ainda em relação à aprendizagem humana, dizemos que:

- **A memória sintetiza a informação**. A memória não retém toda a informação que recebe, mas apenas um resumo ou uma síntese. Ninguém se lembra de um filme completo, com todos os seus detalhes, mas recorda a trama, reconhece o protagonista e se lembra com clareza de seu desfecho.
  O problema consiste no fato de não se saber com certeza se a memória fará essa síntese corretamente. Por isso, é recomendável que nós mesmos vigiemos os resumos feitos pela memória, quando se trata de algo relevante.

- **As atividades aprendidas podem tornar-se "automáticas"**. Trata-se de um procedimento muito eficaz. Adquirir hábitos – ou seja, comportamentos que se automatizam – é uma das maneiras mais eficazes de construir a própria memória e, através dela, a própria inteligência.

- **É possível saber-se uma coisa, ainda que não possamos lembrá-la**. Acontece o mesmo quando temos uma informação guardada no computador e esquecemos onde a guardamos. Às vezes, deve-se fazer um esforço para poder recuperar a informação que se tem na memória.

■ Saiba mais ■

Automatizar ações

Quando começamos a aprender a fazer algo, como por exemplo, a guiar uma motocicleta, precisamos realizar conscientemente todos os atos: apertar a embreagem, acionar a velocidade, soltar a embreagem, acelerar, etc. Ao condutor novato, parece que muitas coisas devem ser feitas ao mesmo tempo. Pouco a pouco, as ações vão se automatizando, o que confere mais liberdade para poder atender a outros assuntos e a pensar em outras coisas.

Quando aprendemos um idioma, temos de estar atentos às normas sintáticas, à pronúncia, à lembrança das palavras. Quando já sabemos falar, usamos as normas e as palavras de maneira automática.

Marcelo Justo/Folha Imagem

Para conduzir um veículo, é necessário automatizar uma série de operações. Teste com motocicleta no município de Limeira (SP), em 2009.

- Dê outro exemplo de automatização de uma ação.

Jarbas Oliveira/Folha Imagem

Aprender é uma operação ativa. Alunos de uma escola municipal da periferia de Fortaleza (CE) brincam durante o intervalo, em 2007.

Inteligência, linguagem e lógica

Uma inteligência linguística

A inteligência humana é manifestada por meio da linguagem. Pensamos com palavras e aprendemos com palavras.

Não se sabe como apareceu a linguagem, e é muito difícil compreender como nossos antepassados puderam inventar algo tão complexo.

É possível que, no princípio, a linguagem tivesse uma função comunicativa relacionada à ação. Podemos especular que, talvez, a primeira palavra inventada fosse um grito de alerta ou um imperativo, que servisse para dirigir os comportamentos de caça ou de luta.

Outros animais também dominam esse tipo de sinal. Estudou-se, por exemplo, a linguagem de algumas espécies de macacos que possuem, ao menos, três vocalizações diferentes que emitem na presença de três tipos de animais perigosos: a águia, o leopardo e a serpente.

O ser humano amplia a capacidade de utilizar sons para se comunicar e a usa de maneira inteligente, que pode estar desconectada da ação. Ou seja, pode pensar ou dizer a palavra "serpente", ainda que não haja nenhuma serpente nos arredores. Pode também inventar palavras novas (*doc. 5*).

Sem esse direcionamento, o indivíduo estaria reduzido a práticas impulsivas, movido por desejos ou instintos. Graças à linguagem, aprende-se a controlar os movimentos e as ações.

A linguagem, tal como a conhecemos, portanto, é a capacidade humana de representar e associar sons em unidades mínimas de sentido, criando a partir destas, ao longo de muitos milênios de história, os inúmeros sistemas linguísticos que compõem o repertório cultural da humanidade.

O ser humano também criou linguagens artificiais. A matemática, o sistema binário dos computadores, a notação química e a notação musical são alguns exemplos (*doc. 6*).

Doc. 6

A linguagem, criação compartilhada

A meta da linguagem é ser compreendida. A criança, durante meses, exercita sua língua para proferir vogais e articular consoantes. Quantos fracassos antes de pronunciar uma sílaba com clareza! As inovações linguísticas ocorrem da mesma maneira, com a diferença de que nelas colabora todo o povo.

BRÉAL, Michel. *Ensaio de semântica*. Campinas: RG, 2008.

- Com base no texto, discuta com seus colegas se uma determinada língua é uma criação ou uma imposição coletiva.

Doc. 5

Conhecimento e linguagem

O conhecimento de nós mesmos e do mundo implica na linguagem. Ao crescer, vamos conhecendo o mundo, vamos conhecendo as pessoas e definitivamente a nós mesmos, à medida que aprendemos a falar. Aprender a falar não significa utilizar um instrumento já existente para classificar esse mundo familiar e conhecido, mas significa a aquisição da familiaridade e do conhecimento do mundo tal como vem ao nosso encontro.

GADAMER, Hans-Georg. *Verdade e método I*: traços fundamentais de uma hermenêutica filosófica. São Paulo: Vozes, 2008; *Verdade e método II*: complementos e índice. São Paulo: Vozes, 2009.

- Discuta a relação que Gadamer estabelece entre conhecimento e linguagem.

Desta maneira, o ser humano usa a linguagem para se comunicar com os demais e também para falar consigo mesmo. Mediante a linguagem, é possível pensar e aproveitar as informações proporcionadas pelos demais humanos. Graças à linguagem, não estamos condenados a conhecer somente o que experimentamos, mas podemos conhecer o que outras pessoas experimentam.

A ação voluntária se constrói também graças à linguagem. A criança aprende a controlar seus próprios atos de acordo com as instruções que os adultos lhe dão.

A inteligência que julga e infere

Além de produzir conceitos, há outras duas importantes atividades da inteligência: afirmar ou negar algo e inferir.

- Ao afirmar ou negar alguma coisa, atribuímos um predicado a um sujeito, ou seja, formamos um juízo. "Mesa" e "madeira" são conceitos. Ao afirmar "a mesa é de madeira", estamos atribuindo o predicado "madeira" ao sujeito "mesa". Assim, formamos um juízo. No entanto, a enunciação de uma afirmação ou de uma negação não confere por si só o valor de verdade ou de falsidade para o enunciado. Para isso, é necessário que haja a correspondência adequada à realidade.
- Inferir significa passar de uma informação a outra e isso pode ocorrer de duas formas: do efeito à causa ("A rua está molhada", logo infiro que choveu ou que a molharam) e da causa ao efeito ("Quando chove, as ruas ficam molhadas". Choveu, logo, as ruas molharam). As ponderações, as relações, as demonstrações e as suposições são exercícios de inferência.

▨▨■ Os sentimentos inteligentes

■ Experiências afetivas

As experiências informam-nos e também nos afetam. Produzem alegria ou tristeza, prazer ou dor, medo ou esperança. A inteligência humana não só recebe e organiza a informação, mas também a avalia. Assim, chamamos experiências afetivas ou afetividade ao conjunto de experiências mediante as quais percebemos os valores positivos ou negativos da realidade. Há três tipos de afetos:

- **Desejo**. É a consciência de uma necessidade ou a antecipação de um prêmio. O sujeito que deseja experimenta uma inquietude ou um mal-estar causado pela necessidade ou ausência de algo. Esse mal-estar mobiliza sua atenção, seu pensamento e sua atividade em direção ao objeto desejado. Desejos são, por exemplo, a fome, a sede, a excitação sexual ou a vontade de poder. Os seres humanos, além dos desejos fisiológicos, têm três tipos de necessidades: o bem-estar, a sociabilidade e a ampliação das possibilidades de atuação.

- **Sentimento**. Os sentimentos têm duas funções:
  - Informar sobre o estado do organismo. Há sentimentos de vitalidade, bem-estar e ânimo; e, ao contrário, há também os de apatia, cansaço ou desânimo. São sentimentos complexos e é difícil separar o componente fisiológico do componente mental.
  - Informar sobre o fato de os desejos ou expectativas serem cumpridos ou não. Quando realizamos um desejo, sentimos *satisfação*, *prazer* ou *alegria*. Enquanto não o conseguimos, experimentamos *inquietude*, *desassossego*, *ansiedade*. Se o que é desejado não produz o efeito esperado, sentimos *decepção*. Quando algo se interpõe entre nós e nosso objetivo, experimentamos a *fúria*. Se surge um perigo, *medo*; e se há um rival na disputa pelo objeto desejado, sentimos *ciúmes*. Todo esses fenômenos afetivos são sentimentos.

- **Apego**. Também sentimos apego, ou seja, laços afetivos profundos, que podem provocar sentimentos de muitos tipos. A criança, por exemplo, se apega a seus pais. O *carinho* costuma ser a manifestação de apego; todavia, a *dependência*, seja a uma pessoa ou a uma droga, também é. Uma característica do apego é que é difícil romper com os objetos, de modo que quando há a separação entre o indivíduo e o objeto de apego, geralmente surgem os sentimentos dolorosos.

■ Valores

> **Valor** é a qualidade positiva ou negativa, agradável ou desagradável, atraente ou repulsiva, boa ou má, que têm as pessoas, as coisas ou as ações, em relação ao sujeito que as percebe.

Os valores são construídos por meio das experiências que se têm ao longo da vida e são compartilhados culturalmente em sociedade.

Dessa forma, há uma dupla relação com os valores:

- Em primeiro lugar, eles são percebidos mediante os desejos ou sentimentos, são vivenciados. Não necessitamos explicar por que queremos comer ou sair com os amigos. São os chamados valores vividos que nos motivam a agir.

- Mas a inteligência humana também pode direcionar e controlar os desejos, até certo ponto. São os valores pensados. Podemos conhecer os valores, ainda que não estejamos experimentando o afeto correspondente. Por exemplo, posso pensar que estudar é bom, mesmo não tendo vontade de estudar.

Os valores vividos motivam mais que os valores pensados, mas a liberdade consiste na possibilidade que temos de direcionar nossa ação por valores pensados.

▸■ Saiba mais ■

Um caso de coincidência

Os valores vividos e os valores pensados podem ser coincidentes.

Se tenho vontade de jogar futebol e penso que fazer exercício é bom para a saúde, os valores vividos (diversão) e pensados (saúde) se unificam.

Jogar bola é uma atividade que diverte e faz bem. Fotografia de 2009 da rua em que o jogador Ronaldo "Fenômeno" cresceu, no Rio de Janeiro.

- Dê outros exemplos reais de valores vividos coincidentes com valores pensados.

Normalmente é muito intenso o afeto entre os membros de uma família. Pai e filho chineses se divertindo numa praça pública.

Inteligência executiva e inteligência social

A vontade e a direção do comportamento

Os desejos desencadeiam e direcionam o comportamento dos animais. Nesse sentido, a inteligência humana transforma essa capacidade inata.

Tradicionalmente, esta capacidade executiva (ou seja, que dirige a ação) chama-se "vontade".

> A **vontade** ou **inteligência executiva** é a capacidade que a inteligência tem de dirigir seu próprio comportamento.

A vontade é um conjunto de quatro habilidades, que aprendemos ao longo da infância e da adolescência.

- **Deter os impulsos**. As pessoas impulsivas são incapazes de controlar seus desejos. Sua motivação não é inteligente.
- **Deliberar**. Precisamos deter o impulso para saber o que é bom e o que não é. Deliberar nos permite escolher entre várias possibilidades e tomar a decisão mais sensata.
- **Projetar e decidir**. Escolhemos e decidimos nossa ação futura.
- **Suportar o esforço para realizar a ação**. Caso contrário, abandonaremos nossos propósitos sem tê-los realizado.

A capacidade de projetar

A inteligência – a partir do eu executor, que planeja e decide – pode direcionar e controlar as atividades mentais e os comportamentos físicos. Posso levantar-me ou ficar sentado, escrever ou pegar um livro. Posso agir impulsivamente, sem decidir o que faço, mas também posso me mover inteligentemente, ou seja, sendo responsável por meus atos. Nesse caso, direciono-me com base em um projeto.

> Um **projeto** é uma antecipação do futuro, mediante o qual planejamos e dirigimos nossa ação.

- Há alguns movimentos automáticos, que não dirigimos em absoluto e dos quais nem sequer somos conscientes, como é o caso dos movimentos cardiovasculares, digestivos, etc. Eles são controlados pelo sistema nervoso autônomo, que está fora do raio de ação da vontade.
- Há outros movimentos que se realizam também automaticamente, quando o organismo recebe algum estímulo. Se eu toco num ferro de passar quente, retiro a mão imediatamente, num reflexo. Esses movimentos estão regulados por padrões nervosos inatos, nos quais quase não podemos influir. Desse modo, os comportamentos instintivos também estão regulados.
- Produzimos outro tipo de movimento, o inteligente, que está direcionado por um projeto consciente que se serve de padrões musculares e nervosos. Imaginemos um projeto mental: formulo o movimento de me levantar para pegar um livro na biblioteca. Esse projeto mental faz funcionar uma série de automatismos musculares, que funcionam por conta própria. O projeto continua funcionando como um padrão, no qual comparo os movimentos que realizo, recebendo as informações que os músculos fazem para ajustar os movimentos. Esta comparação com o projeto costuma se fazer de uma maneira quase inconsciente, enquanto não surjam problemas que impeçam sua realização.

▪ Projetos de vida

Este processo de *projeto-execução-controle--correção* (se necessário)-*fim* ocorre não só nos movimentos corporais, mas em toda nossa vida mental. A inteligência humana está dirigida por projetos, os quais proporcionam metas para nossa atividade.

Com base nos projetos, escolhemos o que queremos ser. Nosso temperamento e caráter sugerem coisas, produzem ocorrências, desejos, sonhos, ideias, mas, ao escolher um projeto, logo o convertemos em algo particular.

Uma vez que as ações que realizamos constroem nossa própria personalidade e nosso próprio mundo, ao escolher um projeto, escolhemos a pessoa que queremos ser.

▪ A inteligência social

Até aqui nos referimos à inteligência como uma faculdade individual. Cada um de nós tem sua própria inteligência. No entanto, essa inteligência se desenvolve sempre em um contexto social. Uma inteligência isolada não desenvolve todas as potencialidades. Da sociedade, apreende-se a linguagem, a cultura, as técnicas para direcionar nosso comportamento. Uma vez que nos assumimos como seres sociais, nossa inteligência também se torna social (*doc. 7*).

Dessa interação social surgem fenômenos que eram imprevisíveis e superam a mera soma dos elementos. A ciência, a técnica, a filosofia, a ética, o amor, as religiões e a arte são impensáveis sem a interação social, histórica e cultural.

∧ A troca de opiniões e conhecimentos estimula o desenvolvimento da inteligência. Jovens estudantes fazendo atividades escolares.

Doc. 7

Pessoalidade e mundo exterior

Somos parte integral do mundo; este nos produz, entra-nos por todas as partes e é preciso que seja assim, porque sem esta entrada nossa consciência estaria vazia de todo conteúdo. Cada um de nós é um ponto onde se encontra um certo número de forças exteriores e dos cruzamentos delas resulta nossa personalidade.

DURKHEIM, Émile. *A educação moral*. São Paulo: Vozes, 2008.

▪ **Por que estaria vazia nossa consciência sem a relação com o mundo?**

A inteligência humana atinge sua liberdade, sua autonomia, precisamente nessa interação social. Todavia, isso não impede que cada ser humano possua sua singularidade.

A inteligência social ajuda a construir uma humanidade criativa, que contribui tanto para o desenvolvimento coletivo quanto para o individual (*doc. 8*).

Doc. 8

A interação cria inteligência

O que entendo por inteligência social, comunitária, compartilhada ou como é preferível chamá-la? Não se trata da inteligência que se ocupa das relações sociais, mas da inteligência que surge delas. É, poderíamos dizer, uma inteligência coletiva. Quando duas pessoas falam, cada uma contribui com seus saberes, sua capacidade, seu brilho, mas a conversa não é a soma de ambos. A interação aumenta-os ou os reduz.

Todos comprovamos que certas relações despertam em nós maior ânimo, assim, algo a mais ocorre. Em outras ocasiões, ao contrário, saímos do convívio com os humanos deprimidos, idiotizados. A conversa foi resvalando em direção à mediocridade, à fofoca, à rotina. Deixou-nos mais pobres [...].

A interação de sujeitos inteligentes produz um tipo novo de inteligência que inventa em suas próprias criações: a linguagem, a moral, os costumes e as instituições.

MARINA, José Antonio. *La inteligencia fracasada*. Barcelona: Quinteto, 2008.

▪ **Reflita sobre o significado do conceito de "inteligência social".**

Aprender a ler filosofia

▪ Compreender valendo-se da memória

Como vimos, uma memória inteligente sabe fazer bons esquemas das experiências vividas. Todos temos alguns modelos de como funcionam as coisas, que nos permitem tirar conclusões ou completar a informação que falta. Vejamos um exemplo: "Carlos entrou em um restaurante. O garçom lhe trouxe o cardápio. Carlos comeu e se foi. O garçom saiu correndo atrás dele, com muita raiva, com a conta na mão". Entendemos perfeitamente essa história, porque temos na cabeça um roteiro de como se fazem as coisas em um restaurante: a pessoa entra, senta, pede o cardápio para escolher, come e paga a conta.

Ao ler filosofia, aprendemos roteiros ou modelos de agir e pensar, que logo são aplicados automaticamente para uma melhor compreensão.

Em atividades de risco todo cuidado é pouco, e nenhum detalhe pode ser esquecido.

1. Estabelecer um modelo

Antoine de Saint-Exupéry (1900-1944), o autor de *O pequeno príncipe*, foi ele próprio um aviador aventureiro. Em *Terra de homens* (1939), ele conta a história de Guillaumet, desaparecido enquanto sobrevoava os Andes. Uma semana depois, quando todos o davam por morto, Guillaumet apareceu, em péssimo estado, mas vivo. Saint-Exupéry foi vê-lo no hospital.

Foi um belo encontro, todos choramos, te abraçamos, estavas vivo, ressuscitado, autor de teu próprio milagre. Foi então quando te expressaste, e essa foi tua primeira frase inteligível, um admirável orgulho humano: "O que eu fiz, te juro, não o teria feito nenhum animal".

SAINT-EXUPÉRY, Antoine de. *Terra dos homens*. Rio de Janeiro: Nova Fronteira, 2006.

O texto parece simples, ao menos superficialmente. Podemos reconstruir a cena na imaginação. Mas, se somos leitores ativos, temos de nos perguntar: Por que Guillaumet disse que nenhum animal teria feito o que ele fez? Saint-Exupéry conta-nos.

Tu resistias às tentações. "Na neve" – me disseste –, "se perde todo instinto de sobrevivência. Depois de dois, três, quatro dias de caminhada, a única coisa que se deseja é dormir. Eu isso desejava, mas dizia a mim mesmo: Se minha mulher acredita que estou vivo, estará certa de que estou caminhando. Meus camaradas também acreditam que estou caminhando. Têm confiança em mim, e seria um porco se não caminhasse. O que salva é dar um passo. Um passo a mais. É sempre o mesmo passo o que se repete."

Saint-Exupéry conclui:

"O que fiz, te juro, não o teria feito nenhum animal". Esta frase, a mais nobre que escutei. Esta frase que situa o homem, que o honra, que restabelece as verdadeiras hierarquias, me voltava à memória.

SAINT-EXUPÉRY, Antoine de. Op. cit.

1. Agora podemos saber o significado da frase. Por que Guillaumet diz que nenhum animal teria feito o que ele fez?

2. Um modelo de compreensão

A história de Saint-Exupéry nos proporciona um modelo: "Superar os impulsos físicos pelo desejo de realizar valores afetivos ou ideais enobrece a natureza humana".

Nelson Mandela ficou preso entre 1962 e 1990 por seu protesto contra a discriminação que sofriam os cidadãos negros na África do Sul. Ao sair da prisão, chegou a ser presidente de seu país e, em vez de aproveitar seu poder para vingar-se, empreendeu uma campanha de reconciliação. Esta é a razão de sua grandeza.

2. Faça uma pesquisa sobre a vida de Nelson Mandela e discuta as razões de sua "grandeza".

Fotografia de Nelson Mandela em 2009.

3. Aplicar o modelo: nobreza e dificuldade

É irritante a degeneração sofrida no vocabulário usual por uma palavra tão inspiradora como "nobreza". Porque pode significar para muitos "nobreza de sangue", hereditária, e se converte em uma qualidade estática e passiva, que se recebe e transmite como uma coisa inerte.

Para mim, nobreza é sinônimo de vida esforçada, disposta sempre a superar-se a si mesma, a transcender do que já é para o que se propõe como dever e exigência.

Desta maneira, a vida nobre fica contraposta à vida vulgar ou inerte [...]. A maior parte dos homens – e das mulheres – são incapazes de outro esforço que o estritamente imposto como reação a uma necessidade externa. Portanto, ficam mais isolados e monumentalizados em nossa experiência os pouquíssimos seres que conhecemos capazes de um esforço.

São os homens seletos, os nobres, os únicos ativos e não só reativos, para quem viver é uma perpétua tensão, um incessante treinamento.

ORTEGA Y GASSET, José. *A rebelião das massas*. São Paulo: Martins, 2002.

Os filósofos medievais definiam a valentia como a capacidade para realizar o difícil, o "árduo". Para Santo Tomás de Aquino, o árduo é "o que supera as faculdades animais, que são faculdades do que é fácil". Fantástica ideia! Seguindo Aristóteles, os escolásticos consideram que enfrentar o que é difícil era próprio da "magnanimidade", a que definiam como "a razoável capacidade de empreender coisas elevadas". O animal e o covarde continuam sempre com a lógica da facilidade, que é com a qual todos nos sentimos tentados.

Vladimir Jankélévitch (1903-1985) – um penetrante analista dos sentimentos humanos – diz em um de seus livros: "O medo é, como a mentira, uma tentação da facilidade". Eu acrescentaria: O mesmo ocorre com a preguiça.

MARINA, José Antonio. *Anatomía del miedo*. Barcelona: Anagrama, 2009.

3. Quais são as semelhanças entre os textos de Saint-Exupéry, Ortega y Gasset e José Marina?

4. Releia o texto de Saint-Exupéry. Em sua opinião, Guillaumet é valente? É nobre, no sentido que Ortega y Gasset dá a esta palavra? Reflita sobre sua resposta.

4. Variações sobre o modelo: outro exemplo de nobreza humana

No texto a seguir, Viktor Frankl (1905-1997) narra suas experiências como prisioneiro em um campo de concentração nazista.

À medida que a vida interior dos prisioneiros se fazia mais intensa, sentíamos também a beleza da arte e da natureza como nunca até então. Sob sua influência chegávamos a nos esquecer de nossas terríveis circunstâncias. Se alguém tivesse visto nossos rostos quando, na viagem de Auschwitz a um campo da Baviera, contemplamos as montanhas de Salzburgo com suas cimas refulgentes ao entardecer, com a cabeça para fora das janelas com grades do vagão-cela, nunca teria acreditado que se tratasse dos rostos dos homens sem esperança de viver nem de ser livres. Apesar deste fato – ou talvez por causa dele –, nos sentíamos transportados pela beleza da natureza, da qual durante tanto tempo estávamos privados.

[...] Numa tarde em que nos encontrávamos descansando sobre o piso de nossa barraca, mortos de cansaço, com as cumbucas de sopa nas mãos, um dos prisioneiros entrou correndo para dizer que devíamos sair para o pátio para contemplar um maravilhoso pôr do sol e, de pé, lá fora, vimos a oeste densas nuvens e todo o céu repleto de nuvens que continuamente mudavam de forma e cor desde o azul chumbo ao vermelho carmim, enquanto os desolados barracões cinzentos ofereciam um contraste que feria os olhos. E então, depois de dar alguns passos em silêncio, um prisioneiro disse a outro: "Que belo poderia ser o mundo!".

FRANKL, Viktor. *Em busca de sentido*. São Paulo: Vozes, 2008.

5. Que aspecto da "nobreza humana" pode se deduzir do texto?

Buscar a verdade com a informática

▪ Os computadores e a inteligência

Uma das áreas mais interessantes da informática é a Inteligência Artificial (IA). Hoje em dia, seus programas incluem desde antivírus até robôs que montam peças dos automóveis.

Um computador é uma máquina de manusear significantes. Um signo – uma palavra, um sinal de trânsito, uma inscrição – tem dois aspectos: o significante e o significado.

O significante é a forma externa – a voz, o desenho, a escritura –, enquanto o significado é representado por esse significante.

Quatro significantes diferentes (cachorro, *perro*, *chien*, *dog*) têm o mesmo significado.

O computador manipula significantes sem conhecer seu significado.

O grande salto na informática ocorreu quando os especialistas perceberam que, com dois significantes (0 e 1), que correspondiam à abertura e ao fechamento de um circuito elétrico, podia-se representar o mundo inteiro na máquina.

1. A inteligência artificial

Os programas de Inteligência Artificial (IA) tentam fazer com que um computador realize certas operações que imitem a inteligência humana. Por exemplo, compreender textos, diagnosticar doenças, dirigir robôs, escrever romances, resolver problemas novos, etc. Roger Schank, um dos pais da IA, disse:

Os computadores intimidam-nos porque imaginamos que são mais espertos que nós. Mas, na verdade, um computador não pode fazer nada além do que fazemos com nossa inteligência humana. Se o programador se esqueceu de um passo diminuto, o programa não funcionará. Por isso, interessa-nos descobrir o que sabem as pessoas, como usam e como aprendem o que sabem, para conseguir que os computadores realizem esses mesmos processos. Por isso, a IA está muito próxima da filosofia, da linguística, da psicologia..., com a diferença de que a IA verifica suas hipóteses em um computador.

SCHANK, Roger. *El ordenador inteligente.* Barcelona: Bosch, 1987.

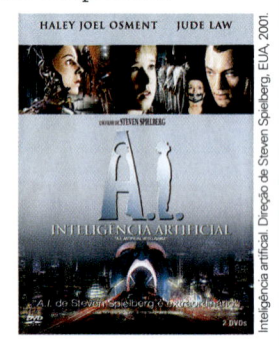

Foi relativamente simples conseguir que os computadores "refletissem". Refletir é passar de algo conhecido a algo desconhecido seguindo algumas regras (as da lógica formal).

Os computadores conseguem usar regras lógicas. Mas foi muito difícil conseguir que a máquina "reconhecesse padrões", coisa que nós fazemos com grande habilidade.

O reconhecimento de padrões, ou seja, a formação de conceitos perceptivos ou abstratos, é o começo da inteligência.

1. Em que consiste a Inteligência Artificial? As máquinas realmente pensam? Poderão chegar a ser conscientes do que fazem? Nosso cérebro funciona como se fosse um computador biológico?

Capa do DVD do filme *Inteligência artificial*, de 2001.

2. Resolver problemas

Pensemos em dois problemas: a) "Quero comprar uma lata de refrigerante da máquina automática"; b) "Quero que X vá comigo ao cinema no sábado".

O problema a) tem uma solução definida: colocar a moeda na máquina. Essas soluções, obtidas usando-se um procedimento estabelecido e seguro, são chamadas "algorítmicas". Sempre que resolvemos um problema aplicando uma fórmula temos este caso. O problema b) é mais complicado. Como posso convencer a outra pessoa? Não há um procedimento que funcione automaticamente, mas tenho que escolher entre várias possibilidades, sem estar seguro de sua eficácia. Estas soluções se chamam "heurísticas" (do grego *heuristikós*, encontrar). O método heurístico – que consiste em ir eliminando possibilidades – é utilizado para tomar decisões.

2. Que procedimento um médico utiliza para fazer o diagnóstico de um paciente: algorítmico ou heurístico? Reflita sobre sua resposta.

3. Compreender um texto (I)

Roger Schank estudou também a compreensão de textos. Podemos fazer com que um computador compreenda um texto?

Vejamos uma primeira definição de "compreender". Um computador compreende um texto ou uma ordem quando é capaz de responder; quando lhe damos uma ordem para a qual não está programado, não a entende. Entretanto, tal definição do conceito de "compreender" é muito superficial.

O computador pode responder adequadamente sem saber o que faz.

Um exemplo é o caso do programa *Eliza*, criado por um especialista em IA chamado Joseph Weizenbaum (1923-2008). O programa fingia ser um psiquiatra que dialogava com o usuário, que seria seu paciente. Assim funcionava:

Computador: Por que você veio falar comigo?
Paciente: Porque me sinto muito triste.
Computador: Por que se sente triste?
Paciente: Porque minha mãe morreu.
Computador: Você tem medo da morte?
Paciente: Muito.
Computador: Como você se relaciona com sua mãe?
Paciente: Eu a amava muito.
Computador: Conte-me algo mais.
Paciente: (O paciente lhe conta casos de sua infância).
Computador: Você se sente melhor agora?
Paciente: Sim.
Computador: Por quê?...

O programa é simples. Começa sempre igual, com a pergunta: "por que você veio falar comigo?". Logo tem uma lista de palavras relacionadas com problemas psicológicos: tristeza, depressão, solidão, morte, pai, mãe, filhos, etc. Quando o paciente menciona alguma dessas palavras, o computador pergunta por elas. Se não menciona nenhuma, o computador lhe diz: "Conte-me algo mais". Tem, além disso, uma última saída; perguntar: "Sente-se melhor agora?". Um programa tão simples engana com facilidade.

Parece um psiquiatra, mas a máquina não se dá conta de nada. Não compreende o que lhe dizem nem o que disse. Responde a um significante com outro significante.

3. Explique por que o programa não compreende nada.

4. Compreender um texto (II)

Vejamos uma segunda definição de "compreender". Um computador compreende um texto se pode realizar três ações: (1) inferências a partir da informação recebida; (2) expressar a informação de uma maneira distinta, e (3) encontrar a ideia básica. São três aspectos que demonstram se compreendeu ou não um texto. Também são aplicáveis às pessoas. Vejamos os conselhos de Schank a este respeito:

1. Temos de ensinar ao computador alguns conhecimentos e suas regras de inferência. Exemplo: se aparece a palavra "dar", então tem de haver alguém que dá, algo que é dado e alguém que o recebe. Assim que o computador lê a palavra "dar", busca o que falta (o sujeito, o objeto dado, quem o recebe), ou seja, completa as lacunas, como nós fazemos.

2. Mas isso não basta, porque o mundo é mais complicado. Por isso, temos de proporcionar ao computador alguns roteiros de situações mais complexas, que lhe permitam poder fazer novas inferências, tirar conclusões ou descobrir motivos.

O ser humano tem a capacidade de apreender continuamente roteiros por meio da experiência, incluí-los um dentro de outro (acolhê-los) e ter dessa maneira uma enorme capacidade para compreender a nova informação.

4. Escolha um dos documentos desta unidade e desenvolva as três ações necessárias para compreendê-lo.

Buscar a felicidade com os filósofos

▪ O ânimo e o desânimo

Há sentimentos básicos que nos informam sobre nosso estado geral. Um desses sentimentos tem uma importância especial: o ânimo. Às vezes nada nos interessa, não damos importância para nada, não há nenhuma coisa que nos tire da apatia. O ânimo e o desânimo sempre interessaram muito aos filósofos e aos psicólogos. Quando uma pessoa está desanimada, sente que não pode fazer nada. Não sente energia interior, nem encontra algo exterior que lhe pareça valioso. Para analisar os próprios sentimentos, que é um dos objetivos da "inteligência emocional", recorremos à introspecção, ou seja, à capacidade de refletir e analisar a própria consciência.

1. Definições

No desânimo podem combinar-se vários sentimentos parecidos: tédio; tristeza; medo; pessimismo e desespero; sentimento de impotência, fracasso, falta de autoestima. O desânimo, a apatia, a falta de motivação são estados transitórios de desinteresse, de indiferença, de dificuldade para fazer as coisas. A que chamamos "ânimo"?

Ânimo significa um foco de energia interior assim que o sujeito se move no mundo. Existe algo criador no ânimo, algo que empurra e conforma. Este polo ativo do ânimo se acha em íntima conexão com a nossa vontade de viver.

López-Ibor, Juan José. *Las neurosis como enfermedades del ánimo.* Madrid: Gredos, 1966.

O ânimo e a vitalidade estão relacionados com a alegria e a atividade. Por isso, quando falamos de "estado de ânimo", nos referimos a como estamos em relação a estes sentimentos: vitalidade, energia, alegria, atividade.

A acídia [o desânimo] é uma tristeza incômoda, que de tal maneira deprime o ânimo do homem, e nada do que faz lhe agrada. Leva a um certo tédio no agir, à ociosidade e à sonolência.

Tomás de Aquino, Santo. *Suma teológica.* v. 1. São Paulo: Vozes, 2001. 9 v.

Afresco com Santo Tomás de Aquino, de Carlo Crivelli (1476). O filósofo pensou sobre o ânimo e o desânimo.

Tipos de desânimo:

- O desânimo é uma resposta a uma situação que nos transcende ou que não entendemos. É uma manifestação do estresse ou da ansiedade.

- O desânimo surge como sensação de vários fracassos, reais ou imaginários, de modo que uma pessoa se convence de sua suposta incapacidade para enfrentar a realidade e acaba refugiando-se em uma passividade desiludida. A ideia errônea de que nada pode mudar reduz sua atividade. Esta atitude acaba convertendo-se em um hábito.

- Os encantos da tristeza. Muitas vezes a tristeza é confortável porque com essa desculpa não precisamos fazer nada, não nos sentimos culpados. Os poetas românticos adoravam a "melancolia", que, segundo o escritor francês Victor Hugo (1802-1885), é "a sorte de ser desgraçado".

1. Defina "ânimo" e "desânimo", de acordo com as informações dos dois textos. Defina, ainda, os tipos de desânimo.

2. A vontade de viver

O sentimento de vitalidade aumenta em alguns homens e diminui em outros. Há quem sinta brotar em sua atuação espiritual uma torrente de energia, que não percebe sua própria limitação. Tudo isto nasce em almas deste tipo com a plenitude magnânima, como um transbordamento da interna abundância. Com esta vontade de viver não ocorrem as invejas, os pequenos rancores e os ressentimentos. Há, pelo contrário, em outros homens um pulso vital descendente, uma constante impressão de debilidade constitutiva, de insuficiência, de desconfiança em si mesmo. O típico deste fenômeno é que o sujeito sente seu viver como inferior a si mesmo.

Ortega y Gasset, José. *El espectador.* Madrid: EDAF, 1998.

2. Por que Ortega y Gasset relaciona o desânimo à inveja?

3. O desânimo e a moral

Irrita-me este vocábulo: "moral". Irrita-me porque em seu uso e abuso tradicionais se entende por moral não sei bem que detalhe de ornamento posto à vida e ao ser de um homem ou um povo. Por isso eu prefiro que o leitor o entenda pelo que significa, não na contraposição moral-imoral, mas no sentido que adquire quando de alguém se diz que está "desmoralizado". Então se adverte que a moral não é uma performance suplementar e luxuosa que o homem acrescenta a seu ser, para obter um prêmio, mas que é o ser mesmo do homem quando está em sua própria ordem e vital eficiência. Um homem desmoralizado é simplesmente um homem que não está de posse de si mesmo, que está fora de sua autenticidade e por isso não vive sua vida, e também não cria, nem fecunda nem infla seu destino.

ORTEGA Y GASSET, José. *Obras completas*. Madrid: Taurus Pensamiento, 2007.

A tarefa ética consiste em um treinamento vital graças ao qual podemos ir nos encontrando em forma. Da mesma maneira que o esporte requer treinamento, desenvolver determinadas capacidades e habilidades dia após dia, o "estar em plena forma" humana, o estar cheio de moral, requer exercício. E ter a moral elevada não significa ter um objeto entre as mãos, mas ter adquirido, através da atividade, a atitude necessária e a predisposição adequada para enfrentar os desafios da vida.

CORTINA, Adela. *Ética civil e religião*. São Paulo: Paulinas, 1996.

3. Relacione os dois textos e discuta o que ambos têm em comum.

Aula de capoeira para adolescentes do projeto da Unegro, Jardim Brasil, São Paulo, 2004. Única alternativa de lazer cultural para jovens da região.

4. O desânimo tem solução?

Contra o desânimo, Santo Tomás de Aquino recomendava falar com os amigos, brincar ou gostar de alguém. São bons conselhos. O desânimo nos faz ficar solitários. Brincar é uma atividade prazerosa que nos prende a atenção. Gostar de alguém nos tira da insensibilidade. Na atualidade, os psicólogos acrescentam outros conselhos:

- As boas soluções consistem em dois aspectos: em nossas crenças e em nossas atitudes.

- Muitas vezes esses desânimos se devem às ideias equivocadas que temos sobre a realidade e sobre nós mesmos. De outro lado, a ação nos livra do desânimo. Trata-se de autoimpor pequenas metas e tentar realizá-las. Podemos agir ainda que estejamos desanimados.

Grupo de adolescentes conversam em uma praça em Havana, Cuba.

Todos precisamos nos sentir capazes, ser conscientes de nossos poderes. Quando sentimos nossa capacidade de agir, experimentamos a alegria.

A natureza nos adverte mediante um sinal preciso que nosso destino foi atingido. Este sinal é a alegria. Digo a alegria e não o prazer. O prazer não é mais que um artifício imaginado pela natureza para obter do ser vivo a conservação da vida; não indica a direção que a vida foi lançada.

A alegria, por outro lado, anuncia sempre que a vida triunfou, que ganhou terreno, que alcançou uma vitória: toda grande alegria tem um acento triunfal.

BERGSON, Henri. *As duas fontes da moral e da religião*. Coimbra: Almedina, 2005.

A felicidade é indicadora de que o homem encontrou a resposta ao problema da existência humana: a realização criadora de suas potencialidades. [...] O contrário da felicidade não é a dor, mas a depressão.

FROMM, Eric. *Ética y psicoanálisis*. Ciudad de México: Fondo de Cultura Economica de España, s.d.

4. Por que Bergson diferencia a alegria do prazer?

5. Relacione os textos de Bergson e Fromm.

Filosofia jovem

▪ Relações familiares e compreensão

O tema da compreensão nas relações familiares é essencial para uma filosofia jovem. É muito ruim a sensação de não ser compreendido. O que significa a expressão "meus pais não me entendem"? Propomos algumas explicações: "Querem que eu pense como eles e não se deram conta de que o mundo mudou". "Não gostam nem um pouco do que faço, nem como me visto, nem como falo, nem com quem ando, nem como me organizo". "Querem me controlar. Não se dão conta de que já não sou uma criança". "Não perceberam que sou dono da minha vida".

As relações familiares, precisamente pela profundidade de seus vínculos, com frequência constituem fonte de incompreensões e mal-entendidos. Por isso, é conveniente analisar, com base na filosofia, a razão pela qual se produzem essas situações. Muitas vezes, são falhas na comunicação.

1. Falhas na comunicação

Maggie regressa para casa depois do trabalho e descobre que seu filho Rick deixou outra vez sobre a mesa a louça do café da manhã, apesar de ela ter falado cem vezes que ele devia colocar as coisas na lava-louças. Rick tem 18 anos.

Maggie passa as duas horas seguintes considerando os aspectos distintos do problema. Sim, ele tem 18 anos, mas continua sendo seu filho e deveria fazer o que ela diz (poder legítimo de um pai "sobre" seu filho, mas enfraquecido porque já não é uma criança). Maggie passa o dia fora de casa, trabalhando para sua família e tem o direito de pedir (constrói uma forte posição de justificativa baseada em sua crença de ter razão). De fato, já pediu muitas vezes e está cansada de que a acuse de que é uma chata e que está todo o dia perseguindo-o, coisa que não teria que fazer se ele simplesmente fizesse o que ela lhe pede (reforça sua posição de poder "sobre" o filho com uma forte sensação de ofensa). Quando Rick chega, se dá conta de que sua mãe está brava e lhe pergunta o que aconteceu.

Maggie: – O que aconteceu, Rick, é que cheguei do trabalho e encontrei sua xícara do café da manhã ainda sobre a mesa. (Sua cara adota uma expressão dolorosa).

Rick: (Suspira). – Bom, outra vez a mesma história. (Dirige-se à porta da cozinha).

Maggie: – Não vá dessa maneira, sem mais nem menos. Por que custa tanto fazer o que te peço? Não é que peça muito, me parece (tentativa de coerção, valendo-se de sua posição de superioridade, mediante o seu "razoável" pedido).

Rick: – Mamãe, já falamos disso antes: não posso suportar que me pressionem.

Maggie: – Não estou te pressionando (ainda que saiba que o está fazendo), creio que tenho o direito (posição de superioridade) de te pedir que contribua nas tarefas da casa. Você agora é um adulto (agressão indireta).

Rick: – Realmente isso é tão importante? (Se vê obrigado a defender sua própria posição, porque aceitar agora significaria ser o perdedor). Às vezes simplesmente me esqueço. Há coisas muito mais importantes na vida que lavar os pratos, de verdade. Bom, pelo menos na minha opinião, sim (agressivo golpe de defesa como revanche).

Rick sai. Maggie se sente sem forças. Perdeu a batalha.

DICKINSON, Anne. *Conversaciones difíciles*. Madrid: AMAT, 2007.

Michael Crockett/Le Club Symphonie/Taxi/ Getty Images

Mãe e filha parecem se entender em conversa familiar íntima.

1. Elabore uma síntese sobre esse diálogo. Depois, compare a situação descrita com algum evento semelhante que você já tenha vivenciado.

   Em uma conversa ocorrem diferentes processos:

   ▪ Sempre estamos **interpretando** o que ouvimos por meio de nosso estado de ânimo, nossas crenças, nossos preconceitos ou desejos.

   ▪ A comunicação se estabelece sempre em dois planos: **informativo e afetivo**.

   ▪ Quando estamos irritados, interpretamos tudo mal.

   ▪ Para entender, deve-se ter a decisão de fazê-lo, e ser consciente de todos os elementos que podem interferir na comunicação. Em primeiro lugar, é preciso **reconstruir a intenção do falante**. Já falamos que **empatia** consiste na capacidade de compreender os sentimentos de outra pessoa.

Nas páginas dedicadas a "Aprender a ler filosofia" temos falado em "compreender". Pode-se aplicar o que estudamos nessas páginas para a "compreensão das pessoas"?

Compreender um texto é ser capaz de encontrar o modelo, o esquema ou a representação mental que permite dar significado à informação que há nesse texto, completar as lacunas e tirar conclusões.

No caso das pessoas, podemos considerar que suas palavras ou seu comportamento são como um texto que temos de ler. O modelo mais geral se relaciona com os motivos ou os fins dessa pessoa. Compreendemos uma pessoa se conhecemos suas intenções e seus propósitos. As perguntas pertinentes que devemos nos fazer são: Por que ela(e) disse isso? Por que ela(e) fez isso? Quais são seus sentimentos? O que pretende ao dizer ou fazer isso? Ao responder a essas perguntas, devemos considerar um dos grandes princípios da filosofia: "É preciso livrar-se dos preconceitos se se quer conhecer a verdade".

Pais conversam com o filho. Para que haja sentido no discurso construído, as intenções de todos precisam estar claras na conversa.

2. Um exemplo

Esta tarde você só sai depois de arrumar seu quarto.
– Tá...
– Nada de roupa limpa no chão, nem roupa suja no armário.
– Tá...
– Nada de "tá"! Nem pense em sair sem arrumá-lo.
– Que mania de organização! Eu gosto como está.
– Não me interessa como você gosta. Eu não posso viver nessa bagunça. Uma casa não é uma pocilga.
– Não dá para viver nessa casa!

2. Analise esta conversa, levando em conta motivos, intenções e propósitos dos falantes.

3. Pais e adolescentes

Os jovens reclamam o direito de ser compreendidos. Os pais podem reclamar o mesmo direito?

Nunca a adolescência foi objeto de tanta atenção como atualmente.

Nunca os pais, o pai e a mãe, foram tão requeridos, solicitados e até culpados (quando as coisas supostamente não saíram como deveriam sair) como hoje, em tudo o que se refere à educação de seus filhos [...]. Os filhos cresceram como sujeitos de direitos. Os pais, enquanto pais, se veem como meros sujeitos de deveres para com seus filhos.

Os filhos, de tanto serem observados, estudados, analisados e protegidos, acabaram se situando no pedestal o qual nós, os adultos, levantamos.

ELZO, Javier. *El silencio de los adolescentes*. Madrid: Temas de Hoy, 2000.

3. Você concorda com o que Elzo diz? Reflita sobre sua resposta.

Escrever um *blog* filosófico

Em nosso *blog* filosófico, elaboraremos um "Manual de conselhos aos pais para que entendam seus filhos". Também será muito útil escrever, da perspectiva dos pais, um "Manual de conselhos aos filhos para que entendam seus pais".

O que é a inteligência humana?

- O objetivo da inteligência é dirigir o comportamento.
- Entre a inteligência animal e a humana há um salto qualitativo.
- Há capacidades voluntárias nos humanos.

Sensação e percepção
- Sensação é a ação de um estímulo sobre os órgãos sensoriais.
- Perceber é dar significado às sensações.

A consciência
- Depende do funcionamento do cérebro. Considera-se um fenômeno emergente.

Perceber e pensar com conceitos
- Para perceber, usamos esquemas ou conceitos perceptivos.
- Para pensar usamos conceitos.

Propriedades dos conceitos
- Compreensão: conjunto de traços que definem um conceito.
- Extensão: conjunto de indivíduos identificados mediante um conceito.

A atenção e a memória

A atenção inteligente
- Atenção é a capacidade de selecionar uma informação que consideramos relevante e centrar a percepção nela.
- Há a atenção involuntária e a voluntária.

A memória inteligente
- Memória é a capacidade de adquirir uma informação ou habilidade e conservá-la, recuperá-la ou utilizá-la.
- Tipos de memória: sensorial, de curto prazo, de longo prazo, de trabalho.

A aprendizagem

Como aprendemos?
- Estímulos condicionados (Pavlov).
- Condicionamento operante (Skinner).
- Cunhagem (Lorenz).

A aprendizagem humana
- Além dos mecanismos anteriores, aprendemos por imitação ou por meio da linguagem.
- Podemos decidir o que aprender.

Características da aprendizagem humana
- Aprendemos melhor ao dar significado à informação.
- Aprendemos assimilando a informação nova à conhecida.
- Aprender é uma operação ativa.
- A memória sintetiza a informação.
- Automatizamos as atividades aprendidas.
- Podemos saber sem lembrar.

Inteligência, linguagem e lógica

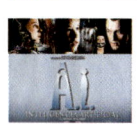

Uma inteligência linguística
- A inteligência humana se manifesta por meio da linguagem. No princípio, a linguagem tinha uma função relacionada com a ação (alarme, imperativo).
- O ser humano usa a linguagem para comunicar-se com os demais e consigo mesmo.

A inteligência que julga e infere
- Ao afirmar ou negar, fazemos um juízo.
- Inferir significa passar de uma informação a outra (reflexão, demonstração).

Os sentimentos inteligentes

Experiências afetivas
- São o conjunto de experiências pelas quais percebemos os valores positivos ou negativos da realidade.
- Há três tipos de afetos: desejo, sentimento e apego.

Valores
- Valor é a qualidade positiva ou negativa, agradável ou desagradável, atraente ou repulsiva, boa ou má, que têm as pessoas, as coisas ou as ações, em relação ao sujeito que as percebe.
- Há valores vividos e valores pensados.

Inteligência executiva e inteligência social

A vontade direciona o comportamento

A capacidade de projetar o futuro

A inteligência humana está dirigida por projetos

A inteligência se desenvolve sempre em um contexto social

1. Defina os conceitos de "atenção" e "memória" e explique em que consistem os diferentes tipos de memória.

2. Quais são as características da aprendizagem humana? Explique em que consiste cada uma dessas características.

3. Leia o texto a seguir sobre a memória e responda às perguntas:

> Um organismo sem memória não poderia nem sequer perceber: vemos, interpretamos e compreendemos a partir da memória.
>
> Brenda Milner estudou pessoas incapazes de reter algo na memória. Estes doentes podem manter voluntariamente dados na sua consciência, mas sabendo que, assim que deixem de pensar neles, vão desaparecer para sempre nos abismos do esquecimento. Em uma ocasião, a doutora Milner achou estranho que um de seus pacientes tivesse conseguido lembrar durante quinze minutos o número 584, e lhe perguntou como tinha conseguido. A resposta relatou um patético combate contra o esquecimento: "É necessário lembrar-se do 8. Logo 5, 8 e 4 somam 17. Lembra-se do 8, e 17 menos 8 dão 9. Se dividimos o 9 em duas cifras, temos 5 e 4: aqui está, 584". Dá pavor pensar que uma atividade tão frenética e absurda fosse necessária para que uma informação não desaparecesse.

MARINA, José Antonio. *Teoría de la inteligencia creadora*. Barcelona: Anagrama, 2005.

a) Os doentes citados no texto têm que tipo de memória conservada?

b) Por que se diz que um ser sem memória não poderia nem sequer perceber?

c) Tente se imaginar na situação de um doente mental como nos moldes citados no texto (perda das memórias a longo prazo, ainda que se conservem as lembranças anteriores ao início de sua doença). Escreva uma reflexão sobre como seria seu dia a dia.

4. Defina linguagem e linguagem artificial, de acordo com o que estudou no capítulo.

5. A hipnose é um fenômeno misterioso. Em estado hipnótico, um sujeito obedece a outro, sem estar consciente disso. Alguns pesquisadores relacionaram esse processo com a fala interior:

> Nos planos voluntários mais elaborados supõe-se a utilização íntima da linguagem. A fala interior constitui o material do qual estão feitas nossas vontades. Quase todos os psicólogos behavioristas (comportamentalistas) desde J. B. Watson recalcaram o fato conhecido de que a maior parte de nossa atividade planejada se representa subjetivamente como uma escuta do que nós mesmos falamos. Na verdade, a pessoa que está hipnotizada não está fazendo outra coisa senão isso, mas com a seguinte exceção: a voz a que escuta falar de seu "plano" não é a sua, mas a do hipnotizador. O sujeito entrega ao hipnotizador sua fala interior.

MILLER, George A.; GALANTER, Eugene; PRIBRAM, Karl H. *Planes y estructura de la conducta*. Madrid: Debate, 1983.

A memória permanece mesmo nos estados inconscientes.

a) Em que consiste normalmente a "fala interior"? Que função costuma ter?

b) Como os autores do texto explicam o fenômeno da hipnose?

6. Leia o seguinte texto de Platão e responda às perguntas.

> Teeteto: O que você chama de pensar?
>
> Sócrates: Ao discurso que a alma tem consigo mesma sobre as coisas que submete à consideração. Pelo menos isto é o que eu posso dizer sem saber de tudo. Para mim, de fato, me parece que a alma, ao pensar, não faz outra coisa que dialogar e propor-se às perguntas e às respostas, afirmando algumas vezes e negando outras.

PLATÃO. *Teeteto-Crátilo*. Belém: Ed. UFPA, 1988.

a) Nesse fragmento, como Sócrates define o pensamento?

b) Relacione o texto com o que você estudou sobre a fala interior.

7. Leia novamente o texto da introdução. Que importância a inteligência tem em nossas vidas? Que exemplos você pode dar sobre sua importância com base no que estudou nesta unidade?

4

Concepções filosóficas do ser humano

Monkey Business Images/Shutterstock.com

Introdução: como queremos viver?

Nesta unidade, entramos em um terreno minado. Temos que andar com cuidado, porque qualquer movimento – neste caso, qualquer afirmação – pode nos derrubar. A filosofia vai nos mostrar sua face mais dramática. O que estudamos aqui influi em nossas vidas de maneira significativa. Grande parte das tragédias do século XX – o totalitarismo político, as guerras mundiais, as perseguições, os genocídios, as discriminações, o terrorismo – tem uma origem filosófica. Estão baseadas em ideias sobre o que é o ser humano. O que vamos estudar agora é o valor da vida humana.

Dizemos que o ser humano é dotado de dignidade, a qual é intrinsecamente valiosa. De onde recebemos essa especial dignidade? Temos dignidade realmente?

Poderíamos dar uma resposta que parece ter sido confirmada pela história. A dignidade de nossa espécie deriva da nossa força? Somos os animais mais inteligentes e isso quer dizer os mais poderosos? Não temos as garras do tigre, a energia do urso, a velocidade do leopardo, a supremacia marítima da baleia, o domínio aéreo da águia ou a potência do leão. Mas temos os rifles. Por outro lado, a sociedade humana é outra selva feroz, na qual o homem é um lobo para o próprio homem, como se pode observar pela interminável sucessão de guerras em que consiste a história da humanidade. Caso admitamos esta resposta, caso nossa supremacia seja constituída pela força, o que fazemos com os fracos? Por que vamos limitar o exercício do nosso poder a matar animais? Por que não matar os fracos?

A valorização da diversidade torna a convivência humana mais harmônica. Crianças de diferentes etnias brincando em espaço público.

Evidentemente, esta não pode ser a natureza de nosso pensamento. O propósito da vida em sociedade é lidar com as diferenças e encontrar o equilíbrio e a harmonia suficientes para não destruirmos uns aos outros. Mesmo porque aquele que é aparentemente "mais fraco" pode se unir a outros e, com isso, aniquilar o "mais forte". Não há nada que sustente de forma justificada uma visão de mundo preconceituosa, segregacionista ou mesmo que haja homens "melhores" que outros. As vidas humanas são igualmente valiosas.

Nós, humanos, podemos olhar para trás, para a natureza ou para a história e contemplar nossa vida como o resultado de forças que não podemos dominar. Mas também podemos olhar para frente, negar que estejamos determinados pelo destino, pela fisiologia, pela história, pelas estrelas, pelo que seja, e transformar nossa vida. Podemos decidir sobre o que queremos ser.

Esta unidade pode nos trazer algum tipo de frustração quanto à condição humana, mas também pode nos dar esperanças. Tudo depende de como nos consideramos. Caso confiemos na nossa capacidade de criar uma realidade melhor, na nossa vontade de superar nossas limitações, de satisfazer nossas necessidades, poderemos transformar em realidade o grande projeto de enobrecimento da espécie humana.

Queremos ser nobres. Queremos deixar de ser simplesmente animais dotados de inteligência para sermos animais dotados de dignidade, quer dizer, possuidores de um valor intrínseco que temos de respeitar e proteger.

Como definir o ser humano?

Uma definição do ser humano

Nos capítulos anteriores, estudamos o desenvolvimento da espécie humana, sua inteligência e o surgimento da cultura. Com esses dados procedentes da ciência, podemos elaborar uma definição do ser humano.

Os seres humanos sempre se fizeram perguntas sobre si mesmos, criaram linguagens, religiões, técnicas, elaboraram explicações da realidade, manifestações artísticas, formas de organização social, etc. O fato de ter havido comportamentos em todo momento histórico e em todas as sociedades permite incluí-los na definição do ser humano.

Isso é o que nos diz a ciência, mas há questões que nos interessam ou preocupam e sobre as quais a ciência não tem nenhuma resposta.

As perguntas sobre quem somos, nosso lugar no mundo, a morte, o além e o sentido da vida são também uma característica essencial presente no ser humano. E essas são questões especificamente da filosofia, de grande importância, porque a resposta que dermos influenciará nossas vidas de maneira fundamental. Somos animais? A vida humana tem um valor especial? Somos iguais ou as culturas nos definem?

Uma distinção prévia

Recordemos que no capítulo 2 distinguimos "filosofia autoanalítica" de "filosofia sistemática".

- A **filosofia autoanalítica** refere-se aos **esforços individuais** em reconhecer as questões fundamentais da vida, do conhecimento ou da realidade. Grandes pensadores enfrentaram esses problemas, em seus contextos históricos, e suas obras fazem parte da grande aventura do conhecimento humano.

A história da filosofia nos revela o esforço gigantesco dessas inteligências excepcionais em resolver grandes problemas. É um relato admirável, mas pode deixar a impressão de que o trabalho de tantos filósofos não serviu para nada, porque ainda enfrentamos muitos dos mesmos problemas, que, desde a Grécia antiga, nos afligem. Mas a filosofia não é uma ciência exata. Seu fundamento é formular bem a pergunta; apresentar os problemas e propor soluções. Entretanto, não tem a pretensão de dar uma resposta final para nada: pensar é produzir pensamentos constantemente.

- A **filosofia sistemática** faz referência àquelas **afirmações** ou **teorias** que estão fundamentadas com a suficiente firmeza para poder afirmar que superam o mero interesse pessoal e têm **validade**. Ainda que estejam, como as verdades científicas, submetidas à contínua crítica e aperfeiçoamento.

■ Saiba mais ■

Formas de entender o ser humano

Um pensador muito influente do século XX, o existencialista francês Jean-Paul Sartre (1905-1980), escreveu: "Nascemos por azar, vivemos por inércia e morremos por acidente. O homem é uma paixão inútil".

Um contemporâneo dele e também existencialista, o argelino Albert Camus (1913-1960) – vencedor do prêmio Nobel de Literatura (1957) – dizia: "No ser humano há mais coisas dignas de admiração do que de desprezo".

Para o ser humano, tão importante quanto viver é conviver. Pessoas em dia chuvoso de Porto Alegre (RS), em 2008.

Gerson Gerloff/Pulsar Imagens

- Compare as visões de Sartre e Camus sobre o ser humano e se posicione a favor daquela que mais lhe agrada. Lembre-se de argumentar.

O ser humano, que entende de tantas coisas, muitas vezes não entende a si mesmo.

Bruce Ayres/Stone/Getty Images

■ Teorias sobre o ser humano

Apesar de as muitas teorias sobre o ser humano serem contraditórias, convém conhecê-las, porque nos servem para percebermos os diferentes aspectos do problema.

Algumas teorias são fundamentalmente religiosas, e outras, filosóficas. Ainda que em algumas ocasiões seja difícil separá-las.

- As **teorias religiosas** baseiam-se em **crenças**, cuja verdade não pode ser demonstrada racionalmente, mas os crentes a aceitam porque consideram que foi revelada pela divindade ou porque foi descoberta em experiências privadas e místicas.

As grandes religiões, assim chamadas por congregarem grande número de fiéis, definiram a **especial dignidade do ser humano** pela relação com a Divindade ou com o Absoluto. O judaísmo, o cristianismo e o islamismo consideram que um único Deus criou o ser humano à sua imagem e semelhança e que desta semelhança deriva sua especial dignidade (*doc. 1*).

Nas **religiões orientais** também se valoriza o ser humano acima de todas as coisas.

Para Confúcio, o grande mestre da **religião chinesa**, por exemplo, a natureza do homem é boa e sociável, mas as ações que ele pratica levam-no à separação dos outros homens. Por isso, recomendava "Amai a todos os homens em geral. A tarefa educadora consiste em eliminar o mal e permitir que os humanos retornem a seu estado natural. Nisso consiste o Tao, o caminho".

Na **religião hindu** – baseada nos Vedas, que são seus livros sagrados –, o ser humano é a entidade na qual os deuses se manifestam. Atman, o espírito supremo, mora em todos os humanos e é a energia que os faz existir. A finalidade de ser humano consiste em se libertar das limitações corporais e unir-se a esse espírito, que está fora e dentro dele.

- Já as **teorias filosóficas** pretendem explicar racionalmente a essência humana. Durante muitos séculos (principalmente durante a Idade Média, no Ocidente), teologia e filosofia eram consideradas praticamente a mesma disciplina.

Pensadores como Santo Agostinho e Santo Tomás de Aquino utilizaram a filosofia de Platão e Aristóteles para fundamentar, em boa medida, os dogmas da Igreja Católica Apostólica Romana.

Assim como os gregos, tornaram-se grandes filósofos da História.

As teorias filosóficas sobre o ser humano identificaram os principais aspectos da natureza humana.

– **O ser humano é um ser racional**. A razão é a característica fundamental do ser humano e o elemento que o define.

– **O ser humano é um ser social**. De acordo com essa teoria, o ser humano só existe nas relações sociais.

– **O ser humano é um ser livre e, portanto, moral**. A discussão sobre a liberdade do ser humano tem sido um tema fundamental para entender sua natureza.

– **O ser humano é um ser metafísico**. Precisa encontrar sentido em sua vida, saber quem é e ao que se deve ater.

Analisaremos a seguir cada uma dessas quatro perspectivas.

Doc. 1

A dignidade do ser humano

Quando vejo os céus, obra dos teus dedos,
A lua e as estrelas que tu formaste,
Digo: o que é o homem, para que te lembres dele?
Pois o fizeste um pouco menor que os anjos.
E o coroaste de glória e dignidade.
O fizeste dono das obras de tuas mãos.
Tudo o puseste sobre seus pés.
Salmo 8, 4-7

- Como a dignidade humana é expressada nesse texto?

Neue Galerie, Kassel, Alemanha/Ute Brunzel/Bridgeman Art Library/Keystone

///■ Um ser racional e social

■ O ser humano é um ser racional

A exaltação da **razão** como característica dominante da natureza humana procede da cultura clássica. Aristóteles ainda escreveu que "O homem vive também por ocasião da razão, já que é o único entre os animais que possui a razão". Desde então, a razão continuou sendo considerada o aspecto diferencial da humanidade.

No entanto, o que se entende por razão e racionalidade foi variando ao longo da história.

- Na **filosofia grega**. Platão chegou a identificar a razão com a alma, para fazer referência ao mais íntimo, profundo e específico do ser humano. Aristóteles, por sua vez, considerava que a alma era a forma organizadora do corpo, e que a alma humana era racional. Sua principal função era conhecer, mas, além disso, devia dirigir o desejo humano. Por isso, a vontade é o "desejo guiado pela razão".

- A **filosofia medieval**, fundamentalmente cristã, também definiu o ser humano como animal racional. Cada ser humano está composto de um corpo e de uma alma espiritual, criada individualmente por Deus. Considerava que a razão humana era uma pequena expressão da infinita inteligência divina.

- A **filosofia moderna** fez da razão o sinal de identidade da humanidade, resumindo nela todas as suas esperanças e possibilidades. Reduziu o indivíduo à condição de sujeito (coisa pensante). Foi uma época de otimismo racional, porque suas capacidades pareciam não ter limites. Podia chegar a desvendar os **mistérios da natureza** e do Universo por meio da ciência. Um bom exemplo desse período foi a física do inglês Isaac Newton (1643-1727).

Ademais, poderia chegar a solucionar os **problemas morais e de relacionamentos humanos**, como encontramos na obra de Kant intitulada *A paz perpétua*. Nessa obra, o pensador alemão define a ideia de que, se todos os seres humanos soubessem viver guiados pelos princípios da razão, poderiam encontrar a forma de viver permanentemente em paz.

A filosofia das Luzes apoiou-se fortemente no princípio da racionalidade. Os filósofos refletiam sobre a **educação**, seus planos e organização, assim como sobre os **ideais** e **modelos políticos** mais adequados para conseguir uma convivência baseada na justiça e na igualdade. Kant afirmou: "A educação faz o homem". Todas as esperanças da humanidade estavam postas na razão e no seu cultivo pela educação. A razão era a faculdade que podia guiar o ser humano até a consolidação do projeto da humanidade.

- Nos **séculos XIX** e **XX**, enquanto a ciência confiava cada vez mais no poder da razão, uma parte da filosofia começou a desconfiar dela por diversos motivos. Diante da apologia da razão, reivindicaram-se outras faculdades humanas.

Num primeiro momento, pensou-se na **vontade**, entendida como a força, o desejo, a capacidade de agir e tomar decisões. A razão sem a vontade não é nada, é tão só uma possibilidade, um esquema ou representação.

Começou-se a dar peso a características do ser humano que são definidoras de sua condição, como a razão: a vida, o instinto, a paixão, o inconsciente, as relações produtivas e econômicas, etc.

Segundo a mitologia grega, Prometeu roubou o fogo dos deuses do Olimpo e deu aos homens. O fogo, no caso, é uma metáfora para a razão humana.
‹

■ Os pensadores da suspeita

Os protagonistas dessa concepção foram:

- **Sigmund Freud** (1856-1939), neurologista austríaco, precursor da psicanálise. Revolucionou o mundo da psicologia e a concepção de personalidade. Sua colaboração à desmistificação da racionalidade humana consistiu em afirmar que o ser humano não se move só por princípios racionais, mas que em toda pessoa existe uma parte **irracional** e inclusive **inconsciente**, que tem um papel relevante na configuração da personalidade.

- **Karl Marx** (1818-1883) também teve uma enorme influência no sentido de duvidar da racionalidade. O pensador alemão defendeu uma explicação materialista da história (batizada de "materialismo histórico") e a dimensão do ser humano como um ser que transforma, produz, fabrica a realidade. Segundo ele, são as transformações materiais, trabalhistas e econômicas que movem o mundo e geram os valores e as ideias. A razão já não é a instância suprema e definitiva da humanidade. Pelo contrário, depende das **relações materiais** com que as pessoas se relacionam com o meio (o trabalho, a produção, o capital, o consumo, etc.) A essência do ser humano consiste nas relações que mantém, entre outras coisas, com seu **trabalho**.

- **Friedrich Nietzsche** (1844-1900) é considerado o pensador mais representativo da filosofia da suspeita, porque realizou uma dura crítica aos valores racionais em todas as formas e manifestações. Sua concepção do ser humano enquadra-se no que se conhece como **vitalismo irracionalista**, que, diante do racionalismo, defende que o ponto de partida para entender o ser humano é sua própria vida. Para Nietzsche, a vida é regida pela vontade de poder, que é o desejo ou impulso de viver, mas não de qualquer forma, senão de viver com o máximo de potencialidades vitais possíveis. Dizer que a vontade de poder é entendida como um "impulso vital, instintivo e cego" significa dizer que a vida não se rege por princípios racionais. Assim, a razão não é mais que uma qualidade ou característica do ser humano, posterior e submetida à própria vida, que se utiliza para explicar e consolar-se de sua própria finitude e precariedade biológica.

■ O ser humano é um ser social

Aristóteles definiu o ser humano como **animal social**. Considerava que a posse do *logos* – linguagem e pensamento – fundava essa sociabilidade. Mas a relação entre o indivíduo e a sociedade deu origem a grandes **debates**. Existe o ser humano fora dos laços sociais? Podemos falar de uma natureza humana prévia à constituição da sociedade? Quem tem maior dignidade, o indivíduo ou a sociedade? De onde derivam os direitos da natureza individual ou da sociedade?

Caso não haja natureza humana independente da sociedade, é evidente que **os direitos têm de depender da sociedade**, mas, então, tem sentido falar de autonomia pessoal? Ludwig Feuerbach (1804-1872), filósofo alemão contemporâneo de Karl Marx, pensava que o indivíduo não tinha essência. Em sua obra *A essência do cristianismo*, diz: "O homem individual não tem em si a essência do homem, nem como ser moral nem como ser pensante. O ser do homem encontra-se só na comunidade".

Alguns pensadores e psicólogos especializados no estudo das culturas, da herança social, chegaram a afirmar que **o ser humano é um produto mutável da cultura**, pois ele também modifica o seu modo de vida. Portanto, não há nenhuma natureza compartilhada. Há tantos tipos humanos como culturas. Desse modo, não se poderia falar de uma ciência única do ser humano e nem fundar uma ética universal comum a todos (*doc. 2*).

Doc. 2

Produtos culturais

Nossas ideias, nossos valores, nossos atos, inclusive nossos sentimentos, são, do mesmo modo que nosso próprio sistema nervoso, produtos culturais, produtos manufaturados com base nas tendências, nas capacidades e nas disposições com que nascemos, mas, ao fim e ao cabo, manufaturados.

GEERTZ, Clifford. *A interpretação das culturas*. Rio de Janeiro: LTC, 1989.

- **Explique as afirmações de Clifford Geertz.**

Caso a natureza humana derive da sociedade, todos os nossos direitos derivariam dessa rede social e nosso valor pessoal dilui-se, como se expõe no texto de um famoso sociólogo francês, Émile Durkheim (1858-1917) (*doc. 3*).

Doc. 3

O peso do fator social

Cada vez que um fenômeno social é explicado diretamente por um fenômeno psicológico, podemos estar certos de que a explicação é falsa. O grupo pensa, sente e age de forma diferente de como fariam seus membros se estivessem isolados. Se ao tentar explicar os fenômenos começamos pelo indivíduo, não podemos compreender nada do que ocorre no grupo. As naturezas individuais são meramente o material indeterminado que o fator social molda e transforma. Sua contribuição consiste exclusivamente em algumas atitudes muito gerais, em algumas predisposições vagas e, consequentemente, plásticas.

DURKHEIM, Émile. *Escritos selectos*. Buenos Aires: Nueva Vision, 2000.

- **Qual é a ideia básica deste texto? Explique-a com suas próprias palavras.**

Um ser livre e metafísico

■ O ser humano é um ser livre e, portanto, moral

Quase todas as definições de ser humano afirmam a liberdade como uma de suas propriedades essenciais. No entanto, sobre esse aspecto as teorias são muito variadas, algumas negando a liberdade humana, considerada mera ilusão, enquanto outras mantêm a ideia de que o ser humano é pura liberdade. Há duas formas de entender a liberdade.

- **Liberdade física ou liberdade de fazer**. É a ausência de coação ou de impedimentos **externos** ao momento de agir. Um preso tem a sua liberdade física limitada.
- **Liberdade interna, liberdade de querer ou livre-arbítrio**. É a ausência de fatores internos que impõem a eleição de uma opção ou outra. É própria e exclusiva do ser humano. Nós nos referimos a este tipo de liberdade quando dizemos que o ser humano é um ser livre. A conduta animal é instintiva, o que significa que, diante da necessidade ou do estímulo, a resposta adequada será acionada em cada caso. O animal não tem possibilidade de escolha ou de deliberação entre diferentes opções.

■ Existência e limites da liberdade

Sobre a existência e os limites da liberdade interna, há diferentes opiniões.

- **O determinismo** nega a existência da liberdade no ser humano, considerando-a um desejo ou aspiração. Todas as ações de nossa vontade estão determinadas por múltiplas causas. Há tantos tipos de determinismo quantas forem as causas que motivam ou determinam a conduta.
  – **O determinismo biológico**. Afirma que nossos atos são fruto da herança genética; o código genético determina nosso sistema nervoso e hormonal, e este, nosso temperamento e aprendizagem.
  – **O determinismo educacional**. A educação dirige nossa conduta. Seremos, pensaremos e agiremos de acordo com os padrões que tenhamos aprendido.
  – **O determinismo social**. Defende a mesma ideia, mas reduz as causas da conduta em sociedade.
  Esses exemplos compartilham a ideia de que o ser humano não é mais que uma espécie de marionete movida por algumas dessas linhas ou por todas elas ao mesmo tempo. Achamos que somos livres porque não somos conscientes dos mecanismos que movem nossa conduta (*doc. 4*).
- Diferentemente do determinismo, outras teorias afirmam a liberdade humana. A experiência interna, a conduta moral, a responsabilidade política e jurídica, as decisões pessoais contra todo tipo de imposições forçadas são um bom exemplo disso. A teoria filosófica que defendeu mais abertamente o indeterminismo e a **liberdade** foi o existencialismo.

Assista
Na natureza selvagem, dirigido por Sean Penn, EUA, 2007. Inspirado na história real de um jovem rapaz que abandona sua vida de conforto para buscar a liberdade pelos caminhos do mundo.

Doc. 4

Não há liberdade

Os homens equivocam-se ao crerem-se livres, opinião que obedece ao fato de que não são conscientes de suas ações e ignoram as causas que as determinam.

Espinosa, Baruch. *Ética*. Belo Horizonte: Autêntica, 2007.

- Você concorda com a opinião do filósofo? Justifique sua resposta.

■ Saiba mais ■

O existencialismo

Trata-se de uma filosofia que surgiu como fruto do desencanto e da desconfiança da sociedade, do Estado e da política. Jean-Paul Sartre, um de seus maiores representantes, explica em sua obra *O ser e o nada* a razão de ser da conduta humana: "O homem nasce sendo nada de ser", quer dizer, não nasce sendo isto ou aquilo, como os demais seres. Não nasce sendo bom ou mau, médico ou mecânico.

Pelo contrário, essas características ele terá que alcançá-las ao longo da sua vida, conforme os atos e as decisões que tomar. Sua única natureza é sua **radical indeterminação** ou **liberdade** para ser ou fazer uma ou outra coisa. A escolha e a liberdade são inerentes à conduta humana (*doc. 5*).

David E. Scherman/Time & Life Pictures/Getty Images

Jean-Paul Sartre (1905-1980) foi um dos expoentes do pensamento existencialista.

- Resuma as ideias básicas sobre a liberdade afirmadas pelo existencialismo.

Doc. 5

Solidão e escolha

O homem está só, abandonado à iniludível necessidade de ter que se fazer constantemente, de ter que tomar a cada instante suas próprias decisões.

Sartre, Jean-Paul. *O ser e o nada*. São Paulo: Vozes, 2005.

- Compare o conteúdo dos documentos 4 e 5.

A perspectiva existencialista

Sartre concluiu que "o homem está condenado a ser livre", o que significa que não temos mais remédio a não ser escolher, pois, mesmo quando decidimos não escolher, já o estaremos fazendo. Os demais podem influir ou decidir por nós, mas a última palavra é pessoal, e é sobre quem age que recaem as consequências da conduta seguida ou da escolha, e não em quem decide por nós. Sobre essas escolhas vai-se configurando o próprio projeto de vida.

Aquele que não aceita o desafio da vida de "se fazer até no menor detalhe" é quem age mal, quem se ampara em escusas e todo tipo de determinismo para se esquivar da responsabilidade, porque se deixa levar pela angústia que sente diante de sua radical liberdade e solidão. Essa é a essência da filosofia existencialista: cada um é dono do seu próprio projeto de vida, mas nem sempre é fácil aceitar tal condição, pois cada um também é responsável pelos próprios fracassos pessoais.

A liberdade condicionada

Diante do determinismo e do indeterminismo radicais, surge uma **postura intermediária**, mais moderada. Neste caso, não se entende a liberdade de um modo absoluto, pois se reconhece que sempre há causas que influem e condicionam as decisões, do mesmo modo que defendia o determinismo. Mas, diante do determinismo radical, afirma-se que esses motivos não têm um papel inflexível nas decisões. Essa maneira de entender a liberdade foi defendida por Ortega y Gasset.

O filósofo espanhol fala de **liberdade situada**, pois, diante da defesa de uma liberdade abstrata, comum ou genérica para todos os humanos, entende a liberdade como um feito individual, vivenciado de forma diferente pelo indivíduo, dependendo da sua situação, contexto e circunstâncias vitais. Sempre fica uma margem de liberdade e de decisão individual (*doc. 6*).

O ser humano é um ser metafísico

Uma quarta teoria define o ser humano como um ser metafísico. O que significa esta afirmação? **Metafísica** significa "o que está além da física ou da percepção pelos sentidos". A pergunta pelo **sentido da vida** é uma pergunta metafísica, que implica perguntar-se por algo alheio à nossa própria essência. Essa teoria faz referência a outra dimensão do real que está para além da dimensão humana propriamente dita. O que existe depois da morte? Por que existe algo no lugar do nada? O que tenho que esperar? Qual é o sentido da minha vida, a finalidade última da minha existência?

As respostas e interpretações dadas a essas questões foram muito díspares. Elas podem ser resumidas em três tipos:

- **A vida tem um sentido imanente.** Aristóteles afirma que tudo o que ocorre na natureza tem uma ordem, o *telos* interno (concepção teleológica da natureza, ou seja, há um fim determinado). Nada ocorre de forma caprichosa ou sem sentido. Todos os seres têm uma missão a cumprir e o desenvolvimento de sua existência está destinado e guiado por esse fim. A finalidade ou sentido próprio do ser humano é levar uma vida contemplativa, quer dizer, **uma vida guiada pela razão**.
- **A vida tem um sentido transcendente.** Outro grupo de teorias filosóficas afirma que o sentido da vida está além da natureza ou da própria vida. É transcendente porque transcende, está fora da dimensão empírica ou natural. Trata-se de uma explicação sobrenatural, de origem divina ou teológica.
- **Não é possível encontrar um sentido para a vida.** Por último, a filosofia do absurdo afirma que é impossível encontrar um sentido, uma direção, uma justificativa à existência humana. Segundo essa teoria, somos fruto do azar evolutivo.

Glossário

Imanente: Que é inerente a um ser ou próprio de sua natureza e não depende de algo externo.

Transcendente: Que está além do natural ou dos limites do conhecimento possível.

Doc. 6

Liberdade e fatalidade

A circunstância, o mundo no qual caímos para viver e no qual somos prisioneiros, no qual estamos perplexos, compõe-se em cada caso de um certo repertório de possibilidades, de poder fazer isto ou poder fazer outra coisa. Diante desse teclado de possíveis fazeres, somos livres para preferir um ao outro, mas o teclado, tomado na sua totalidade, é fatal. As circunstâncias são o círculo de fatalidade que faz parte dessa realidade que chamamos vida. Mas, notem-no bem, porque este é o caráter fundamental da nossa existência: essa fatalidade de nossa circunstância, do mundo em que vivemos, não nos obriga a fazer, a ser uma só coisa.

ORTEGA Y GASSET, José. *Unas lecciones de metafísica*. Madrid: Alianza Editorial, 2007.

- Segundo Ortega y Gasset, em que somos livres e em que não somos?

A natureza humana do ponto de vista de uma filosofia sistemática

Nas páginas anteriores, vimos algumas das opiniões de diferentes pensadores sobre a natureza humana ao longo da história. Apoiamo-nos em quatro tipos de definições: o ser humano é **racional**, **social**, **livre** e **metafísico**. Cada uma dessas concepções se fixa num aspecto humano e tem seus defensores e opositores. Antes de integrar os elementos imprescindíveis e suficientemente justificados na definição da nossa natureza, temos que nos perguntar: "O que entendemos por natureza humana?"

O que entendemos por natureza humana?

A palavra "natureza" que traduz a palavra grega *physis*, de onde vem "física", indica a essência de algo como fonte de suas propriedades e seus comportamentos. Podemos definir também por ocupação.

- Natural se opõe a **artificial**, por isso se chama natureza ao conjunto de seres não artificiais: os reinos animal e vegetal, etc.

- Além disso, no caso do ser humano, natural opõe-se a **cultural**. Temos a capacidade natural de falar, mas falamos um idioma específico, em virtude de uma determinada cultura. Andar é uma habilidade natural, andar de bicicleta é uma habilidade aprendida, quer dizer, cultural.

Existe uma natureza humana?

Os dados científicos nos permitem afirmar que há uma **condição básica** entre os seres humanos. Sua fisiologia, seu sistema nervoso, suas necessidades fundamentais são comuns. Todos somos seres linguísticos e temos uma inteligência capaz de lidar com os símbolos e os mesmos desejos de bem-estar, sociabilidade e ampliação de nossas possibilidades.

Em todas as culturas podemos supor que existam valores e práticas **universais**, quer dizer, alguns aspectos, instituições ou elementos que aparecem em todas as sociedades humanas. O estudo das línguas demonstra a capacidade de comunicação entre todos os seres humanos, e a ciência revela que podemos elaborar sistemas conceituais universalmente válidos. Fazer parte de uma mesma espécie é o que funda a **igualdade essencial dos seres humanos**.

Essas faculdades e necessidades comuns permitem falar de uma **natureza humana compartilhada**. Mas é necessário mencionar que uma parte de nossa "natureza" consiste na necessidade de "criar cultura". O desenvolvimento biológico tem sido seguido por diversas transformações culturais, que introduzem mudanças importantes, mas não essenciais, entre os seres humanos.

Para termos maior clareza, é necessário distinguir entre uma **natureza originária**, a matriz comum da qual derivam as diferenças culturais, e uma **natureza secundária**, que é um efeito do desenvolvimento cultural, tecnológico e das formas de vida. Isso nos permite falar de uma natureza originária compartilhada, comum a todos os humanos, que funda o aparecimento de uma segunda natureza determinada pela cultura, pelo modo de compreender-nos e projetar-nos a nós mesmos.

Saiba mais

A importância de definir a natureza humana

Definir a natureza humana é importante porque essa definição vai determinar nosso modo de nos concebermos. A ideia que temos do ser humano determina nossa hierarquia de valores, nossa educação, o trato com os demais, os sistemas políticos e jurídicos.

A definição da natureza humana que a ciência faz não é suficiente, porque não responde a perguntas que têm importância transcendental para nossa vida. Existe uma natureza humana? Podemos defini-la? A natureza humana é fonte de direitos e deveres? Podemos falar da especial dignidade do ser humano?

Monkey Business Images/Shutterstock.com

Amar e proteger os filhos são aspectos marcantes da natureza humana.

- Por que é tão importante o fato de definir a natureza humana?

■ A natureza humana pode ser definida filosoficamente?

Para responder a esta pergunta, podemos apontar para alguns aspectos essenciais.

- **A natureza humana define-se por sua inteligência**. Graças à habilidade para lidar com a informação, combiná-la e produzir outras informações, podemos antecipar alguns dados futuros, comparar o que há com o que deveria haver e propor-nos metas e projetos que podem organizar nosso comportamento. É uma inteligência criadora, continuamente impulsionada a produzir novidades, a expandir suas possibilidades de ação.

- **A inteligência humana é social**. Nossa natureza desenvolve-se mediante a **aprendizagem**. A **educação** permite à criança assimilar em poucos anos habilidades que a humanidade demorou dezenas de milhões de anos para conseguir. Por exemplo, a linguagem (*doc. 7*).

- **O ser humano pode alcançar níveis elevados de** autonomia. O nível de autonomia deriva em parte da educação. A vontade é um conjunto de destrezas de autocontrole aprendidas socialmente. Na sua origem está a **capacidade da inteligência de bloquear a resposta ao estímulo**. Esse impedimento, que desativa o poder do estímulo, permite observá-lo, conceituá-lo, pensá-lo. Essa faculdade de inibir o estímulo é o começo de nossa autonomia (*doc. 8*).

Há diferentes graus de autonomia, baseados em **graus de liberação**. É nesse contexto que a palavra **liberdade** tem seu pleno sentido. Não há uma "liberdade" abstrata. A autonomia pessoal vai aumentando quando o sujeito, por meio da sua **vontade**, vai liberando-se de coações. Chamamos "liberdade" a essa capacidade e, por extensão, ao máximo nível ideal de autonomia. Assim, nos libertamos de todas aquelas coações interiores ou exteriores que limitam o exercício de nossa autonomia pessoal.

Sobre a noção de autonomia, de capacidade de dirigir a própria conduta racionalmente, construiu-se a noção filosófica de pessoa.

- **A procura de sentido**. Sentido é um caminho, uma "tendência a um fim". Esse caminho pode ser transcendente, quer dizer, fixado e dirigido para algo exterior à natureza humana – é o que afirmam as religiões – ou pode ser imanente e então deriva de nossa própria natureza, de nossas aspirações.

Partindo das possibilidades que oferece a "natureza originária", desenhamos o projeto de uma segunda natureza. Consiste em passar de "animais inteligentes" a "animais dotados de dignidade". Este é o **projeto ético**. O ser humano converte-se assim no **ser metafísico**, porque, no lugar de limitar-se a aceitar o que a natureza lhe oferece, tenta definir-se metafisicamente como espécie além do recebido. Esse projeto, relativo à ideia de dignidade, está além da ciência, da mesma maneira que a metafísica está além da física.

Doc. 7

Moral e sociedade

[...] a sociedade é uma criação natural e o homem é por natureza um animal social, e um homem por natureza, e não por mero acidente [...]; a característica específica do homem em comparação com os outros animais é que somente ele tem o sentimento do bem e do mal, do justo e do injusto e de outras qualidades morais, e é a comunidade de seres com tal sentimento que constitui a família e a sociedade.

ARISTÓTELES. *Política*. Brasília: Universidade de Brasília, 1985.

- Explique a argumentação de Aristóteles neste texto.

Doc. 8

Autonomia e vontade

Quando utilizamos a palavra "autonomia"? Lembrei de muitos exemplos, tirados da fala cotidiana. "O módulo lunar é autônomo", "É uma instituição que goza de autonomia", "É um trabalhador autônomo". O que essas frases significam? O módulo lunar é autônomo porque tem suas próprias fontes de energia, assimila informação à sua maneira e pode controlar sua resposta atendendo (1) a essas informações, (2) à sua missão e (3) ao resultado de seus próprios movimentos. Um organismo autônomo – uma comunidade autônoma, por exemplo – pode administrar seus meios econômicos, tem seus próprios fins e pode decidir a melhor maneira de alcançá-los. Um trabalhador autônomo age para seu próprio benefício – não para o de uma empresa –, pode tomar decisões sobre seu trabalho, sobre o nível de rendimento que quer alcançar e sobre os riscos que está disposto a assumir. Depois desta análise, chegamos à conclusão de que a vontade é um meio para conseguir maior autonomia.

MARINA, José Antonio. *El misterio de la voluntad perdida*. Barcelona: Anagrama, 2004.

- Relacione os três casos de autonomia citados no texto.

Glossário

Autonomia: é a capacidade de um ser em manter sua integridade e realizar operações dirigidas por metas próprias, atendendo às informações recebidas, aos conteúdos da memória e aos próprios critérios de avaliação.

Pessoa: é todo indivíduo racional, sujeito e dono dos próprios atos. Por razões éticas, amplia-se o conceito de "pessoa" a todos os seres humanos, ainda que por idade ou por deficiência careçam de razão ou de autonomia. Um ser humano em coma, por exemplo, continua sendo uma pessoa.

Direitos, deveres e dignidade humana

Leia

MURARO, Rose Marie. *A espécie humana* – De onde viemos? Para onde vamos? São Paulo: Moderna, 2006. Este livro aborda nossa espécie como um todo. Começa por um resumo da história humana, desde o passado remoto até nossos dias, e faz algumas projeções para o futuro. Fala do homem e da mulher comuns e da imensa responsabilidade que recai sobre os ombros da geração que hoje tem de 15 a 18 anos, porque a espécie humana corre sério perigo de destruição devido ao mau uso do avanço tecnológico.

Depois de definir a natureza humana, as outras duas questões fundamentais sobre o tema fazem referência aos direitos e deveres derivados da natureza humana e à dignidade do ser humano.

■ A natureza humana é fonte de direitos e deveres?

A filosofia tem utilizado com frequência a ideia de "natureza" como fonte de obrigações, direitos e deveres morais ou jurídicos. Costuma-se chamar **moral natural** ou **direito natural** as disciplinas que pretendem elaborar códigos normativos, baseando-se na natureza. Consideram bom o que está de acordo com ela.

Essa teoria, que procede do estoicismo grego, recebeu críticas severas, baseadas na ideia de que da natureza não se pode derivar nenhum tipo de norma. David Hume, por exemplo, disse que **do "ser" não se pode passar ao "deve ser"**. Ou seja, do fato de que o ser humano não quer morrer, não se deriva que ele tenha direito à vida. A natureza é implacável e impõe a lei da força. Sua repercussão moral manteve vivo o debate sobre a ideia de "natureza".

A natureza não oferece um fundamento claro para distinguir o bem e o mal, porque cada cultura tem considerado "natural" o que estava de acordo com seus costumes. Na noção de **natureza** encontra-se o que previamente colocou-se nela. Assim, em sociedades tidas como patriarcais, centradas na figura masculina, considera-se que a mulher deva estar submetida ao homem "por sua natureza", ainda que não haja nenhuma explicação racional para essa hierarquização dos gêneros.

No entanto, muitos pensadores não religiosos admitiram a moral como característica natural do ser humano, sobretudo, porque pensavam que era o único meio de livrar-nos do relativismo dos valores.

A moral natural converte-se assim numa teoria defensiva contra a arbitrariedade. Assim sucede claramente no campo do direito. Falamos de "direitos naturais" para referir-nos àqueles direitos intrínsecos à natureza humana e que, portanto, não dependem de convenções nem de normas políticas.

A *Declaração dos Direitos do Homem e do Cidadão*, de 1789, inclui essa distinção desde seu próprio título: os direitos do homem são "naturais", enquanto os direitos "cidadãos" derivam do governante ou do legislador. Ao assinalar essa diferença, estava-se afirmando que um governante não podia ser contrário aos direitos do homem, aos direitos naturais, porque eram superiores e estavam acima dele. Essa apelação à natureza era uma grande defesa contra o poder.

Glossário

Chama-se **relativismo** a teoria moral que afirma que não há normas nem valores universais e que absolutamente tudo deriva de uma condição específica da cultura, da situação ou do poder estabelecido.

■ Saiba mais ■

Moral e natureza

Algumas religiões fundamentam sua moral na noção de "natureza". As doutrinas monoteístas argumentam da seguinte forma: Deus, criador do Universo, promulgou a lei que rege o funcionamento de todos os seres. A lei da gravidade, os instintos animais ou os comportamentos humanos fazem parte dessa "lei eterna" dada por Deus.

Todos os seres, exceto o ser humano, seguem essas leis de forma mecânica, mas o ser humano deve exercê-la por meio do exercício de sua razão. Portanto, deve respeitar os fins que descobre impressos na natureza. Tudo o que vá contra essa ordenação é contrário à natureza e, portanto, mau.

O valor desta argumentação depende das premissas iniciais: que Deus promulgou uma lei eterna, que rege ou deve reger o Universo para os fins indicados pela sabedoria divina. E essas premissas têm uma fundamentação religiosa, não filosófica.

- Por que esta argumentação é religiosa e não filosófica?

Capela Sistina, Vaticano/ID/BR

∧ *A criação de Adão*, 1511-1512, de Michelangelo Buonarroti.

Natureza e lei moral: um problema

Não podemos encontrar uma fonte normativa na natureza – a não ser que admitamos que Deus fala por meio dela –, mas acaba sendo difícil prescindir da ideia de "moral natural" ou "direito natural" sem cair no relativismo e na arbitrariedade jurídica.

Immanuel Kant (1724-1804) acreditou que havia encontrado a solução afirmando que, já que existia uma lei moral universal, tinha de existir também um Deus que se encarregasse de premiar seu cumprimento. Mas tinha de dar por certa a existência dessa lei moral.

Há alguma saída para este problema? Talvez possamos encontrá-la em um aspecto implícito na ideia de "lei natural" a partir da filosofia grega pós-socrática. A natureza do ser humano, sua essência, é a razão e, portanto, agir humanamente significa obedecer aos ditames da razão. Seguir as necessidades e o dinamismo da inteligência humana é a grande solução.

Por razões que veremos mais adiante, podemos pensar que o desenho de uma "segunda natureza" a partir da "natureza originária" cumpre essas expectativas. Trata-se, portanto, de moldar essa segunda natureza de tal forma que ela possa converter-se em fonte de moralidade e de direitos e deveres, evitando assim o relativismo. Isso é o que foi feito com a noção de dignidade (*doc. 9*).

O ser humano é digno por natureza?

De um ponto de vista filosófico, podemos dizer que a dignidade não é uma propriedade natural do ser humano, mas um magnífico projeto da inteligência humana. Por natureza, o ser humano aspira a afirmar-se como ser dotado de dignidade. A dignidade é o objetivo do projeto metafísico do ser humano. Num sentido restrito, o ser humano é inteligente, autônomo, livre no sentido que explicamos, criador. Dessas propriedades pode derivar a mais espantosa crueldade, um afã destrutivo, por isso, as referidas propriedades não conferem automaticamente dignidade.

Kant mencionava a capacidade do ser humano em ditar normas a si mesmo. Pois bem, podemos dizer que a dignidade do ser humano deriva de sua capacidade de fazer essa afirmação e de agir em consequência: respeitando a própria dignidade e a dos demais.

Darwin escreveu: "Se o ser humano não tivesse sido seu próprio classificador, jamais teria sonhado em fundar uma ordem separada para colocar-se nela". Sem dúvida, o ser humano é o único ser que pode fazer essa afirmação. A inteligência, que é o que lhe permite fazê-lo, é a origem de sua dignidade e está, por sua vez, dignificada pelo seu próprio projeto.

Do mesmo modo que a natureza do ser humano criou a cultura e foi configurada por ela, assim também elaborou o projeto de constituir-se como uma espécie dotada de dignidade e agir dessa forma. Possuir essa inteligência legisladora sobre si mesmo é uma propriedade natural do ser humano e, nesse sentido, podemos dizer que a dignidade do ser humano é natural em sua origem (a inteligência), mas cultural em sua criação (como projeto da inteligência).

Doc. 9

Concepção existencialista

Há pelo menos um ser no qual a existência precede a essência; um ser que existe antes de poder ser definido por qualquer conceito, e este é o ser humano. O que significa dizer que a existência precede a essência? Significa que o ser humano começa a existir, encontra-se, surge no mundo, e que depois se define. O ser humano, tal qual o concebe o existencialismo, se não é definível é porque começa por não ser nada. Só depois será tal qual se tenha feito. Assim, pois, não há natureza humana porque não há Deus para concebê-la.

SARTRE, Jean-Paul. *O existencialismo é um humanismo*. Apud "Os pensadores", v. 45. São Paulo: Abril Cultural.

- Explique o que significa dizer que no ser humano a existência precede à essência.

A solidariedade é uma das atitudes mais dignas do ser humano. Fuzileiros navais brasileiros distribuem alimentos e água no Haiti, após terremoto que matou mais de 200 mil pessoas em 2010.

Alan Marques/Folha Imagem

Aprender a ler filosofia

▪ A memória ativa

Há uma memória inerte e uma memória ativa. Há duas metáforas para entender a memória: "a memória é como um arquivo" e "a memória é como a musculatura".

A memória como arquivo nos dá o sentido de uma memória passiva. Por outro lado, quando a musculatura aprende a fazer algo, aumenta suas possibilidades de ação. O esportista incorpora à sua memória habilidades que lhe permitem jogar melhor. Essa é a função da memória ativa. Diante de um texto, devemos realizar três operações: manter presente o que acabamos de ler, aproveitar toda a informação que o texto proporciona e ativar a memória de trabalho.

1. Manter presente o que acabamos de ler

Os argumentos às vezes são longos. Devemos percorrer todos os passos e para isso temos que manter na memória o que lemos; do contrário, "perdemos o fio da meada".

É evidente que todas as ciências se relacionam em maior ou menor medida à natureza humana, e que, ainda que algumas pareçam desenvolver-se a grande distância desta, regressam finalmente a ela por uma ou outra via. Inclusive a matemática, a filosofia da natureza ou a religião natural dependem de alguma maneira da ciência do HOMEM, pois estão sob a compreensão dos homens e são julgadas de acordo com as capacidades e faculdades deles. É impossível predizer que mudanças e progressos poderíamos fazer nas ciências se conhecêssemos por inteiro a extensão e as forças do entendimento humano, e se pudéssemos explicar a natureza das ideias que empregamos, assim como a das operações que realizamos ao argumentar.

Por conseguinte, se ciências como a matemática, a filosofia da natureza e a religião natural dependem de tal modo do conhecimento que do homem se tenha, o que não se poderá esperar das demais ciências, cuja conexão com a natureza humana é mais íntima e próxima? O único princípio da lógica é explicar os princípios e operações de nossa faculdade de reflexão, assim como a natureza de nossas ideias: a moral e a crítica artística tratam de nossos gostos e sentimentos, e a política considera os homens unidos em sociedade e dependendo uns de outros. E nestas quatro ciências: lógica, moral, crítica de artes e política, está compreendido quase tudo o que de algum modo nos interessa conhecer, ou o que pode tender ao progresso ou refinamento da mente humana.

Aqui se encontra, pois, o único procedimento em que podemos confiar para ter êxito em nossas pesquisas filosóficas, abandonando assim o lento e tedioso método que até agora seguimos. Em lugar de conquistar de tempos em tempos um castelo ou um povoado de fronteira, marchemos diretamente para a capital ou centro dessas ciências: para a natureza humana mesma, já que, uma vez donos desta, poderemos esperar uma fácil vitória em todas as partes. A partir deste posto nos será possível estender nossas conquistas sobre todas as ciências que mais de perto concernem à vida do homem. E, ademais, com calma, poderemos passar a descobrir mais plenamente as disciplinas que são objeto de pura curiosidade. Não há problema de importância cuja solução não esteja compreendida na ciência do homem; e nada pode ser dito com certeza antes que nos encontremos familiarizados com a referida ciência. Por isso, ao tentar explicar os princípios da natureza humana, propomos, de fato, um sistema completo das ciências, edificado sobre um fundamento quase inteiramente novo, e o único sobre o qual as ciências podem basear-se com segurança. E como a ciência do homem é a única fundamentação sólida de todas as demais, é claro que a única fundamentação sólida que podemos dar a esta mesma ciência deverá estar na experiência e na observação.

HUME, David. *Tratado da natureza humana*. São Paulo: Unesp, 2009.

1. Quais são as ideias básicas de cada parágrafo do texto de Hume?
2. Kant resumiu a tarefa da filosofia em três perguntas e em uma quarta que sintetiza todas. Compare as ideias de Kant às de Hume apresentadas no texto.

Como podemos manter um texto longo na memória? Quando vemos um filme, o que passa em cada momento na tela é compreendido com base no que já foi visto. Não recordamos cena por cena, mas nossa memória conserva um "esquema de argumento". Isso é feito por nosso cérebro com uma grande facilidade nas narrativas normais. Nos argumentos filosóficos, não é feito com tanta desenvoltura, por isso devemos treinar. Ao ler um texto longo, não podemos recordar tudo de uma vez, por isso temos que voltar várias vezes ao que foi lido anteriormente ou procurar anotar as ideias básicas em um papel.

2. Aproveitar toda a informação do texto

Um texto é um conjunto de pistas que reconstruímos em nossa mente, de modo a procurar interpretar o que o autor quis dizer. Por isso nos convém aproveitar muito bem toda a informação que nos seja proporcionada.

Algumas palavras ou expressões (chamadas conectivas) indicam relações que se devem ter em conta: "ainda que", "inclusive", "por conseguinte".

As interrogações presentes no texto costumam ajudar a entender o próprio texto; por isso, deve-se tentar compreendê-las bem antes de continuar.

Os exemplos ou as comparações são elementos que facilitam a compreensão.

3. O terceiro parágrafo do texto de David Hume começa com a palavra "Aqui". A que se refere?

4. Ainda no texto de Hume, há muitos exemplos. Destaque alguns e explique que funções eles cumprem para facilitar a compreensão do texto.

Ao escrevermos nossas impressões acerca de um texto ou de uma expressão artística, elaboramos conexões entre essas obras e nossas experiências anteriores.

3. Ativar nossa memória de trabalho

Os especialistas em informática propuseram a noção de "memória de trabalho" para designar a parte de memória que deve ser ativada para armazenar um programa concreto. A memória humana faz o mesmo, mas melhor. Quando estamos tentando resolver um problema de matemática, tentamos manter ativo tudo o que se relacione a ele. Esta é a memória de trabalho. Mas, além disso, tentamos buscar elementos similares ou analogias que nos ajudem. Existe uma analogia entre dois conceitos ou esquemas que, apesar de serem diferentes, guardam entre si certa proporção. Esse procedimento é útil em todas as matérias. Um grande matemático húngaro chamado George Polya (1882-1985) explica como resolver problemas matemáticos. Veja uma de suas recomendações:

É possível que tenhamos resolvido antes o mesmo problema ou que tenhamos ouvido falar dele. É possível que não necessitemos pesquisar. Tratamos de recordar o que aconteceu. Você viu isso antes? Você viu o mesmo problema proposto de alguma forma diferente? Esta pergunta deve ser usada num sentido amplo. Para obter uma solução, devemos extrair elementos relevantes de nossa memória, devemos mobilizar as partes pertinentes de nossa memória dormente.

Vejo que há um problema que resolvi antes e que está relacionado a este. Isto é uma boa notícia. Um problema cuja solução conheço e que está relacionado ao presente é bem-vindo.

POLYA, George. *A arte de resolver problemas.* Rio de Janeiro: Interciência, 1995.

5. Analise a recomendação de Polya e opine sobre sua pertinência.

Resumindo: é necessário dirigir o funcionamento de nosso cérebro, fazendo-lhe perguntas e forçando-o a respondê-las. Trata-se de aproveitar bem a informação que há no texto. Para buscar a ideia básica, elimina-se o secundário e simplifica-se a informação ou as expressões complexas. O bom leitor se caracteriza por ter uma grande memória ativa, a qual deve buscar informações análogas, parecidas com o que se está tentando compreender ou resolver.

Buscar a verdade com um detetive

▪ Observar e deduzir

Sherlock Holmes é uma personagem de ficção criada pelo escritor britânico Arthur Conan Doyle (1859-1930). Holmes impressionava a todos – especialmente a seu ajudante, o Dr. Watson – por sua capacidade para resolver os casos mais complicados; por isso, era considerado um modelo de sagacidade. Ele conseguia essa façanha graças à sua capacidade de observação e à sua capacidade para fazer inferências ou deduções.

Sherlock Holmes é uma referência fictícia da capacidade humana de observar, intuir e deduzir.

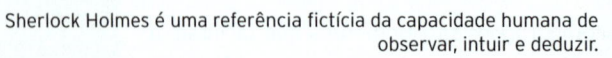

1. Observação

Num de seus romances, Holmes comenta com Watson: "Você esteve esta manhã na agência de Correios da rua Wigmore, para colocar um telegrama". Watson, surpreendido, pergunta: "Como você adivinhou?" Holmes replica:

— É muito simples. A observação me diz que você tem um pouco de barro avermelhado na sua bota. Justo na frente da agência de correio de Wigmore levantaram o pavimento e jogaram um pouco de terra, de tal maneira que é difícil evitar pisá-la ao entrar. A terra é desse particular tom avermelhado que não se encontra, até aonde sei, em nenhum outro lugar da vizinhança. Até aqui observação. O resto é dedução.

— Como você soube que enviei um telegrama?

— Porque sabia, evidentemente, que você não tinha escrito uma carta, dado que estive sentado na sua frente toda a manhã. Também vejo, na sua escrivaninha aberta, que você tem uma folha de selos e um espesso bolo de cartões postais. Para que você iria aos correios, se não fosse para enviar um telegrama? Eliminados todos os demais fatores, o único que sobra deve ser o verdadeiro.

CONAN DOYLE, Arthur. *O signo dos quatro*. São Paulo: Melhoramentos, 2008.

1. Explique o raciocínio sugerido por Holmes.

2. A solução diante dos nossos olhos

Conheça um pouco da história de Carlos Chagas (1879-1934), um importante pesquisador brasileiro.

Em 1907, Carlos Chagas é incumbido por Oswaldo Cruz de organizar com Belisário Penna (1868--1939), médico da Diretoria Geral de Saúde Pública (DGSP), o controle da malária no norte de Minas Gerais. [...] É alertado para a presença de um inseto hematófago que proliferava nas frestas das paredes das casas de pau a pique. Por atacar preferencialmente o rosto, era conhecido no local como barbeiro. Ao examinar o inseto no microscópio de luz, Chagas identifica protozoários do gênero *Tripanosoma* no tubo digestivo. Com a colaboração de Oswaldo Cruz, verifica experimentalmente em macacos a hipótese de o parasita infectar células de mamíferos. Em homenagem ao mestre Oswaldo Cruz, batiza então a nova espécie de *Trypanosoma cruzi*.

Em fevereiro de 1909, após encontrar um gato infectado com o *T. cruzi*, Carlos Chagas isola o parasita no sangue de uma criança febril de dois anos. A menina Berenice foi o primeiro caso em que ele comprovou a relação causal do protozoário com a doença. Dessa forma, conclui todo o ciclo biológico de sua descoberta: identifica o vetor (barbeiro), o agente causador (*T.cruzi*), o reservatório doméstico do parasita (gato) e, por fim, o quadro infeccioso (o caso da menina Berenice). A tripla descoberta de Chagas é considerada até hoje única na história da medicina e constitui um marco excepcional na história da ciência e da saúde brasileiras.

Centenário da descoberta da doença de Chagas. *Boletim Informativo Decit*, n. 2, abr. 2009. Disponível em: <bvsms.saude.gov.br>. Acesso em: 12 abr. 2010.

2. Carlos Chagas descobriu intencionalmente o parasita causador da doença de Chagas ou foi por acaso? Discuta esta indagação a partir do texto acima.

3. Dedução

Holmes está certo de que só há quatro motivos para ir à agência dos Correios: colocar uma carta, comprar selos, comprar postais ou mandar um telegrama. A partir daí, faz uma inferência – passa do que sabe ao que não sabe – , utilizando um modo peculiar de raciocínio chamado hipotético ou condicional. O cérebro humano tem um motor de inferências muito eficaz. Os computadores usam constantemente o tipo de inferência condicional. Essa sequência é obtida por uma regra lógica que diz: "Numa oração condicional, se a condição (o antecedente) é cumprida, o condicionado (o consequente) também será cumprido forçosamente".

Placa de circuito eletrônico de computador. Poderá uma máquina raciocinar com a mesma capacidade do cérebro humano?

- Se Watson tem barro avermelhado nas botas, esteve nos Correios.
- Watson tem barro avermelhado.
- Logo esteve nos Correios.

O inverso é verdadeiro? Se não se cumpre a condição, é forçoso dizer que não se cumpre também o condicionado? Vejamos um exemplo:

- Se Watson tem barro avermelhado nas botas, esteve nos Correios.
- Watson não tem barro avermelhado.
- Logo não esteve nos Correios.

Este raciocínio parece semelhante ao anterior, no entanto, não há possibilidade de fazer uma inferência segura. Pode ser que tenha estado nos Correios e que não tenha barro avermelhado porque tenha limpado as botas ou porque colocou uma tábua em cima do barro para não se sujar etc.

Há outra regra lógica que diz: "**O fato de a condição não se cumprir significa que o condicionado pode ou não acontecer**".

3. O que teria acontecido caso Watson estivesse nos Correios? Ele teria forçosamente barro avermelhado?

4. O que acontece caso Watson não estivesse nos Correios? Ele teria barro avermelhado, tendo em conta que é o único lugar onde esse barro existe?

4. Lógica

Continuemos com Holmes e Watson. Como Holmes soube do telegrama? Novamente utilizou um raciocínio condicional. Se Watson esteve nos Correios, teve que ser: (1) para mandar uma carta, (2) para comprar selos, (3) para comprar cartões postais, (4) para mandar um telegrama. Ele não tinha escrito uma carta, não precisava de selos nem de postais, logo foi mandar um telegrama. "Eliminadas todas as demais possibilidades, a que fica deve ser verdadeira". Caso não possamos eliminar nenhuma, a consequência pode ser **disjuntiva** ou **conjuntiva** – assim, ele esteve nos Correios, ou mandou uma carta, ou comprou selos, ou comprou postais, ou mandou um telegrama, ou fez várias coisas ao mesmo tempo.

> **Glossário**
>
> **Disjuntiva**: quando acontece uma das opções possíveis.
> **Conjuntiva**: quando duas ou mais opções possíveis acontecem ao mesmo tempo.

Falamos de regras lógicas. A lógica é um instrumento do pensamento que tradicionalmente avalia a articulação dos argumentos de um enunciado. Como estuda as inferências em geral, com independência do seu conteúdo, costuma-se dizer de "lógica formal". São regras do raciocínio válidas para todos os casos.

As inferências lógicas são só um tipo de inferência: aquelas que têm como objetivo a correção formal ou a procura da verdade. Mas há outras vezes em que pretendemos obter consequências inovadoras ou criadoras. Então se produzem inferências negativas. Valendo-se de uma informação, queremos passar para outra que não seja sua consequência lógica, mas que produza surpresa.

5. Explique a diferença entre inferência lógica e inferência negativa.

Buscar a felicidade com os filósofos

▪ Os desejos

Os desejos são parte importante da nossa vida, porque impulsionam e dirigem nossas ações. Por isso, foram insistentemente estudados pelos filósofos. Começaremos por uma definição. Todos sabemos o que significa a palavra "desejo", com maior ou menor profundidade. Lembremos de frases nas quais usamos esse termo, analisemos o que sentimos quando desejamos algo. A sede é o desejo de beber, a fome é o desejo de comer. Falamos de desejo sexual, de desejo de poder, de desejo de fugir, ou de ser querido, ou admirado.

Desejo é a atração exercida por um objeto ou um ato que aparecem como necessários para o sujeito ou como fontes de satisfação. O sujeito o experimenta com um mal-estar e uma inquietude, que absorvem sua atenção e que impulsionam a procura e a consecução do objeto/fato desejado.

1. Desejo e razão

Não existe senão um só motor: a faculdade de desejar. Caso houvesse dois (quero dizer, o entendimento e o desejo), seriam motores em virtude de algo comum. Mas o entendimento – manifestadamente – não se pode mover sem o desejo [...]. O desejo, ao contrário, pode mover à margem da razão. O entendimento sempre é razoável, enquanto o desejo e a imaginação podem ser razoáveis ou podem enganar-se. Assim, sempre o que move é desejável, mas pode tratar-se de um bem real ou de um bem aparente.

ARISTÓTELES. *De Anima*. São Paulo: Editora 34, 2006.

Algo parecido disse David Hume:

A razão, posto que seja fria e descomprometida, não pode mover a ação: a coisa única que faz é dirigir o impulso que recebe do apetite ou da inclinação.

HUME, David. *Sobre o entendimento humano e sobre os princípios da moral*. São Paulo: Unesp, 2004.

1. Resuma a argumentação de Aristóteles e compare-a com o texto de David Hume.

Assim, parece que o desejo é a energia básica que impulsiona a ação. Uma das características de uma depressão severa é que desaparecem todos os desejos e, portanto, todas as vontades de agir, mover-se ou de viver. Isso significa que nosso comportamento está absolutamente determinado pelos desejos? Não, porque, como estudamos, a inteligência humana tem três capacidades importantes:

- A capacidade de **dizer "não"**, de impedir a passagem do desejo à ação.
- A capacidade de **dirigir o impulso**, como diz Hume.
- A capacidade de **despertar os próprios desejos**, de animar-nos.

2. Orientar os desejos

Aristóteles percebeu uma grave dificuldade: agimos movidos pelos desejos; os desejos estão dirigidos pelo que parece bom, mas não podemos escolher o que nos parece bom porque tudo depende do nosso caráter. Ao violento lhe parece bom agredir, ao justo lhe parece bom agir justamente. Dessa forma, temos a impressão de que nossa liberdade é muito escassa, porque não podemos controlar nossos desejos. Aristóteles responde:

Diz-se que todos aspiram ao que parece bom, mas que não está na sua mão escolher esse parecer, senão que, conforme a forma de ser de cada um, assim lhe parece o fim; se cada um é, de certo modo, causador do seu próprio caráter, também será, de certo modo, causador do que lhe parece desejável.

ARISTÓTELES. *Ética a Nicômaco*. Trad. de Edson Bini. São Paulo: Edipro, 2009.

2. O que significa: se nós mesmos somos causadores do nosso caráter, também seremos causadores do que nos parece desejável?

Aristóteles pensa que o caráter vai sendo construído com base nos hábitos adquiridos. Portanto, a maneira de orientar o desejo tem relação com os hábitos desejados. Os hábitos são modos estáveis de agir, sentir ou pensar, que foram aprendidos mediante a prática. Caso sejam bons, chamam-se "virtudes"; se são maus, constituem "vícios".

3. Desejos naturais e desejos adicionados

Santo Tomás de Aquino retomou a pesquisa de Aristóteles, insistindo na capacidade da inteligência para reforçar a natureza racional do ser humano.

O desejo sensível é o apetite do bem agradável. Mas uma coisa pode ser agradável de duas maneiras. Primeira, porque está em harmonia com a natureza do animal, como comer, beber e outras coisas desse gênero. O desejo de coisas agradáveis se chama "natural". Segunda, porque convém ao animal, conforme o conhecimento que tem dele, uma coisa; ao ser aprendida como boa e conveniente, descobre-se nela algo prazeroso. O desejo destes objetos costuma denominar-se "concupiscência".

Pesquisas indicam que a companhia de animais de estimação proporciona o desenvolvimento da autonomia e da responsabilidade de crianças e adolescentes.

Os primeiros destes desejos, os desejos naturais, são comuns aos homens e aos animais: a todos lhes convêm certas coisas agradáveis sob o ponto de vista natural. Quanto aos outros desejos, são próprios do homem, e representam uma coisa como boa e conveniente, se for do que lhe exige sua natureza. Por isso, Aristóteles diz que os primeiros desejos são irracionais e os segundos estão acompanhados da razão. E como todos não raciocinam da mesma maneira, esses últimos desejos são chamados "próprios e adicionados" em relação aos desejos naturais.

SANTO TOMÁS DE AQUINO. *Suma teológica*. v. 1. São Paulo: Vozes, 2001. 9v.

3. Explique a diferença que Santo Tomás de Aquino estabelece entre "desejos naturais" e "desejos próprios e adicionados". O que caracteriza cada um deles?

4. A essência do ser humano é o desejo

Espinosa foi além no estudo do desejo:

Cada coisa se esforça, quando está ao seu alcance, por preservar em seu ser. O esforço com que cada coisa tenta preservar em seu ser não é nada diferente da essência atual da coisa mesma. A alma, já enquanto tem ideias claras e diferentes, já enquanto tem as ideias confusas, esforça-se por preservar em seu ser com uma duração indefinida e é consciente desse esforço.

Este esforço, quando se refere à alma, chama-se vontade, mas quando se refere ao corpo em vez da alma chama-se "apetite", portanto, este não é outra coisa que a essência mesma do homem, de cuja natureza se seguem necessariamente aquelas coisas que servem para sua conservação. Coisas que, portanto, o homem está determinado a realizar. Além disso, entre "apetite" e "desejo" não há diferença alguma, caso não seja a de que o "desejo" refere-se geralmente aos humanos, enquanto que são conscientes do seu apetite e por isso pode definir-se assim: o desejo é o apetite acompanhado da consciência do mesmo.

ESPINOSA, Baruch. *Ética*. Belo Horizonte: Autêntica, 2007.

4. Defina "apetite" e "desejo" de acordo com Espinosa.

A vida é o impulso de viver, a vida humana é o impulso de viver humanamente. E os desejos indicam esse caminho. Quando conseguimos satisfazer nossos desejos, nos sentimos felizes. Depois de repassar as classificações dos desejos humanos elaboradas por muitos pensadores, podemos sintetizá-las em três pontos:

- Desejo de bem-estar: precisamos viver bem, viver confortavelmente, ter experiências prazerosas, fugir da dor.
- Desejo de relação social: somos seres sociais, precisamos viver em sociedade, querer bem e ser queridos, ser reconhecidos pelos demais.
- Desejo de ampliar nossas possibilidades: sentimos a necessidade de inventar, de explorar, de criar coisas novas, de nos superar, de progredir, de nos realizar como pessoas.

Em cada personalidade, esses três desejos apresentam proporções diferentes. O tipo de personalidade varia conforme a predominância de um ou de outro desejo.

Filosofia jovem

▪ O futuro e a liberdade

De quem depende nosso futuro? Não nos referimos ao futuro do Universo, nem do planeta, mas ao pessoal. Ao seu, ao meu. Esse é um tema importante para uma "filosofia jovem", porque a adolescência e a juventude são momentos em que as possibilidades e os problemas da liberdade, da independência e da autonomia são vividos com muita intensidade.

1. Há futuro?

Vejamos o seguinte texto: "Todo mundo me diz que somos livres. Pois eu me sinto aprisionado. Li um grafite que diz: 'Não há futuro'. Enganam a gente dizendo que a gente pode escolher. Meus pais me dizem o que tenho que fazer, meus professores, o que tenho que estudar, meus amigos, o que tenho que vestir, beber ou comer. Li: 'Fazem a gente pensar que é livre, para que a gente se sinta culpado de tudo o que acontece, e esqueça que a gente é vítima e não responsável do que acontece com a gente'. O grafiteiro tem razão: Não há futuro. Não há futuro. Não há futuro".

1. Você concorda com o texto? Acredita que pode decidir seu futuro?

O que é o futuro? Futuro é um tempo que está por vir. Não existe ainda, mas o antecipamos mentalmente para podermos fazer projetos. Algumas culturas pensam que nosso destino está regido pelos astros. Outras, ao contrário, negam tal afirmativa.

Está escrito nos astros seu sucesso no colégio? Nem seu sucesso nem seu fracasso, nem nos astros nem em qualquer outro lugar. Os resultados dependem de você e de sua vontade; nada mais entra em jogo, nem muito menos a influência dos astros ou da conjugação de planetas no dia em que você esteja concentrado em seu exercício de filosofia... Sua história não está escrita em nenhuma parte (onde estaria: no céu, em algum lugar acessível somente a médiuns por meio das linhas da mão ou do jogo de cartas?), pois depende de sua elaboração, de sua construção, de sua decisão. O futuro é escrito, não está redigido ainda; tenha isso em mente: seu destino depende de seus projetos e da energia que você põe ao realizá-los.

ONFRAY, Michel. *Contra-história da Filosofia*. São Paulo: WMF Martins Fontes, 2008.

2. Você se sente capaz de tomar decisões? Você se sente livre? Explique.

Nascemos livres e somos livres, mas nos sentimos atados a muitas coisas, algumas exteriores (situação social, econômica ou familiar) e outras interiores (caráter, sonhos, medos).

2. O futuro, a liberdade e as promessas

Muitas vezes, fazemos promessas. Ou seja, nos comprometemos com alguém ou com a realização de algum objetivo. Poderíamos fazê-lo se não pudéssemos decidir sobre nosso futuro?

Precisamente este animal [o ser humano] [...] criou em si uma faculdade, uma memória cuja capacidade de esquecimento fica suspensa em alguns casos – a saber, nos casos em que há necessidade de fazer promessas.

NIETZSCHE, Friedrich. *A genealogia da moral*. São Paulo: Companhia das Letras, 2009.

A união das mãos é um gesto que simboliza o compromisso entre amigos.

3. Imaginemos que uma pessoa diz a outra: "Prometo que serei fiel, se as linhas de minha mão assim o quiserem". Nesse caso, algo está realmente prometido? Poderíamos fazer promessas e cumpri-las se não fôssemos livres?

3. A liberdade e o processo de libertação

Dissemos que a liberdade é um processo de luta que se conquista em todas as fases da vida. Um adolescente deve se libertar do quê? Dos pais? Da pressão dos amigos? Dos próprios medos? Da infância? Da publicidade? Há pessoas que têm medo da liberdade e preferem viver amparadas em alguém que tome as decisões por elas. Pensam que é mais seguro e cômodo obedecer a decidir.

A liberdade de ir e vir é imanente ao ser humano. Estação da Luz, São Paulo, em 2009.

O homem existente se prova na inquietação e na angústia existencial. [...] Por isso é que Kierkegaard define a angústia como "síncope da liberdade". Assim, liberdade e angústia se unem na existência. O homem é livre, em sua vida, para optar e escolher. No entanto, não há opção sem angústia. Ao escolher deixo de lado outras coisas sem ter certeza de que a escolha foi a melhor ou será bem-sucedida. Quando escolho sou eu quem escolho, pois toda opção é feita em função de uma opção interior, pela qual eu julgo que irei me realizar. No entanto, a escolha é um "salto no escuro". Não posso ter certeza *a priori* de que a escolha é boa. Mas esta escolha não é feita arbitrariamente. Ela deve ser motivada pela busca da verdade.

SILVA, Luciana Rodrigues da Silva. Análise do sentimento de angústia do II capítulo do livro *Sentimento trágico da vida nos homens e nos povos de Miguel de Unamuno*. *Revista Pandora Brasil*. Disponível em: <revistapandora.sites.uol.com.br>. Acesso em: 12 abr. 2010.

4. Explique a relação estabelecida no texto acima entre angústia e liberdade.

5. Em sua opinião é angustiante ser livre? Justifique sua resposta.

4. Os vícios e a liberdade

O oposto à liberdade é a escravidão, o oposto à independência é a dependência. De quem ou do que sou dependente? Ser dependente significa ser incapaz de ser autônomo; necessitar, real ou imaginariamente, de alguém ou de algo para poder viver. O caso mais extremo ou mais conhecido é o vício em drogas. O usuário de drogas é livre?

A dependência é a escravidão da vontade. Aparece quando as possibilidades de escolha são limitadas drasticamente por elementos fisiológicos ou psicológicos. Os vícios e algumas emoções, como o medo ou a agressividade, servem de exemplo. O termo "adicção" (vício) procede de uma palavra inglesa, tomada do velho francês. Era um termo legal dramaticamente expressivo. Significava o poder de dispor do corpo alheio em pagamento de uma dívida. A droga se impõe ao corpo, e este a obedece.

MARINA, José Antonio. *La inteligencia fracasada*. Barcelona: Quinteto, 2008.

6. Defina vício e explique sua relação com a liberdade.

Os vícios se caracterizam pela angústia que surge ao não se satisfazer os desejos e pelo modo cruel com que limitam a liberdade. Pode-se ter também uma relação de dependência com outra pessoa, como ocorre no caso que narra o psicólogo argentino Walter Riso. Uma de suas pacientes faz a seguinte descrição de sua "relação amorosa":

Vivo doze anos com esse homem, mas estou começando a me cansar. O problema é o tratamento que recebo. Não, ele não me bate, mas me trata muito mal. Me diz que sou feia, que lhe produzo asco, sobretudo meus dentes, que meu hálito fede... [Chora]. Quando lhe faço alguma surpresinha e ele não gosta, começa a gritar "burra" ou "retardada", ou a quebra e joga no lixo com fúria. Eu sempre sou a que paga. O terapeuta lhe pergunta: "Por que você permite isso?" E ela responde: "É que o amo... Mas o senhor vai me ajudar a deixar de amá-lo, não?".

RISO, Walter. *Amar ou depender?* Porto Alegre: L&PM, 2009.

7. O amor que essa pessoa sente é dependência ou submissão? Explique sua resposta.

Escrever um *blog* filosófico

Um bom tema para seu *blog* ou diário filosófico refere-se a coisas que limitam a liberdade. Tente detectar elementos de sua vida que lhe inibem e coagem. Analise se são irremediáveis ou se podem ser modificados.

Como definir o ser humano?

Uma definição do ser humano
- O ser humano possui um genoma próprio da espécie, com uma inteligência simbólica e social.
- Há algumas perguntas filosóficas sempre propostas pelos humanos.

Uma distinção prévia
- Filosofia autoanalítica: responde individualmente a grandes questões.
- Filosofia sistemática: teoria busca validez universal.

Teorias sobre o ser humano
- Teorias religiosas, baseadas em crenças, defendem a especial dignidade do ser humano.
- Teorias filosóficas: justificam-se racionalmente. O homem é um ser racional, social, livre e metafísico.

Um ser racional e social

O ser humano é um ser racional
Os pensadores da suspeita
- A razão é preponderante na natureza humana, da filosofia grega ao Iluminismo.
- Nos séculos XIX e XX, a "filosofia da suspeita" colocou em dúvida o caráter racional dos humanos.
- Freud: parte irracional e inconsciente da personalidade.
- Karl Marx: relações materiais e trabalhistas.
- Nietzsche: vitalismo baseado na vontade de poder.

O ser humano é um ser social
- A linguagem e o pensamento fundam essa sociabilidade.
- Para alguns autores, os direitos dependem da sociedade.

Um ser livre e metafísico

O ser humano é livre e moral
- Liberdade física ou de agir (ausência de coação externa) e liberdade interna, de querer ou livre-arbítrio (ausência de coação interna).

Existência e limites da liberdade
- O determinismo nega a existência da liberdade.
- O indeterminismo afirma a liberdade.

A perspectiva existencialista
- Sartre: estamos condenados a ser livres.

A liberdade condicionada
- Postura intermediária: causas condicionam, não são insuperáveis.

O ser humano é um ser metafísico
- O sentido da vida é metafísico.
- O sentido imanente da vida.
- O sentido transcendente da vida.
- A vida não tem sentido.

A natureza humana do ponto de vista de uma filosofia sistemática

O que entendemos por natureza humana?
- Natural se opõe a artificial e a cultural.

Existe uma natureza humana?
- Existem elementos culturais comuns em todas as culturas.

A natureza humana pode ser definida filosoficamente?
- Há alguns traços essenciais: é inteligente, é social, alcança autonomia e busca sentido.
- Projeto ético supera a natureza originária humana.

Direitos, deveres e dignidade humana

A natureza humana é uma fonte de direitos e deveres?
- A moral ou direito natural elaboram normas baseadas na natureza.
- David Hume: do "ser" não se pode passar a "deve ser".
- A moral natural evita o relativismo.
- A moral natural defende contra a arbitrariedade do poder.

Natureza e lei moral: um problema
- A natureza humana como fonte normativa baseia-se na ideia de Deus.
- A essência do ser humano está na razão. O desenho de um projeto ético racional ("segunda natureza") baseia-se na noção de dignidade.

O ser humano é digno por natureza?
- O ser humano afirma-se pela dignidade.
- A dignidade é natural na origem (metafísica), e cultural na criação (projeto da inteligência).

1. Explique a diferença entre as duas formas de entender a liberdade: liberdade física ou de agir, e liberdade interna − de querer ou de livre-arbítrio. A expressão "O ser humano é um ser livre" se refere a qual delas?

A cultura *punk* se caracteriza pela autonomia estética e comportamental.

2. Explique a seguinte frase de Jean-Paul Sartre:

"O homem é um projeto e será, antes de tudo, aquilo que tenha projetado ser".

a) O que quer dizer "projeto" nessa frase?

b) Que concepção de ser humano e de liberdade a frase pressupõe?

3. Leia o seguinte texto do antropólogo norte-americano Richard Shweder e responda às perguntas:

A psicologia cultural é o estudo de como as tradições culturais e as práticas sociais regulam, expressam, transformam e permutam a mente humana, cujo resultado é menos uma unidade psíquica para a humanidade que divergências étnicas na mente e nas emoções.

a) Explique o texto.

b) Que concepção de natureza humana é revelada?

4. Discuta as quatro perspectivas filosóficas sobre o ser humano: ser racional, ser social, ser livre e ser metafísico.

a) Qual é a característica fundamental de cada uma delas?

b) O que podemos extrair de cada perspectiva para elaborar uma concepção universal da natureza humana?

5. Leia o seguinte texto do filósofo inglês John Locke (1632-1704) e responda às questões.

Pois a mente tendo, na maioria dos casos, como se observa na experiência, o poder de suspender a execução e satisfação de algum dos desejos, e assim de todos, um após o outro, é livre de considerar os objetos destes, examiná-los por todos os lados, compará-los com outros. Nisto reside a liberdade que tem o homem; e por não usar seu direito vem toda a variedade de erros, equívocos e faltas nas quais incorremos na condução de nossa vida e em nossos esforços em buscarmos a felicidade; e assim precipitamos a determinação de nossa vontade e nos comprometemos demasiadamente rápido, antes do devido exame. Para evitar isso, temos o poder de suspender a prossecução deste ou aquele desejo, como cada um o experimenta cotidianamente dentro de si mesmo. Isto me parece a fonte de toda liberdade; nisto parece residir o que se chama (para mim de maneira imprópria) livre-arbítrio. Durante a suspensão do desejo, temos oportunidade de examinar, considerar e julgar o bom e o mau do que faremos; e, quando nos baseamos no devido exame, julgamos que cumprimos com nosso dever e fizemos tudo o que podíamos ou devíamos fazer em prol da felicidade; e não é uma falta, mas sim uma perfeição de nossa natureza desejar, poder e atuar de acordo com o último resultado de uma análise justa.

LOCKE, John. *Ensaio sobre o entendimento humano*. Lisboa: Calouste Gulbenkian, 2008.

a) Resuma a argumentação de Locke.

b) O que é a liberdade para Locke?

c) Explique o sentido da última frase: "Durante a suspensão do desejo, temos oportunidade de examinar, considerar e julgar o bom e o mau do que faremos [...]; e não é uma falta, mas sim uma perfeição de nossa natureza desejar, poder e atuar de acordo com o último resultado de uma análise justa".

6. Leia o texto abaixo de Jean-Jacques Rousseau da obra *Emílio ou da educação*:

Mas as leis eternas da natureza e da ordem existem. Para o sábio, são como uma lei positiva; são escritas no fundo do seu coração pela consciência e pela razão; é a elas que deve sujeitar-se para ser livre, e só é escravo quem age mal, pois a faz sempre contra a vontade. A liberdade não está em nenhuma forma de governo, ela está no coração do homem livre; ele a carrega consigo por toda parte.

ROUSSEAU, Jean-Jacques. *Emílio ou da educação*. São Paulo: Martins Fontes, 1999. (Col. Paideia).

a) Explique, com suas palavras, o texto acima de Jean-Jacques Rousseau.

b) Agora compare o conceito de liberdade de Rousseau ao de Locke.

5 Conhecimento e verdade

Museu Nacional Centro de Arte Reina Sofia, Madri/The Granger Collection/Other Images/
© Salvador Dalí, Fundació Gala – Salvador Dalí, AUTVIS, 2010.

Introdução: um novo projeto de inteligência

Ao longo da história, a inteligência humana apresentou desdobramentos e realizou muitos projetos. Criou várias ferramentas, inventou distintas formas de organização social e proporcionou ao ser humano uma reflexão sobre a sua própria existência.

Valendo-se de sua condição animal, os seres humanos tiveram de inventar a si mesmos. E, nesse sentido, acabaram criando um projeto para a própria humanidade. Desse projeto maior, surgiram os projetos individuais, pois, ainda que a realidade seja igual para todos os seres humanos, cada indivíduo lhe atribui um significado próprio. Nossa personali-dade também se constrói por meio de um projeto que configura nossa forma de ver e de se relacionar com o mundo.

Cada qual tem que escolher seu projeto, mas todos os humanos embarcam em um projeto comum. Que projeto humano escolheremos?

Se formos inteligentes, optaremos por construir um mundo digno, justo, belo, nobre e feliz. Aumentaremos assim nossas possibilidades, mas, por outro lado, também adquiriremos responsabilidades novas.

Os grandes arquitetos antigos, os que construíram as pirâmides ou as grandes catedrais, não só

O enigma sem fim (1928), obra do pintor espanhol Salvador Dalí.

tinham de fazer os planos do edifício, mas também, de desenhar as ferramentas para poder construí-los. Temos de fazer algo semelhante com o mundo que queremos construir. Uma vez que elaboramos os planos, temos de construir nossas capacidades para realizá-los.

A inteligência humana tem de projetar-se a si mesma. Tem de decidir, a partir do que tem, do que quer ter, de como deve ser.

Aparece assim um "projeto novo de inteligência": seu uso racional, uma busca compartilhada de verdades comuns, de conhecimento coletivo, um caminho de progresso e de entendimento.

Esse projeto de inteligência nos abre um caminho comum, no qual os humanos podem desenvolver projetos particulares, na busca de suas singularidades; exige da humanidade o despojamento de preconceitos e de valores anacrônicos.

Devemos, portanto, elaborar as ferramentas intelectuais para realizar esse projeto.

Essa é uma grande tarefa para a juventude; por isso, a filosofia, que ajuda nesse processo de transformação do mundo, configura-se como um dos principais instrumentos. A tarefa da filosofia é a de nos ajudar a coordenar nossos trabalhos, em busca da liberdade e de uma realidade mais justa para todos.

O que é conhecer?

Sujeito e objeto

Em um sentido amplo, as pessoas conhecem tudo aquilo de que são conscientes, tudo aquilo que sentem, percebem.

Quando alguém perde a consciência, perde também a capacidade de conhecer. O fenômeno da consciência foi e é muito estudado por cientistas e filósofos.

Os atos conscientes são fundamentais – vemos, escutamos, sentimos, pensamos, falamos –, mas em todos eles distinguimos dois elementos: o sujeito que conhece e o objeto que é conhecido. São duas noções muito importantes para compreendermos os processos de entendimento do ser humano:

> **Sujeito**. Na filosofia, esse termo costuma ser utilizado para se referir ao **eu** que conhece (sujeito cognoscente).

> **Objeto**. É aquilo do que o sujeito é consciente. É o conteúdo consciente do conhecimento.

Destas duas palavras derivam: subjetivo e objetivo. Quando dizemos "essa é uma opinião muito subjetiva", estamos dizendo que é própria do sujeito, que se baseia em seus interesses ou apreciações, que não leva em conta a realidade ou as opiniões dos demais. Por outro lado, se falamos de "um juiz muito objetivo", nos referimos àquele que toma suas decisões baseando-se em todos os aspectos do caso, sem se deixar levar por suas preferências ou opiniões pessoais.

O sujeito conhece o objeto

Nesse contexto, objeto não significa "coisa", como quando nos referimos a elementos, por exemplo: "em cima da mesa havia muitos objetos amontoados". Na filosofia, ao falar de "objeto", nos referimos sempre ao que estamos pensando, o que estamos vendo, o que ocupa nossa consciência em um dado momento. Diante do sujeito que conhece, está o objeto conhecido.

Quando estamos conscientes, sempre conhecemos algo.

Assim, sempre que pensamos, pensamos em algo; sempre que imaginamos, imaginamos algo; sempre que atuamos, estamos sendo conscientes de que o estamos fazendo.

Esta relação entre a consciência e o objeto presente é chamada de **intencionalidade**. É como se a consciência tendesse ao objeto. A palavra "intencionalidade" procede do verbo "tender", de estar em tensão, em direção a algo. Em direção a quê? Em direção ao objeto. E o que aparece na consciência? Imagens, ideias, palavras, sentimentos. Todos eles são objetos de nossa consciência.

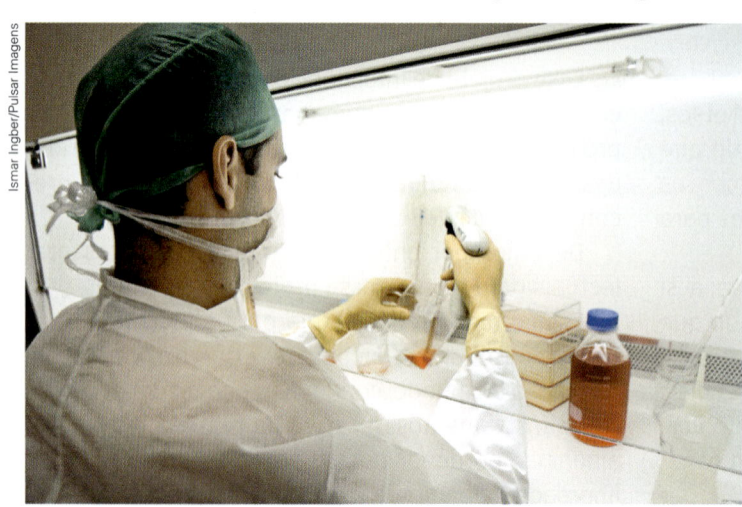

Ismar Ingber/Pulsar Imagens

Técnico trabalhando em pesquisa científica num laboratório do Rio de Janeiro, em 2005. O sujeito conhece o objeto através da experiência.

Objetos ideais, objetos reais, valores

Há três grandes tipos de objetos, ou seja, de conteúdos conscientes:

- **Os objetos ideais**. São produto de nossa inteligência; não existem no mundo material e dependem de nosso pensamento. Por exemplo, a personagem Capitu, da obra *Dom Casmurro*, de Machado de Assis, não é real, assim como as entidades matemáticas. Não existe a raiz quadrada de 2 na natureza. Chamamos isso de "objetos ideais" ou "entes da razão".

- **Os objetos que representam coisas reais**. Vejo uma mesa, penso no que ocorre na política, lembro-me da viagem que fiz ao Rio de Janeiro, reflito sobre o que vou fazer amanhã. Esses objetos são representações da realidade passada, presente ou futura. Por meio deles conhecemos as coisas, ou seja, as coisas estão presentes em nossa consciência.

- **Os valores**. Consistem em um terceiro tipo de objeto que pode fundar-se no real ou no ideal, mas que mantém sempre uma relação essencial com o ser humano. A água é um objeto real, mas seu valor é vital quando sacia a sede do sujeito. Os desejos e sentimentos nos permitem captar os objetos e lhes atribuir valores.

O conhecimento

Com base nos conceitos anteriores, podemos definir o conhecimento. Em um sentido amplo, conhecer é ser consciente de algo. É a relação entre um sujeito e um objeto. Um objeto está presente diante de um sujeito. Alguns desses objetos remetem à realidade (por exemplo, as imagens perceptivas); outros remetem a seres irreais ou ideais (por exemplo, as ficções ou as ideias matemáticas), e outros a valores, ou seja, a propriedades que os objetos ideais ou reais têm em relação às necessidades, aos desejos ou sentimentos humanos (por exemplo, a beleza de um rosto, a utilidade de uma ferramenta, o prazer de uma taça de vinho, ou a justiça de um ato).

Há diferentes graus de conhecimento. Podemos isolar, definir, analisar esse objeto presente em nossa consciência, extrair toda a informação possível, ou buscar mais informação para saber mais sobre ele. Nesse caso, nosso conhecimento se amplia. Assim, temos de admitir diferentes graus de conhecimento à medida que nossa informação sobre o objeto torna-se mais completa, profunda e segura.

Os filósofos sempre foram conscientes de que o conhecimento pode ter graus ou níveis distintos. Um exemplo significativo é a classificação que Platão estabelece. O filósofo grego distingue o conhecimento baseado na opinião e na simples informação proporcionada pelos sentidos (*doxa* em grego) do conhecimento que apreende o conceito, a definição absoluta de uma ideia, no qual a razão intervém, ordenando e interpretando os dados recebidos pelas ideias (*episteme* em grego).

A possibilidade de aumentar nossa informação sobre um objeto pode se dar tanto nos objetos ideais como nos reais ou nos valores. A geometria, por exemplo, não estuda figuras reais, mas as ideais. Quando estuda o triângulo não se refere a nenhum triângulo real – de madeira ou metal, grande ou pequeno – mas a todos os triângulos. E este triângulo abstrato, que foi separado, abstraído, de todos os triângulos existentes, é um triângulo ideal. Todos sabem o que é uma figura formada por três lados. Mas o matemático sabe muito mais. Conhece todas as propriedades e relações matemáticas do triângulo.

Ampliar nosso conhecimento sobre os objetos reais é o que faz a ciência. Já a estética, a psicologia, a economia e a ética se encarregam de ampliar nosso conhecimento sobre os valores.

Objetos	Definição	Conhecimento
Objetos ideais ou entes da razão	São produto de nosso pensamento ou imaginação. Exemplos: entidades matemáticas e criações da imaginação.	Correspondem à lógica, à matemática, à teoria literária, à teoria da inteligência.
Objetos reais	Representam as coisas reais que ocorrem no mundo sensorial (casa, cachorro) ou cultural (leis, costumes).	Correspondem às ciências em geral, sejam elas naturais ou humanas.
Valores	Qualidades dos objetos que nos fazem percebê-los como bons ou maus, belos ou feios, atraentes ou repulsivos.	Correspondem à estética, à psicologia, à economia e à ética.

■ Saiba mais ■

Níveis de conhecimento

Todos ouvem as batidas do coração, mas quando é um cardiologista que ouve, ele percebe alguns aspectos que os leigos em medicina não captam. Por exemplo, ele pode ouvir um sopro (um som produzido por alguma das válvulas do coração). Experimentamos esta diferença de níveis de conhecimento também na vida diária.

- Dê outro exemplo de percepções diferentes da realidade, em virtude da diferença entre os níveis de conhecimento.

Rachel Guedes/Pulsar Imagens

∧ Rua enfeitada para a passagem da Procissão de Páscoa, que celebra a Ressurreição de Cristo. Gonçalves (MG), em 2006. Figuras geométricas aparecem num mundo real.

As fontes do conhecimento: experiência e razão

Sabemos muitas coisas: que falar com os amigos é divertido, que o dinheiro é muito útil, que em São Paulo há muitos prédios, que o homem é mortal, etc.

Como ficamos sabendo tudo isso? Algumas coisas experimentamos diretamente e outras alguém nos contou. São dois modos diferentes de conhecer. Um é direto e o outro, indireto.

Aceitamos muitas coisas porque nos dizem que são assim. Segundo o filósofo francês René Descartes (1596--1650), muito do que se conhecia podia não ser verdadeiro, só foi dito por outros. Então, era necessário estudar tudo por si mesmo (*doc. 1*). Muitas das coisas que acreditamos conhecer são recebidas de outrem, não as comprovamos. Portanto, temos que submetê-las à crítica, pensá-las por nós mesmos, assegurar-nos de que são verdadeiras.

As fontes do conhecimento

Os elementos que configuram nosso mundo pessoal podem ser válidos ou não. Como posso conhecer as coisas por mim mesmo? Como posso comprovar se é verdade o que me disseram ou o que li?

Para alcançar um conhecimento seguro, temos como fontes a experiência e o pensamento: por meio do pensamento relacionamos a informação que obtemos da experiência a outras informações, o que nos permite inferir, deduzir, afirmar ou negar enunciados.

▪ Saiba mais ▪

Pseudoexperiências

O cinema ou a televisão muitas vezes fazem parecer que estamos experimentando o que esses meios nos apresentam. Vejo na tela o voo de um falcão. Isso significa que tive a experiência do seu voo?

Não. Tive a experiência de estar em frente a uma tela que projetava sua imagem. Não sei se ele ainda existe, não percebo o que o rodeia: o calor, o vento. É importante perceber a diferença, porque tendemos a pensar que, quando vemos uma cena numa tela, estamos vendo a realidade, tendo a experiência dela. E isso não é verdade. O que vemos em uma tela pode não ser real, pode ser artificial ou fantasioso. Não é uma verdadeira experiência: é uma pseudoexperiência.

Jeffrey M. Greene, Santa Maria Times/AP/Imageplus

Plateia assistindo ao filme *Guerra nas estrelas* num cinema da Califórnia, em maio de 1999.

- Cite algo que você viu no cinema ou na TV e que não era real, mas parecia ser.

Os cientistas elaboram teorias (com base nos dados da experiência que se tem) e em seguida tentam comprová-las, valendo-se de outras experiências.

Todos os procedimentos que buscam a verdade operam assim. Se não sabemos como funciona um aparelho novo, fazemos uma suposição. "Este deve ser o botão que liga. Vou comprovar." A experiência nos dirá se estava certo ou não.

Todos sabem que a Terra gira ao redor do Sol ou que a evolução das espécies se baseia na seleção natural. Mas, quando foram formuladas, essas teorias não haviam sido comprovadas. O pioneirismo e o exercício de novos raciocínios é que as demonstraram.

Há também outra forma de conhecimento: a intuição. Podemos distinguir entre uma intuição sensível, o que vemos ou tocamos, e uma intuição ideal, que são ideias tão seguras produzidas por meio do intelecto que não deixam dúvidas quanto à sua veracidade.

▪ Existem os conhecimentos inatos?

Os filósofos se perguntaram muitas vezes se temos, além dos conhecimentos que vêm da experiência e do pensamento, conhecimentos com os quais já nascemos. Descartes supunha que possuímos ideias inatas. Segundo sua teoria, seriam ideias perfeitas, pois não dependiam das impressões sensíveis da experiência e, portanto, seriam absolutamente verdadeiras.

De acordo com esse raciocínio, nascemos com certos conhecimentos ou estruturas cognoscitivas inatas, mas que devem se desenvolver com o exercício do pensamento.

Doc. 1

O projeto de Descartes

[...] decidi abandonar os estudos literários. E decidido a não buscar outras ciências que as que podia encontrar-me refletindo sobre mim mesmo, ou no grande livro do mundo, empreguei o resto de minha juventude viajando, visitando outras cortes e exércitos, conhecendo pessoas de diversas condições e temperamentos, recolhendo diversas experiências, colocando-me à prova nos encontros que a sorte me proporcionava, que pudesse tirar algum proveito deles. Porque me parecia que poderia encontrar muito mais verdades nas reflexões que cada um faz sobre as coisas que lhe importam, e pelos que podem evidenciar preconceitos se julgaram mal, que naquilo que faz um homem de letras em seu escritório, empenhado em especulações que não produzem nenhum efeito. Tinha sempre um desejo extremo de aprender a distinguir o verdadeiro do falso, para ver claro em minhas ações e seguir com segurança nesta vida.

DESCARTES, René. *Discurso do método*. São Paulo: Martin Claret, 2008.

- Explique em que consiste o projeto de Descartes.

■ A experiência e o conceito

Nosso cérebro está continuamente recebendo informações mutáveis e variadas.

Quando nos movemos, as imagens que recebemos mudam continuamente e, no entanto, acreditamos perceber um mundo estável. Nossa inteligência as ordena para reconhecer a identidade, para captar a permanência, com base em alguns estímulos variáveis.

Reconhecemos um rosto ainda que algumas vezes ele esteja de perfil, outras de frente, algumas vezes sorrindo, outras vezes chorando. Isto se deve ao fato de que formamos um esquema de informações que nos permite identificar algo e reconhecê-lo apesar das mudanças. Esse esquema, ou padrão de reconhecimento, é o que chamamos de conceito. Os conceitos nos permitem ordenar o mundo, agrupando os objetos em categorias. O conceito "humano" – o esquema de informação definido que nos serve para identificá-los e reconhecê-los – nos permite incluir cada indivíduo na categoria "humano" e aplicar-lhe tudo o que sabemos do humano em geral. O conceito "triângulo" define a categoria "triângulo" e nos permite operar com triângulos concretos.

São esses conceitos que nos permitem dar significado à experiência. O conceito nos permite avançar no conhecimento e, ademais, pensar. Sempre pensamos com conceitos – ideais, reais, de valores –, mas somente quando o pensamento recorre à intuição, à dedução ou à experiência, aparece o verdadeiro conhecimento. Kant, por exemplo, dedicou grande parte de sua obra para explicar como o conhecimento é possível. A conclusão a que chegou é que, para haver o conhecimento de um objeto, deve ocorrer a síntese de dois elementos: os dados recebidos pelos sentidos e uma série de conceitos próprios do pensamento, aos quais chamou de categorias (*doc. 2*).

O conhecimento é sempre fruto do pensamento, mas não é mero pensamento (ideias, imagens), pois este se aplica a conteúdos empíricos ou sensoriais: "Todo conhecimento parte da experiência, mas nem tudo procede dela".

■ As três propriedades da experiência

A experiência sensível é fundamental porque somente com base nela nos relacionamos com as coisas que existem fora de nós, no mundo exterior. A experiência sensível – ver, ouvir, tocar – nos proporciona três tipos de informação sobre a realidade:

- **Aparência**. Esta coisa aparece assim (cor, forma, sabor, textura).
- **Existência**. Esta coisa existe, é real.
- **Evidência**. Ambas as informações apresentam-se para mim com tanta certeza e força que tenho que prestar-lhes meu assentimento. Não posso negar o que vejo. O que experimento me parece evidente.

Acaba por aparecer um termo que tem muita importância filosófica: "evidente", "evidência". Procede do latim (*ex videre*), o que se vê de longe. A evidência se dá tanto na experiência sensível quanto nas intuições. É um componente essencial de nosso conhecimento que nos permite distinguir entre o verdadeiro e o falso.

Doc. 2

O verdadeiro conhecimento

Pensar um objeto e conhecer um objeto são coisas distintas. O conhecimento inclui dois elementos: em primeiro lugar, o conceito mediante o qual é pensado um objeto em geral (a categoria); em segundo lugar, a intuição por meio da qual o objeto é dado. Se não pudéssemos relacionar a intuição ao conceito correspondente, teríamos um pensamento, atendendo à sua forma, mas carente de todo objeto, sem que fosse possível conhecer coisa alguma por meio dele.

KANT, Immanuel. *Crítica da razão pura*. São Paulo: Martin Claret, 2009.

- Qual é a diferença entre pensar e conhecer um objeto segundo Kant?

A verdade e o erro

A evidência

^ Às vezes, os sentidos nos enganam. Veja o efeito que a refração da luz na água provoca no canudinho (2005).

Podemos estar mais ou menos seguros das coisas que pensamos, sentimos, acreditamos ou dizemos. Na filosofia, há algumas condições que surgem diante do conhecimento:

- **Dúvida**. Quando não podemos pronunciar-nos sobre a verdade nem a falsidade de algo, ou sobre uma decisão que temos de tomar, oscilamos sem nos atrever a dar nosso consentimento ou sem fazer uma escolha.
- **Suspeita ou hipótese**. Temos o pressentimento de que pode ser verdade, mas não somos capazes de justificar essa ideia. Costuma ser o começo de uma pesquisa, que pode ser científica, filosófica, policial, etc.
- **Opinião**. Quando damos nosso consentimento sobre algo, mas sem ter uma segurança completa, costuma ser um conhecimento provisório. Nas revistas científicas, por exemplo, não se admitem opiniões, mas somente teorias que podem ser verificadas e validadas.
- **Certeza**. É a adesão firme a uma crença ou a uma afirmação, sem o temor do erro. A certeza supõe a plena segurança do sujeito.

A experiência proporciona uma certeza que não se pode negar, quando o objeto se impõe ao sujeito com tanta força que este tem de aceitá-lo como verdadeiro ou real. O mesmo ocorre algumas vezes com o pensamento ou com as ideias que temos sobre algo e, claro, com as apreciações. A essa força com que se impõem as coisas que pensamos, sentimos ou experimentamos, chamamos **evidência**. Quando dizemos que algo é evidente, estamos afirmando que qualquer observador imparcial estará de acordo com isso. Certeza e evidência são correlativas. Tudo o que se apresenta dotado de evidência produz certeza no sujeito.

Segundo Edmund Husserl (1859-1938), o primeiro princípio do conhecimento diz: "Não podemos deixar de dar nosso consentimento ao que se apresenta como evidente em nossa consciência".

Algumas vezes, a evidência se dá imediatamente. Outras, de maneira indireta, valendo-se de uma demonstração. Neste caso, tentamos ir de uma evidência a outra, por meio do pensamento. Por isso, dizemos que a evidência é o primeiro princípio de todo o conhecimento, seja direto (experiência, intuição) ou indireto (demonstração).

Toda ciência, toda filosofia, toda técnica, por mais complicada que seja, baseia-se em última instância em algo tão simples como a evidência. Assim pensa Moritz Schlick (1882-1936) (*doc. 3*).

A experiência do erro

Aceitamos aquilo que é evidente como verdadeiro. Mas com frequência nos damos conta de que nos equivocamos. O que considerávamos absolutamente certo se revela falso. Quantas vezes não imaginei reconhecer, de longe, um amigo e, ao me aproximar, descobri que jamais havia visto aquela pessoa. Ou mesmo quantas vezes pensei resolver com desenvoltura e segurança um determinado problema de matemática e depois notei que errei ao ser corrigido pelo professor. A experiência do erro nos obriga a enunciar outro elemento do conhecimento:

> Uma evidência pode ser anulada por outra evidência mais forte.

Este princípio tão simples, que todos experimentamos, nos obriga a uma tarefa imensa: tentar alcançar as evidências mais fortes, mais claras, mais exatas. Este é o propósito por exemplo de Descartes. Em sua teoria, ele se propõe a resolver um difícil dilema: Como reconhecer a força das evidências? Como podemos ter certeza de que não nos enganamos? O que nos dá a segurança de conhecer as coisas de maneira clara e segura?

Doc. 3

A evidência

Qualquer que seja a imagem do mundo que eu construa, deverá submeter-se à prova sua verdade, sempre em relação com a minha própria experiência. Nunca permitiria que alguém me tirasse seu apoio: meus próprios enunciados de observação seriam sempre o critério último. Exclamaria, por assim dizê-lo: "O que vejo, o vejo!".

SCHLICK, Moritz. Sobre el fundamento del conocimiento. In: AYER, Alfred J. *El positivismo lógico*. Madrid: Fondo de Cultura Economica de España, 1977.

- Em que se baseia o conhecimento segundo Schlick?

■ Evidências apodíticas

Desde os primórdios da filosofia, os pensadores procuram um fundamento último – ontológico – a fim de poder ter segurança em relação ao conhecimento. Platão disse que o conhecimento estava na forma (ou ideia) da coisa; Aristóteles pensava que estava na substância (composto de matéria e forma, é aquilo que é por si mesmo, algo que pode ser separado e dá a essência da coisa). Assim, eles e outros filósofos tentaram descobrir evidências tão sólidas que não pudessem ser negadas por nenhuma outra. Estas são as evidências apodíticas. Por exemplo, sabemos que "o todo é maior que a parte", "o triângulo têm três lados" e "A = A". Esse foi o método que Descartes escolheu. Pensou que, para não se enganar, o melhor era duvidar de tudo. Mas se duvidamos de tudo, como saímos desse processo reflexivo?

Descartes encontrou uma solução, uma evidência apodítica (*doc. 4*). Ele não sabia dizer se aquilo que pensava era correto ou não, questionava inclusive sua própria existência. Todavia há uma condição que é irrefutável, segundo Descartes: o fato de ele pensar – independentemente se pensa certo ou errado. Com base nessa primeira verdade evidente – "Penso, logo sou" –, tentou extrair as demais verdades. O seu método, que parte da dúvida (metódica) e constrói todo um modelo de pensamento, é conhecido como racionalismo, pois entende que o critério de verdade pode, unicamente, partir da razão. Os sentidos podem me enganar, somente a razão pode discernir sobre a verdade, porque somente ela pode apreciar quando algo é evidente. Mas a razão necessita de um critério para medir a força das evidências.

■ Os critérios da verdade

O enfrentamento entre evidências pressupõe o problema do critério de verdade, ou seja, do método ou da norma que nos permite apreciar a força de nossas afirmações ou crenças. Para saber distinguir a verdade da falsidade, necessitamos contar com um procedimento para medir a força das evidências que há a favor ou contra uma afirmação.

Cada uma das ciências tem seu próprio critério de verdade. Em todos os casos, os critérios de verdade têm que verificar aquilo que sustentam, ou seja, "fazer verdadeira" uma afirmação apoiando-a com provas que fortaleçam sua evidência.

┌■ Saiba mais ■

Evidências pouco confiáveis

A certeza produzida pela experiência sensível nem sempre é confiável. Por exemplo, todos vemos que o Sol se move no céu. No entanto, a astronomia nos diz que essa impressão é falsa e, na verdade, é a Terra que se move. A evidência astronômica tem maior força que a evidência perceptiva, por isso, é falso que o Sol se move, apesar de vermos esse movimento.

■ Como a evidência astronômica se impõe neste caso?

Doc. 4

Penso, logo sou

Percebi que, enquanto desta maneira tentava pensar que tudo era falso, era absolutamente necessário que eu, que o pensava, fosse algo; e advertindo que esta verdade: "Penso, logo sou" era tão firme e segura que as mais extravagantes suposições dos céticos eram incapazes de comovê-la, pensei que podia aceitá-la sem escrúpulo como o primeiro princípio da filosofia que estava buscando.

DESCARTES, René. *Discurso do método.* São Paulo: Martin Claret, 2008.

■ Por que a expressão "Penso, logo sou" (ou "Penso, logo existo") é uma evidência apodítica?

Há quatro princípios comuns a esses critérios:

- **Corroboração**. Uma teoria deve ser corroborada. O austríaco Karl Popper (1902-1994) pensava que este era o critério fundamental para se avaliar um pensamento (*doc. 5*).
- **Coerência**. A verdade tem de ser coerente. Se utilizo uma definição no princípio de uma demonstração, não posso mudá-la no final.
- **Aplicação prática**. Os filósofos "pragmáticos" consideravam este o critério mais importante. As aplicações técnicas dão força à teoria em que se apoiam.
- **Universalidade da evidência**. Há evidências que somente o indivíduo as experimenta, por exemplo, ódio, ciúme ou amor. Sobre esses sentimentos não se pode fundar uma verdade válida para todos. A noção ampla de verdade só pode fundar-se em evidências que toda pessoa possa alcançar. "A opinião destinada a todos os que pesquisam e chegam a um acordo sobre ela é o que entendemos por verdade", disse Charles S. Peirce (1839-1914). A verdade deve poder produzir um consenso, mas não é verdadeira porque todo mundo pensa que é, mas ao contrário: atinge o consenso porque é verdadeira. Uma votação democrática não demonstra a verdade de uma proposta. É a verdade de uma proposta que deveria obter um triunfo democrático.

Doc. 5

Corroborar uma teoria

As teorias não são verificáveis, mas podem ser corroboradas. No lugar de discutir a "probabilidade de uma hipótese", deveríamos tentar averiguar que contrastes, que provas suportou; isto é, teríamos que tentar a averiguação de até que ponto foi capaz de demonstrar que é apta para sobreviver – e isso por ter saído indene dos contrastes. Em resumo, deveríamos dispor-nos a averiguar em que medida está corroborada.

POPPER, Karl. *A lógica da pesquisa científica.* São Paulo: Cultrix, 2000.

■ Em que consiste corroborar uma teoria, segundo Popper?

O que é a verdade?

■ Teorias da verdade

O conceito de verdade é bastante controverso. Há filósofos que questionam a própria existência da noção de verdade, já outros, dogmáticos, apoiam-se em verdades e não abrem mão de analisar o mundo com base nelas. Tomaremos aqui uma concepção intermediária, a de que o conhecimento e a verdade serão tratados com o mesmo significado. O conhecimento é uma representação mental verdadeira, como tal, não há conhecimento falso, nem verdade que não contenha um conhecimento.

O que significa "verdade", neste sentido? O contrário de mentira. Mentir é apresentar como verdade alguma coisa sabendo que é falsa, com a intenção de enganar. Quem mente sabe que mente. Caso contrário, o erro é involuntário. Sendo assim, veremos duas teorias sobre esse conceito: a verdade como adequação e a verdade como evidência corroborada.

■ A verdade como adequação

A verdade é a adequação entre o pensamento e a realidade. A ideia de verdade como adequação é muito antiga. Os filósofos gregos já a defenderam (*doc. 6*). Os problemas surgiram ao interpretar o que se entende por correspondência ou adequação. Os seres humanos conhecem a realidade de acordo com os órgãos sensoriais. O "mundo humano" é diferente do "mundo do morcego", ainda que humanos e morcegos vivam na mesma realidade e estejam submetidos a suas leis.

Kant se deu conta desta dificuldade e afirmou que pensamos as coisas de acordo com nossas estruturas mentais, e que não podemos saber o que é a realidade independentemente de nosso modo de conhecer. Afirmou que não podemos conhecer as "coisas em si", a realidade última das coisas, mas aqueles aspectos da realidade, os "fenômenos" e as suas relações, aos quais podemos ter acesso de acordo com nossos modos de conhecer.

Todos vivem na mesma realidade, mas de formas muito distintas. Cada um de nós interpreta sua vida de modo particular, porque criou um sistema de preferências, de crenças, de amores e ódios. Kant viu com clareza o problema, já que para saber se seu mundo está de acordo com a realidade, teria de sair e conhecer a realidade, bem como comparar ambas as coisas: a representação e o mundo representado. Alguns filósofos, como os céticos, pensam que é possível não conhecer plenamente a realidade.

■ A verdade como evidência corroborada

A verdade é a evidência suficientemente verificada. Não sabemos o que é a realidade, não podemos sair de nós mesmos para vê-la, todavia a realidade oferece evidências. Se digo que a matéria não existe, basta que tente atravessar uma parede com um golpe para que o golpe me demonstre que minha afirmação não é verdadeira, ainda que não saiba o que é a matéria. A verdade não é a concordância com a realidade, mas o resultado de um processo de verificação. É um esforço por conseguir uma evidência cada vez mais forte.

Já sabemos que há três tipos de evidências e, portanto, três tipos de verdades: verdades ideais, verdades sobre a realidade e verdades sobre valores. As duas primeiras são verdades teóricas, mas a terceira é uma verdade prática, porque se refere a como as ações humanas poderiam ou deveriam ser, já que os valores guiam a ação.

A ideia de verdade como evidência que se corrobora permite resolver os problemas propostos pela teoria da verdade como concordância. Não precisamos conhecer a realidade para compará-la com nossos juízos, mas comprovar que nossas ideias, modelos da realidade, teorias resistem à crítica, à prática, às novas evidências, à própria realidade. Encontramos assim o fundamento do projeto de Descartes (*doc. 7*).

Doc. 6

Verdadeiro e falso

Verdadeiro é o discurso que diz as coisas como são, falso o que as diz como não são.

PLATÃO. *Teeteto-Crátilo*. Belém: Ed. UFFA, 1988.

Museu do Louvre, Paris/ID/BR

Dizer do que não é que é, ou do que é que não é, é falso; e dizer do que é que é, e do que não é que não é, é verdadeiro.

ARISTÓTELES. *Metafísica*. São Paulo: Edipro, 2005.

René Descartes (1596-1650), em retrato de Frans Hals (1649). Descartes e a sua dúvida metódica fundaram uma nova maneira de pensar.

- Platão e Aristóteles relacionam discurso com verdade. Reflita sobre esta relação, discutindo se a verdade é algo que existe e pode ser alcançada de alguma forma ou se é uma expressão do discurso.

Doc. 7

Clareza e distinção

Não aceitar jamais nenhuma coisa como verdadeira sem que a conheça evidentemente como tal, ou seja, evitar cuidadosamente a precipitação e a prevenção, e não incluir em meus juízos nada que se apresente diante de meu espírito com tal clareza e distinção que não houvesse a menor possibilidade de colocá-lo em dúvida.

DESCARTES, René. *Discurso do método*. São Paulo: Martin Claret, 2008.

- Que termos Descartes usa para descrever a verdade?

A busca da verdade: o raciocínio

O filósofo e o artista

Agora podemos delimitar com mais clareza a tarefa da filosofia. A vontade de conhecer. O ímpeto por encontrar a verdade leva muitos filósofos a quererem esclarecer seus próprios mundos particulares, a reforçar suas evidências para poder fazê-las universais. É uma tarefa pessoal que, em vez de fechar-se em si mesma, em suas opiniões ou preconceitos, obriga a buscar verdades compartilhadas, válidas para todos. Desse dinamismo, nascem as ciências, que pretendem encontrar noções válidas para o conhecimento.

Todavia, o mundo do artista é diferente. Busca a originalidade e não necessariamente a universalidade. Um dos maiores poetas franceses, Arthur Rimbaud (1854-1891), acreditava que deveria procurar a "desordem de todos os sentidos" para alcançar sua personalidade poética, um tipo de visão anormal da realidade.

Outro grande poeta, Rainer Maria Rilke (1875-1926), afirmava o mesmo. Ele abandonou sua mulher e sua filha, e a explicação que deu é que "estou sempre tão ocupado comigo mesmo" que não posso ocupar-me de ninguém mais. O artista quer representar o que ninguém fez.

Por outro lado, o cientista ou o filósofo pretendem o contrário. Alcançar modos compartilhados, supraindividuais (intersubjetivos) de conhecer e de apreciar a realidade.

Parece que nos encontramos em uma rua sem saída. Se quero ter personalidade, se quero ser uma pessoa diferente, distinta, original, devo afirmar minhas verdades, de minha própria perspectiva. O filósofo ou o cientista, pelo contrário, parece que tem que abandonar, por alguns instantes, sua singularidade a fim de alcançar o coletivo. Quando o professor de física pergunta ao aluno sobre uma fórmula, não espera que este lhe dê uma opinião, mas, precisamente, o contrário, que explique o que qualquer físico diria. Não lhe interessa nesse momento o que há no aluno de particular, de pessoal, mas o que há nele de universal: a razão (doc. 8).

O raciocínio

Raciocinar se refere ao modo de pensar que segue as leis da lógica. A lógica é um conjunto de procedimentos que nos permitem desenvolver enunciados de verdade valendo-se de fundamentos e estruturas racionalmente válidas.

Artista pinta em seu ateliê (Stone Town, ilha de Zanzibar, costa da Tanzânia). O artista cria um mundo original.

Doc. 8

A razão universal

A razão que consultamos quando estamos em nosso perfeito juízo é uma razão universal. Digo "quando estamos em nosso perfeito juízo", porque não falo aqui da razão que segue um homem fora de si pela paixão. Quando um homem prefere a vida de seu cavalo à vida de seu cocheiro, tem suas razões particulares que produzem horror a qualquer homem razoável. São razões que no fundo não são razoáveis, porque não estão conforme a razão soberana ou a razão universal que todos os homens consultam.

MALEBRANCHE, Nicolas. *Em busca da verdade*. São Paulo: Paulus, 2004.

- Explique a diferença que Malebranche estabelece entre razão universal e razões particulares.

Saiba mais

O silogismo

O silogismo é um dos modos mais elementares de raciocinar. A partir de duas proposições – as quais se chamam "premissas" –, obtém-se uma conclusão:

- Todos os homens são mortais (premissa maior),
- Sócrates é homem (premissa menor),
- Logo, Sócrates é mortal (conclusão).

O que vimos é um exemplo recorrente do silogismo. Há, todavia, outras formas. Um exemplo pode ser facilmente compreendido a partir de um modelo matemático: basta substituir as variáveis que teremos sempre um conhecimento válido, mas não necessariamente verdadeiro. Por exemplo, imaginemos que homem possa ser substituído pela variável "X", mortal por "Y" e Sócrates por "Z". Teríamos infinitas possibilidades de substituir essas variáveis por outras. Por exemplo, trocar mortal por "imortal". A dedução lógica continuaria válida, mas o resultado seria verdadeiro? Vejamos o que acontece:

Todo homem é imortal,

Sócrates é homem,

Logo, Sócrates é imortal.

A lógica é a mesma, mas o resultado, absolutamente diferente, o que significa que precisamos constatar se as partes das premissas são verdadeiras, pois, somente assim, teremos uma conclusão verdadeira.

- Crie um silogismo.

O uso racional da inteligência

Usos da racionalidade

O "uso racional da inteligência é o esforço por realizar o projeto de alcançar verdades universais". Essas verdades podem ser teóricas ou práticas. Há, portanto, um uso teórico e um uso prático da racionalidade:

- **Racionalidade teórica**. Ocupa-se das verdades teóricas, sejam elas ideais (formais ou matemáticas) ou reais (ciências naturais).
- **Racionalidade prática**. Ocupa-se das verdades práticas que devem conduzir o comportamento humano e, especialmente, das verdades éticas.

No dia a dia, podemos usar a inteligência de distintas maneiras, podemos não sentir nenhum interesse por esse uso racional e universal da inteligência. Todavia, se pararmos e pensarmos um pouco, veremos a sua necessidade.

O uso racional da inteligência como obrigação ética

Ao falarmos de obrigação ética, estamos falando de um comportamento necessário para realizar um projeto de vida desejável para toda a humanidade.

Esse projeto se fundamenta na afirmação da dignidade humana e no respeito aos direitos. Direciona nossa ação, permite-nos avaliar os distintos usos da inteligência.

Será mais valioso o uso imprescindível para a realização do projeto ético comum de construir um mundo justo e solidário, onde haja harmonia entre os seres humanos. Portanto, uma forma de vida baseada na dignidade da pessoa exige o uso racional da inteligência, especialmente da inteligência prática.

A crítica ao uso racional da inteligência

O oposto do uso racional da inteligência é o **irracionalismo**, que se converte em evidência privada, em crença pessoal como último critério para o comportamento.

Dois pensadores contemporâneos, acusados por seus rivais de serem "irracionalistas", são o alemão Friedrich Nietzsche (1844-1900) e o espanhol Miguel de Unamuno (1864-1936). Eles de fato se opunham a essa razão instrumental "universal".

Unamuno escreveu: "A razão é inimiga da vida. A razão mata. Uma ilusão que seja prática, que nos leve a um ato que se incline a conservar ou a acrescentar ou a intensificar a vida, é uma impressão tão verdadeira como a que possam comprovar mais escrupulosamente todos os aparelhos científicos que se inventem". O que levou o filósofo a afirmar: "A vida é o critério da verdade, e não a concordância lógica, que é somente da razão. Se minha fé me leva a criar ou aumentar a vida, para que querem mais provas de minha fé? Quando a matemática mata, é mentira a matemática".

Manuel Lourenço/Olhar Imagem

Orelhão quebrado, cidade de São Paulo, 2008. O comportamento antiético de alguns pode prejudicar toda a comunidade.
<

Nietzsche também questionou a verdade à qual chegaram os filósofos dogmáticos (aqueles que creem na verdade e na razão universal):

> Supondo que a verdade seja uma mulher – não seria bem fundada a suspeita de que todos os filósofos, na medida em que foram dogmáticos, entenderam pouco de mulheres? De que a terrível seriedade, a desajeitada insistência com que até agora se aproximaram da verdade foram meios inábeis e impróprios para conquistar uma dama?... Falando seriamente, há boas razões para esperar que toda dogmatização da filosofia, não importando o ar solene e definitivo que tenha apresentado, não tenha sido mais do que uma nobre infantilidade e coisa de iniciantes.

NIETZSCHE, Friedrich. *Além do bem e do mal: prelúdio a uma filosofia de futuro*. São Paulo: Companhia das Letras, 1992.

▪ Verdades compartilhadas

Somente a confiança no uso racional da inteligência, na capacidade de encontrar verdades teóricas e práticas compartilhadas pode permitir a convivência humana. A razão é o ponto de encontro, a melhor maneira, aceitável para todos, de conseguir uma solução para os conflitos. Usar racionalmente a inteligência é uma obrigação ética, porque é imprescindível para realizar o projeto ético comum, o grande projeto humano de construir um mundo justo e solidário.

Vemos com clareza esta obrigação ao estudar os direitos humanos. Todos estão de acordo em reconhecer o direito à liberdade de consciência e expressão.

▪ Possibilidade de uma filosofia juvenil

O adolescente enfrenta criticamente seu próprio mundo (pessoal e social). Tem de fortalecer as suas crenças sobre si mesmo e sobre a realidade. Precisa também comprovar se o "mundo social" em que vive é aceitável ou não. Para isso, o adolescente tem dois caminhos: a submissão ou a crítica. Criticar não é destruir as crenças anteriores, mas medi-las segundo critérios adequados.

Este é um projeto essencialmente filosófico. Por isso, necessitamos de uma filosofia para adolescentes, pensada por adolescentes empenhados em esclarecer seu mundo particular e social. Isto faz com que esta disciplina seja um instrumento de criação individual e social (*doc. 9*).

∧ Autorretrato (1913) do pintor austríaco Egon Schiele (1890-1918). Uma impressão cria vida.

Doc. 9

Ensinar a filosofia dos direitos humanos

A Declaração Universal dos Direitos Humanos compromete-se naturalmente a formar pela "instrução" sujeitos capazes de compreender a filosofia dessa Declaração e a tirar dela as forças necessárias para "resistir ao despotismo". Estes sujeitos filosóficos deveriam estar em condição de assumir o espírito e a letra filosófica da Declaração, a saber, certa filosofia do direito natural, da essência do homem que nasce livre e igual em direito com relação aos demais homens, isto é, também, certa filosofia da linguagem, do signo, da comunicação, do poder, da justiça e do direito. Essa filosofia tem uma história, sua genealogia é determinada, sua força crítica imensa, mas seus limites dogmáticos não são menos certos. O Estado deveria fazer de tudo para ensinar esta filosofia, para convencer dela os cidadãos: em primeiro lugar, pela escola e através de todos os processos educativos.

DERRIDA, Jacques. *El derecho a la filosofía desde el punto de vista cosmopolítico*. *Endóxa*, n. 12, v. 2. Madrid: Uned, 1999.

▪ O que Jacques Derrida defende em seu texto? Você concorda com suas ideias? Discuta com os colegas.

Grupo de adolescentes no centro de Rio Branco (AC), em 2008. No convívio, a troca de ideias.

Aprender a ler filosofia

▪ Compreender o problema

Epicuro de Samos (341-270 a.C.) dizia que toda teoria filosófica deveria curar alguma doença da alma, ou seja, resolver algum problema. Muitos séculos depois, Karl Popper recomendava interpretar a evolução biológica como um processo de resolução de problemas e, por isso, comparava os órgãos fisiológicos com as teorias.

1. Solucionar problemas

Os animais e inclusive as plantas são solucionadores de problemas. Ademais, resolvem seus problemas mediante o método de tentativas competitivas de solução e eliminação de erros. As tentativas de solução que incorporam os animais e plantas à sua anatomia e comportamento são biologicamente análogas às teorias [...]. Como as teorias, os órgãos e suas funções são tentativas de adaptação ao mundo em que vivemos.

POPPER, Karl. *Conhecimento objetivo*. Belo Horizonte: Itatiaia, s. d.

Nesse sentido, os olhos são a solução para o problema de captar as informações visuais que nos cercam. As plantas giram em direção à luz, porque necessitam dela para viver. Quando a terra está seca, suas folhas se enrolam para não perder umidade. O suor é produzido no calor para resfriar nossa pele. Entendemos a função das coisas quando entendemos o problema que elas resolvem.

1. Explique por que as tentativas de solução dadas por animais e plantas são iguais às teorias.

Plantação de girassóis, Umbria, Itália, 2006. Os girassóis têm seus próprios mecanismos para usufruir a luz solar.

Algo parecido ocorre com os escritos filosóficos. Todos eles são respostas a algum problema que, talvez, não esteja claramente proposto. Sem conhecê-lo ou sem compreendê-lo nos parecerá inútil, absurdo ou incompreensível tudo o que vamos ler.

Ocorre o mesmo com a conduta humana, inclusive nos casos que nos parecem mais extravagantes. Há pessoas, por exemplo, que lavam tanto as mãos que chegam a descamá-las. Por que praticam esses comportamentos tão pouco racionais? Porque é sua maneira de resolver um problema. Trata-se de pessoas com transtornos obsessivo-compulsivos (TOC), que sentem uma grande ansiedade se não seguem esses rituais, e, ainda que elas também os considerem absurdos, preferem cumpri-los em lugar de sofrer angústia.

2. Aquiles e a tartaruga

Zenão de Eleia (495-430 a.C.) foi um importante pensador grego, que ficou na história por ter proposto um problema complicado.

Segundo ele, o veloz Aquiles nunca poderia alcançar uma lenta tartaruga, porque o espaço está formado por infinitos pontos. Se a tartaruga está em A e Aquiles está a cinco metros atrás, Aquiles chegará rapidamente ao ponto A, mas, enquanto isso, a tartaruga terá avançado um pouquinho e estará em B. Aquiles chegará a B, mas a tartaruga já estará em C, e assim indefinidamente, porque Aquiles terá que percorrer infinitos pontos antes de alcançar a tartaruga. Cada vez estará mais perto, mas sempre haverá um pequeníssimo espaço entre eles. No entanto, é evidente que Aquiles logo passará a tartaruga. O que ocorreu? Será que uma reta não está composta por infinitos pontos e, portanto, é infinitamente divisível? Será que a geometria pensada vai contra a realidade vivida?

Tartaruga gigante do arquipélago de Galápagos (2008). Mais rápida que Aquiles.

Jean Wahl (1888-1974), um notável professor francês de filosofia, contou que em uma aula deu uma solução claríssima ao problema de Zenão. Ao final, perguntou a um aluno se tinha compreendido a explicação, e o aluno respondeu: "Entendi perfeitamente a solução, o que não entendi é qual é o problema".

2. O aluno poderia ter realmente compreendido a solução se não tivesse percebido qual era o problema?

3. E você, realmente entendeu o problema? Procure explicar com suas palavras o caso de "Aquiles e a tartaruga".

3. Problemas reais

Em muitas ocasiões pode parecer que os filósofos se preocupam com assuntos estranhos, que não têm nada a ver com a vida diária e cotidiana. Geralmente, dá um trabalho enorme entender a importância dos problemas. Robert Millikan (1868-1953), vencedor do Prêmio Nobel de Física, passou meses medindo o que ocorria com umas gotas de óleo. Qualquer um que tivesse observado esse procedimento de Robert teria acreditado que ele estava ruim da cabeça. Mas com essas medições ele estava tentando resolver algo importante: averiguar a medição exata da carga elétrica elementar.

Normalmente, os filósofos propõem problemas reais, ainda que nos pareçam caprichos. Os filósofos gregos eram obcecados pela questão do movimento. Se a verdade tem de ser firme e permanente, como podemos dizer algo verdadeiro de coisas que são mutáveis e perecíveis? Platão inventou sua teoria das ideias para explicá-la. As ideias são imutáveis e o conhecimento não consiste em conhecer as coisas sensíveis, mas em entrar em contato com o mundo das ideias.

4. Dê um exemplo de um problema real do passado e explique como ele foi solucionado.

4. Juízos analíticos e juízos sintéticos

Um problema surge quando algo interfere em nossa passagem, se opõe a nosso interesse. Se não sentíssemos nada, nem desejássemos nada, nem necessitássemos de nada, não teríamos problemas.

A pedra e outros objetos inanimados não os têm; os seres vivos, sim.

Kant empenhou-se em tentar explicar como era possível haver ciência (uma pergunta que parece desnecessária, já que a ciência está aí, diante de nós). Mas um problema o intrigava. A ciência é um conjunto de proposições, de afirmações, ou seja, de juízos. Esses juízos podem ser de dois tipos: analíticos e sintéticos. Ora, mas o que são os juízos?

Placa de sinalização, Cabreúva, São Paulo, dez. 2008. A expressão "O triângulo tem três lados" é um juízo analítico.

Kant chama de juízos analíticos aqueles juízos nos quais o predicado do juízo está contido no conceito do sujeito. Exemplo de juízo analítico: o triângulo tem três ângulos. Por que é analítico? Porque se eu tomo mentalmente o conceito de triângulo e logicamente o analiso, encontro que dentro do conceito de sujeito está o de ter três ângulos; e então formulo o juízo: o triângulo tem três ângulos. Este é um juízo analítico.

Ao outro grupo Kant chama de juízos sintéticos. O que são os juízos sintéticos?

Pois juízos sintéticos são aqueles nos quais o conceito do predicado não está incluído no conceito do sujeito; de maneira que por muito que analisemos o conceito do sujeito não encontraremos nunca o conceito de predicado. Como, por exemplo, quando dizemos que o calor dilata os corpos. Por muito que analisemos o conceito de calor não encontraremos nele, incluído nele, o conceito de dilatação dos corpos, como encontramos no conceito de triângulo o conceito de ter três ângulos.

Pois bem, por que os juízos analíticos são verdadeiros? O fundamento de sua legitimidade, de sua validade, se apoia no princípio de identidade. Qual é o fundamento dos juízos sintéticos? A experiência. Mas acontece que os juízos analíticos são válidos sempre e em todo lugar, porque o princípio de identidade é universalmente válido. Mas a experiência está limitada no espaço e no tempo. Agora vem o problema: qual destes tipos de juízos constitui o conhecimento científico?

García Morente, Manuel. *Fundamentos de filosofia* – lições preliminares. São Paulo: Mestre Jou, 1980.

5. Explique a diferença entre juízos analíticos e sintéticos.

Se a ciência se baseasse em juízos analíticos, seria absolutamente segura, mas não ampliaria seus conhecimentos. Se estivesse baseada nos juízos sintéticos, a experiência permitiria ampliar os conhecimentos indefinidamente, mas nunca poderiam ser seguros. Como sair desse dilema?

Buscar a verdade com os filósofos

▪ **Perspectivas sobre a verdade**

1. Diferentes visões

Ortega y Gasset foi um filósofo apaixonado pela vida, interessado por diversos assuntos. No texto a seguir, ele medita enquanto está em sua casa de El Escorial, uma cidade na serra de Madri, na Espanha. Ao observar um imponente conjunto de rochas, ele pensa: Vejo a mesma serra que vê quem está do outro lado da montanha?

Desde El Escorial, vejo em primeiro plano a serra de Guadarrama. O homem de Segóvia olha a vertente oposta. Teria sentido que disputássemos sobre qual de ambas as visões é a verdadeira? Ambas o são certamente, por serem distintas. A realidade não pode ser olhada, senão a partir do ponto de vista que cada qual ocupa, fatalmente, no Universo.

Cada homem tem uma missão de verdade. Onde está minha pupila não está outra: o que da realidade vê minha pupila não o vê outra. Somos insubstituíveis, somos necessários.

A realidade, pois, se oferece em perspectivas individuais. O que para um está em último plano, se encontra para outro em primeiro plano. Em vez de disputar, integremos nossas visões em generosa colaboração espiritual, e como as margens independentes se unem no grande canal do rio, componhamos a corrente do real.

ORTEGA Y GASSET, José. *El espectador*. Madrid: Edaf, 1998.

1. Que ideia Ortega y Gasset está defendendo nesse texto?

2. Explique o significado da expressão "Somos insubstituíveis, somos necessários".

Quem vê a serra desde o norte, pode vê-la nevada, e quem a vê desde o sul, pode vê-la ensolarada e sem neve. O primeiro diz "A serra está nevada". O segundo diz "A serra não está nevada". Quem tem razão? Logicamente, ambos.

É necessário situar-se em uma perspectiva mais ampla para comprovar que não se trata de verdades contraditórias, mas de duas constatações que fazem parte da verdade, em sentido amplo.

Ortega y Gasset considerava que não se pode separar o conhecimento da vida. Defendia que, para nos entender, deveríamos conhecer a situação em que estamos, porque faz parte de nós mesmos. Uma frase dele ficou célebre: "Eu sou minha circunstância. E, se não salvo minha circunstância, não me salvo eu".

Obra de Ortega y Gasset recomendada: *O expectador*.

José Ortega y Gasset (1883-1955) foi um grande pensador e escritor espanhol.

2. A verdade

"Tua verdade? Não, a verdade,
e vem comigo para buscá-la.
A tua, guarda-a."

MACHADO, Antonio. Proverbios y cantares. In: *Poesías completas*. Madrid: Espanha-Calpe, 1973.

Ortega y Gasset e Machado, que foram amigos, pensavam o mesmo? Parece que não, porque Ortega y Gasset acreditava que cada pessoa tinha uma verdade valiosa, enquanto Machado defendia que havia uma verdade comum a todos e que tínhamos de buscá-la. Escolher entre a postura de um pensador ou de outro é um problema filosófico importante.

3. Compare o que pensam Ortega y Gasset e Machado sobre a verdade e se posicione de modo contrário ou a favor de um ou de outro.

4. Analise os seguintes exemplos da vida real. Qual deles se refere à ideia de Ortega y Gasset e qual se refere a Machado? Justifique sua resposta:
   a) Carlos diz que Guimarães Rosa é o maior escritor brasileiro, Marta diz que gosta mais de Clarice Lispector.
   b) Maria diz que 7×7 são 49. Manuel diz que são 72.

5. Você acredita que há verdades únicas e universais ou que tudo é relativo? Explique sua resposta.

Antonio Machado (1875-1939) foi um dos grandes poetas espanhóis. Nesta disciplina nos interessa especialmente lembrar seu interesse pela filosofia, que fez com que muitos de seus poemas pudessem ser estudados como sentenças filosóficas. Por exemplo:

O espanhol Antonio Machado y Ruis (1875-1939), poeta e pensador.

"Em minha solidão / vi coisas muito
claras / que não são verdade".

Obras de Antonio Machado recomendadas: *Campos de Castilha* e *Juan de Mairena*.

3. A filosofia do "depende"

A maneira de pensar que defendo poderia ser vista como "a filosofia do depende", se com isso não se entendesse que queremos favorecer o pensamento **relativista**, segundo o qual, cada ponto de vista é relativo, todos os pontos de vista são igualmente bons. Já recusamos expressamente este disparate. Quando defendemos o "depende" para o pensar, não protegemos o relativismo, mas fazemos algo muito distinto: dizemos que o pensador esclarecido e crítico não deve concentrar-se em grandes princípios, em formulações abstratas ou em ideias gerais, mas que deve dar importância aos "meios" de discussão, aos "contextos" dos problemas, à "descrição" de casos concretos.

É uma reivindicação do pensar que não dispõe de receitas infalíveis, mas que tem recursos poderosos que devem ser aplicados sempre com calma, passo a passo, de forma cautelosa, paciente, rigorosa, sem precipitações, mas também sem temores infundados.

TERRICABRAS, Josep-María. *Atrévete a pensar: la utilidad del pensamento riguroso en la vida cotidiana*. Barcelona: Paidos Ibérica, 1999.

> **Glossário**
>
> **Relativismo**: Teoria que afirma que não há uma verdade absoluta, mas que todas são relativas ao tempo, à situação, à pessoa e ao contexto de uma maneira geral.

6. Explique em que consiste a filosofia do "depende".

Deve-se valorizar a "verdade pessoal" de cada indivíduo, seu ponto de vista, ou somente a "verdade universal", que é comum a todos? A verdade é um processo de invenção e verificação. A tarefa de cada ser humano consiste em achar a verdade em seu próprio mundo, ou seja, interpretar sua circunstância concreta, sua vida diária, seu presente, para saber o que acontece realmente. E converter sua experiência pessoal em parte do grande voo da inteligência, da grande experiência da humanidade.

7. Compare o texto anterior de Terricabras com o projeto de Descartes (segundo o qual temos de pensar por nós mesmos, assegurar-nos de que os fatos ou ideias são verdadeiros. Atrever-se a pensar é o primeiro passo para a liberdade). Descartes pretendia fazer uma filosofia válida somente para sua situação ou pretendia encontrar conhecimentos de valor universal?

Buscar a felicidade com os filósofos

▪ Revisar nossas crenças: otimismo e pessimismo

Baruch Espinosa foi um homem sábio. Nasceu em 1632, em Amsterdã, em família judia, e dedicou toda sua vida a exercer a profissão de polidor de lentes e a filosofar. Espinosa estudou de forma profunda os sentimentos e as emoções humanas. Afirmou uma ideia muito importante para todos: "A essência do homem é o desejo". Ou seja, para conhecer-nos devemos saber o que desejamos e o que deveríamos desejar. Ademais, Espinosa acreditava que o conhecimento era a fonte da felicidade, e que as emoções que nos fazem desgraçados poderiam também suavizar-se se iluminassem a inteligência. Por isso disse: "Uma emoção deixa de ser uma emoção quando fazemos dela uma ideia clara e distinta".

Para o filósofo Baruch Espinosa (1632-1677), a essência humana é o desejo.

Isto é verdade? A psicologia nos diz que temos crenças muito profundas – das quais às vezes não somos conscientes – que influenciam em nossos sentimentos. Por exemplo, ideias sobre o aspecto corporal ou sobre "como deve ser um garoto ou uma garota", ou sobre o que é "lealdade", "covardia", "valentia", "adolescência". Muitas delas são falsas, injustas ou destrutivas. O problema é que influem em nós, em nosso comportamento, em nossa forma de entender o mundo e em nossa forma de enfrentar os problemas.

1. Crenças e sentimentos

Há duas crenças que influenciam profundamente nosso modo de sentir: as crenças que temos sobre o mundo – de como funciona, de como são as pessoas, de sua segurança e insegurança – e as crenças sobre nós mesmos e de nossa capacidade para enfrentar os problemas. Estas podem produzir sentimentos de impotência ou de depressão.

MARINA, José Antonio. *El laberinto sentimental*. Barcelona: Anagrama, 2002.

Qual é a razão, segundo sua opinião, de que se abatam sobre sua pessoa as desgraças?

Algumas pessoas, que se dão por vencidas com facilidade, dizem quase sempre referindo-se à sua própria desgraça: "Sou assim, sempre ocorrerá assim, há algo que tenho e que põe a perder tudo o que faço". Outros, os que resistem a se render diante das circunstâncias, respondem: "As coisas vieram assim; como vieram se vão, e além disso ainda ficam muitas outras coisas na vida".

Seu modo habitual para explicar os contratempos, sua pauta explicativa, é algo mais do que simples palavras pronunciadas quando algo lhes vai mal. É um modo de pensar, algo aprendido na infância e na adolescência. Seu modo de explicar as coisas deriva diretamente de sua própria opinião sobre o lugar que ocupam no mundo: se pensam que são valiosos e merecedores de algo, ou se é inútil e sem esperanças.

SELIGMAN, Martin. *Aprenda a ser otimista*. Toledo: Nova Era, 2005.

Esses autores nos dizem que há três tipos de crenças que estão influenciando decisivamente em nossos sentimentos, em nosso otimismo ou pessimismo, em nosso caráter depressivo ou motivado:

- **As crenças que temos sobre a realidade** e sobre como "deveriam ser as coisas" – se boas ou más; se podemos confiar nas pessoas ou não; se é possível mudar algo ou se estamos nas mãos do destino ou dos demais.
- **As crenças que temos sobre nós mesmos** e sobre nossa capacidade para enfrentar os problemas.
- **O modo que temos de explicar as coisas** – se jogamos sempre a culpa em outra pessoa, nas circunstâncias, etc.

Essas crenças, esses hábitos explicativos, aumentam nossas possibilidades ou as diminuem. Por isso é importante conhecê-los, para saber como mudá-los, se necessário.

1. Dê um exemplo de crença que alguém pode ter sobre si mesmo e explique como ela pode influenciar nossa capacidade de atuar.
2. Por que é importante o modo de explicar os problemas ou os contratempos?

Como podemos detectar as crenças irracionais e como podemos mudá-las? Este é um tema de filosofia prática de grande importância e utilidade. Aaron Beck, um psicólogo americano, elaborou um método para tratar as depressões, os medos e outros transtornos emocionais. Essas crenças prejudiciais têm os seguintes elementos comuns:

- São conclusões arbitrárias, sem fundamentos nem provas de sustentação. Exemplo: "Se não ganhar muito dinheiro, serei um fracassado".
- Selecionam enganosamente a informação. Valorizam uma experiência centrando-se em um detalhe específico e ignorando outros mais relevantes. "Nunca ocorre nada de bom comigo".
- Generalizam excessivamente. Passam de um caso particular a um geral. "Luís não me chamou para sair. Ninguém nunca me amará".
- Incrementam ou minimizam. Aumentam a magnitude dos acontecimentos prejudiciais e diminuem os que poderiam ser motivo de orgulho. "É imperdoável que tenha me esquecido do seu aniversário".
- Provocam distinções absolutas entre "bom" e "mau", "branco" e "preto".

Diego Hipólito, atleta brasileiro, medalha de ouro no mundial de ginástica artística da Alemanha em 2009. Aparentemente, sem nenhuma crença irracional.

2. Resistir ou dar-se por vencido

Martin Seligman, outro psicólogo americano, aplicou estas ideias e métodos para explicar porque algumas pessoas são mais resistentes que outras ao fracasso. Algumas continuam esforçando-se, enquanto outras se rendem diante do primeiro obstáculo:

Os que se dão por vencidos em seguida são pessoas convencidas de que os contratempos que lhes ocorrem são permanentes. Os que resistem acreditam que as causas dos contratempos são temporais.

Se você considera seus problemas em termos de "sempre" e "nunca", e lhes confere características duradouras, então seu pessimismo é permanente.

Por outro lado, se pensa em termos como "algumas vezes" ou de "ultimamente me ocorreu", então culpa os maus momentos por conta de condições transitórias, fato que demonstra que você é um otimista.

SELIGMAN, Martin. *Felicidade autêntica*. Rio de Janeiro: Ponto de Leitura, 2009.

3. Discuta a tese de Seligman.

3. Modos de pensar sobre a inteligência

Outra grande psicóloga americana, Carol Dweck, considera muito importantes as crenças que temos sobre a inteligência e propõe refletir com base em quatro posturas distintas.

1. A inteligência é algo com o que se nasce e não se pode mudar.

2. Aprender coisas novas é possível, mas o que não se pode mudar é o nível de inteligência de cada um.

3. Independentemente do nível de inteligência que se tenha, sempre se pode mudar um pouco.

4. Sempre é possível mudar de forma substancial o nível de inteligência que se possui.

Pensar pressupõe um aprendizado.

DWECK, Carol. *La actitud del éxito*. Barcelona: Ediciones B, 2007.

4. Para você, qual dessas crenças parece a mais realista? Por quê?

Segundo Carol Dweck, as teses 1 e 2 refletem uma mentalidade fixa, enquanto as teses 3 e 4 refletem a mentalidade de crescimento. A mentalidade fixa favorece sentimentos de desânimo; de outro lado, a de crescimento facilita a perseverança e a resistência diante do fracasso. Para eliminar obstáculos na vida sentimental, convém ser consciente e refletir sobre as crenças prejudiciais e as crenças estimulantes que temos.

Filosofia jovem

▪ Paixões e razões

Antigamente, um dos modos mais comuns de aprender a filosofar era realizar debates públicos entre os alunos. Um grupo defendia uma opinião – uma "tese" – e o outro, a contrária. O jurado determinava quem havia argumentado da melhor maneira.

Os participantes tinham de buscar informação, apresentar argumentos bem fundamentados, criticar os de seu oponente e, por sua vez, defender-se das críticas.

Nesta seção vamos organizar um debate sobre um tema que interessou muito os filósofos: as paixões e sua relação com a inteligência.

É bom ter um caráter apaixonado? Quem está submetido a uma paixão pode ser imparcial? A paixão liberta ou escraviza? Os filósofos disseram coisas que, pelo menos superficialmente, são muito distintas.

> "O coração tem razões que a própria razão desconhece."
> (Blaise Pascal)

MoMA, Nova York/Gianni Dagli Orti/The Picture Desk/AFP/© Photothèque R. Magritte, Magritte, René/Licenciado por AUTVIS, Brasil, 2010.

Os amantes (1928), quadro do pintor belga René Magritte (1898-1967). Paixão irracional ou racional?

1. As paixões e a razão

Apesar do que digam os moralistas, o entendimento humano deve muito às paixões, e a recíproca é válida, pois as paixões lhe devem muito também. É graças à sua atividade pela qual nossa razão se aperfeiçoa; só tentamos conhecer porque desejamos ter prazer, e não é possível conceber porque quem não tenha desejos nem temores deve dar-se o trabalho de refletir. As paixões, por sua vez, extraem sua origem de nossas necessidades e seu progresso de nossos conhecimentos, porque somente se pode desejar ou temê-las pelas ideias que delas se podem ter ou pelo simples impulso da natureza, e o selvagem, privado de toda sorte de luzes, só experimentará as paixões desta última espécie; seus desejos não vão além de suas necessidades físicas.

ROUSSEAU, Jean-Jacques. *Discurso sobre a origem e os fundamentos da desigualdade entre os homens.* Porto Alegre: L&PM, 2008.

1. As paixões são necessárias para o exercício da razão?
2. Há paixões mais humanas que outras?
3. As paixões nascem das necessidades. Rousseau disse que as pessoas "curtas de luzes" – ou seja, pouco educadas, sem ilustração – só captam suas necessidades físicas. Há outras necessidades? Quais?

2. As paixões devem ser afastadas

As paixões são cânceres da razão prática e, na maioria das vezes, incuráveis; porque o doente não quer se curar e se subtrai o poder do único princípio que poderia consegui-lo: a razão. A razão segue a norma: "Para satisfazer uma necessidade não se devem afastar as demais necessidades para um canto, mas cuidar para que aquela possa coexistir com a soma de todas as inclinações". Por exemplo, o "desejo de triunfar" pode ser razoável; mas aquele que quer triunfar também quer ser amado por outros, ser respeitado, e muitas coisas mais. Portanto, se a vontade de triunfo o deixa cego para esses outros fins que também deseja, e não valoriza o amor ou a amizade ou a boa fama, faz de uma parte de suas necessidades o todo, o que é uma loucura que contradiz a razão. Por isso se diz que as paixões são más em si, sem exceção, e o melhor desejo, o amor mais benévolo, o é, tão logo se converte em paixão, não prejudicial somente desde o ponto de vista prático, mas sim desde o ponto de vista moral. A paixão encontra seu prazer em ser escrava.

KANT, Immanuel. *Antropologia de um ponto de vista pragmático.* São Paulo: Iluminuras, 2006.

4. Segundo Kant, a paixão liberta? Explique.
5. O que é mais poderosa: a razão ou a paixão? Explique por quê.

3. Nada importante se fez sem estar movido pela paixão

Dizemos que nada se fez sem contar com o interesse dos que colaboram nisso; e se chamamos paixão ao interesse, enquanto indivíduo inteiro, colocando em segundo plano os demais interesses e fins que se podem ter, se projeta em direção a um único objeto com todas as forças interiores de seu querer, concentra nesse fim todas as necessidades e todas suas forças, devemos dizer, em geral, que nada grande se realizou no mundo sem paixão.

HEGEL, G. W. F. *Lecciones sobre la filosofía de la historia*. Madrid: Tecnos, 2005.

6. É necessário ter paixão para elaborar uma grande teoria matemática? Por quê?

7. É necessário ter paixão para construir um império? Por quê?

4. Devem-se fomentar as paixões

Cálicles: Para viver bem, é preciso avivar as mais fortes paixões em vez de reprimi-las. E é necessário estar em condições de satisfazê-las, pela coragem e pela inteligência. Mas isto, sem dúvida, não está ao alcance do homem comum: daí vem a ideia de que a plebe condena aquilo de que não pode desfrutar, com a esperança de ocultar sua própria debilidade; declara que o excesso é vergonhoso, aplicando-se a submeter os homens mais bem dotados pela natureza e, incapazes de proporcionar-se a si mesma a força necessária para procurar a satisfação completa de suas paixões, elogiam a moderação e a justiça por causa de sua própria covardia.

PLATÃO. *Górgias*. Lisboa: Edições 70, 2006.

8. Relacione os textos de Kant (boxe 2) e Platão.

"A razão é, e somente deve ser, escrava das paixões, e não pode pretender outro ofício que o de servi-las e obedecê-las."

(David Hume)

Pablo Picasso (1881-1973) trabalhando em seu estúdio (1940). Vida intensamente apaixonada.

Lipnitzki/Roger-Viollet/AFP/Licenciado por AUTVIS, Brasil, 2010

5. A paixão pode ser irracional

Não existe mais um só princípio motor, a faculdade de desejar. O entendimento não comove sem o desejo. O desejo, ao contrário, pode comover à margem da razão. O entendimento é sempre razoável, enquanto o desejo e a imaginação podem ser razoáveis ou equivocar-se. Assim, sempre é desejável o que move, mas pode tratar-se de um bem real ou de um bem aparente.

ARISTÓTELES. *De Anima*. São Paulo: Editora 34, 2006.

9. Segundo Aristóteles, quando se deseja um bem aparente, também se age razoavelmente? Explique.

10. A razão pode agir sem contar com o desejo?

Escrever um *blog* filosófico

Você pode continuar sua reflexão pessoal em seu *blog* ou diário, analisando as ideias que vimos aqui sobre a paixão. Em primeiro lugar, é importante definir com precisão o conceito de "paixão". Depois, escreva uma reflexão sobre algum dos temas que tratamos e sobre as implicações ou conclusões que podem surgir dessas ideias.

O que é conhecer?

Sujeito e objeto
- Conhecemos aquilo do que somos conscientes.
- Em todo ato consciente há: um sujeito que conhece; um objeto do qual o sujeito é consciente.

O sujeito conhece o objeto
- Intencionalidade é a relação entre a consciência (do sujeito) e o objeto (presente na consciência).

Objetos ideais, objetos reais e valores
- Objetos ideais são produto do nosso pensamento.
- Objetos que representam coisas reais.
- Valores: qualidades dos objetos (ideais ou reais).

O conhecimento
- Conhecer é ser consciente de algo.
- Platão distinguia o conhecimento baseado na opinião e informação dos sentidos (*doxa*) do conhecimento intelectual, das ideias (*episteme*).

As fontes do conhecimento: experiência e razão

As fontes do conhecimento
- Apreendemos a realidade pela experiência.
- Pela razão organizamos o que obtemos da experiência.

Existem os conhecimentos inatos?
- Para Descartes, as ideias inatas são perfeitas, pois não dependem das impressões sensíveis da experiência.

A experiência e o conceito
- Os conceitos ou as ideias são representações que temos da realidade.
- Os conceitos servem para classificar e organizar a realidade. Graças a eles pensamos e avançamos no conhecimento.

As três propriedades da experiência
- A experiência sensível nos fala que algo é de uma determinada maneira, que existe e que o que experimentamos é evidente.

A verdade e o erro

A evidência
- A evidência deriva da força com que as coisas que pensamos ou experimentamos nos impõem.
- O princípio do conhecimento, segundo Husserl: "Não podemos deixar de dar nosso consentimento ao que se apresenta como evidente em nossa consciência".

A experiência do erro e as evidências apodíticas
- Ao experimentar o erro, enunciamos outro princípio do conhecimento: "Uma evidência pode ser anulada por outra evidência mais forte".
- As evidências apodíticas pretendem não ser negadas por outras.

Os critérios da verdade
- Estão regidos pela corroboração, coerência, aplicação prática e universalidade.

O que é a verdade?

Teorias da verdade
- As duas principais teorias da verdade são:
  – Verdade é adequação entre pensamento e realidade.
  – Verdade é a evidência suficientemente verificada.

A busca da verdade: o raciocínio

O filósofo e o artista
- O artista busca a originalidade, o pessoal, enquanto o filósofo busca modos compartilhados de conhecer e valorizar a realidade.

O raciocínio
- Raciocinar é pensar seguindo as leis da lógica. Usar racionalmente a inteligência pressupõe buscar alcançar verdades universais.

O uso racional da inteligência

O uso racional da inteligência como obrigação ética
- A capacidade de encontrar verdades teóricas e práticas compartilhadas pode permitir a convivência humana.

Possibilidade de uma filosofia juvenil
- É necessária uma filosofia pensada por adolescentes empenhados em esclarecer seu mundo particular e o mundo social.

1. Defina o conhecimento e indique quais são os graus de conhecimento segundo os filósofos.

2. Explique a seguinte frase de Aristóteles:

   "Nada há entendimento que não tenha estado antes nos sentidos".

   a) Qual é a origem do conhecimento para Aristóteles?
   b) E para Descartes?

3. Descreva a relação entre as fontes de conhecimento: a experiência e o pensamento.
   a) Dê exemplos de coisas que podemos conhecer mediante a experiência e quais podemos conhecer mediante o pensamento.
   b) Como podemos saber que o que conhecemos é verdadeiro, segundo Descartes?

Pessoa experimenta a "picada" de um cacto. E "crê" nela.

4. Analise esta frase de Kant: "Todo conhecimento parte da experiência, mas nem todo conhecimento procede dela".
   a) Explique o sentido da frase e relacione-a com o que você estudou neste capítulo.
   b) Que tipo de conhecimento não procede da experiência?
   c) Qual é o verdadeiro conhecimento para Kant?

5. Nesta unidade estudamos o conceito de verdade e duas teorias sobre ela. A teoria segundo a qual a verdade é a adequação entre o pensamento (entendimento) e a realidade, e a teoria que diz que a verdade é a evidência suficientemente verificada. Antes de ler o seguinte texto, retome essas teorias.

   "A verdade que é causada na alma pelas coisas não segue a estima do entendimento, mas a existência das coisas; pois pelo fato de que a coisa é ou não é, se diz verdadeira ou falsa a enunciação, e o mesmo o entendimento".

   Santo Tomás de Aquino. *Suma teológica*. São Paulo: Vozes, 2001.

   a) Onde está, segundo Santo Tomás de Aquino, a origem da verdade?
   b) Este texto corresponde a qual teoria sobre a verdade? Justifique sua resposta.

6. Analise o seguinte diálogo sobre como algumas ideias se instalam em nós porque não desejamos entrar em conflito com os que nos rodeiam.

   VÍTOR: Percebo que nos metem muitas ideias na cabeça, sem refletir muito. É o que chamamos preconceitos. Ideias comuns, já prontas, mas que acreditamos de pés juntos. Estamos tão convencidos delas, e não suportamos que sejam colocadas em dúvida. Convertem-se em atos reflexos, já que não as controlamos. Quando não refletimos, as emoções tomam a palavra. Além disso, não sabemos de onde vêm essas ideias, ou se nos correspondem de verdade.

   ELOÍSA: De onde vêm esses preconceitos, essas emoções?

   VÍTOR: Não sei muito. Não sou psicólogo ou psicanalista. Mas imagino que são o resultado de tudo o que vivemos até o momento. Nossas experiências, acontecimentos infelizes que nos fizeram sofrer. E momentos de felicidade também. [...] Antes, temia não falar como os demais, como meus amigos. Sempre tinha medo de que me desprezassem.

   ELOÍSA: A que se pode atribuir essa mudança?

   VÍTOR: Ao que refleti, isso é tudo. Com frequência me custa expressar o que penso porque não gosto de discutir.

   Às vezes, estou disposto a mudar de opinião para concordar com os demais, inclusive se não o reconheço. Mas um dia estava tão irritado comigo mesmo, por não ter me expressado, que me perguntei por que tinha medo de pensar diferente dos demais. Disse para mim mesmo que era ridículo, e que tinha o direito de ter minhas próprias opiniões, inclusive se isso incomodava a meus amigos.

   Brenifier, Oscar et al. La opinión, el conocimiento y la verdad. In: *Aprendiendo a filosofar*. v. 4. Madrid: Ediciones del Laberinto, 2006.

   a) Esse diálogo se refere a quais conceitos estudados no capítulo?
   b) Você concorda com o que se expõe no texto? Justifique sua resposta.
   c) Escreva uma redação em que você exponha suas reflexões sobre essas questões.

7. Leia novamente o texto da introdução. Em que consiste o "novo projeto de inteligência"? Qual é sua importância? A que conclusão podemos chegar?

6

O conhecimento científico

Neste capítulo

- Introdução: criatividade científica e inteligência humana
- A filosofia da ciência
- As ciências formais
- As ciências da natureza
- As ciências sociais

Selena/Shutterstock.com

Introdução: criatividade científica e inteligência humana

Filosofia e ciências são áreas próximas, ainda que tenham métodos e preocupações específicos e distintos. São atividades vitais como sistemas de conhecimento, aspecto ao qual costuma ser dada muita importância.

Para compreender bem os objetivos da ciência, precisamos conhecer a atividade que a torna possível. Os grandes cientistas são apaixonados pelo que fazem, enfrentam questões, inventam soluções, colocam-nas à prova, erram, recomeçam e, no fim, caso tenham êxito em suas pesquisas, produzem saberes extremamente úteis para a humanidade.

O biólogo norte-americano James Watson (1928-), um dos precursores na descoberta da estrutura do DNA, relatou, em seu livro *A dupla hélice*, como ele e o biofísico britânico Francis Crick (1916-2004) – ambos ainda muito jovens – fizeram sua descoberta. "Crick – conta Watson – aparecia eufórico no laboratório todas as manhãs e propunha uma nova teoria que, segundo ele, resolveria o problema. Começávamos a discuti-la e na metade da manhã a nova teoria já havia sido descartada." Para aumentar a tensão, no mesmo laboratório trabalhava o filho do melhor químico da época, Linus Pauling (1901-1994), que lhes comunicou que seu pai, que pesquisava o mesmo assunto, estava muito adiantado na sua resolução. Isso fez a pesquisa converter-se numa corrida entre as duas equipes de cientistas.

Ambiente de trabalho em laboratório científico: tubos de ensaio, instrumentos e mão enluvada.

Por fim, um dia receberam a estrondosa notícia. Pauling tinha resolvido o problema e publicado a solução. A decepção de Watson e Crick foi enorme. Leram avidamente o trabalho de Pauling e então descobriram que o melhor químico do mundo havia errado. A corrida não tinha terminado. Eles iam por um bom caminho. Logo depois anunciaram a notícia que mudou a biologia: a estrutura em dupla hélice do ácido desoxirribonucleico (DNA).

A inteligência de cada um de nós apresenta mil possibilidades de fazer, inventar e conhecer coisas. É bem verdade que não podemos saber tudo. Mas, se assistimos ao nascimento da matemática, da física, da religião, da arte, da literatura, podemos compreender suas trajetórias posteriores, ainda que não sejamos capazes de segui-las completamente.

Sobre isso, Émile Boutroux (1845-1921), um filósofo francês, escreveu em sua obra *A natureza e o espírito*:

> Nada mais justo que a afirmação do valor educativo da ciência, contanto que sejam corretamente compreendidos sua natureza e seu papel [...]. A ciência verdadeiramente educativa não é a que se dá como algo já feito, acabado, infalível na sua simplicidade e uniformidade lógica, mas a que trabalha, busca, vacila, autocritica-se, corrige-se, sente-se eternamente provisória e trata-se a si mesma como tal: a ciência não é o estabelecido que se apresenta no ensino e nos exames, a ciência é algo vivo, em contínua criação.

A filosofia da ciência

A filosofia estuda todas as criações humanas e tenta analisá-las em relação à inteligência da qual procedem e à realidade à qual se dirigem. Por isso, há uma "filosofia da **ciência**", uma "filosofia da arte", uma "filosofia da religião", etc.

A **filosofia da ciência** reflete sobre os métodos científicos, fundamenta os critérios de verdade e tenta situá-la na totalidade dos projetos humanos. Também procura estabelecer uma reflexão sobre os caminhos trilhados pela própria ciência, ou seja, as dúvidas, os embates teóricos, a escolha de determinadas perspectivas, etc. (*doc. 1*).

O que é a ciência?

A noção de sistema é imprescindível para conhecer a realidade, uma vez que não existem objetos isolados, mas relacionados uns com os outros. Não existe uma pessoa que vive isoladamente; ela faz parte de um sistema social, de uma rede social. Também não há verdade isolada; ela faz parte de um **conjunto sistemático de proposições**.

Tipos de ciência

Todas as ciências nasceram da necessidade que o ser humano tem de conhecer, mas ao longo da história elas foram se especializando e se tornando mais eficazes. Foram classificadas de muitas maneiras: ciências humanas, ciências exatas, ciências biológicas, etc. (*doc. 2*).

Na atualidade, costumam-se classificar as ciências verificando o que estudam (objeto e finalidade).

- Do ponto de vista da sua **finalidade**, algumas são **ciências teóricas** e outras, **ciências práticas**. As ciências teóricas são dirigidas ao conhecimento, e as ciências práticas, ao agir. A física é uma ciência teórica e a medicina, uma ciência prática. Já a filosofia não pode ser considerada ciência. De fato, é uma área de conhecimento que está além do conhecimento científico de maneira geral.
- Do ponto de vista do **objeto**, as ciências são classificadas em ciências formais, ciências naturais e ciências humanas:

  – Ciências formais: são a lógica e a matemática. Chamam-se ciências formais porque estudam **conceitos**, **relações**, **modelos ideais** aplicáveis a todo tipo de conteúdo. Os conceitos de **forma** e **matéria** (ou conteúdo) são fáceis de compreender.
  Todos os triângulos que existem na realidade são compostos de alguma matéria, como madeira, ferro e pedra, mas a geometria, por exemplo, estuda o triângulo em sua forma conceitual de modo que suas propriedades geométricas independem de qualquer realidade material: é uma figura formada por três lados; possui três ângulos internos, a soma de seus ângulos internos é sempre igual a 180º, etc. Podemos abstrair, isolar uma forma para estudá-la com independência dos seus conteúdos.

O que é a filosofia da ciência?

A principal tarefa da filosofia da ciência é analisar os métodos de investigação usados pelas diferentes ciências. Poderíamos perguntar por que esta é uma tarefa dos filósofos e não dos próprios cientistas. É uma boa pergunta. Parte da resposta tem a ver com o fato de a análise da ciência permitir que nos aprofundemos nas questões assumidas implicitamente pela prática científica, as quais os cientistas não analisam explicitamente.

Osaka, Samir. *Una brevísima introducción a la filosofía de la ciencia.* Ciudad de México: Océano, 2007.

- Qual é o objeto de reflexão da filosofia da ciência?

– Ciências naturais são as que estudam o **mundo físico**, os seres naturais. As que mais se destacam são a física, a química e a biologia, que se dividiram em diferentes disciplinas (física quântica, astronomia, mecânica, biologia molecular, química inorgânica, etc.).
– Ciências humanas são as que estudam os **comportamentos humanos** e **suas criações**: história, psicologia, sociologia, economia, moral, antropologia, etc.

Acesse

A *Revista eletrônica de ciências* divulga artigos e pesquisas das ciências naturais. <http://www.cdcc.usp.br/ciencia/index.html>. Acesso em: 26 mar. 2010.

Ciências de ideias e ciências de fatos

Todos os objetos da razão humana ou de nossas pesquisas podem se dividir em dois gêneros: as relações de ideias e as relações de fatos. Ao primeiro gênero pertencem a geometria, a álgebra, a aritmética e, em resumo, toda afirmação que é intuitivamente ou demonstrativamente certa. "O quadrado da hipotenusa é igual à soma do quadrado dos catetos" é uma proposição que expressa uma relação entre figuras [...]. As operações desse gênero são realizadas exclusivamente pelo pensamento, sem depender de nada que exista no Universo. Ainda que não tivessem existido nunca um círculo ou um triângulo na natureza, as verdades demonstradas por Euclides de Alexandria (360-295 a.C.) conservariam para sempre sua certeza e sua evidência.

Os fatos, que são os segundos objetos da razão humana, não são estabelecidos da mesma maneira, e sua evidência e verdade, por maiores que sejam, não são comparáveis às anteriores.

Hume, David. *Investigações sobre o entendimento humano e sobre os princípios da moral.* São Paulo: Unesp, 2004.

- Segundo Hume, qual é a diferença entre as ciências de ideias e as ciências de fatos?

■ Métodos científicos

As ciências têm diferentes métodos ou procedimentos para ampliar seus conhecimentos. Todavia, há dois métodos básicos usados por todas as ciências: a dedução e a indução.

A dedução permite passar do descobrimento de uma relação constante entre dois fenômenos à afirmação de uma relação universal, que se pode expressar por uma **lei**.

Por exemplo, com base na observação das plantas, é possível fazer afirmações gerais sobre seus sistemas reprodutores. Estudando muitos doentes, os médicos podem descobrir as doenças e seus sintomas.

A indução, que em algum momento é utilizada por todas as ciências, apresenta uma grande dificuldade, pois, para ser absolutamente segura, deveria recorrer a todos os casos possíveis, o que costuma ser inviável.

As ciências são sistemas de verdades. E verdade, neste caso, significa uma proposição suficientemente verificada, comprovada. Cada ciência tem seus próprios critérios para avaliar a força de suas evidências. Mas nem todas as ciências são igualmente seguras (*doc. 3*).

Francis Bacon (1561-1626), em retrato de John Vanderbank (1731). Um dos principais filósofos a adotar o método indutivo, partia, em suas pesquisas, de situações particulares e alcançava conclusões gerais. Entre suas obras mais importantes está *Novum Organum* (1620).
‹

Glossário

Dedução: é um tipo de inferência que nos permite partir de proposições dadas – chamadas "premissas" – e chegar a outra proposição chamada "conclusão".

Indução: é um tipo de inferência que nos permite passar da observação de casos particulares a afirmações gerais.

Assista

Gattaca: uma experiência genética, de Andrew Niccol, Estados Unidos, 1997. O filme narra a história de um jovem que nasce numa sociedade futurista, na qual a reprodução humana é desenvolvida artificialmente em laboratórios, e as pessoas concebidas naturalmente são consideradas "inválidas".

■ Saiba mais ■

Generalizações e rigor

Com frequência, generalizamos de maneira indevida. Com base em alguns casos, são feitas afirmações sobre a totalidade. "Todos os brasileiros são...", "Os partidários da direita são...", "Os partidários da esquerda são...", etc. As generalizações produzem preconceitos de toda ordem, criam estereótipos e impedem que nos relacionemos melhor com as pessoas e os elementos que nos cercam.

Pessoas assistem a um jogo de futebol em estádio. Em relação às torcidas de futebol, também costumamos fazer generalizações: "Todo torcedor do time ... é ...".

- Reflita sobre uma noção generalizada (procure escolher um elemento que está em seu meio social) e busque desconstruí-la, apresentando sua fraqueza argumentativa. Aproveite a atividade para debater com seus colegas sobre outras possíveis generalizações.

Doc. 3

A demonstração e o caráter universal da ciência

Acreditamos que temos um saber científico quando cremos que conhecemos a causa pela qual a coisa é, que é causa dessa coisa e que não cabe que seja de outra maneira. Devemos acrescentar que consiste em conhecer mediante a demonstração. A demonstração chamo-a de raciocínio científico e é necessário que a ciência demonstrativa se baseie em coisas (premissas) verdadeiras, imediatas, mais conhecidas, anteriores e causa da conclusão [...]. A ciência e seu objeto diferem da opinião e de seu objeto, já que a ciência é universal e se forma mediante proposições necessárias, e o que é necessário não pode ser de outra maneira. Há algumas coisas que existem e que são verdades, mas que cabe que se comportem também de outra maneira; está claro que sobre estas não há ciência.

ARISTÓTELES. Os segundos analíticos. In: *Órganon*. São Paulo: Edipro, 2009.

- Qual é a diferença entre ciência e opinião, segundo Aristóteles?

As ciências formais

Uma grande criação da inteligência

Como exemplo de ciência formal, tomemos a **matemática**. Sob o nome de "matemática" incluem-se diferentes disciplinas: álgebra, análise matemática, geometria, etc.

É uma linguagem que nos permite calcular, falar da realidade de um modo preciso e eficaz, bem como inventar conceitos. Graças a ela, as **ciências naturais**, em especial a física, puderam elaborar com precisão grandes teorias e realizar grandes descobrimentos (*doc 4*).

Na sua origem, a matemática foi inventada para **resolver problemas**. Em todas as culturas era necessário contar. Antigamente, os pastores utilizavam variados procedimentos para saber se tinham perdido alguma ovelha. Quando precisavam deslocá-las de um lugar para outro, colocavam numa bolsa uma pedrinha para cada animal que saía e, quando voltavam, iam tirando uma para cada ovelha que entrava. Era um modo simples de cálculo (*doc 5*).

Os **números** que servem para contar são chamados "números naturais". Mas, além deles, na matemática apareceram muitos outros tipos – irracionais, complexos, etc.

Entre os números inteiros, destaca-se particularmente o zero. Trata-se de um número estranho, porque representa a ausência de quantidade; poderíamos dizer que é um "não número". Mas ele é essencial no nosso sistema de numeração.

Algumas línguas, como o chinês, têm um ideograma para cada palavra. Aprender a ler em uma língua como essa é muito difícil, já que é preciso memorizar milhares de ideogramas. Por outro lado, nós, com as letras do alfabeto, podemos escrever todas as palavras possíveis. Na matemática acontece algo parecido. Caso tivéssemos de escrever cada quantidade com um signo diferente, seria impossível lembrar de todos ou operar com eles.

Matemática e sistemas formais

Os filósofos matemáticos pesquisaram e discutiram a existência dos elementos matemáticos.

"Como pode a matemática – um produto do pensamento humano, independente da experiência – transportar-se tão admiravelmente aos objetos da realidade?", perguntava-se Albert Einstein (1879-1955).

Doc. 4

A espinha dorsal da ciência

Uma das melhores criações da mente humana é a matemática, pois não só constitui a apoteose do pensamento racional, senão que também é a espinha dorsal que confere à especulação científica a rigidez necessária para afrontar a experiência. As hipóteses científicas são como gelatina: precisam da rigidez da formulação matemática para suportar a verificação experimental e acoplar-se à rede de conceitos que compõem a ciência física.

ATKINS, Peter. *O dedo de Galileu*. Lisboa: Gradiva, 2007.

- Explique em que sentido a matemática dá fundamento e rigor a outras ciências.

Doc. 5

Uma origem comum

É assombroso comprovar até que ponto, nas suas pesquisas e tentativas, homens muito distantes no tempo e espaço empreenderam os mesmos caminhos para desembocar em resultados semelhantes. Em efeito, em todas as partes aprenderam a identificar-se com seu corpo, a contar com seus dedos e ajudaram universalmente com pedrinhas redondas, conchas, bastõezinhos, etc.

IFRAH, Georges. *História universal dos algarismos*. Rio de Janeiro: Nova Fronteira, 2000. 2 v.

- Por que em questões matemáticas básicas se chegou a resultados similares em culturas diferentes?

Glossário

Sistema: é um conjunto de elementos relacionados. As ciências formais – a matemática e a lógica (que estuda as formas do raciocínio) – analisam e constroem sistemas usando método dedutivo.

Saiba mais

O número π

O número π (PI) é um número irracional. Aparece em muitas fórmulas conhecidas. Ainda que o usemos constantemente, não se pode descrevê-lo com exatidão. Diz-se que seu valor é de 3,14159265..., mas essas reticências significam que, por mais decimais que escrevamos, não podemos completá-lo. Até agora, chegou-se a calcular o primeiro bilhão de decimais.

fzd.it/Shutterstock.com

- O que significa dizer que π é um número irracional?

■ Requisitos de um sistema formal

Para criar um sistema formal, temos de cumprir certos requisitos:

- **Definir os termos que serão utilizados**. É necessário ser muito rigoroso no uso dos termos e conceitos, para que não se produzam erros derivados de imprecisões.
- **Definir os axiomas ou postulados**. São aqueles princípios que não podem ser demonstrados, mas que admitimos como fundamento de todo sistema que vamos construir.
- **Estabelecer as regras de transformação**. São os procedimentos empregados para desenvolver o sistema.
- **Deduzir os teoremas**. São as proposições válidas dentro de um sistema, porque derivam dos axiomas básicos e seguem as regras de transformação (*doc. 6*).

A matemática está presente em nossa vida diária; nada funcionaria sem ela. No entanto, para algumas pessoas, a matemática produz enorme mal-estar. A explicação está em que nossa inteligência trabalha mais facilmente com **conteúdos** que com **formas**. Lidamos com mais facilidade com objetos reais que com signos arbitrários. De fato, muitas crianças demoram a pensar formalmente. As histórias de pessoas são mais interessantes que as relações abstratas de números. Todavia, com o passar do tempo, tornamo-nos capazes de entender e pensar de modo matemático. O gosto ou não pela ciência é relativo.

■ Critérios para uma verdade matemática

A verdade matemática não se baseia na experiência, mas na coerência do próprio sistema. Dentro de um sistema formal, são verdadeiras aquelas proposições derivadas dos axiomas fundamentais, em que se utilizam corretamente as regras de transformação. Um sistema axiomático deve cumprir com os seguintes requisitos:

- **Consistência**. Um sistema de axiomas não permite concluir uma contradição.
- **Independência**. Nenhuma conclusão pode ser derivada de premissas contraditórias.

Os sistemas formais são absolutamente seguros, por isso há outras ciências que tentaram aplicar o modelo **axiomático** ao seu próprio desenvolvimento.

A escolha de um axioma em vez de outro depende da teoria que se queira construir. Por exemplo, quando Einstein trabalhava na sua teoria da relatividade, adotou a geometria do espaço curvo, que se aplicava melhor a ela.

Doc. 6

Demonstrações, axiomas e teoremas

Nas matemáticas, uma demonstração é um argumento impecável, baseado só nos métodos do raciocínio puramente lógico, que permite a validação de uma afirmação matemática dada a partir da validação preestabelecida de outras afirmações matemáticas ou de certas afirmações primitivas específicas – os axiomas –, cuja validade se considera evidente. Uma vez que tal afirmação matemática ficou estabelecida dessa forma, passa a ser conhecida como um teorema.

PENROSE, Roger. *El camino a la realidad – una guia completa de las leyes del universo*. Madrid: Debate, 2006.

- De acordo com o texto, qual é a diferença entre um axioma e um teorema?

Aluna explica um exercício no quadro de giz em sala de aula de matemática.

Tomasz Trojanowski/Shutterstock.com

As ciências da natureza

◼ O método das ciências físico-naturais

As ciências que estudam a realidade física são muito variadas. Algumas se limitam a **observar**, **descrever** e **classificar** as coisas. A zoologia, a mineralogia, a anatomia, a botânica correspondem, em grande medida, a esse tipo de ciência. Seu critério de verdade é a precisão com que se ajustam ao objeto estudado.

Outras ciências, em troca, querem **conhecer as leis** que regem os fenômenos e a estrutura interna das coisas. Seguem o chamado "**método hipotético dedutivo**", que consiste nos seguintes passos:

- **Descobrimento do problema**. O cientista observa algo que não sabe como explicar.
- **Invenção de uma hipótese**. Tenta-se buscar uma explicação, mas para isso é necessário fazer alguma suposição que permita dirigir a investigação.
- **Formulação da hipótese**. Na física, formula-se em termos matemáticos, o que permite realizar as medições exatas e a dedução de consequências.
- **Contastação da hipótese**. É preciso assegurar-se de que a hipótese é compatível com outras teorias bem comprovadas e que as consequências deduzidas podem ser validadas experimentalmente.

Quando a **evidência está suficientemente corroborada**, converte-se em **lei** ou em **teoria**, isto é, um sistema de leis.

Em nossa vida cotidiana, seguimos um comportamento parecido. Um cozinheiro fez um bolo que não cresceu. Então, ele cria uma hipótese (suposição): a temperatura do forno deveria ser mais alta. Em seguida, comprova a hipótese fazendo outro bolo com o forno mais quente. Caso o bolo não cresça novamente, terá de mudar de hipótese.

Na prática científica, formular hipóteses e verificá-las é procedimento habitual. Os astrônomos, por exemplo, detectam algumas interações que não estão justificadas pelos corpos estelares que veem e supõem que há "buracos negros" invisíveis, que produzem esses efeitos (*doc 7*).

∧ Espécies de ervas variadas, como o alecrim, o tomilho e o orégano, usadas como temperos domésticos. Essas ervas foram observadas, descritas e classificadas.

Doc. 7

A temporalidade das teorias científicas

Qualquer teoria física é sempre provisória, no sentido de que é só uma hipótese: nunca se pode comprovar. Embora os resultados dos experimentos concordem muitas vezes com a teoria, nunca poderemos estar certos de que na próxima vez os resultados não a neguem. No entanto, pode-se refutar uma teoria no momento que se encontre uma única observação que contradiga suas predições.

Como sublinhou o filósofo da ciência Karl Popper, uma boa teoria está caracterizada pelo fato de predizer um grande número de resultados que em princípio podem ser refutados ou invalidados pela observação. Cada vez que se comprova que um novo experimento está de acordo com as predições, a teoria sobrevive e nossa confiança nela aumenta. Mas se pelo contrário realiza-se alguma vez uma nova observação que contradiga a teoria, teremos que abandoná-la ou modificá-la.

HAWKING, Stephen H. *Uma breve história do tempo* – do big-bang aos buracos negros. Rio de Janeiro: Rocco, 2002.

- Qual é o argumento que Hawking expõe nesse texto? Explique-o.

◼ Saiba mais ◼

Dois significados da palavra "lei"

1) uma lei científica é uma hipótese sobre a estrutura ou os processos de uma realidade física, suficientemente corroborada, que permite o cálculo e a predição do fenômeno.

2) uma lei jurídica é uma norma promulgada pela autoridade competente.

- Dê um exemplo de lei científica e explique o que ela afirma.

Técnico em estação de pesquisa no polo Norte com instrumentos de monitoramento de atividade solar. O que se conhece hoje muda amanhã. ‹

Critérios da verdade científica

A ciência não é infalível. Ela cria hipóteses explicativas, submete-as à prova e, nesse processo de constatação e submetimento aos critérios de verdade, vai corroborando sua força. Quanto mais critérios cumprir, mais segura será; todavia, ela nos dá uma noção provável ou verossímil – que tem validade de verdade até uma teoria mais forte surgir.

Os principais critérios de verdade científica são:

- **Coerência**. Existe um critério formal, válido para todas as ciências. Uma teoria deve ter coerência interna e externa. Quer dizer, não deve ter contradições em si mesma nem entrar em contradição com outras teorias já validadas.
- **Método** e **controle**. A evidência perceptiva **rigorosamente controlada** é mais forte que a que se faz sem controle rigoroso, e a **observação metódica** é mais forte que a que se faz sem método.

Por exemplo, um laboratório pesquisa se um remédio funciona como tratamento de uma determinada doença. Para comprová-lo, tem de fazer experimentos e escolher um grupo de doentes. Um possível experimento é dar o remédio a todos e medir os resultados. A **evidência** dessa prova não é muito forte, porque poderia acontecer que, sem tomar o remédio, os doentes se curassem durante o período da experiência. Ou que o simples fato de se sentirem atendidos traria a melhora.

Uma evidência mais forte poderá ser obtida se os pacientes forem divididos em três grupos: um deles serve de controle, já que não recebe nenhum remédio; o segundo grupo recebe uma substância inócua (um placebo); e ao terceiro se administra o remédio que se está testando. Se este último grupo se curar, está comprovada a eficácia do novo medicamento.

- **Experimentação**. Uma teoria tem mais força quando é comprovada mediante **experiências variadas e repetidas** que se podem explicar (*doc 8*).
- **Refutabilidade**. A evidência produzida por uma experiência que nega uma hipótese é mais forte que muitas experiências que a confirmam. Este é um critério muito importante, estudado por Karl Popper. Só quando supera as **provas de refutabilidade** é que a experiência verdadeiramente adquire força.

Por exemplo, suponhamos a seguinte hipótese: "todos os animais que vivem no mar são peixes". Pescamos 50 tipos diferentes de animais e comprovamos indutivamente que essa hipótese é verdadeira. No entanto, basta que observemos uma única baleia, e comprovemos que é um mamífero, para que a segurança que tínhamos desapareça.

- **Predição**. Uma teoria fica comprovada quando permite predizer fenômenos ou quando alguma das consequências práticas que derivam dela tem êxito.

Por exemplo, Einstein enunciou a teoria geral da relatividade, que diretamente não se pôde comprovar com nenhum experimento. No entanto, da sua teoria deduziam-se algumas afirmações – por exemplo, que a luz estava submetida à gravidade. Durante um eclipse, o astrofísico britânico Arthur Stanley Eddington (1884-1944) pôde comprovar que os raios de luz das estrelas se curvavam sob a atração do Sol, comprovando assim as predições de Einstein (*doc. 9*).

O cumprimento desses critérios não garante de forma absoluta a verdade de uma teoria, mas a **força da evidência** conseguida permite considerar sua aceitação.

O consenso não é um critério de verdade. As verdades alcançam consenso por serem ciências. Não são científicas apenas por alcançar consenso; são tidas como tal somente a partir do momento em que têm aceitação da comunidade científica.

Doc. 8

A verificação experimental

No método experimental não se fazem experiências a não ser que seja para provar e ver, quer dizer, para controlar e verificar. O método experimental, enquanto método científico, descansa inteiramente na verificação experimental da hipótese científica.

BERNARD, Claude. *Introducción al estudio de la medicina experimental*. Barcelona: Editorial Crítica, 2005.

- Qual é a função da experimentação no método científico?

Glossário

Refutabilidade: possibilidade de demonstrar que uma teoria é falsa. Caso uma teoria não seja "refutável", quer dizer que não se pode demonstrar sua falsidade.

Leia

ALVES, Rubem. *Filosofia da ciência*: introdução ao jogo e suas regras. São Paulo: Loyola, 2007. O autor desenvolve reflexões sobre conceitos, aparentemente subjetivos, que estruturam todas as áreas do conhecimento, como senso comum, teoria e método.

Doc. 9

Capacidade de predição

Para nós, o mínimo imprescindível que deve possuir uma teoria para que se possa dizer dela que é científica é a capacidade de predizer, e que essas predições se possam, de alguma maneira, comparar com o que realmente observamos, com o que acontece, além do mais, evidentemente, de que, em conjunto, uma boa parte dessas predições resultem certas. Por outra parte, as teorias científicas realmente poderosas nos ajudam a encontrar – quase poderíamos dizer que nos mostram – fatos que se dão na natureza e que antes nem sequer imaginávamos ou suspeitávamos que pudessem existir.

MINGOTE, Antonio; SANCHEZ RON, José Manuel. *¡Viva la ciencia!* Barcelona: Editorial Crítica, 2008.

- Por que as predições de uma teoria científica são tão importantes?

As ciências sociais

A história e seus problemas

Como exemplo de ciências sociais, quer dizer, das ciências que **têm o ser humano como protagonista**, vamos nos centrar na história. Essa disciplina propõe problemas não só filosóficos, mas também políticos e éticos. É possível conhecer o passado com segurança? É possível conhecer uma realidade tão complexa como são os acontecimentos humanos?

As ciências naturais estudam sistemas deterministas, quer dizer, regidos por leis estritas. Em troca, os seres humanos têm um **componente de liberdade** que faz muitos comportamentos imprevisíveis. Ademais, no caso dos acontecimentos históricos, não podemos repeti-los para comprovar suas causas.

Por essa razão, podemos falar de ciências "fortes ou resistentes" (as ciências físico-naturais, em especial a física) e ciências "fracas ou brandas" (as ciências sociais, porque suas evidências têm menos força). No entanto, as ciências sociais têm importância decisiva para os assuntos humanos, para nossa vida, felicidade e dignidade.

A história estuda os acontecimentos humanos, ou simplesmente os fatos. Mas o que é um fato histórico? Imaginemos que temos de relatar a história dos acontecimentos do ano passado. O que contaríamos? É impossível contar tudo. A mesma coisa sucederia se, em vez de um ano, tivéssemos de escrever a história de um dia. Como selecionar os acontecimentos? Essa é uma das principais problemáticas discutidas na história.

Objetivos da história

A história tem os seguintes objetivos com respeito aos fatos passados:

- **Descrevê-los**. Com a maior riqueza de detalhes possível.
- **Compreendê-los**. Compreender um fato humano é incluí-lo em um modelo de motivações, desejos e fins. Mas inclusive um fato aparentemente simples propõe muitos problemas de interpretação e compreensão quando queremos progredir cientificamente.
- **Propor hipóteses para sua interpretação**. Podemos estudar um fato histórico com rigor, utilizando fontes documentais bem contrastantes.

Podemos, assim, tanto averiguar o que fez Napoleão enquanto foi imperador da França como discutir as práticas de resistência dos escravos africanos na América portuguesa. Mas, para compreender os atos e formular uma interpretação dos fatos, precisamos conhecer muitas outras coisas: os contextos político-sociais, as forças envolvidas nos processos, a atuação de outros

Museu Paulista da USP, São Paulo

∧ *Independência ou morte*, 1888, de Pedro Américo (1843-1905), é a interpretação do pintor acerca do "Grito do Ipiranga".

sujeitos históricos, as mentalidades das sociedades na época analisada, etc.

Às vezes, é muito difícil **delimitar um fato histórico**. Um momento histórico, para ser bem interpretado, deve ser percebido com base em sua relação com outros momentos, ou melhor, com outros fatos históricos.

Os fatos históricos podem **ser interpretados** de diferentes maneiras, com base em concepções teóricas distintas.

Na década de 1930, os nazistas fizeram uma versão nazista da história, e os marxistas, uma versão marxista. Hegel a interpretou como um progresso para a liberdade. Os historiadores cristãos, desde Santo Agostinho, deram uma versão teológica da história. Por fim, a história é sempre interpretada segundo uma concepção teórica e, portanto, jamais será neutra ou imparcial (*doc. 10*).

A história deve também **evitar o etnocentrismo**, isto é, a perspectiva centrada em uma só cultura. Com razão, Kant reclamava uma "história universal de caráter cosmopolita", quer dizer, que reconhecece a importância do que acontece em todas as culturas do mundo.

Doc. 10

O abuso na interpretação

É uma decepção o fato de que um século de ciência rigorosa pôde ser seguido por um período disposto a abandonar voluntariamente todo o princípio de imparcialidade. O que há de lamentar mais, a tirania dos poderes dominantes, que impõe a profissão de uma doutrina prescrita, ou a destreza com que se prepara sua nova tarefa uma ciência nacional sem contradizer a maneira de se fazer as coisas? Países que uma vez figuravam entre os que ocupam um primeiro lugar na cultura espiritual agora são o terreno de uma história acorrentada.

HUIZINGA, Johan. *Sobre el estado actual de la ciencia histórica: cuatro conferencias*. Madrid: Universidad Internacional Menéndez Pelayo, 2002.

- O que o autor denuncia neste texto?

■ Método histórico

A história se baseia no **estudo crítico** de documentos, edifícios e vestígios de tempos passados. É auxiliada por muitas outras ciências complementares: arqueologia, linguística, análise química de materiais, psicologia, medicina, etc. Essa contribuição das várias ciências permite que as afirmações sobre fatos possam ter uma evidência firme.

O mosteiro de São Pedro de Arlanza, na Espanha, fundado aproximadamente no ano 912 (fotografia de 2002), é um vestígio arquitetônico da Alta Idade Média.
<

Mas a história quer ir além da exposição dos fatos passados: deve interpretá-los, compreendê-los. O método utilizado para isso se chama **hermenêutica**, que é a **ciência da interpretação**. Esse método, proposto pelo pensador Wilhelm Dilthey (1833-1911), indicava, por exemplo, que para entender as ações humanas era necessário colocar-se no lugar dos atores. Defendia a necessidade de uma **compreensão empática** (*doc 11*).

Do ponto de vista da ciência, uma **interpretação** não é mais que uma **hipótese que deve provar sua força de evidência**. Até então, não é ciência, mas uma simples opinião de quem a expressa. O método científico que estudamos nas ciências da natureza deve ser aplicado às variações das ciências sociais. As interpretações históricas devem ser consideradas possibilidades interpretativas e terão maior ou menor força, de acordo com o arcabouço documental pesquisado.

Doc. 11

Fatos, ciência histórica e sentido

Nos dados aparecem os fatos históricos, mas os fatos históricos não são a ciência histórica. Os fatos não são nunca ciência, senão empiria. A ciência é teoria, e esta consiste exatamente numa famosa guerra contra os fatos, num esforço para conseguir que os fatos deixem de ser simples fatos, encerrados cada um dentro de si mesmo, isolados dos demais, abruptos. O fato é o irracional, o ininteligível [...]. A ciência é o descobrimento de conexões entre os fatos. Na conexão, o fato desaparece como puro fato e transforma-se em membro de um "sentido". Então ele é entendido. O "sentido" é a matéria inteligível.

ORTEGA Y GASSET, José. "Prólogo" a DILTHEY, Wilhelm. *Introducción a las ciencias del espíritu*. Madrid: Allianza, 1986.

■ Explique a diferença entre fato e ciência.

Aprender a ler filosofia

▪ Ir além do texto

Até agora, todos os procedimentos de leitura que apresentamos nos levam a um processo de interpretação que é organizado em etapas. O conteúdo de um texto não é como um copo d'água, que se pode beber de um gole só. Assim, ao lermos filosofia, temos de ir além do texto.

Coleção particular

Oswald de Andrade (1890-1954) escreveu obras destacadas da literatura e do teatro brasileiros, como *O rei da vela*, de 1937, além de desempenhar um papel fundamental na Semana de Arte Moderna de 1922, em São Paulo.

1. Buscar o contexto

Conhecer o contexto é fundamental para saber o que um autor quis dizer. Vejamos um exemplo:

Heloísa – O pânico...

Abelardo I – Por que não? O pânico do café. Com dinheiro inglês comprei café na porta das fazendas desesperadas. De posse dos segredos governamentais, joguei duro e certo no papel-café! Amontoei ruínas de um lado e ouro do outro! Mas há o trabalho construtivo, a indústria... Calculei ante a regressão parcial que a crise provocou... Descobri e incentivei a regressão, a volta à vela... sob o signo do capital americano.

Heloísa – Ficaste o Rei da Vela!

ANDRADE, Oswald de. *O rei da vela*. Rio de Janeiro: Mediafashion, 2008. (Coleção Folha Grandes Escritores Brasileiros). v. 10.

Para compreender o trecho, precisamos saber o contexto, o objetivo do autor, etc.

1. Procure informação sobre essa obra, seu autor e o contexto histórico.

2. O que é o "pânico do café", mencionado pela personagem Abelardo I, de Oswald de Andrade?

2. Formular hipóteses

Quando lemos um texto, estamos continuamente fazendo suposições.

O texto a seguir é uma carta de um grande escritor, Franz Kafka (1883-1924), para seu pai.

Querido pai:

Você me perguntou recentemente por que eu afirmo ter medo de você. Como de costume, não soube responder, em parte justamente por causa do medo que tenho de você, em parte porque na motivação desse medo intervêm tantos pormenores, que mal poderia reuni-los numa fala. E, se aqui tento responder por escrito, será sem dúvida de um modo muito incompleto, porque, também ao escrever, o medo e suas consequências me inibem diante de você e porque a magnitude do assunto ultrapassa de longe minha memória e meu entendimento.

Para você a questão sempre se apresentou em termos muito simples, pelo menos considerando o que falou na minha presença e, indiscriminadamente, na de muitos outros. [...]

Curiosamente você tem alguma intuição daquilo que quero dizer. Assim, por exemplo, me disse há pouco tempo: "Eu sempre gostei de você, embora na aparência não tenha sido como costumam ser os outros pais, justamente porque não sei fingir como eles". Ora, no que me diz respeito, pai, nunca duvidei da sua bondade, mas considero incorreta essa observação. Você não sabe fingir, é verdade, mas querer afirmar só por esse motivo que os outros pais fingem é ou mera mania de ter razão e não se discute mais, ou então – como de fato acho – a expressão velada de que as coisas entre nós não vão bem e de que você tem a ver com isso, mas sem culpa. Se realmente pensa assim, estamos de acordo.

Naturalmente não digo que me tornei o que sou só por influência sua. [...] Mas, justamente como pai você era forte demais para mim, principalmente porque meus irmãos morreram pequenos, minhas irmãs só vieram muito depois e eu tive, portanto, de suportar inteiramente só o primeiro golpe, e para isso eu era fraco demais.

KAFKA, Franz. *Carta ao pai*. São Paulo: Companhia das Letras, 1997.

3. Kafka ama o pai ou não? Defenda a hipótese que você julgar mais plausível.

4. Sabendo que essa carta foi escrita no contexto de uma tentativa de casamento de Kafka que o pai desaprovava, como você "reinterpreta" o trecho destacado acima? Justifique sua resposta.

Caso uma demonstração matemática ou um argumento filosófico não seja entendido, é necessário ter outra explicação. Essa nova forma de explicar deve ser diferente, percorrendo cada passo com mais calma, proporcionando mais exemplos, para ver se essa nova informação permite resolver o problema.

Igualmente, se ao ler não entendemos um texto, devemos procurar outro caminho, em que haja mais exemplos. Um dos procedimentos mais úteis é "expandir o texto", quer dizer, substituir as palavras por sua definição, tentar ampliar uma frase ou um parágrafo.

Vamos ler um trecho escrito pelo biólogo espanhol Francisco J. Ayala, no livro *Darwin e o design inteligente; criacionismo, cristianismo e evolução*. O título já nos dá algumas pistas, uma referência daquilo de que trata o texto. Aborda o trabalho de Darwin, da evolução e das relações com o cristianismo. Mas o título propõe-nos uma incógnita: o que é o *"design* inteligente"? Os desenhistas projetam objetos de forma bela, funcional ou elegante. O que isso tem a ver com Darwin? Existem desenhos não inteligentes?

Abrimos o livro e deparamos com a seguinte apresentação: "A mensagem central deste livro é que não há contradição necessária entre a ciência e as crenças religiosas". Tendo isso em mente, vamos ler um trecho do texto:

Um recente movimento iniciado nos Estados Unidos, mas que está se estendendo rapidamente pelo mundo, é conhecido como "*Design* inteligente". Esse movimento propõe que os organismos são muito complexos, e isso mostra que foram desenhados da mesma maneira que um objeto complexo, como o relógio foi desenhado por um relojoeiro. Dizem seus proponentes que o azar e as leis mecânicas não podem dar uma explicação satisfatória para o olho, claramente desenhado para ver, para as asas, obviamente desenhadas para voar, ou para as brânquias, especificamente desenhadas para respirar na água.

Só Deus, o grande desenhista inteligente, pode dar conta da organização funcional dos seres vivos. Crentes de boa vontade aceitam essas ideias porque elas parecem ser a prova da existência de Deus e sua ação criadora. No entanto, as implicações do *Design* inteligente são radicalmente contrárias ao que seus proponentes (que não são nem cientistas nem teólogos) arguem. Surpreenderá a muitos dos meus leitores, tanto crentes como cientistas, que o tema central deste livro leve à conclusão de que a ciência, e em particular a teoria da evolução, é compatível com a fé cristã, enquanto o *Design* inteligente não é.

O mundo da vida está cheio de imperfeições, defeitos, sofrimento, crueldade e, ainda, sadismo. A espinha dorsal está mal desenhada, os predadores devoram cruelmente suas presas, os parasitas só podem viver se destruírem seus hospedeiros, quinhentos milhões de pessoas sofrem de malária e um milhão e meio de crianças morrem por sua causa a cada ano. Não me parece apropriado atribuir os defeitos, a miséria e a crueldade que predominam no mundo a Deus.

AYALA, Francisco J. *Darwin y el diseño inteligente; creacionismo, cristianismo y evolución*. Bilbao: Mensajero, 2009.

Tamanduá-bandeira no Jardim Zoológico de São Paulo (fotografia de 2001). De acordo com a teoria do *Design* inteligente, os organismos são tão complexos que só poderiam ser uma criação de Deus, o grande Desenhista Inteligente. Essa teoria se contrapõe à do evolucionismo, de Charles Darwin (1809-1882).

Cleo Velleda/Folha Imagem

5. O texto diz: "O azar e as leis mecânicas não podem dar uma explicação satisfatória para o olho". O que diz a teoria da evolução, que você estudou?

6. O autor afirma que a ideia de desenho contradiz a fé cristã, que afirma que Deus é infinitamente bom. Por quê?

7. Por que o autor diz que surpreenderá muitos leitores ao dizer que a teoria da evolução é compatível com a fé cristã? O que ele está supondo?

8. Uma vez compreendido o texto, explique passo a passo a argumentação que o autor expôs.

Buscar a verdade com um historiador das religiões

Filosofia e religião

A ciência mudou nosso conhecimento da realidade e nosso modo de viver. Ao fim do século XIX, o filósofo positivista francês Auguste Comte (1798-1857) sustentou que a história da humanidade havia experimentado um progresso em direção à racionalidade, passando do estado religioso ao estado metafísico, para, a partir dele, alcançar o estágio científico, que anulava todos os anteriores. Sua predição fracassou e as religiões permaneceram. Parece que muitos homens ainda precisam da religião, da mesma maneira que necessitam criar linguagens, pintar, compor ou buscar explicações.

1. Religião e ciência

Há muitas religiões na história da humanidade, e elas são bastante diferentes entre si, mas há algo comum entre todas: a afirmação de que a realidade que percebemos não é totalidade. A realidade visível é considerada um símbolo da realidade invisível.

A etimologia da palavra "símbolo" é muito interessante. Faz referência ao antigo costume de partir uma moeda e entregar cada metade a uma pessoa para que pudessem se reconhecer quando se encontrassem, ao comprovar que ambas as metades casavam. A metade de uma moeda permitia o reconhecimento da outra metade.

Pois bem, as religiões tentam encontrar, com base em sua realidade natural, a suposta metade do símbolo, o sobrenatural. A experiência que ambas as metades permitem é passar da segurança do visível à segurança do invisível, isso é chamado de "fé". As religiões consideram que o profano (o mundo que percebemos) remete ao "sagrado" (o mundo verdadeiramente real).

Esse tipo de experiência propõe problemas à filosofia, porque sua verificação é difícil. Quem experimenta a fé, seja com base no cristianismo, no islamismo, no budismo, etc., está seguro do que crê, mas não pode demonstrar que suas experiências sejam verdadeiras. São, por isso, experiências privadas, evidências privadas. Isso não quer dizer que sejam falsas, mas sim, unicamente, que não se podem verificar valendo-se de princípios científicos. Em 25 de agosto de 1981, o Conselho da Academia Nacional de Ciências dos Estados Unidos publicou a seguinte resolução:

A religião e a ciência são âmbitos separados e excludentes do pensamento humano, e sua apresentação conjunta no mesmo contexto dá lugar a que sejam compreendidas equivocadamente tanto as teorias científicas quanto as teorias religiosas.

Academia Nacional de Ciências dos Estados Unidos.

1. Pesquise um evento histórico em que tenha ocorrido um conflito entre ciência e religião.

2. Experiência pessoal

Um historiador das religiões se limita a compreender o conteúdo dessas religiões. Compreender, nesse sentido, significa tentar colocar-se no lugar do religioso para entender o que diz e pensa. Isso costuma ser muito difícil. Os verdadeiros crentes experimentam (ou seja, têm uma evidência privada de) segurança, plenitude, certeza, que, de fora, podem parecer incompreensíveis. Mencionar a seguir o caso do filósofo Blaise Pascal:

Pascal introduziu uma separação que fez fortuna entre o Deus da religião e o Deus dos filósofos, e o fez em circunstâncias tão curiosas que me permito contar. Após a morte de Pascal, um criado encontrou um pedaço de pergaminho cuidadosamente escrito, que Pascal havia levado consigo e costurado no forro de sua levita (casaca). Está datado com precisão no "ano de graça de 1654, segunda-feira, 23 de novembro, a partir das dez e meia da noite aproximadamente até cerca de meia hora depois da meia-noite". Começa com uma palavra escrita em grandes letras maiúsculas – FOGO –, e nele relata uma visão que experimentou. Escreve: "Deus de Abraão, Deus de Isaac, Deus de Jesus Cristo, não o Deus dos filósofos e dos sábios!".

MARINA, José Antonio. *Dictamen sobre Dios*. Barcelona: Anagrama, 2002.

2. Explique o pensamento de Pascal.

3. A importância do fenômeno religioso

Mircea Eliade (1907-1986) foi um dos mais famosos historiadores das religiões.

A história dos significados religiosos deve ser considerada em todo momento algo que faz parte da história do espírito humano. Mais que nenhuma outra disciplina humanística (por exemplo, a psicologia, a antropologia, a sociologia...), a história das religiões pode abrir o caminho à antropologia filosófica, já que o sagrado constitui uma dimensão universal, e os começos da cultura estão enraizados em experiências e crenças religiosas [...]. O processo do ser humano de devir consciente de sua própria forma de ser e de assumir ao próprio tempo sua presença no mundo constitui uma "experiência religiosa".

ELIADE, Mircea. *La búsqueda*; historia y sentido de las religiones. Barcelona: Kairos, 1999.

Mircea Eliade (1907-1986), romeno naturalizado norte-americano, pesquisou o sagrado e o profano na história das religiões.

3. Que importância Mircea Eliade dá à experiência religiosa?

4. Explique o sentido da última frase do texto.

4. Mística e realidade

Em muitos casos, os místicos procuram comprovar suas experiências e suas evidências pessoais, porque temem estar enganados. O caso de Santa Teresa de Jesus (1515-1582) é muito interessante, pela clareza e pelo rigor com os quais ela o expõe em seus escritos autobiográficos.

Neles, pretende "declarar o que sente a alma quando já está na divina união". Explica: "Só poderei dizer o que significa estar junto a Deus e fica uma certeza: de que de modo nenhum se pode deixar de crer". A isso chamamos "evidência". Apesar dessa certeza, Santa Teresa observa essas experiências com desconfiança: "podem ser estados de melancolia ou uma experiência, o que não faz muita diferença".

Podemos encontrar em outros místicos esse critério de verificação. São Bernardo (1090-1153), um teólogo medieval, escreve depois de uma experiência mística:

Me perguntas como soube que (Deus) estava presente. Ele é vivo e eficaz, e do momento que chega desperta minha alma adormecida; muda, enternece e fere meu coração, que era duro como uma pedra. Reconheci sua presença no movimento de meu coração, na fuga dos vícios e na repressão das paixões.

CLARAVAL, Bernardo de. Sermones sobre el cantar de los cantares. In: *Obras completas*. Madrid: BAC, 1984.

5. Como são Bernardo reconhece a presença de Deus? Você entende que esse é um argumento convincente? Justifique a sua reflexão.

Buscar a felicidade com os filósofos

▪ Sêneca e o tratado sobre a ira

Os filósofos sempre pensaram que havia bons e maus sentimentos. Bons são os que favorecem a felicidade pessoal e a convivência; maus, os destrutivos para as pessoas ou para as sociedades, como é o caso da ira.

A ira faz perder o controle e desencadeia a agressividade; está na origem de muitos crimes. Grande parte dos atos de violência doméstica é provocada por ataques de fúria incontrolados. A convivência com pessoas coléricas pressupõe graves problemas para todos os envolvidos. Do ponto de vista educativo ou clínico, foram testados alguns métodos para diminuir esse perigoso sentimento.

1. A ira e seu controle

O que nos disseram os filósofos sobre a fúria e o modo de a enfrentarmos? Sêneca escreveu um livro dedicado a esse tema, que começa assim:

Museo del Prado, Madri

Ira: um dos pecados capitais representados na obra de Hieronymus Bosch (c. 1450-1516).

Com tua insistência me forçaste a que te escreveste de que modo se pode colocar na ira placidez e comedimento. Parece-me que não sem razão temes, mais que a qualquer das outras, a esta paixão sombria e enraivecida. As outras, em efeito, têm algo de quieto e aprazível, mas esta é toda arrebato e sanha desaforada [...]. Por isso, alguns sábios varões disseram que a ira era uma breve loucura, pois quem a sofre não tem senhorio de si mesmo, arromba todo decoro, prescinde de todo dever social, é obstinado e pertinaz em seus empenhos, fecha-se a toda razão e conselhos; desbarata-se por coisas sem importância, e é cego para discernir o que é verdadeiro do que é justo.

Depois escreve os seguintes conselhos:

O melhor é o instantâneo desdém ao primeiro sinal da ira, afogando-a em seu próprio nascimento, e trabalhar com sumo afã para não cair nela, porque, se deixarmos que cresça, será impossível retornar à saúde, pois já não haverá lugar para a razão quando a ira tenha se apoderado de nós [...]. Digo, pois, que a primeira e mais urgente providência é afastar da fronteira o inimigo, porque, quando já entrou e se apoderou das portas do castelo, não permitirá que seu prisioneiro o desarme.

SÉNECA, Lucio Anneo. *Sobre la ira*. Tenerife: Artemisa, 2007.

1. Que termos Sêneca usa para descrever a ira?

2. Que conselhos o filósofo nos oferece para controlá-la?

2. A educação

Sêneca reconhece que há temperamentos mais irascíveis que outros, mas que todos podem ser mudados por meio da educação.

De grandíssima utilidade será para as crianças receber desde cedo uma educação saudável; mas é difícil seu governo, porque devemos nos empenhar muito para não darmos asas à sua ira.

Ademais, é necessário alcançar o equilíbrio:

Com a permissividade cresce a temeridade, com a coação cresce a timidez; orgulha-se a criança quando é enaltecida e ganha confiança em si mesma; mas os enaltecimentos também engendram insolência e irritabilidade; assim que, entre esses dois escolhos, deve ser guiada, de maneira que algumas vezes usemos o freio e, em outras, a espora.

SÉNECA, Lucio Anneo. *Sobre la ira*. Tenerife: Artemisa, 2007.

3. Que palavras Sêneca usa para se referir à ira ou à cólera? Para ele, como se deve alcançar o equilíbrio?

3. As ofensas fictícias e o suposto valor da ira

Sêneca descobriu também algo em que insistem os psicólogos atuais. A fúria costuma ser produzida por uma interpretação inadequada das coisas. O colérico tende a acreditar que qualquer coisa é uma ofensa.

"Aquele me cumprimentou com pouca cortesia; aquele não devolveu meu beijo afetuoso; aquele cortou de forma brusca a conversa iniciada; aquele não me convidou para jantar; aquele me olhou pelo canto dos olhos." Nunca faltarão pretextos para a desconfiança. São necessárias a simplicidade e a interpretação benevolente das coisas. Não acreditamos senão naquilo que nossos olhos veem com clareza; e todas as vezes que nossa suspeita surgir sem fundamentos, devemos repreender nossa credulidade. Esta conduta severa criará em nós o hábito de não acreditar com facilidade.

Muitas vezes, ficamos tristes por interpretarmos mal as atitudes das outras pessoas.

SÊNECA, Lucio Anneo. *Sobre la ira*. Tenerife: Artemisa, 2007.

4. Explique com suas palavras a argumentação de Sêneca nesse texto.

No século XIII, Santo Tomás de Aquino tentou coordenar os aspectos positivos e negativos da ira:

O valente faz uso da ira no exercício de seu próprio ato, sobretudo ao atacar; porque não ter certeza sobre o mal é próprio da ira; daí ela se aproximar da fortaleza.

AQUINO, Santo Tomás de. *Suma teológica*. v. 9. São Paulo: Vozes, 2001.

Ainda vai mais longe. Às vezes é uma obrigação enfurecer-se, sobretudo quando presenciamos uma ação injusta ou ofensiva. Essa ira justa se chama "indignação". Em resumo, segundo Santo Tomás de Aquino, a fúria tem de estar submetida à justiça, elemento que vai expressar se a ira é boa ou má.

5. Segundo Santo Tomás de Aquino, em que circunstâncias a ira se justificaria?

4. Autodomínio

O autodomínio e a capacidade de regular as próprias emoções foram sempre elogiados pelos filósofos.

A cadeia de pensamentos hostis que alimentam a irritação nos proporciona uma possível chave para pôr em prática um dos métodos mais eficazes para acalmá-la. Em primeiro lugar, devemos extinguir as convicções que alimentam a irritação. Quanto mais voltas dermos aos motivos que nos levam à irritação, mais "boas razões" – e mais justificadas – encontraremos para continuarmos irritados. Os pensamentos obsessivos são a lenha que alimenta o fogo da ira. Um fogo que só poderá ser extinto contemplando as coisas de um ponto de vista diferente.

GOLEMAN, Daniel. *Inteligência emocional*. Rio de Janeiro: Objetiva, 1996.

6. Discuta as recomendações do texto.

Os sistemas mais eficazes para lutar contra os ataques de fúria são:

- Conhecer a si mesmo para prever e anular a ação da fúria.
- Afastar-se da situação que desencadeia a fúria.
- Uma estratégia eficaz é ficar sozinho, distrair-se ou fazer exercício físico.
- Usar técnicas de relaxamento (respirar lentamente, por exemplo).

Devemos parar para pensar antes de tomarmos alguma atitude da qual venhamos a nos arrepender.

Filosofia jovem

▪ A verdade e a mentira

Esse tema é importante porque tem a ver com assuntos decisivos em nossa vida. Até aqui, falamos de "verdade" do ponto de vista do conhecimento. Seu oposto é o erro. Mas a verdade tem também uma dimensão moral. Nesse sentido, a verdade se relaciona com a sinceridade.

1. O que é mentir?

É preciso considerar o que é a mentira. Porque dizer uma coisa falsa não é mentir, quando se acredita ou se imagina que se está dizendo a verdade [...]. Mentir, por outro lado, é ter uma coisa no espírito e dizer outra, seja com palavras ou com qualquer outro signo.

San Agustín. *Obras*. v. 12. Madrid: Biblioteca de Autores Cristianos, 1954.

1. Explique a definição de mentira, segundo santo Agostinho.

Conversa entre adolescentes, uma delas ao telefone. Mentiras e verdades se misturam num jogo aceito por todos.

2. Mentiras justificadas?

Em algumas ocasiões, mentimos com boa intenção. Nesses casos, a mentira é justificada? Santo Agostinho acredita que não:

As ações humanas que não são em si mesmas pecado transformam-se em boas ou más por sua intenção. Mas quando a ação é culpável por si mesma, como o roubo, a fornicação, a blasfêmia e outras semelhantes, quem se atreverá a dizer que podem ser realizadas se for por um bom motivo, de tal maneira que deixará de ser pecado, ou, o que é mais absurdo ainda, que será um pecado justo?

San Agustín. *Obras*. v. 12. Madrid: Biblioteca de Autores Cristianos, 1954.

2. Discuta a posição do autor e opine: a mentira pode ser justificada em alguns caso?

Kant considerava que não se pode mentir nem sequer para salvar a vida de um inocente. Benjamim Constant (1767-1830), um pensador franco-suíço, critica Kant com o seguinte argumento:

O princípio moral, por exemplo, que quer dizer a verdade é um dever, se fosse considerado de uma maneira absoluta e isolada, tornaria impossível qualquer sociedade. Temos a prova disso nas consequências muito diretas que um filósofo alemão [Kant] tirou desse princípio, chegando até mesmo a pretender que a mentira fosse um crime em relação a assassinos que vos perguntassem se o vosso amigo, perseguido por eles, não está refugiado em vossa casa. É somente através dos princípios intermediários que esse primeiro princípio pode ser recebido sem inconvenientes. Mas irão me dizer: como descobrir os princípios intermediários que faltam? Como chegar mesmo a suspeitar que eles existem? [...]
Todas as vezes que um princípio, demonstrado como verdadeiro, parece inaplicável, é porque ignoramos o princípio intermediário que contém o meio da aplicação. Para descobrir este último princípio, é necessário definir o primeiro. Ao defini-lo, ao considerá-lo sob todas as suas relações [...], acharemos o vínculo que o une a um outro princípio. Nesse vínculo encontra-se, habitualmente, o meio da aplicação. Se aí não está, é necessário definir o novo princípio ao qual teremos sido conduzidos. Ele nos levará a um terceiro princípio, e não há dúvida de que chegaremos ao meio da aplicação ao seguir a cadeia.
[...] que dizer a verdade é um dever. Este princípio isolado é inaplicável. Ele destruiria a sociedade. Mas, se o rejeitais, a sociedade não será menos destruída, pois todas as bases da moral serão derrubadas. É, portanto, necessário buscar o meio da aplicação e [...] definir o princípio.
Dizer a verdade é um dever. O que é um dever? A ideia de dever é inseparável da ideia de direitos: um dever é o que, em um ser, corresponde aos direitos de um outro. Lá, onde não há direitos, não há deveres.
Dizer a verdade só é, portanto, um dever em relação àqueles que têm direito à verdade. Ora, nenhum homem tem direito à verdade que prejudica a outrem.

Constant, Benjamin. Dos princípios. In: Reu Puente, Fernando (Org.). *Das reações políticas*: os filósofos e a mentira. Belo Horizonte: Editora UFMG, 2002.

3. Você está de acordo com o que diz Constant ou com o que propõe Kant? Justifique sua resposta.

4. Explique o raciocínio de Constant.

5. Como Benjamin Constant define o "dever"?

3. O dever do ser humano

Kant respondeu o seguinte a Constant:

Seu primeiro erro se encontra na proposição: "Dizer a verdade só é um dever para aqueles que têm direito à verdade". Está claro que a expressão "ter direito à verdade" está desprovida de sentido. Deve--se dizer: o homem tem direito a sua própria veracidade, ou seja, à verdade subjetiva em sua pessoa [...]. Ser veraz naquelas coisas que não se podem eludir é o dever formal do homem para cada homem, seja qual for a gravidade do prejuízo que possa resultar para si mesmo ou para outro. E inclusive se, ao dizer uma mentira não engano a quem me obriga injustamente, fica em pé que essa falsidade constitui um dano em relação ao dever em geral: porque faço, no que de mim depende, que as declarações e compromissos não tenham nenhum crédito, e que todos os direitos fundados sobre um contrato sejam destruídos e percam sua força. E isto é um mal causado à humanidade.

Depois, se se define a mentira como dizer a outro o que não é verdade, não há necessidade de acrescentar que deve causar dano a outro [...]. Porque a mentira prejudica sempre a outrem, mesmo quando não causa prejuízo a outro homem, prejudica a humanidade em geral e torna inútil a fonte do direito.

Kant, Immanuel. Acerca del pretendido derecho de mentir por humanidad (1797). In: Derrida, Jacques. *Historia de la mentira*: prolegómenos. Buenos Aires: Universidad de Buenos Aires, s. d.

6. Explique a ideia básica desse texto de Kant.

Ilustração para a história de Pinóquio feita por Enrico Mazzanti, em 1883. Mentir pode ter efeitos devastadores não calculados em sua origem.

As aventuras de Pinóquio, por Enrico Mazzanti, Florença, 1883.

4. O autoengano

Não é apenas para as outras pessoas que podemos mentir, mas também para nós mesmos. Em algumas ocasiões, nos damos razões falsas para justificar nossos atos, ou nos negamos a aceitar a realidade, porque sabemos que isso poderia nos causar danos ou exigir de nós mesmos atitudes desagradáveis.

"A sinceridade – escreve La Rochefoucauld – é uma abertura do coração que nos mostra tal como somos". Esta definição pode ser aplicada também à sinceridade consigo mesmo, que é a decisão de conhecer-se, tal como se é, sem disfarces nem ilusão, e de julgar-se segundo se conhece. A sinceridade consigo mesmo é a primeira condição da sinceridade com os demais. O que é ser sincero para si mesmo? Sincero, segundo a etimologia, significa "puro", "sem mistura", "inalterado". O homem sincero é, pois, aquele que se aferra, por assim dizê-lo, ao estado puro, aquele que permanece sem mistura de elementos estranhos nem subtração de elementos próprios. Pureza equivale aqui à verdade, mas também à transparência de si mesmo, que é a condição primeira para chegar a conhecer-se. O problema é se podemos chegar a alcançar essa transparência e esta verdade.

Joviet, Régis. *La sinceridad y sus exigencias*. Madrid: Avla, 1953.

7. Como o autor explica nesse texto o que é ser sincero consigo mesmo?

No que consiste a fidelidade? É o mesmo que a lealdade? Ainda que sejam usadas frequentemente como sinônimos, há algumas diferenças que convêm conhecer:

- A **fidelidade** é a qualidade de quem acata a obrigação de cumprir uma promessa. O ser humano pode prometer porque pode tomar decisões sobre seu futuro. Por isso, não se pode prometer o que não se possa cumprir. Ao fazer uma promessa, é dito a outra pessoa que pode organizar sua vida contando com o seu cumprimento. A fidelidade aos pactos, aos contratos, às promessas, à palavra dada é necessária para a convivência justa.

- A **lealdade** é uma obrigação mais ampla que a fidelidade. Não tem como antecedente uma promessa ou um contrato, mas simplesmente os deveres que derivam de uma situação, em especial da amizade. O contrário da lealdade é a traição. Traidor é aquele que não responde à confiança que assegurou. Se alguém, confiando em sua amizade, conta-lhe um segredo, e você o torna público, você se mostrou desleal com essa pessoa.

Em ambas as virtudes – a fidelidade e a lealdade – a confiança é a condição necessária. **A desconfiança arruína a convivência.**

Escrever um *blog* filosófico

Continue a reflexão pessoal em seu *blog* ou diário de filosofia, aplicando à sua realidade as questões que analisamos sobre a fidelidade, a verdade, a mentira e a desconfiança.

Resumo do capítulo

Filosofia da ciência

O que é a ciência?
- Ciência é um conjunto de proposições sistematizadas, logicamente encadeadas e suficientemente verificadas.
- Não existe uma verdade isolada. A verdade faz parte de um conjunto sistemático de verdades.

Tipos de ciências
- Do ponto de vista de sua finalidade, diferenciam-se as ciências teóricas das ciências práticas.
- Do ponto de vista do objeto, distinguem-se: ciências formais, ciências naturais e ciências humanas.

Métodos científicos
- Indução: inferência que nos permite passar da observação de casos particulares a afirmações gerais.
- Dedução: inferência que nos permite partir de dadas proposições ("premissas") e chegar a outra proposição chamada "conclusão".

As ciências formais

Uma grande criação da inteligência
- A matemática é uma linguagem que nos permite calcular, falar da realidade de um modo preciso e eficaz e resolver problemas.

Matemática e sistemas formais
- As ciências formais (matemática e lógica) analisam e constroem sistemas formais, usando um método dedutivo.
- Sistema é um conjunto de elementos relacionados.

Requisitos de um sistema formal
- Definir os termos que serão usados.
- Definir os axiomas ou postulados.
- Estabelecer as regras de transformação.
- Deduzir os teoremas.

Critérios para uma verdade matemática
- A verdade da matemática baseia-se na coerência do próprio sistema.
- Um sistema axiomático deve cumprir os requisitos de consistência (a partir de um sistema de axiomas não se pode concluir uma contradição) e de independência (nenhum axioma poderá dar origem a um teorema a partir de uma contradição).

As ciências da natureza

O método das ciências físico-naturais
- Seguem o chamado "método hipotético-dedutivo".
- Esse método consiste nos seguintes passos: descobrimento de um problema; invenção de uma hipótese; formulação da hipótese; e constatação da hipótese.
- Quando a evidência está suficientemente corroborada, converte-se em lei ou em teoria, que é um sistema de leis.

Critérios da verdade científica
- Os critérios por cumprir são: coerência interna e externa; método e controle de observação; experimentação mediante experiências variadas e repetidas; provas de refutabilidade; e capacidade de predição.
- A força da evidência conseguida com esses critérios permite aceitar uma teoria.
- O consenso não é um critério de verdade.

As ciências sociais

A história e seus problemas
- As ciências naturais estudam sistemas determinados (regidos por leis estritas), mas nas ciências sociais está sempre presente o componente de liberdade dos seres humanos.

Objetivos da história
- Objetivos em relação aos fatos passados: descrevê-los, compreendê-los e propor hipóteses para sua interpretação.
- Dificuldades: recorte de um fato histórico; interpretação e utilização da história; etnocentrismo.

Método histórico
- Estudo crítico dos documentos, edifícios e vestígios de tempos passados.
- Um dos métodos utilizados é a hermenêutica (a ciência da interpretação).
- Uma interpretação não é mais que uma hipótese que deve provar sua força de evidência.

Atividades

1. Explique a diferença entre método indutivo e método dedutivo.

2. Explique o sentido do fragmento a seguir.

> Constrói-se a ciência com os fatos, como uma casa é construída com pedras. Mas uma acumulação de fatos não forma uma ciência, como tampouco uma acumulação de pedras forma uma casa. Os fatos despidos não bastariam. A ciência deve ser ordenada, ou, melhor dito, organizada.
>
> POINCARÉ, Henri. *A ciência e a hipótese*. Brasília: UnB, 1988.

Tubos de ensaio enfileirados com líquidos de cores diferentes. Organizar conteúdos faz parte dos experimentos científicos.

3. Leia o seguinte texto de John Locke e responda às perguntas:

> É evidente que a mente não conhece as coisas de forma imediata, senão tão somente pela intervenção das ideias que tem sobre elas. Nosso conhecimento, por isso, só é real na medida em que existe uma conformidade entre nossas ideias e a realidade das coisas. Mas qual é esse critério? Como pode a mente – posto que não percebe nada senão suas próprias ideias – saber que estão de acordo com as coisas mesmas? Isto, ainda que pareça oferecer certa dificuldade, penso que se pode resolver [...]. Como as ideias simples não podem ser forjadas pela mente por si mesma, têm que ser necessariamente o produto das coisas que operam sobre a mente de maneira natural, e que produzem nela aquelas percepções para as quais foram adaptadas e ordenadas pela sabedoria e pela vontade de nosso Fazedor.
>
> LOCKE, John. *Ensaio sobre o entendimento humano*. Lisboa: Calouste Gulbenkian, 2008.

a) Explique o argumento de Locke.

b) Que explicação esse texto apresenta sobre o conhecimento?

4. Explique em que se diferenciam "refutável" e "falso". Uma teoria refutável é falsa? Justifique sua resposta. Que filósofo da ciência propôs o refutável como critério?

5. Leia o seguinte texto do filósofo inglês Bertrand Russell (1872-1970) e responda às questões:

> Somente nos últimos cento e cinquenta anos a ciência se converteu em um fator importante, que determina a vida cotidiana de todo o mundo. Nesse breve espaço de tempo, causou maiores mudanças que as ocorridas desde os dias dos antigos egípcios. Cento e cinquenta anos de ciência resultaram em dias mais explosivos que cinco mil anos de cultura pré-científica. Seria absurdo supor que o poder explosivo da ciência está esgotado ou que alcançou já seu ponto máximo. É muito mais provável que a ciência continue durante os séculos vindouros produzindo mudanças ainda mais rápidas.
>
> RUSSELL, Bertrand. *La perspectiva científica*. Barcelona: Ariel, 1996.

a) Resuma o raciocínio de Russell. O que quer dizer "o poder explosivo da ciência"?

b) Dê um exemplo de um desenvolvimento científico e explique como afeta as pessoas e as sociedades atuais.

6. Leia o seguinte texto do filósofo e sociólogo alemão Max Weber (1864-1920) e responda às perguntas:

> Naufragaram já todas essas ilusões que viam na ciência o caminho "para o verdadeiro ser", "para a arte verdadeira", "para a verdadeira natureza", "para o verdadeiro Deus". Qual é o sentido que hoje tem a ciência como vocação? A resposta mais simples é a que Tolstoi deu com as seguintes palavras: "A ciência carece de sentido, posto que não tem respostas para as únicas questões que nos importam, as de saber fazer e como devemos viver". Dificilmente poderia ser discutido o fato de que, efetivamente, não responde a estas questões. O problema está, entretanto, no sentido em que pode ser dito que não oferece "nenhuma" resposta, e se talvez, ao faltar respostas, a ciência não contribui, ao contrário, em propor adequadamente estas questões.
>
> WEBER, Max. *El político y el científico*. Buenos Aires: Universidad Nacional de Quilmes, 2004.

a) Explique as ideias básicas do texto. Por que Tolstoi diz que a ciência precisa de sentido? Qual é a opinião de Weber sobre as ideias de Tolstoi?

b) Como a ciência pode contribuir ao propor as questões que Tolstoi aponta?

7 O conhecimento filosófico

Museu do Louvre, Paris/The Granger Collection/Other Images

Introdução: humanizar a realidade

O conhecimento é uma busca constante. Por isso, em vez de falar da "verdade" como algo já conquistado, convém falar da verdade como um estado provisório, que corresponde à melhor afirmação verificada até determinado momento. Acontece com a verdade o mesmo que acontece com o amor. A noção de verdade é sempre circunstancial; é mais ou menos forte, dependendo de sua aplicabilidade e aceitação. A verdade ganha força, de fato, se ao longo do tempo vai sendo confirmada. A verdade de uma teoria é demonstrada quando revela capacidade para superar os problemas.

A inteligência humana pode enfrentar a realidade com diferentes projetos. É importante conhecê--la; saber como é, como funciona, como prever seus comportamentos.

Essa é a tarefa das ciências e da filosofia. Ambas, cada uma à sua maneira, aspiram conhecer a realidade. Mas a inteligência tem outros projetos, um dos quais, que também faz parte da filosofia, é "humanizar a realidade". Trata-se de dar significados às coisas, inventar os conceitos, as ideias necessárias para tornar a realidade habitável e identificável, além de conseguir que nosso mundo – o mundo pessoal e o que compartilhamos – seja compreensível e humano.

Essa filosofia da vida não nos traz a mesma segurança das ciências, mas permite ao ser humano inventar conceitos ou teorias para dar significado à realidade. Por exemplo, a morte, do ponto de vista científico, é um fenômeno pouco complexo: um organismo deixa de exercer as funções que lhe permitiam manter unidade, desintegra-se. Para o ser humano, a morte significa muito mais. Gera sofrimento, quando se perde alguém querido, e também quando pensamos em seu caráter inevitável, com o

O filósofo em meditação (1632), de Rembrandt (1606-1669).

qual temos de conviver. Quando os filósofos estoicos diziam que a filosofia era uma *meditatio mortis*, "uma meditação sobre a morte", estavam se referindo a isso. Não pretendiam conhecer o que era a morte, mas atribuir-lhe um significado apropriado para os humanos. Podiam recomendar o desprezo, o esquecimento, a confiança na imortalidade e a angústia.

Não nos basta conhecer a realidade. É preciso humanizá-la. A filosofia deve servir a esse projeto de humanização do mundo e como descrição de nosso modo de viver nele.

A filosofia, que havíamos considerado autoanalítica ou sistemática, alcança agora outra função: a de construir um mundo em escala humana. Como veremos, esse não é um projeto arbitrário, mas racional. Não pretende conhecer apenas a realidade, mas sim mudá-la.

Friedrich Hölderlin (1770-1843), um grande poeta alemão, escreveu um verso que vale a pena citar: "Poeticamente o homem habita a terra".

O que ele quis dizer? Que todos nós devemos escrever sonetos durante o dia todo? Não. Significa que devemos viver criativamente, inventando modos humanos de entender a realidade, de construí-la.

A inteligência inventa três grandes projetos: conhecer a realidade, transfigurar a realidade esteticamente e humanizar a realidade.

Descobrimos outra função da filosofia, que a distancia ainda mais da ciência. A filosofia não se resigna a ser um modo pessoal de ver o mundo e tampouco se interessa por apenas conhecer a realidade. Aspira a humanizá-la racional e justificadamente.

Neste capítulo, estudaremos o conhecimento filosófico, para analisar, no próximo, a filosofia como meio de transformação do mundo.

O conhecimento metafísico

Temas da metafísica

A palavra "metafísica" surgiu no século I a.C. e é atribuída a Andrônico de Rodes (c. 130-60 a.C.). Andrônico, ao organizar os escritos de Aristóteles, acabou criando uma das palavras mais significativas para a história da filosofia: metafísica (meta – além, depois; física – natureza). Esse termo jamais foi utilizado por Aristóteles. Serve para designar o conhecimento que está além das impressões sensíveis, para tratar do ser, da essência das coisas e das forças criadoras da natureza.

Desse modo, é destinada ao estudo da metafísica a análise sobre a verdade, o conhecimento, a alma, Deus, o bem, o mal, a liberdade, a realidade, a morte, o sentido da vida, etc. A diferença entre as ciências naturais e a metafísica se estabelece não só pelos temas que estudam, mas pelos diferentes graus de verificação que apresentam:

- As ciências determinam com precisão seu objeto de estudo, aperfeiçoam incessantemente seus procedimentos de verificação e se expressam em uma linguagem precisa. A força das evidências científicas é tão potente que se impõe a todas as inteligências competentes, alcançando um acordo entre elas.
- A metafísica não apresenta a mesma força em suas evidências. Em oposição a esse consenso entre cientistas, parece que os filósofos metafísicos não estão de acordo nos temas, na linguagem, nos métodos, nem nos resultados. Historicamente, quando um conhecimento adquire uma autonomia metodológica e alguns critérios fortes de verdade, ele se torna autônomo da filosofia e da metafísica. De modo que tanto uma quanto a outra parecem ficar sempre como "conhecimento de fronteira" (doc. 1).
- As ideias filosóficas tratam de assuntos que têm grande repercussão na vida das pessoas e das coletividades. Por isso é tão importante avaliar sua verdade. As obras dos filósofos devem ser consideradas:
  1) Narrações de seu modo pessoal de ver o mundo.
  2) Teorias com pretensões de verdade universal, com as razões em que se baseiam.
- As teorias filosóficas suficientemente corroboradas constituem as doutrinas filosóficas mais sólidas. A filosofia autoanalítica, por sua vez, pode nos mostrar modos sugestivos e profundos de ver o mundo. Todavia, são verdades pessoais, que necessitam de corroboração (doc. 2).

As grandes áreas do conhecimento metafísico

A metafísica – quando se identifica com a filosofia fundamental – tem como tarefa elaborar três tipos de teorias:

Doc. 1

Teorias racionais

Se uma teoria filosófica não fosse mais que uma afirmação isolada sobre o mundo, que nos atiram dizendo tacitamente: "Tome-a ou deixe-a", e sem nenhuma sugestão de conexão com alguma outra coisa, então estaria realmente além de toda discussão. Mas o mesmo pode se dizer também de uma teoria empírica [...]. Toda teoria racional, científica ou filosófica, é racional na medida em que tenta resolver certos problemas, mas então se presta imediatamente à discussão crítica, ainda que não seja empírica nem refutável, pois nesse caso podemos propor questões, tais como: resolve o problema?, resolve-o melhor que outras teorias?, deslocou simplesmente o problema?, a solução é simples?, é fecunda?, contradiz outras teorias filosóficas que são necessárias para resolver outros problemas?

POPPER, Karl. *Conjecturas e refutações*. Brasília: Ed. da UnB, 2008.

- Discuta o raciocínio de Popper.

- **Ontologia**: é a teoria dos fundamentos, das essências ou dos princípios.
- **Gnosiologia ou teoria do conhecimento**: é a teoria do sujeito cognoscente.
- **Ética**: é a teoria da ação humana.

Com respeito a essas teorias, devemos agir como fazemos com as teorias científicas e perguntar quais são seus métodos e critérios de verdade.

Doc. 2

Verdades autoanalíticas

As verdades autoanalíticas são aquelas que somente são válidas no mundo pessoal de quem as expressa. Para evitar equívocos, deveríamos marcá-las com um *copyright*, um "*made in*", em suma, com um indicativo pessoal.

Exemplos: "O homem é uma paixão inútil" (VMS: verdade no mundo de Sartre). "O homem é imagem de Deus" (VMF: verdade no mundo de Francisco de Assis). "O belo é o começo do terrível" (VMR: verdade no mundo de Rilke). "O importante é a atividade criadora, na obra" (VMV: verdade no mundo de Valéry). [...] A pergunta crítica é: Quais dessas verdades são transferíveis à realidade, ou seja, ao mundo que todos compartilhamos?

MARINA, José Antonio. *Elogio y refutación del ingenio*. Barcelona: Anagrama, 2004.

- Por que as verdades pessoais precisam ser corroboradas?

■ A ontologia

A palavra "ontologia" deriva da expressão grega *tou óntos logos*: a ciência de tudo o que há, de tudo o que existe. Para definir uma ciência, devem-se indicar o objeto que ela estuda e o ponto de vista a partir do qual o estuda, chamados pelos filósofos medievais, respectivamente, "objeto material" e "objeto formal" do conhecimento.

Por exemplo, o ser humano pode ser um objeto material da física, da química, da biologia e da história, mas cada uma dessas áreas o estuda de perspectivas diferentes: como conjunto de átomos, como conjunto de moléculas, como organismo vivo, como protagonista dos fatos sociais. O objeto de estudo da ontologia é o conjunto de todos os seres, e seu objetivo formal é estudar, simplesmente, o que todos têm em comum: o ser.

Parece que de um tema tão amplo e vago não se pode dizer nada interessante, mas veremos que não é assim. De acordo com Aristóteles, deve-se levar em conta que "o ser se diz de muitas maneiras". Há seres reais e seres irreais. Dom Quixote de la Mancha, famosa personagem do escritor espanhol Miguel de Cervantes (1547-1616), não é real, mas existe de alguma maneira.

■ Problemas da ontologia

A ontologia propõe outros problemas no campo da física: os físicos elaboram teorias sobre a realidade para explicar ou prever os fenômenos, mas falam de entidades das quais é difícil dizer se são objetos reais ou apenas ideias criadas para pensar a realidade, e que são úteis para compreendê-la e manipulá-la.

No campo das ciências sociais, também existem problemas ontológicos: O que é povo? O que é nação? O que significa igualdade social? Todos têm os mesmos direitos? Em suma, há um princípio "ontológico" que sustente as afirmações e os conceitos utilizados pelas ciências de forma geral?

■ Saiba mais ■

Realidade virtual

Na realidade virtual, uma pessoa pode criar para si uma personalidade fictícia por meio de um programa de computador e interagir com milhares de outras pessoas também virtuais. Pode criar uma história, uma casa, alguns costumes e ajustar-se a eles.

Algumas pessoas acabam considerando que essa "segunda vida" é sua "vida real". Sentem-se tão identificadas com sua personagem que lhes é difícil responder à pergunta "Quem sou eu?". O real e o irreal parecem se confundir.

Cartaz do filme **Matrix** (1999), dirigido pelos irmãos Wachowski e protagonizado por Keanu Reeves, no papel de Neo.

Everett Collection/Keystock

- O filme **Matrix**, dirigido pelos irmãos Andy e Larry Wachowski, é uma excelente obra cinematográfica para discutir a relação entre o real e o virtual. Assista ao filme e elabore uma resenha abordando o assunto.

Ontologia e gnosiologia

A primeira tarefa da ontologia: esclarecer termos

Para introduzir a ontologia, é necessário esclarecer os termos que utilizamos para falar de todas as coisas.

Podemos descrever a tarefa da ontologia como a busca das definições reais de certos termos com base no significado atribuído a eles na língua de origem. Os termos definidos pela ontologia fazem parte, na maioria das vezes, da linguagem técnica em que as investigações filosóficas se realizam e também parcialmente da linguagem coloquial.

> **Categorias** são os conceitos fundamentais que nos permitem pensar, ordenar e classificar os seres.

Para alguns pensadores, as categorias remetem a estruturas da realidade, ou seja, designam propriedades reais. Para outros, são as formas que nossa inteligência tem para pensar a realidade. Categorias são realidade/irrealidade/possibilidade; existência/essência; causa/efeito, etc.

> **Ser** tem dois significados. Um se refere à existência; o outro é usado para designar a relação entre um sujeito e um predicado.

No primeiro sentido, há coisas que são (existem) e outras que não são (não existem).

No segundo sentido, o termo "ser" atua como verbo de ligação entre um objeto e uma de suas qualidades, por exemplo, "a parede é branca".

> **Ente** é uma palavra que deriva do grego *óntos*, relativo ao que há (as coisas, os seres). Um ente (ou entidade) é algo que existe de alguma maneira.

Quando falamos de "entes autônomos" ou de "entidades bancárias", nos referimos a algumas organizações que existem. Quando dizemos: "isso não tem entidade", o que queremos dizer é que não tem consistência ou identidade. Como veremos, pode haver entes reais, irreais, ideais ou fictícios.

> **Substância** é o que tem existência própria, e **acidente** é uma qualidade que necessita de uma substância para existir.

Na frase "a parede é branca", unem-se dois modos de ser diferentes. A parede é a substância, que tem uma existência própria, enquanto a cor é uma qualidade, um acidente. O acidente pode mudar, sem que mude a substância.

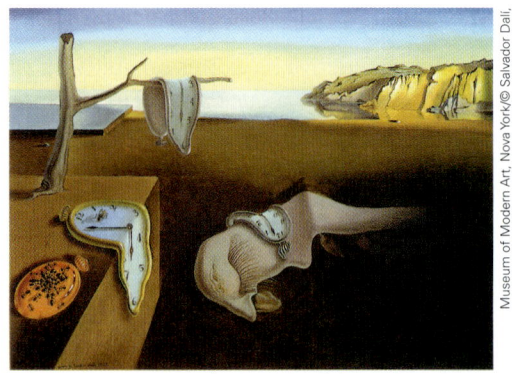

Museum of Modern Art, Nova York/© Salvador Dalí, Fundació Gala – Salvador Dalí, AUTVIS, 2010.

⌃ *A persistência da memória* (1931), de Salvador Dalí (1904-1989). O que é real? E irreal? E surreal? Compete à ontologia esclarecer os termos capazes de avaliar essas condições.

> Entende-se por **matéria** aquilo de que uma coisa é feita, enquanto **forma** é sua disposição ou sua estrutura.

Por exemplo, podemos dar muitas formas à massa de moldar (matéria). Daí, os conceitos generalizaram-se metaforicamente. Podemos distinguir entre forma e matéria em todos os seres reais (uma casa, um rio, etc.) ou ideais (um significado).

> **Essência** é o conjunto de características indispensáveis para que uma coisa seja o que é. **Existência** é o modo como esse conteúdo, essa essência está ou se manifesta na realidade.

A essência do triângulo é ter três lados. A montanha que vejo tem existência real, mas o personagem do romance que leio tem uma existência irreal, de ficção. A realidade virtual tem uma existência virtual, ou seja, irreal.

> **Causa** é o que produz algo, e **efeito** é a consequência de uma causa. Todo movimento, toda mudança depende de uma causa.

Apesar de sua aparente clareza, a noção de causa foi muito criticada pela filosofia e, especialmente, pela ciência. A física prefere falar de antecedentes de um fenômeno ou de condições de possibilidade (*doc. 3*).

Doc. 3

O princípio de causalidade

O princípio de causalidade admite três formulações, cada uma mais técnica que a outra. A fórmula clássica diz que "todo efeito tem uma causa", a segunda formulação é "toda mudança tem um antecedente"; e, com a terceira fórmula, ainda mais moderna e rigorosa, diremos: "Toda novidade pressupõe condições".

GARCÍA BACCA, Juan David. *Antropología y ciencia contemporáneas*. Barcelona: Anthropos, 1993.

- Explique o sentido do princípio de causalidade.

■ A passagem da ontologia à gnosiologia

Há dois conceitos fundamentais, duas categorias, que a ontologia deve esclarecer: **real/irreal**. Essas categorias vão nos levar à segunda parte da metafísica: a gnosiologia. Também chamada teoria do conhecimento, a gnosiologia estuda as relações entre o sujeito cognoscente e o objeto conhecido.

> **Real** é aquilo que existe independentemente do fato de alguém o estar experimentando ou conhecendo.

O real existe em si, independentemente de qualquer sujeito. Por isso, pode impor limitações. Uma parede real se diferencia de uma parede irreal porque impede a passagem.

Mas como classificar a "experiência de sonhar"? Esses atos mentais são reais ou irreais? Um neurologista pode comprovar que, enquanto uma pessoa sonha, se desenvolve em seu cérebro uma série de atividades. Esses fenômenos são físicos, reais. Mas os fenômenos conscientes não são reais no mesmo sentido que o corpo é real. Somente existem enquanto o sujeito tem consciência deles.

A consciência introduz um novo modo de realidade. Parece que, diante da realidade material, deve-se admitir uma realidade mental: os fenômenos conscientes. E estes existem realmente. Quando estou sentindo uma dor, essa experiência não é irreal. Há, assim, realidades físicas e realidades mentais. Para Descartes, as realidades mentais, conscientes, eram as mais claras e evidentes. Por isso ele considerava que o princípio de todo conhecimento era a afirmação "penso, logo sou".

Nossas experiências mentais sempre têm um conteúdo, um objeto. A consciência é sempre "intencional" e está em relação com algo. Pensamos algo, vemos algo, sentimos algo. Esses conteúdos conscientes são chamados de intencionais, irreais, mentais, ideais.

Isso pressupõe uma situação bastante surpreendente. Tudo o que conheço está presente em minha consciência intencionalmente, irrealmente: inclusive as coisas reais. Quando vejo uma mesa, a mesa não está fisicamente dentro da minha cabeça. Em minha mente há somente uma representação: a "imagem consciente da mesa". Esse é o grande problema que propõe o conhecimento: conhecemos as coisas reais mediante irrealidades (imagens, conceitos, teorias, etc.).

Isso levou alguns filósofos a afirmar que o estudo da consciência humana deveria ser o ponto de partida da filosofia, porque tudo se dá nela. Portanto, ao falar dos seres, deve-se distinguir entre os seres reais, a consciência, e os seres intencionais que ocorrem na consciência.

Tudo o que temos em nossa mente está nela irrealmente, intencionalmente. Mas essas representações se referem algumas vezes a coisas reais, que existem e são independentes de nós, e outras vezes, a coisas ideais, que existem somente se estamos pensando nelas.

O psiquiatra Carlos Castilla del Pino (1922-2009) explica-nos como os conceitos ontológicos têm importância na psiquiatria. Ele diz que os doentes perdem o "sentido da realidade" e tomam por objetos reais os objetos fictícios, intencionais (*doc. 4*).

^ Para o jogador de futebol, a iminência do gol é um objeto real. Contudo, o gol só se torna realidade material quando ele se concretiza.

Barry Austin Photography/Riser/Getty Images

■ Saiba mais ■

Os três mundos de Popper

Karl Popper define que há três mundos:

O **mundo 1** está composto de todas as coisas reais. O **mundo 2**, das experiências mentais. O **mundo 3**, das entidades irreais, ideais, intencionais. Esses três mundos se relacionam entre si: o ser humano (que é parte do m1) tem experiências conscientes (m2) e produz as ideias, as teorias, os pensamentos (m3), mediante os quais explica e conhece o mundo físico (m1). Ou seja, a consciência serve de conexão entre o mundo físico e o mundo ideal: m2 é intermediário entre m1 e m3.

■ Realidade, irrealidade, experiência e consciência pertencem a quais mundos, de acordo com a classificação de Popper?

Doc. 4

O juízo de realidade

As duas funções do juízo de realidade, que decidem sobre o que se denomina "sentido da realidade", são as seguintes: (a) dirimir se um objeto existe ou não, e onde existe, se no espaço interno ou no externo; (b) atribuir ao objeto determinadas significações, ou seja, interpretá-los.

CASTILLA DEL PINO, Carlos. *Introducción a la psiquiatría*. Madrid: Alianza, 1992.

■ Explique por meio de exemplos as duas funções do juízo de realidade apresentadas por Carlos Castilla Del Pino.

Deus como um problema ontológico

O estudo de Deus

No mundo das imagens, ideias e teorias, encontramos um conceito de grande importância: Deus. Para muitas pessoas, Deus aparece em sua consciência como um ser real, absolutamente evidente. Os místicos de todas as religiões dizem que têm uma experiência direta da divindade.

Para as pessoas religiosas, a crença em Deus constitui o fundamento de seu mundo pessoal, o que, em termos filosóficos, poderia ser dito como fundamento ontológico de todas as coisas. Para elas, Deus é o poder supremo que mantém a existência de todas as coisas, o fundamento, o criador, a mais profunda realidade que sustenta as demais realidades. Para algumas religiões – como o cristianismo –, é um ser pessoal, que cuida de suas criaturas.

Para outras religiões – como o hinduísmo ou o budismo –, é um ser impessoal.

> **Teologia** – do grego *theós* (Deus) e *lógos* (ciência).– é a ciência que trata de Deus.

Tradicionalmente se fala de uma "teologia sobrenatural", que se baseia em experiências ou revelações, e que, portanto, não é filosófica; e uma "teologia natural", baseada somente na razão, e que é uma parte da ontologia. Os objetivos da teologia natural são:

- Averiguar se Deus realmente existe, ou seja, se essa evidência tão clara que muitas pessoas têm faz parte de sua "filosofia autoanalítica", de suas "verdades pessoais", ou se pode ser considerada uma verdade universalmente comprovada.
- Estudar que tipo de ser é Deus, no caso de sua existência real ser demonstrada.

O problema da existência de Deus

Diante do problema da existência de Deus, podem-se tomar as seguintes posturas:

Galleria Uffizi, Florença

∧ Em *O sacrifício de Isaac* (1603), Michelangelo Caravaggio humanizou em demasia a temática religiosa. Uma interessante inversão da ideia bíblica de que o homem é a imagem e semelhança de Deus.

- Ateísmo: negação da existência de Deus.
- Teísmo: afirmação da existência de Deus.
- Panteísmo: identificação da realidade inteira com Deus.
- Agnosticismo: incapacidade de afirmar com segurança a existência ou a inexistência de Deus.

As provas tradicionais da existência de Deus construíram-se sobre dois pilares (*doc. 5*):

- No princípio de causalidade baseiam-se as cinco vias expostas por Santo Tomás de Aquino. Seu esquema básico é: tudo o que se move se move por outro. Mas não podemos remontar infinitamente a essa série de causas, logo deve haver uma primeira "causa", e a isso é o que chamamos Deus. Outra formulação diz: tudo o que é ordenado deve ter um ordenador; o Universo mostra um desenho complexo, logo deve ter sido obra de um "desenhista", chamado Deus.

Esses argumentos propõem um problema que utiliza o princípio de causalidade para demonstrar a existência de uma exceção ao princípio de causalidade.

- Na ideia de Deus se baseiam os argumentos chamados "ontológicos". Segundo eles, se pensamos o conceito "Deus", estamos pensando "em algo além do qual não podemos pensar nada". Mas isso não aconteceria se pensássemos em sua não existência, porque então cairíamos em contradição. Pensaríamos uma coisa que é o maior que podemos pensar (Deus) que não seria o maior que podemos pensar (porque lhe negaríamos a existência).

Esse argumento, que teve grande influência, no entanto não é válido, porque não sai do mundo do pensamento, e nada nos diz sobre o mundo real.

Leia

NOTAKER, Henry; HELLERN, Victor; GAARDER, Jostein. *O livro das religiões*. São Paulo: Companhia das Letras, 2008. Enciclopédia das religiões, com apresentação e apêndice do professor e sociólogo Antônio Flávio Pierucci.

Doc. 5

Demonstrar a existência de Deus

Há quem diga que a existência de Deus não se pode demonstrar porque é evidente. Esta opinião provém em parte do costume de ouvir e invocar o nome de Deus desde o princípio. O costume, e sobretudo o que começa na infância, adquire força de natureza; por isso acontece que admitimos como naturais e evidentes as ideias das quais estamos imbuídos desde a infância.

AQUINO, Santo Tomás de. *Suma contra os gentios*. v. 1. Porto Alegre: Sulina, 1990; v. 2. Porto Alegre: Edipuc-RS, 1996.

- Explique o raciocínio de Santo Tomás de Aquino.

■ O assombro diante da existência da realidade

A negação da validade das demonstrações não significa que a filosofia não pode dizer nada sobre Deus. Para a ontologia, a ideia de Deus é uma teoria explicativa da existência da realidade inteira. Esse é um problema do qual a ciência não trata. Quem não se interessa pelo problema da existência não tem por que se interessar pelo problema de Deus (*doc. 6*).

O assombro de que exista algo além é a origem da pergunta sobre Deus. O fato do existir – de que haja algo e não exatamente nada – situa-nos diante de um dilema ontológico entre duas posturas: (1) a realidade existe por si mesma é autossuficiente; (2) a realidade não existe por si mesma, não é autossuficiente, mas depende de outra realidade.

Supondo que Deus é este ser autossuficiente, seu próprio fundamento, aquilo que é princípio de sua própria existência, esse dilema obriga-nos a admitir: ou que toda a realidade é Deus, ou que existe um Deus separado da realidade que conhecemos.

A filosofia até o momento não pode ir além. Pode afirmar, com base no fato da "existência da realidade", que é o acontecimento decisivo, a necessidade de admitir uma existência que se afirma a si mesma, que não pode derivar do nada. Pouco se pode dizer sobre como é essa realidade fundamental. Disso se encarregam as religiões.

■ A filosofia primeira

Tratamos os três grandes temas da ontologia: (1) os seres reais; (2) a consciência e os fenômenos mentais; (3) e a possibilidade de Deus ser o fundamento de tudo o que existe.

Doc. 6

Por que há algo e não exatamente nada?

Antes de topar com a pergunta: por que o ente é e não exatamente nada?, [o ser humano] averigua e explora e examina coisas muito diversas e de diversas maneiras. Há muitos que não topam nunca com esta pergunta, se entendemos este topar não simplesmente no sentido de escutar e ler esta frase interrogativa como mero enunciado, mas não de perguntar a pergunta, ou seja, formulá-la, propô-la, exigir-se a si mesmo o estado apropriado para este perguntar.

Heidegger, Martin. *Introdução à metafísica*. Rio de Janeiro: Tempo Brasileiro, 1999.

- O que significa nesse texto a expressão "topar com a pergunta"?

Assista

Quem somos nós? Filme de Willian Arntz, Betsy Chasse e Mark Vicent. Estados Unidos, 2004. Narrativa que se desenvolve através dos gêneros ficção e documentário, abordando as relações entre a ciência, a religião e a existência humana.

Aristóteles chamou a ontologia de "filosofia primeira" porque tinha que estudar os princípios fundamentais de toda a realidade.

- Para os filósofos realistas, os seres reais, dados na experiência sensível, são o ponto de partida de todo nosso conhecimento.
- Para os fenomenologistas, o ponto de partida deveria ser a consciência, já que tudo o que conhecemos aparece nela (*doc. 7*).

Doc. 7

Primazia da consciência

Eu sou a fonte absoluta; minha existência não vem de meus antecedentes, do meio físico ou social em que vivo, como acredita o materialismo, mas que é ela a que vai ao encontro e os sustentam, porque sou eu quem os faz seres para mim, e, portanto, seres no único sentido que esta palavra possa ter para mim [...]. Se um mundo começa a organizar-se para mim, é, fundamentalmente, graças à consciência.

Merleau-Ponty, Maurice. *Fenomenologia da percepção*. São Paulo: WMF Martins Fontes, 2006.

- **Resuma a ideia básica desse texto.**

- Entre os filósofos chamados "ontologistas", há os que consideram que somente se valendo de Deus é possível conhecer a realidade (São Boaventura, Espinosa, Malebranche).

Santo Tomás de Aquino pensava que a existência de todos os seres era uma participação da existência divina e, portanto, Deus está presente no conhecimento de todas as coisas (*doc. 8*).

De acordo com o ponto de vista que se escolha, a descrição da realidade será distinta. Nosso trato prático, cotidiano, se dá com os seres reais. Quando queremos explicar a origem de nosso conhecimento, convém partir da consciência. Ambos são pontos de partida suficientemente justificados. Elaborar uma ontologia a partir do conhecimento de Deus, por exemplo, exigiria em primeiro lugar justificar a existência e o conhecimento de Deus. Esta é a postura das teologias religiosas.

Doc. 8

Primazia de Deus

As criaturas se comportam com respeito a Deus como o ar respeita o Sol que o ilumina. Enquanto o Sol brilha por natureza, o ar se faz luminoso pela participação da luz. Assim, somente Deus é por sua própria essência, porque sua essência é seu existir; todas as outras criaturas são seres por participação, não porque sua essência consiste em existir.

Aquino, Santo Tomás de. *Suma teológica*. Petrópolis: Vozes, 2001. 9 v.

- O que quer dizer "ser por sua própria essência"?

Métodos e modelos do saber filosófico (I)

No decorrer da história da filosofia foram utilizados diferentes métodos e modelos para alcançar o saber filosófico.

Método maiêutico

Consiste no diálogo dirigido sabiamente, segundo as regras do raciocínio humano correto. Seu criador foi Sócrates, por isso costuma ser chamado também de "método socrático".

Platão, discípulo de Sócrates, colocou esse método em prática; de fato, quase todas as suas obras estão escritas em forma de diálogo. "Maiêutica" é um termo relacionado com o nascimento, a arte da parteira que "ajuda a dar à luz" (*doc. 9*).

Doc. 9

O método socrático

Minha arte de fazer partos tem as mesmas características que a das parteiras, mas se diferencia no fato de que assiste aos homens e não às mulheres, e examina as almas dos que dão à luz, mas não seus corpos. Bem, o maior que há em minha arte é a capacidade que tem de pôr à prova por todos os meios se o que engendra o pensamento do jovem é algo imaginário e falso ou fecundo e verdadeiro.

PLATÃO. *Teeteto-Crátilo*. Belém: UFPA, 1988.

- **Em que consiste a maiêutica, segundo o texto de Platão?**

Como método filosófico, defende que a verdade se encontra desde o princípio em nossa razão, mas necessitamos de um método adequado para "ver a luz". No desenvolvimento do método, as perguntas e as respostas são essenciais. Essas respostas devem ser submetidas a uma análise, estudando-se os argumentos e as razões nos quais se baseiam e desprezando as que incorrem em contradições ou falsidades.

O objetivo é chegar a estabelecer uma resposta definitiva que supere todas as possíveis objeções e, que pela mesma razão, seja a autêntica verdade, porque recolheu e integrou todas as possibilidades propostas. A verdade se alcança por meio do diálogo ponderado e baseado em argumentos.

Método empírico-racional

Tem sua origem em Aristóteles. Defende que se deve partir em busca da experiência externa (empírica), isto é, dos dados físicos recolhidos por nossos sentidos.

O conhecimento e a busca da verdade devem partir da observação da natureza e dos dados sensíveis que nossos sentidos nos proporcionam. Mas, a partir deles, a razão tem de intervir ordenando-os, unificando-os, buscando sua explicação e compreensão. O mérito desse método está em tentar conciliar a intervenção dos sentidos (experiência empírica) e a razão.

Método racionalista

Esse método se desenvolveu na Idade Moderna, e seu representante mais significativo foi Descartes (século XVII). Baseia-se na defesa da primazia da razão na justificativa do conhecimento. A razão elabora as ideias com base nos dados que recebe dos sentidos. Mas essas ideias necessitam de uma justificativa e explicação que não procede dos sentidos, mas da própria razão. A razão funciona com uma série de regras ou princípios lógicos, que são os mesmos que se aplicam na matemática: a dedução.

A partir de algumas verdades primeiras (axiomas ou princípios autoevidentes), deduzem-se as demais. Aplicando essas regras ao conhecimento humano, necessitamos encontrar uma verdade primeira da qual partir (axioma ou verdade apodítica), e depois dela, por dedução, extrair (deduzir) as demais.

Descartes o formula através de sua célebre expressão: "Penso, logo sou". Quer dizer que posso duvidar de tudo (inclusive da realidade ou existência do mundo externo), mas não do fato de que sou um ser que está duvidando, que está pensando.

Se penso, tenho que fazê-lo com ideias. As ideias são de dois tipos: inatas (nascemos com elas) e sensíveis (imagens ou representações mentais das realidades externas). As imagens sensíveis, que são particulares e individuais, se ramificam em outras mais complexas e universais, que são as ideias de Deus, alma e mundo.

Portanto, a fundamentação última do conhecimento procede dessas ideias inatas (Deus, alma e mundo), e se são inatas quer dizer que são da razão e anteriores à experiência sensível. Daí a primazia da razão diante dos sentidos, segundo o racionalismo.

René Descartes (1596-1650), pai do racionalismo moderno.

W. Holl/Smithsonian Institution, Washington DC

■ Método empirista

Este método se iniciou também na Idade Moderna, com a corrente filosófica denominada "empirismo". David Hume considera que há dois tipos de verdade a que o conhecimento humano pode aspirar:

- **Verdades da razão**, próprias da matemática (ciências formais), que se baseiam na dedução de uma série de princípios a partir de outros. Trata-se de operações exclusivamente racionais; por isso, podem aspirar a ser corretas e infalíveis, mas não nos proporcionam informação sobre o que realmente ocorre na natureza e na vida humana.
- **Verdades de fato**, próprias das ciências empíricas – as naturais ou as sociais ou humanas –, que nos oferecem informação sobre o que ocorre no mundo.

No método empirista, a verdade só é comprovada pela experiência, que, por isso, é a única fonte de conhecimento possível. Baseia-se na indução, raciocínio que permite, valendo-se dos casos particulares, estabelecer afirmações gerais sobre o comportamento constatado.

O problema do empirismo radical, como o de Hume, é que os enunciados gerais (leis científicas) nunca podem ser comprovados de forma definitiva, já que, adotando esse método, só se pode estar seguro do que se vê aqui e agora. Toda informação que vá além dos dados sensíveis se baseia "no hábito e na crença", na suposição de que todos os de uma mesma classe se comportarão do mesmo modo no futuro, ou se acredita que a natureza se comporte sempre de forma semelhante (*doc. 10*).

Por isso, o empirismo contemporâneo tentou superar o ceticismo. A filosofia de Kant é um exemplo disso: sua solução traz um novo método para a filosofia.

^ David Hume (1711-1776), filósofo escocês, um dos representantes mais destacados do empirismo.

■ Método transcendental

Criado por Kant, esse método é movido pela preocupação de explicar como o ser humano é capaz de estabelecer conhecimentos verdadeiros e universais.

Esta é uma das tarefas fundamentais de sua filosofia, denominada "criticismo", porque revisa as possibilidades do conhecimento racional. Sua explicação se baseia em uma síntese que vai além do empirismo e do racionalismo. Nem tudo procede da razão, nem dos sentidos.

^ Immanuel Kant (1724-1804), filósofo alemão, criador do método transcendental.

A possibilidade do conhecimento deve ser buscada no sujeito, nas operações e juízos que realiza quando chega a conclusões (leis) verdadeiras e universais, tomando como modelo as leis da física de Newton.

Conclui-se que é necessário partir da experiência (como afirmava o empirismo), mas sobre esses dados a razão aplica uma série de princípios que lhe são inatos (como dizia o racionalismo), dando unidade e universalidade ao conhecimento (*doc. 11*).

Doc. 10

A força do costume

Não é portanto a razão a que é guia da vida, mas o costume.

Ela só determina a mente, em toda insistência, a supor que o futuro é conformável ao passado. Por fácil que este passo possa parecer, a razão nunca seria capaz, nem em toda a eternidade, de levá-lo a cabo [...]. Quando vejo uma bola de bilhar movendo-se para outra, minha mente é imediatamente levada por hábito ao usual efeito, e antecipa minha visão ao conceber a segunda bola em movimento [...]. Nenhuma questão de fato pode ser provada se não é a partir de sua causa ou de seu efeito. De nada pode saber-se que é a causa de outra coisa se não é pela experiência [...]. Somente um tonto ou um louco ousará discutir a autoridade da experiência.

HUME, David. *Tratado da natureza humana.* São Paulo: Unesp, 2009.

- Qual é a diferença que Hume estabelece entre o papel da razão e o do costume?

Doc. 11

Experiência e razão

Ainda que todo nosso conhecimento comece com a experiência, não por isso procede todo ele da experiência. Em efeito, poderia ocorrer que nosso mesmo conhecimento empírico fosse uma composição do que recebemos mediante as impressões e do que nossa própria faculdade de conhecer produz (simplesmente motivada pelas impressões) a partir de si mesma [...].

Todos os conceitos, e inclusive todas as questões que a razão nos apresenta, descansam, não na experiência, mas somente na razão [...]. Se só a razão produziu em seu seio tais ideias, a ela corresponde dar conta de sua validade ou de sua ilusão.

KANT, Immanuel. *Crítica da razão pura.* São Paulo: Martin Claret, 2009.

- Explique, com base nesse fragmento, como Kant entende a experiência e a razão.

Métodos e modelos do saber filosófico (II)

Vejamos agora os métodos e modelos mais atuais, desenvolvidos ao longo do século XX.

Método analítico-linguístico

Esse método surgiu no século XX, no contexto do neopositivismo, e também é denominado "filosofia da linguagem". A linguagem é o modo de expressão da vida humana, portanto também da filosofia e da ciência, e por isso deve ser o ponto de partida de qualquer reflexão.

A linguagem tem diversos usos, cada um com suas próprias regras. Ludwig Wittgenstein (1889-1951), um dos principais representantes dessa filosofia, chama a isso de "jogos linguísticos". Os problemas surgem quando não se aplicam corretamente esses usos e regras.

Segundo os pensadores neopositivistas, isto é o que ocorreu com a filosofia: pretender aplicar as regras do uso científico da linguagem a realidades que vão além dos dados empíricos.

Por isso, segundo eles, a missão fundamental da filosofia consiste em esclarecer e explicar os usos da linguagem, assim como seus limites e possibilidades. A filosofia se converte em uma espécie de "juiz-tribunal" que determina que usos sejam ou não corretos e legítimos.

Definitivamente, trata-se de uma tarefa exclusivamente formal e de análise linguística, carente de conteúdo concreto. Algo que nada tem a ver com o sentido clássico da filosofia (*doc. 12*).

Método fenomenológico

A fenomenologia é um movimento filosófico que pretende investigar e descrever diretamente os fenômenos, de acordo com o que a consciência experimenta.

O método fenomenológico é também um dos mais atuais, de grande influência nas correntes filosóficas de nosso tempo. Seu criador foi o alemão Edmund Husserl (1859-1938).

Husserl busca superar o idealismo em que havia desembocado a filosofia de Kant – sobretudo com seus seguidores – e recuperar o mundo das coisas. Para isso, era necessário um novo método, com uma forma diferente de olhar o mundo, que fosse capaz de deixar de lado as ideias preconcebidas e as teorias explicativas prévias.

O método fenomenológico pretende deixar todos os dados prévios em segundo plano e ater-se aos "fenômenos" tal como se apresentam, para tentar captar o essencial por meio deles, a verdadeira essência das coisas, tal como são real e verdadeiramente.

Método hermenêutico

Como método e corrente filosófica, constitui-se com as contribuições de filósofos como Wilhelm Dilthey (1833-1911), Martin Heidegger (1889-1976), Hans-Georg Gadamer (1900-2002) e Paul Ricoeur (1913-2005). Em sua origem, a hermenêutica, do termo grego *hermeneuo* (compreender, interpretar), era uma técnica empregada para interpretar e compreender textos antigos. Para isso, era preciso conhecer o contexto histórico e cultural em que haviam sido escritos.

A hermenêutica converte-se em método e corrente filosófica propriamente quando se considera que essa técnica é absolutamente necessária para explicar qualquer fenômeno humano, portanto, imprescindível para as ciências humanas ou sociais. Da mesma forma que as ciências naturais têm seu próprio método (o experimental), o método adequado às ciências humanas é o hermenêutico. Dilthey escreveu: "Explicamos a natureza (explicações causais), compreendemos o espírito".

Para entender os fenômenos e as realidades propriamente humanas, é necessário conhecer e interpretar seu contexto histórico, social, cultural, linguístico, etc. Ao mesmo tempo, é necessário superar o relativismo a que a historicidade de toda interpretação pode nos conduzir, e para isso há que definir as condições de validade da interpretação concreta.

Doc. 12

Os limites da filosofia

O verdadeiro método da filosofia seria propriamente este: não dizer nada, mas aquilo que se pode dizer; ou seja, as proposições da ciência natural – algo, pois, que não tem nada a ver com a filosofia –; e sempre que alguém quiser dizer algo de caráter metafísico, demonstrar-lhe que não concedeu significado a certos signos em suas proposições.

Este método deixaria descontentes aos demais – pois não teriam o sentimento de que estávamos ensinando-lhes filosofia –, mas seria o único estritamente correto [...]. Sobre o que não se pode falar, o melhor é calar-se.

WITTGENSTEIN, Ludwig. *Tractatus logico-philosophicus*. São Paulo: Edusp, 2001.

- Explique a posição de Wittgenstein nesse texto.

Wittgenstein desenvolveu estudos valiosíssimos nos campos da filosofia da linguagem e da lógica. >

Photo Researchers/Latinstock

Critérios de verdade

Verdade racional e valor da reflexão pessoal

Os critérios de verdade nos permitem saber se uma afirmação ou uma teoria é válida somente para o mundo privado ou se pode ser considerada uma verdade universal. Cada uma das "doutrinas" filosóficas deve considerar que uma teoria que tenta descrever ou explicar a realidade deve ser submetida à prova para comprovar a força de suas evidências.

Critérios básicos

A seguir veremos alguns critérios que nos ajudam a analisar e decidir sobre as distintas teorias filosóficas, pois é necessário saber como podemos nos orientar nessa pluralidade de opiniões.

- As teorias filosóficas descritivas – por exemplo, as que utilizam o método fenomenológico – devem cumprir os mesmos critérios de outras ciências descritivas – psicologia, botânica, zoologia –, ou seja, as descrições devem ser objetivas, completas, sistemáticas e ajustadas.
- As descrições precisam aproveitar os conhecimentos de outras ciências, pois do contrário podem ser superficiais. Por exemplo, a descrição do comportamento humano que não leve em conta o que sabemos de neurologia será sempre parcial.
- Os conceitos utilizados devem ser bem definidos e indicar se são meramente descritivos ou se remetem a alguma propriedade real das coisas. Por exemplo, a descrição da superfície de uma mesa feita por um fenomenologista vai mostrá-la como um objeto real sólido, visto de distintas perspectivas e que é útil, que nos permite ter ao alcance das mãos para usar. Já um físico vai referir-se à configuração da matéria e da energia. A descrição não pode esquecer que está se referindo ao mundo dos fenômenos, de como as coisas aparecem diante do olhar humano, não à realidade em si.

- Quando adotamos teorias sobre a realidade, devemos submetê-las à prova. Por exemplo, Jean Piaget, importante pensador suíço (1896-1980), tentou submeter à prova a teoria das categorias de Kant. Os conceitos fundamentais com os quais pensamos a realidade – por exemplo, a causalidade – estão nas coisas, como acreditava Aristóteles, ou são as formas que nos permitem pensar forçosamente as coisas?
- Uma teoria filosófica deve ter coerência interna e externa, ou seja, ser compatível com o que as teorias científicas nos dizem.
- A capacidade crítica de uma teoria é um signo de garantia.
- Toda teoria permite tirar dela conclusões que podem também ser submetidas à crítica.
- A filosofia como humanização da realidade deve justificar sua validade pelo modo como concebe essa humanização. O caso mais importante dessa tarefa será discutido quando tratarmos da criação ética.

⌄ *Noite estrelada* (1889), de Vincent van Gogh (1853-1890). Os pintores impressionistas e pós-impressionistas, como Van Gogh, preocuparam-se em reproduzir a luz e o movimento, abandonando a busca pela reprodução da realidade em sentido restrito.

MoMA, Museu de Arte Moderna de Nova York

▪ Saiba mais ▪

Conferir significado à realidade

Há critérios que nos permitem "preferir racionalmente" algumas teorias a outras. No entanto, devem-se lembrar **a importância e o interesse que "filosofias autoanalíticas"** têm, isto é, as meditações e reflexões filosóficas sobre a realidade, a situação do ser humano no mundo, porque, ainda que sua verdade não possa demonstrar-se, permitem-nos interpretar a realidade e a vida de modo mais rico, mais novo ou mais promissor.

Há uma parte do esforço filosófico que consiste não em conhecer a realidade, mas em conferir-lhe significados, em **fazê-la habitável, humana.**

- Em sua opinião, qual é a importância das reflexões filosóficas pessoais?

Aprender a ler filosofia

▪ Detectar preconceitos

Quando lemos ou escutamos alguma coisa, podemos interpretá-la com base em nossos preconceitos, o que nos impede de obter uma verdadeira compreensão sobre ela. O ruim é que às vezes assimilamos os preconceitos a tal ponto que não nos damos conta de que os temos. Por isso é tão importante detectá-los. Isso é especialmente importante durante a adolescência. O pior é quando não os reconhecemos. Assim pensava o importante sociólogo brasileiro Florestan Fernandes, que identificava a dificuldade de combater o preconceito na sociedade brasileira porque no nosso país desenvolvemos o preconceito de ter preconceito.

Saímos da infância seguros de muitas coisas, sem saber explicar por quê. Quem decide o que penso? Meus pais, meus amigos, a moda, os meios de comunicação?

Ortega y Gasset explica que nossa situação é parecida com a de um explorador que se encontra em meio a uma selva: "Não é que o homem se desoriente, se perca em sua vida, mas que a situação do homem, a vida, é desorientação. A ideia de orientação é mais radical, mais profunda e prévia que a ideia de saber, e não vice-versa". Essa selva na qual nos encontramos é formada por ideias, crenças e opiniões que temos ao chegar à adolescência. Algumas serão adequadas, e outras, preconceituosas. Chamam-se "preconceitos" aquelas crenças não justificadas que incluem juízos prévios de valor (pré-juízos).

1. Preconceitos

Na Rodésia, um caminhoneiro branco, ao passar junto a um grupo de indígenas ociosos, murmurou: "São umas bestas preguiçosas". Poucas horas mais tarde, viu outros nativos que carregavam sobre um caminhão sacos de cereais que pesavam cerca de cem quilos, cantando ritmicamente enquanto realizavam o trabalho. "São selvagens", grunhiu, "O que mais se pode esperar deles?". [...]

Há várias definições de preconceito: "pensar mal de outras pessoas sem motivo suficiente" ou "um sentimento, favorável ou desfavorável, a respeito de uma pessoa ou coisa, anterior a uma experiência real ou que não está baseada nela". Mas uma pessoa engenhosa definiu o preconceito adequadamente ao dizer: "é estar seguro de algo que não se sabe".

ALLPORT, Gordon W. *La naturaleza del prejuicio*. Buenos Aires: Universitaria de Buenos Aires, 1977.

1. Defina "preconceito" com suas próprias palavras.

2. Qual é o tipo de preconceito detectado no texto?

Uma das chaves para ler e compreender um texto filosófico consiste em tentar relacionar o que o texto diz com algo que já saibamos. Trata-se de buscar algo semelhante sobre o qual trabalhar.

2. A minoridade

Com frequência, os seres humanos, apesar de a natureza os ter livrado desde tempos atrás de condução alheia, permanecem com gosto sob ela ao longo da vida, em virtude da preguiça e da covardia. Por isso é muito fácil para os outros instituírem-se como tutores. É tão cômodo ser menor de idade! Se tenho um livro que pensa por mim, um sacerdote que substitui minha consciência moral, um médico que pensa sobre minha dieta, e assim sucessivamente, não necessitarei do próprio esforço.

Basta pagar, não tenho necessidade de pensar; outro tomará meu posto em tão aborrecida tarefa.

KANT, Immanuel. *¿Qué es la Ilustración? y otros escritos de ética, política y filosofía*. Madrid: Alianza, 2004.

3. O que significa dizer que a natureza libera os homens da necessidade de condução alheia?

4. Explique a mensagem fundamental que o texto transmite.

3. A submissão das massas

Erich Fromm (1900-1980), famoso pensador alemão, escreveu um livro intitulado *O medo da liberdade*, para demonstrar que muitos seres humanos preferem obedecer em lugar de ter de decidir por si mesmos. Isso explica em parte por que Adolf Hitler (1889-1945), o ditador da Alemanha nazista entre 1934 e 1945, conseguiu submeter o povo alemão. Todos os ditadores desejam que os indivíduos se mantenham em uma "minoridade perpétua". O texto seguinte é um fragmento do livro de Hitler que expressa a doutrina nazista.

Como uma mulher que prefere submeter-se ao homem forte em lugar de dominar o fraco, assim as massas amam mais a quem manda que a quem pede, e se sentem mais satisfeitas por uma doutrina que não tolera rivais que pela liberdade dos regimes democráticos; com frequência, se sentem perdidas ao não saber o que fazer com a liberdade.

HITLER, Adolf. *Mi lucha; Mein Kampf, discurso desde el delirio.* Barcelona: Fapa, 2003.

Parte da juventude alemã se sentiu fascinada por Hitler, que lhe dizia que os alemães pertenciam a uma raça superior e que deveriam dominar o mundo. Isso conduziu à Segunda Guerra Mundial, conflito em que morreram mais de 50 milhões de pessoas.

A consciência crítica, a atitude filosófica verdadeira, a busca da verdade universal – e não racista – poderiam tê-la evitado.

5. Que preconceitos estão presentes neste texto?

6. No texto de Hitler aparece a palavra "massa". Que significado se pode extrair dessa palavra segundo o texto? Hitler respeitava as massas?

7. Indique se são verdadeiras [V] ou falsas [F] as seguintes afirmações sobre os textos 2 e 3.
Justifique sua resposta.
a) A "massa" tem relação com a "minoridade".
b) Pensar por si mesmo requer esforço.
c) As "massas" são o conjunto dos cidadãos cultos e livres.
d) O poder das massas é o ideal da democracia.
e) A massa é uma entidade despersonalizada.

A genialidade de Chaplin conseguiu ilustrar de forma cômica um modelo político cruel e autoritário.

4. A força das massas

O peculiar do momento é que a alma vulgar, sabendo-se vulgar, tem o denodo de afirmar o direito da vulgaridade e o impõe onde quer. A massa arrola tudo o que é diferente, ilustre, individual, qualificado e seleto. Quem não seja como todo mundo, quem não pense como todo mundo corre o risco de ser eliminado.

ORTEGA Y GASSET, José. *A rebelião das massas.* São Paulo: Martins, 2002.

8. Explique a relação que existe entre as seguintes ideias que apareceram nos textos anteriores: minoridade, preguiça e covardia, medo da liberdade, massa, direito à vulgaridade, democracia.

9. Assinale se são verdadeiras [V] ou falsas [F] as seguintes afirmações referentes ao texto 4.
Justifique sua resposta.
a) O cidadão deve ser vulgar.
b) O bom cidadão mantém-se crítico, livre e autônomo.
c) O bom cidadão é aquele que se submete à massificação.
d) As massas devem chegar ao poder.
e) Quem não pertence à massa não faz parte da democracia.
f) O filósofo não é um bom cidadão porque não faz parte da massa.

Uma das grandes decisões que devemos tomar é entre nos "massificarmos" ou nos "diferenciarmos". Entre nos deixarmos levar pelos demais ou sermos donos da própria vida. Entre nos refugiarmos na massa ou nos empenharmos em ser livres. O que decidimos é assunto pessoal e vai além, faz parte de nossa vida real.

Buscar a verdade com um filósofo da ciência

▪ Uma busca sem fim

Karl Popper foi um dos grandes filósofos da ciência que colaboraram enormemente para o desenvolvimento do conhecimento humano, mostrando caminhos para a sua compreensão. Em sua autobiografia, ele comenta que nunca chegamos a verdades absolutas em toda a história do conhecimento, com exceção das matemáticas. A história da ciência é uma procura por teorias mais bem corroboradas.

1. Episteme e doxa

O antigo ideal científico da episteme – de um conhecimento absolutamente seguro e demonstrável – comprovou ser um mito. A petição de objetividade científica torna inevitável que todo enunciado científico seja provisório para sempre; sem dúvida, cabe corroborá-lo, mas toda corroboração é relativa a outros enunciados que são, por sua vez, provisórios. São insolúveis nossos problemas intelectuais? Não penso assim. A ciência nunca persegue a ilusória meta de que suas respostas sejam definitivas, nem sequer prováveis; antes disso, seu avanço se encaminha para uma finalidade infinita – e, no entanto, alcançável –, a de descobrir incessantemente problemas novos, mais profundos e mais gerais, e de sujeitar nossas respostas (sempre provisórias) a contestações constantemente renovadas e cada vez mais rigorosas.

POPPER, Karl. *A lógica da pesquisa científica.* São Paulo: Cultrix, 2000.

1. Explique o sentido do trecho que vai de: "O antigo ideal científico da **episteme**" até "provisório para sempre;".

2. A que conclusão Popper chega nesse texto?

A ciência natural – a diferença da matemática pura – não é ciência ou episteme. E isto não porque seja uma **techné**, mas porque pertence ao âmbito da **doxa**, da mesma forma que os mitos. Creio que é fértil para a compreensão da história das ideias perceber que a ciência natural pertence ao âmbito da doxa, ainda que havia pouco tempo a tomavam equivocadamente por episteme.

POPPER, Karl. *Conjecturas e refutações.* Brasília: Ed. da UnB, 2008.

3. Quais são as diferenças entre *episteme, doxa* e *techné*?

LSE Library/Wikimedia Commons

Karl Popper (1902-1994) foi um destacado filósofo da ciência, de origem austríaca e naturalizado britânico. Uma de suas maiores contribuições nesse campo foi o conceito de falsidade. Estudou e escreveu também sobre filosofia política e sociologia.

Glossário

Episteme: No mundo grego, conhecimento científico, de caráter superior e universal, elaborado pela intervenção da razão.

Techné: No mundo grego, técnica, arte ou método racional de produzir objetos ou de atingir fins.

Doxa: No mundo grego, opinião ou conhecimento limitado, fundamentado somente na informação proporcionada pelos sentidos.

2. Cultura e expectativas

Popper tinha uma ideia dinâmica e progressiva da realidade. Acreditava que ao longo da história haviam ocorrido três fatos imprevisíveis e inexplicáveis.

A partir do mundo inorgânico emergiu a **vida**; a partir da vida emergiu a **consciência**; a partir da consciência emergiu a **linguagem** e, graças a ela, a **ciência e a cultura**. Acreditava que a teoria da evolução de Darwin poderia ser interpretada de forma otimista, como uma "**ampliação da liberdade**". A cultura prolonga conscientemente a evolução. Segundo Popper, todos nascemos com uma bagagem de conhecimentos anterior a toda experiência.

Todo organismo tem reações ou respostas inatas e, entre estas, respostas adaptadas a fatos iminentes. Podemos chamar a estas respostas "expectativas", sem que implique que tais expectativas sejam conscientes. Um exemplo de tais expectativas o teríamos na tendência a encontrar regularidades, a qual corresponde à lei da causalidade que Kant considerava parte de nosso conjunto categorial.

POPPER, Karl. *Conjecturas e refutações.* Brasília: Ed. da UnB, 2008.

4. Retome o que estudou sobre a linguagem e a cultura (no capítulo 3) e sobre os conceitos e categorias. Você concorda com essas opiniões de Popper? Explique por quê.

A vida tropeça continuamente em problemas. Por essa razão, Popper considera que todas as formas atuais de vida são, de alguma maneira, soluções dadas a problemas.

O que é o olho?

Uma solução para o problema de captar informação do entorno.

O que é a democracia?

Uma forma de resolver o problema da convivência pacífica e justa.

As soluções vão encontrando um procedimento de ensaio e erro, muito parecido à "seleção natural" de que falava Darwin.

Algo semelhante acontece com as teorias científicas ou filosóficas. Começam sempre por uma "conjectura", ou seja, uma suposição, uma hipótese.

Mas Popper considera que o passo seguinte não é "confirmá-la", mas, ao contrário, tentar "refutar" a conjectura, ou seja, demonstrar que não está certa.

Por que afirma isso?

Porque considera que é um critério mais confiável. No caso de haver uma lei que não funcione, esse fato tem mais força demonstrativa que os milhares de casos que a confirmem.

O método da ciência é o método de conjecturas audazes e engenhosas seguidas por tentativas rigorosas de refutá-las. O que podemos fazer é buscar o conteúdo de falsidade de nossa melhor teoria, coisa que levamos a cabo tentando refutá-la, ou seja, tentando contrastá-la de um modo rigoroso à luz de todos os nossos conhecimentos objetivos e de todo nosso engenho. Se não conseguimos refutar a nova teoria, especialmente nos domínios em que a sua percussora foi refutada, então podemos tomar isto como uma das razões objetivas a favor da conjectura de que a nova teoria constitui uma aproximação à verdade melhor que a velha.

Nunca podemos justificar racionalmente uma teoria, ou seja, a pretensão de que conhecemos sua verdade; mas, se temos sorte, podemos justificar racionalmente a preferência provisória de uma teoria, sobretudo um conjunto de teorias rivais; ou seja, respeito ao estado atual da discussão.

POPPER, Karl. *Conhecimento objetivo*. Belo Horizonte: Itatiaia, s.d.

5. Explique a argumentação de Popper nesse texto.

Popper utilizou o modelo dos três mundos para explicar a relação entre a realidade física, a consciência e o mundo ideal. Colaborou com John Eccles (1903-1997), um grande neurologista, prêmio Nobel de Medicina, para tentar explicar o mistério da relação entre cérebro e consciência.

Popper sustentava que a consciência era um fenômeno novo que emergia da matéria, mas que não se reduzia a ela, e que produzia o mundo 3, mediante o qual podia interagir com a matéria.

Ele dizia que, quando um engenheiro faz uma ponte, está aproveitando as teorias matemáticas do mundo 3 para construir coisas com elementos do mundo 1 (ferro, cimento, motores, etc.).

Interessou-se também pela moral e pela política e foi um apaixonado defensor da "racionalidade crítica" como melhor forma de alcançar o conhecimento e organizar o comportamento humano. E acrescentou: "A escolha entre o racional e o irracional não é simplesmente uma questão intelectual ou de gosto: é uma questão moral".

Optar pela racionalidade é uma decisão moral porque modifica a atitude do indivíduo para com o resto da humanidade e para com os problemas da vida social.

A racionalidade permite a construção de uma sociedade aberta, oposta aos regimes totalitários e tirânicos.

6. Elabore um texto sobre as posições de Popper. Posicione-se a favor ou contra elas, e lembre-se de argumentar.

Buscar a felicidade com os filósofos

▪ A compaixão e o altruísmo

Ao falar dos sentimentos que favorecem a convivência e a realização do projeto comum de construir um mundo mais justo e solidário, os filósofos de maneira geral apresentam sempre dois deles: a compaixão e o altruísmo. A compaixão foi mal interpretada nos últimos tempos, porque se pensou que incluía um sentimento de superioridade em relação a quem sofre. Por isso se disse: "Não quero compaixão, quero justiça". Mas a verdadeira compaixão consiste em "se sentir solidário" à dor alheia e tentar remediá-la. É, portanto, um sentimento ativo, tão imprescindível que, quando alguém não o possui, é chamado de "desumano".

A maior parte das religiões está de acordo com essa apreciação. O budismo, por exemplo, considera que a "compaixão universal" para com todas as criaturas deve ser o sentimento básico de uma vida verdadeiramente humana.

1. A compaixão: do sentimento à virtude

Jean-Jacques Rousseau estudou muito os sentimentos. Para ele, "a razão faz o homem, mas é o sentimento quem o conduz". Rousseau deu grande importância à compaixão. Em uma obra intitulada *Emílio* ou *Da educação*, na qual descreve a educação de uma criança, ele afirma que é necessária uma "educação da piedade".

A piedade é aquele princípio que foi dado ao homem para suavizar, em determinadas circunstâncias, a ferocidade de seu amor-próprio ou o desejo de conservar-se antes que nascesse nele esse amor; acalma o ardor com que olha por seu bem-estar mediante uma repugnância inata ao ver sofrer semelhante.

ROUSSEAU, Jean-Jacques. *Discurso sobre a origem e os fundamentos da desigualdade entre os homens*. Porto Alegre: L&PM, 2008.

1. Explique com suas próprias palavras a definição de Rousseau para piedade.

Para Rousseau, a compaixão ou piedade é um sentimento inato. A isso o filósofo acrescenta algo importante: para ele, o que distingue o ser humano dos animais é a "faculdade de aperfeiçoar-se".

Faculdade que, com a ajuda das circunstâncias, desenvolve sucessivamente todas as demais, e reside em nós tanto na espécie como no indivíduo.

Essa afirmação é muito interessante. Todas as faculdades que temos podem ser aperfeiçoadas pela educação, bem como a capacidade de sentir.

Os afetos sociais só se desenvolvem em nós por meio da inteligência.

A piedade, ainda que natural ao coração humano, permaneceria eternamente inativa se a imaginação não a pusesse em movimento. Como nos deixamos comover pela piedade? Transportando-nos fora de nós mesmos, identificando-nos com o ser que sofre.

ROUSSEAU, Jean-Jacques. *Ensaio sobre a origem das línguas*. Campinas: Unicamp, 2008.

2. Como Rousseau entende o aperfeiçoamento da piedade?

Mas ainda se deve dar um passo a mais. Por ser um sentimento, a compaixão tem de converter-se em uma **virtude ativa**, fundamentada na percepção da vulnerabilidade humana. Não basta compadecer-se. A verdadeira compaixão tem de ser uma conduta solidária. Assim, transforma-se em um dos fundamentos afetivos da moral. Além disso, a compaixão é o grande antídoto contra a crueldade e a violência.

Podemos chamar morais a todas as intuições que nos informam sobre o melhor modo de nos comportarmos para resistir mediante a consideração e o respeito à extrema vulnerabilidade das pessoas. As éticas da compaixão advertiram muito bem de que esta profunda vulnerabilidade reivindica que se garantam a atenção e a consideração recíprocas.

HABERMAS, Jürgen. *Escritos sobre moralidad y eticidad*. Barcelona: Paidos Iberica, 1998.

3. Qual é a relação entre vulnerabilidade humana e comportamento moral?

4. Explique o raciocínio de Habermas nesse texto.

Pessoas recebem alimento após forte terremoto no Chile, em 2010. Não basta compadecer-se. A verdadeira compaixão tem de prolongar-se nas condutas de ajuda.

2. Imperativo

A compaixão é a virtude em que desembocam imperativos surgidos do contraste entre a dignidade reclamada e essa mesma dignidade vexada ou contradita.

Digamos então que é preciso tratar o outro como se ainda não tivesse alcançado sua dignidade [...]. Ou, o que dá na mesma, comportemo-nos de tal modo que poupemos o outro da dor de sua humilhação, ou de forma tal que o outro possa recuperar sua dignidade arrebatada. No fundo, se resume a um imperativo último: aja sempre com a consciência de sua própria dignidade.

ARTETA, Aurelio. *La compasión: apología de una virtud bajo sospecha*. Barcelona: Paidos Iberica, 1996.

5. O que é a "dignidade reclamada"?

6. Explique com suas palavras o sentido do imperativo que aparece no texto.

Moradores de rua recebem comida servida pelo grupo Anjos da Noite, em São Paulo, em 2003. Ações solidárias são movidas pela compaixão.

3. O altruísmo

Outro sentimento fundamental para a moral é o altruísmo, o ímpeto desinteressado em ajudar aos demais. Os filósofos tiveram diferentes ideias sobre os seres humanos. Thomas Hobbes acreditava que "o homem em seu estado de natureza vivia em estado de guerra de todos contra todos", e que o egoísmo e o medo eram os sentimentos que regiam a convivência. Mas outros filósofos opinam que, junto ao egoísmo, sempre estão presentes a benevolência e o altruísmo:

Que não há só egoísmo, mas também boas inclinações para com os demais, em diversos graus, que nos fazem desejar sua felicidade como fim último, sem perspectiva alguma de felicidade privada; que temos um sentido moral ou uma determinação de nossa mente de aprovar todas as boas inclinações, sejam em nós mesmos ou nos demais, e todas as ações publicamente úteis que imaginemos provêm de tais inclinações, sem a perspectiva de nossa própria felicidade na aprovação destas ações.

HUTCHESON, Francis. Ilustrações sobre o senso moral. In: *Filosofia moral britânica*. Campinas: Ed. da Unicamp, 1996. v. 1.

Por mais egoísta que se possa supor o homem, existem evidentemente em sua natureza alguns princípios que o fazem interessar-se pela sorte de outros, e fazem com que a felicidade destes lhe resulte necessária, ainda que não derive dela nada mais que o prazer de contemplá-la.

SMITH, Adam. *A teoria dos sentimentos morais*. São Paulo: WMF Martins Fontes, 1999.

7. Discuta e compare a visão de Hobbes com as de Hutcheson e Adam Smith acerca dos sentimentos naturais dos homens.

Os antropólogos consideram que há no ser humano agressividade e benevolência, amor e ódio:

Não somente aquelas pulsões vinculadoras que experimentamos, como amor ao próximo, são de data mais recente que a agressão, mas que tais pulsões foram ademais a causa de uma tremenda diferenciação de nosso comportamento social. O maravilhoso desenvolvimento da civilização está baseado na cooperação e no apoio mútuo. Com a faculdade de amar, os vertebrados superiores se elevaram por cima da agressão e chegaram a um nível evolutivo que se deve valorizar como "superior" ou mais alto. Se não tivéssemos mais que a agressão, é provável que ainda estivéssemos na etapa dos répteis.

EIBL–EIBESFELDT. Irenäus. *Amor y odio*; historia natural del comportamiento humano. Barcelona: Salvat, 1987.

8. Comente o seguinte trecho do texto acima: "O maravilhoso desenvolvimento da civilização está baseado na cooperação e no apoio mútuo".

Filosofia jovem

▪ Rebeldia ou submissão

Ouvimos com frequência que "a juventude é a época da rebeldia". O que significa essa expressão? Ela é verdadeira? Ou é mais acertado dizer: "A juventude deveria ser a época da rebeldia"?

Desde muito pequenas, as crianças querem conseguir maior autonomia; por isso, em seus primeiros anos são especialistas em dizer "não". Não querem que lhes deem de comer, não querem ser conduzidas pela mão, não querem dormir. Na adolescência, a rebeldia é mais consciente. É o momento de tomar conta da própria liberdade, enquanto se está vivendo sob a autoridade e a economia familiar, o que dá lugar a tensões, conflitos e, em certas ocasiões, a comportamentos injustos ou de desconsideração. Por essa razão, esse tema é fundamental em um tratado de "filosofia jovem".

1. O triunfo da rebeldia

"Rebeldia" se opõe a "obediência" e a "submissão". Contra o que ou contra quem se pode ser rebelde?

Todas as grandes conquistas da liberdade foram conseguidas por pessoas que se rebelaram. Por exemplo, em 1º de dezembro de 1955, na cidade de Montgomery (Alabama, Estados Unidos), Rosa Parks, uma costureira negra, decidiu rebelar-se contra uma norma que considerava injusta, e não se levantou do assento que ocupava no ônibus. A lei dizia que os negros só podiam ocupar os assentos no fundo do veículo, e desde que não houvesse um branco de pé. Rosa ocupou seu lugar, mas um jovem branco não encontrou assento. O motorista do ônibus exigiu aos negros que se levantassem. E Rosa decidiu permanecer sentada. Foi presa. Martin Luther King, um dos principais ativistas norte-americanos pelos direitos dos negros em seu país, se uniu ao protesto. A população negra de Montgomery também se rebelou e fez um boicote aos transportes públicos. Quase um ano depois, o Supremo Tribunal dos Estados Unidos declarou inconstitucional a lei de segregação nos ônibus públicos. A rebeldia de Rosa Parks triunfou.

1. Por que a rebeldia é justificada nesse caso? Você conhece algum outro caso de rebeldia justificável? Se não, com a orientação de seu professor, faça uma pesquisa sobre o assunto.

2. Atravessar uma fronteira

Toda rebeldia é boa? Toda obediência é má? Como podemos decidir? Albert Camus, prêmio Nobel de Literatura, um dos escritores mais comoventes do século XX por sua luta pela dignidade dos seres humanos, escreveu um livro intitulado *O homem revoltado*:

O que é um homem rebelde? Um homem que diz não. Mas, se recusa, não renuncia. É também um homem que diz sim, desde seu primeiro movimento. Um escravo, que recebeu ordens toda vida, considera inaceitável uma nova ordem. Qual é o conteúdo desse "não"? Significa, por exemplo: "as coisas duraram demais"; "até aqui, sim; além disso, não"; "foi muito longe";"há um limite que não podem ultrapassar". Em suma, esse "não" afirma a existência de uma fronteira.

O movimento do rebelde se apoia, ao mesmo tempo, na recusa categórica de uma intromissão julgada intolerável e na certeza confusa de um direito, mais exatamente, a impressão no rebelde, de ter, de alguma maneira, razão. Por isto, o escravo rebelde diz, ao mesmo tempo, sim e não. Afirma, ao mesmo tempo que a fronteira, tudo o que suspeita que deva preservar do lado de cá da fronteira. Demonstra, com obstinação, que há nele algo que "vale a pena...", que pede para ser atendido. De certo modo, opõe à ordem que o oprime uma espécie de direito a não ser oprimido além do que pode admitir.

CAMUS, Albert. *O homem revoltado*. Rio de Janeiro: Record, 1996.

Quando se opõe à injustiça, a rebeldia é válida, inclusive eticamente justificável. Parece que encontramos um critério: sempre serão válidas as rebeldias justas.

2. Explique o que o rebelde afirma e o que ele nega, segundo o texto de Camus.

3. Que ideia ou valor pode representar a fronteira citada no texto?

Albert Camus (1913-1960), escritor franco-argelino, em 1947.

3. Definições

Qual é a diferença entre "obediência" e "submissão"?

Obediência é fazer o que manda outra pessoa, cumprir uma ordem ou uma lei. Submissão é a atitude daquela pessoa que, por situação ou caráter, se deixa guiar por outra. Entre ambos os comportamentos há uma diferença importante. A obediência pode ser crítica, ou seja, capaz de refletir sobre a ordem dada, ou o respeito aos diversos níveis hierárquicos que encontramos nas diversas instituições de nossa sociedade. A submissão não apresenta senso crítico. O submisso obedece cegamente. "Submisso" significa submetido, escravizado. Depois da Segunda Guerra Mundial, muitos nazistas que tinham colaborado no extermínio dos judeus se defenderam alegando que sua obrigação era obedecer.

4. É lícito cometer um crime apelando à "obediência devida"? Discuta sua resposta com base no exemplo dado anteriormente.

Rebelar-se é uma ação que busca a independência, a autonomia, ou o desaparecimento de uma coação injusta. Sua legitimidade ou ilegitimidade depende, portanto, do motivo pelo qual alguém se rebela.

4. A assertividade

Parece claro que devemos nos revoltar contra algumas coisas e obedecer a outras. Mas manter a postura de equilíbrio na vida diária é, às vezes, muito difícil. Chama-se assertividade a maneira apropriada de nos afirmarmos diante de outros. É importante saber como fazê-lo, porque se deve fugir de duas possibilidades extremas, que são negativas: afirmar-se diante dos demais agressivamente ou deixar-se levar pelos demais. A assertividade consiste em afirmar nossa postura, nossa personalidade, nossos projetos e nossos direitos de maneira justa. Há três formas de colocá-la em prática:

- **Deixar que os demais saibam como nos sentimos**, de maneira que não se sintam ofendidos, mas que nos permitam expressar nosso ponto de vista.
- **Saber dizer "não"**, com firmeza, sem incomodar, mas sem temer incomodar. Quase todos fomos alguma vez um pouco tímidos e nos custou dizer "não" quando nos pediram algo. No entanto, não há outra solução além de aprender a fazê-lo quando é necessário, quando sabemos que devemos dizer "não". Essa é uma condição indispensável para conseguir a autonomia e a liberdade pessoal. Devemos lembrar de um conselho sábio: "Não se podem contentar todas as pessoas sempre".
- **Saber defender nossos direitos**, e também os direitos dos demais. É uma condição imposta pela consciência de nossa própria dignidade.

O modo de vida nobre e desejável que estamos tentando construir se baseia na ideia de **dignidade**, em que reconhecemos, respeitamos e protegemos a dignidade dos demais, além da nossa. Apesar das dificuldades, dos erros, de nossos defeitos, devemos nos sentir orgulhosos de nossa própria dignidade. É a mais profunda razão de nossa **autoestima**.

É preciso assinalar que a rebelião não cria só e forçosamente o oprimido, mas pode nascer também diante do espetáculo da opressão de que outros são vítimas.

CAMUS, Albert. *O homem revoltado*. Rio de Janeiro: Record, 1996.

5. Explique em que consiste a assertividade.

6. Relacione esse fragmento de Camus com a ideia de dignidade humana.

Escrever um *blog* filosófico

Continue a reflexão pessoal em seu *blog* ou diário de "filosofia jovem", comentando contra o que os adolescentes se rebelam ou deveriam se rebelar: contra os pais / contra as normas impostas por eles / contra as modas / contra a pressão do grupo / contra as injustiças, etc.

O conhecimento metafísico

Temas da metafísica
- O conhecimento, a alma, Deus, o bem, o mal, a liberdade, a realidade, a morte, o sentido da vida, etc.

As grandes áreas do conhecimento metafísico:
- Ontologia.
- Gnosiologia.
- Ética.

A ontologia
- Seu objetivo formal é estudar o ser.

Problemas da ontologia
- Usam-se conceitos ou entidades que podem ser reais ou irreais.

Ontologia e gnosiologia

A primeira tarefa da ontologia: esclarecer termos
- É tarefa da ontologia a busca das definições reais de termos como categorias; ser; ente; substância e acidente; matéria e forma; essência e existência; causa e efeito.
- As definições reais são formadas pela linguagem filosófica e também pela língua coloquial.

A passagem da ontologia à gnosiologia
- Os conceitos real/irreal introduzem a segunda parte da metafísica: a gnosiologia.
- A consciência introduz um novo modo de realidade.
- Deve-se distinguir entre os seres reais, a consciência e os seres intencionais que se dão na consciência.

Deus como um problema ontológico

O estudo de Deus
- Teologia é a ciência que trata de Deus.

O problema da existência de Deus
- Posturas: ateísmo, teísmo, panteísmo e agnosticismo.

O assombro diante da existência da realidade
- A filosofia pode admitir uma existência que é em si mesma.

A filosofia primeira
- A ontologia tinha de estudar os princípios fundamentais da realidade.
- Tentou-se baseá-la nos seres reais, na consciência e em Deus.

Métodos e modelos do saber filosófico ▶

Método maiêutico
- A verdade se atinge pelo diálogo ponderado e baseado em argumentos.

Método empírico-racional
- A busca da verdade deve partir da experiência externa (empírica).

Método racionalista
- A razão tem primazia na justificativa do conhecimento.
- Encontrar uma verdade primeira e extrair dela as demais.

Método empirista
- Verdades de razão e verdades de fato são a fonte do conhecimento, e nunca podem ser comprovadas.

Método transcendental
- Baseia-se em uma síntese superadora do empirismo e do racionalismo.

▶

Método analítico-linguístico
- A filosofia deve esclarecer os usos da linguagem, seus limites e possibilidades.

Método fenomenológico
- Pretende captar a verdadeira essência das coisas.

Método hermenêutico
- Procura interpretar e compreender qualquer fenômeno humano.

Critérios de verdade

Verdade racional e valor da reflexão pessoal
- Há critérios racionais que nos permitem preferir algumas teorias, sem esquecer a importância das "filosofias autobiográficas".

Critérios básicos
- Descrições objetivas, completas, sistemáticas e ajustadas.
- Conceitos bem definidos.
- Submissão das teorias à prova.
- Coerência interna e externa.
- Capacidade para criticar e para resolver as críticas.
- Suas conclusões podem também ser submetidas à crítica.

1. Defina os seguintes conceitos e dê um exemplo de cada um deles.

    a) Categoria

    b) Ser

    c) Substância e acidente

    d) Matéria e forma

    e) Essência e existência

2. Explique o sentido do seguinte fragmento e responda às questões:

> A internet está fomentando modelos de sujeito que admitem a multiplicidade e a flexibilidade. Reconhecem que a realidade (meu eu e os outros) é construída.
>
> Anima-nos a pensar-nos a nós mesmos como fluidos, emergentes, descentralizados, múltiplos, flexíveis e sempre em processo.
>
> TURKLE, Sherry. *A vida ecrã*. Lisboa: Relógio d'Água, 1997.

    a) O que quer dizer "a realidade é construída"?

    b) Você concorda com a opinião exposta no texto? Justifique sua resposta.

Adolescente do Ensino Médio usando o computador.

3. Leia o seguinte texto de Ludwig Wittgenstein e responda às perguntas:

> Os seres humanos têm tendência a combater os limites da linguagem. Penso, por exemplo, no assombro de que exista algo. Esse assombro não pode expressar-se em forma de pergunta e tampouco há nenhuma resposta. Tudo o que possamos dizer é *a priori* sem sentido. Não obstante, arremetemos contra os limites da linguagem.
>
> WITTGENSTEIN, Ludwig. *Wittgenstein y el Círculo de Viena*. Cuenca: Ediciones de la Universidad de Castilla-La Mancha, 1998.

    a) Explique o raciocínio que Wittgenstein desenvolve nesse texto. O que esse autor quer dizer com "arremetemos contra os limites da linguagem"?

    b) Podemos relacionar esse fragmento com que método do saber filosófico? Por quê? Busque um documento neste capítulo que transmita uma ideia similar e explique a relação entre ambos os textos.

4. Explique o que é ontologia. Qual é o objeto formal da ontologia? E seu objeto material?

5. Leia o seguinte texto do filósofo francês René Descartes e responda às questões:

> Os que são generosos se veem levados naturalmente a fazer grandes coisas e, no entanto, a não empreender nada do que não se sintam capazes. E, como nada estimam mais que fazer o bem aos outros homens e menosprezam seu próprio interesse por este motivo, sempre são perfeitamente corteses, afáveis e serviçais com os demais. Por isso são inteiramente donos de suas paixões, especialmente de seus desejos, o ciúme e a inveja, porque não acreditam que haja algo cuja aquisição não dependa deles que valha o bastante para que se possa desejar muito.
>
> DESCARTES, René. *As paixões da alma*. São Paulo: Martins Fontes, 1998.

    a) Resuma as ideias básicas e a argumentação exposta nesse texto.

    b) Relacione esse texto com o que vimos na seção intitulada "A compaixão e o altruísmo".

6. Leia o seguinte texto da autobiografia de Karl Popper e responda às perguntas.

> Quando tinha vinte anos comecei como aprendiz de um velho maestro ebanista de Viena, chamado Adalbert Pösch, e trabalhei com ele de 1922 a 1924. Uma vez que ganhei sua confiança, me concedia com frequência, quando nos achávamos a sós em sua oficina, o benefício de sua inesgotável fonte de conhecimentos. Uma de suas práticas favoritas era fazer-me uma pergunta de história e respondê-la por si mesmo quando eu não sabia a resposta (apesar de que eu, seu aprendiz, era um estudante universitário – coisa que o orgulhava sumamente). "E você sabe, me perguntava, quem inventou as botas? Não foi Wallenstein, durante a Guerra dos Trinta Anos". Creio que aprendi mais sobre teoria do conhecimento de meu querido e onisciente mestre que de nenhum outro de meus professores. Ninguém fez tanto como ele por me converter em discípulo de Sócrates. Porque foi meu mestre quem me ensinou não só quão pouco sabia, mas também que qualquer que fosse o tipo de sabedoria a que eu pudesse aspirar, jamais tal sabedoria não podia consistir em outra coisa que em precaver-me mais de minha ignorância.
>
> POPPER, Karl. *Búsqueda sin término*. Madrid: Tecnos, 2007.

    a) Quem foi Karl Popper? Em que campo da filosofia ele se destacou?

    b) O que Popper quis dizer com a expressão "converter-me em discípulo de Sócrates"?

7. Releia o texto da introdução. Explique em que consiste a função da filosofia de "humanizar racionalmente a realidade". Escreva uma redação sobre esse tema considerando o que você estudou neste capítulo.

8

Indivíduo e sociedade

Introdução: indivíduos e redes sociais

A vida é possível graças à nossa capacidade de participar da experiência acumulada da humanidade.

A vida em sociedade nem sempre é harmoniosa. Ortega y Gasset dizia que há épocas ascendentes, em que aumentam as possibilidades vitais dos indivíduos, e épocas descendentes, marcadas por uma espécie de cansaço de viver e indiferença.

A "inteligência compartilhada" (a racionalidade social) iluminou o progresso ético, proporcionou maior autonomia e aumentou nossa responsabilidade social. Produz-se assim uma condição circular: nascemos na sociedade e temos obrigações com ela, mas essa mesma sociedade promove nossa individualidade e independência.

Ocorre o mesmo com a família, que é uma parte menor da sociedade na qual as relações afetivas são mais intensas. Jamais nos desligamos completamente dela, e, quando amadurecemos, nosso papel familiar cresce em importância e presença; simultaneamente nos tornamos mais livres.

O ser humano se empenha em conseguir cada vez mais poder e autonomia; entretanto, somente com a vida social podemos ser livres. Por isso todos devem colaborar com a sociedade.

Precisamos ter consciência de que nossa individualidade se realiza somente graças à vasta **rede social** em que estamos incluídos. Cada um de nós se insere nessa rede social, da qual recebemos e à qual entregamos conhecimentos, valores, ações, desejos e crenças.

Nossa atitude, todavia, depende de como nos comportamos como agentes (nodos). É possível agir como mero transmissor (receber e enviar sinais, mensagens), como receptor apenas ou como ator/sujeito transformador (recebendo e transformando algo novo para a rede).

Pensemos nas crenças básicas de uma socieda-

Passageiros na estação Consolação do metrô, na cidade de São Paulo, em 2005. Muitas pessoas buscam oportunidades nos grandes centros urbanos.

de, nos valores que defende ou promove; todos recebem informação de "atores influentes" (meios de comunicação, familiares, professores e amigos). Podemos (1) transmiti-la, ou seja, colaborar com eles; (2) recebê-la e bloqueá-la (por exemplo, quando não seguimos um conselho); (3) introduzir algo novo na rede (uma crítica, uma proposta).

É muito interessante fazer um plano de nossa rede pessoal: quem tem influência sobre mim? Colaboro ou bloqueio? Acrescento algo interessante a essa rede ou somente me deixo levar? A sociedade é a estrutura que torna possível a manifestação da condição humana em todo o seu potencial − que é individual, mas com uma imprescindível vinculação social.

Há milhares de anos, nossos antepassados passaram a viver em grupos. Somente assim puderam sobreviver. Atualmente, os humanos se concentram em grandes cidades, para onde são atraídos pela ilusão de possibilidades, buscando ajuda, trabalho e felicidade.

Mas sempre houve tensões. Um dos problemas morais que se apresentaram nas culturas foi o das relações entre o indivíduo e a sociedade. Que direitos tem o indivíduo em relação à sociedade? Que direitos tem a coletividade em relação ao indivíduo? O que se pode exigir mutuamente? Trata-se de questões realmente importantes.

Ao longo deste livro, procuramos discutir determinado projeto ético imbuídos da ideia de construir um mundo baseado no princípio da dignidade humana, de modo que estudamos seu desenho básico, os critérios com os quais vamos julgar sua eficácia.

Agora, vamos debater as possibilidades de aplicação desse projeto, mas em um plano material, ou seja, no mundo real, analisando as pessoas, as redes que estabelecem entre si e como encaram a convivência com seus semelhantes.

A dimensão social do ser humano

Sociologia: indivíduo e sociedade

O ser humano é um ser social e necessita viver em sociedade para desenvolver a inteligência e suas outras potencialidades. Por isso, o estudo da sociedade é um tema importante da filosofia, e devemos utilizar a contribuição dos conhecimentos sociológicos para analisar os conceitos, métodos e critérios de verdade filosóficos (*doc. 1*).

O termo "indivíduo" não se refere somente a um ser humano, mas a qualquer ser que pertença a uma espécie, seja animal, vegetal, unicelular ou pluricelular. No entanto, utilizamos esse termo para tratar mais especificamente do ser humano e para destacar sua condição singular. Tal especificidade é explicitada por perspectivas distintas:

- Para os deterministas biológicos, a parte única e própria de cada indivíduo é seu componente genético, do qual depende seu temperamento, reações nervosas, estrutura somática, aspecto físico, etc.
- Para os deterministas sociais ou educacionais, a particularidade de cada ser procede da cultura e do contexto social.
- Há também a visão de quem procura integrar as duas perspectivas anteriores, admitindo que há dois componentes essenciais que definem o que somos – o biológico e o cultural – e que ambas as dimensões constituem a realidade pessoal e individual de cada ser humano. Ou seja, nascemos com certas qualidades próprias, únicas e individuais, mas necessitamos confirmar essa condição biológica por meio de nossas relações interpessoais – sociais, políticas, culturais, artísticas, religiosas etc. (*doc. 2*).

A **sociedade** é, em um sentido amplo, o conjunto de indivíduos que interagem entre si, compartilhando uma série de fins, condutas ou traços culturais.

Embora os animais também vivam em grupos, a palavra "sociedade" costuma ser mais empregada para as formas de organização social próprias do ser humano, baseadas em sua natureza ou dimensão cultural, e não meramente natural. Por esse motivo, o **social** e o **cultural** se relacionam.

Por **cultura**, entendemos tanto as possibilidades exclusivas do ser humano oriundas de sua natureza inteligente e racional como o conjunto de atividades produzidas graças a elas. Em ambos os casos, cultura pressupõe **sociabilidade**.

As características culturais exclusivas do ser humano, como a linguagem, os valores, a possibilidade do conhecimento ou a busca de sentido, são consequência de sua vida em sociedade. Há uma base biológica e natural que as possibilita, mas, se elas não tivessem se desenvolvido em sociedade, não seriam o que são na realidade.

Já os primeiros filósofos se deram conta dessa relação. Aristóteles afirma em sua *Política*:

"A razão pela qual o homem é, mais que a abelha ou qualquer animal gregário, um animal social é evidente: a natureza, como costumamos dizer, não faz nada em vão, e o homem é o único animal que tem palavra [...]. A palavra é para manifestar o conveniente e o daninho, o justo e o injusto, e é exclusiva do homem, diante dos demais animais, ao ter, ele somente, o sentido do bem e do mal, do justo, etc.; e a comunidade dessas coisas é o que constitui a casa e a cidade".

Doc. 2

O duplo nascimento humano: biológico e social

Nascemos humanos mas isso não basta: temos também que chegar a sê-lo [...].

Ainda que não concedamos à noção de "humano" nenhuma especial relevância moral, ainda que aceitemos que também [...] são humanos e até demasiado humanos os tiranos, os assassinos, os estupradores brutais e os torturadores de crianças..., continua sendo certo que a humanidade plena não é simplesmente algo biológico, uma determinação genética [...]. Nossa humanidade biológica necessita de uma confirmação posterior, algo assim como um segundo nascimento no qual, por meio de nosso próprio esforço e da relação com outros humanos, se confirme definitivamente [...]. A possibilidade de ser humano somente se realiza efetivamente por meio dos demais, dos semelhantes, ou seja, daqueles aos quais a criança fará em seguida todo o possível para parecer-se.

SAVATER, Fernando. *O valor de educar*. São Paulo: Planeta do Brasil, 2005.

- Desenvolva uma reflexão sobre o conceito de "duplo nascimento".

Doc. 1

Ciências de fatos sociais

As ciências sociais estudam fatos sociais, como o ajudar ou o brigar, o matrimônio e o divórcio, a contratação e a dispensa de empregados, o trabalho e o roubo, a organização e a desorganização, a inovação e a resistência à inovação, a fundação e a dissolução de organizações, etc.

Isso faz que sejam "ciências de fatos", em contraste com a lógica e a matemática, as quais chamamos "ciências formais".

BUNGE, Mario. *Buscar la filosofía en las ciencias sociales*. Ciudad del México: Siglo XXI, 1999.

- Segundo o texto, quais as principais diferenças entre as ciências formais e as ciências sociais?

Os sistemas sociais

Um sistema é uma estrutura complexa; cada uma de suas partes ou componentes interage com os demais. Falamos de sistema digestório, de sistemas políticos ou de sistemas ecológicos. Um conjunto de pedras não forma um sistema; já um bosque forma um sistema ecológico, pois nele há a interação entre plantas, animais, temperatura, umidade, etc.

Os sistemas sociais conferem a seus membros propriedades ou capacidades de vários tipos, por exemplo, situando-os em classes sociais.

Uma classe é um conjunto de indivíduos agrupados que exercem um papel político e econômico semelhante, bem como partilham valores e práticas culturais identitárias específicas. Nas sociedades antigas, a estratificação em classes era extremamente rigorosa, e os indivíduos viam-se praticamente imobilizados em cada uma delas. Nas sociedades democráticas modernas, a mobilidade social é maior.

Há elementos que surgem de determinados sistemas. Por exemplo, a vida emerge de um sistema inorgânico, e a consciência emerge de um sistema neuronal.

Algo semelhante ocorre nas sociedades: há criações emergentes que brotam da interação. Não há um autor único; a linguagem, a cultura, a moral, entre outros elementos, surgem como obra coletiva de homens, mulheres, crianças e idosos.

Uma família é um sistema, assim como uma sala de aula. Cada um de seus membros influencia todos os demais. O grupo influi sobre o indivíduo, bem como o indivíduo atua sobre o grupo e o transforma: a interação é complexa. Um grupo de amigos, uma empresa, uma classe e uma sociedade são sistemas de relações em que todos influenciam e são influenciados. Por isso, se buscamos viver em sistemas justos e inteligentes, devemos participar de sua construção.

> Chamamos de **inteligência compartilhada** ou **inteligência social** a que surge, como fenômeno emergente, da interação entre pessoas.

Relações indivíduo-sociedade

Para Durkheim, a sociedade é anterior ao indivíduo, já que existe antes de seu nascimento e determina o que cada um será. Os indivíduos se formam a partir da sociedade, das normas e valores que lhes são transmitidos. A sociedade determina o que somos; se nascêssemos em outra cultura ou contexto, outro grupo ou época, seríamos diferentes.

Contextos e culturas similares condicionam de forma diferente os indivíduos que os integram. As pessoas também podem influir na sociedade, transformando-a.

Em todas as épocas e grupos sociais, houve indivíduos e grupos menores que exerceram uma forte influência na história e, em muitos casos, contribuíram para mudar sua direção. Foram atores sociais que se destacaram por suas ideias, personalidade e contribuições em diversos campos.

A relação e a implicação entre indivíduo e sociedade produzem-se em dois níveis:

- **Em um plano propriamente individual**. Ou seja, o que eu sou é próprio e único, em parte, mas cultivado em um campo que é social e comum a todos. Sem os outros, por meio dos quais e com os quais me desenvolvo como pessoa, e sem as contribuições sociais (linguagem, cultura, valores), com as quais passo a ser condicionado desde o momento de meu nascimento biológico, não poderia ser o que sou (*doc. 3*).
- **A respeito da organização social e política**. Há teorias sociais que consideram que a sociedade está acima do indivíduo, e há também as que julgam o indivíduo acima da sociedade. Veremos que a solução mais adequada para nosso projeto ético é uma síntese que supere ambos os extremos.

Doc. 3

A constituição social da humanidade

Daí que se considere insustentável a teoria do "individualismo possessivo" com que se iniciou a economia moderna e segundo a qual cada homem é dono de suas faculdades e do produto destas, sem dever por isso nada à sociedade.

Pelo contrário, é necessário reconhecer que o desenvolvimento das faculdades humanas (inteligência, vontade, coração) deve muito à família, à escola, ao grupo de amigos, à comunidade religiosa, às associações voluntárias, à sociedade política, inclusive à sociedade internacional [...]. Daí que afirmar que uma pessoa é dona de suas faculdades e do produto delas não só é uma mostra de egoísmo, mas também de ignorância.

CORTINA, Adela. *Cidadãos do mundo*: para uma teoria da cidadania. São Paulo: Loyola, 2005.

- Você concorda com a visão desse texto? Justifique sua resposta.

Saiba mais

Pensar sistematicamente

Como vivemos em distintos sistemas (familiar, social, ecológico, etc.), é importante aprender a "pensar sistematicamente". Podemos distinguir explicações lineares (uma causa que produz um efeito) de explicações sistêmicas não lineares (nas quais é difícil separar o efeito da causa, porque ocorrem causalidades múltiplas e recíprocas).

- Pesquise pelo menos um processo complexo que precise de explicações sistêmicas não lineares.

A sociedade como um sistema complexo

A sociedade não é simplesmente um conglomerado acidental e desordenado de seres humanos. Pelo contrário, é um sistema estruturado e ordenado segundo diversos critérios.

Os dois mais comuns são:
- atender aos distintos sistemas de interação social,
- atender às diversas formas de agrupamento.

Os sistemas de interação social: *status* e papéis sociais

Toda sociedade pressupõe uma forma de organização, um conjunto de regras de conduta que definem como devem ser as relações entre seus membros. Alguns sociólogos, como Talcott Parsons (1902-1979), Max Weber (1864-1920) e Ralf Dahrendorf (1929-2009), utilizam a expressão "sistemas de interação social" para tratar das múltiplas relações que se produzem entre os membros de uma sociedade.

Os demais seres também vivem em grupos, mas dependem da ordem estabelecida pela natureza. Já os seres humanos criam suas próprias formas de organização social, baseadas em normas que designam a cada membro algumas funções – *status* e papéis.

> **Status social** é o posto que cada indivíduo ocupa na estrutura social, tal como avalia a própria sociedade. A cada posição social lhe corresponde um *status*, que confere uma valorização em prestígio, consideração, retribuição, nível de vida, poder político, etc. (*doc. 4*).

Uma mesma pessoa pode ocupar distintos *status* em função do contexto do grupo que a avalia. Podemos distinguir entre:
- **Status atribuído**: que tem um fundamento biológico, determinado pela idade, pelo sexo ou algum outro tipo de condicionamento. Ou seja, não depende do controle e da vontade do indivíduo, como os *status* de filho, herdeiro, mãe, etc.
- **Status adquirido**: que depende das ações positivas e em certas ocasiões também do esforço, como os *status* de marido, professor, líder, político, empresário, presidente, etc.

> **Papéis sociais** são o conjunto de normas e pautas de conduta de um indivíduo, correspondentes a cada *status*, categoria ou posição social, em virtude do lugar ou da posição que ele ocupa.

Status social e papéis sociais são conceitos inter-relacionados. A um *status* se associa sempre um conjunto de papéis; por sua vez, um papel é sempre acompanhado de determinado *status*.

Ocupa-se o *status*, e os papéis são desempenhados. As sociedades modernas se caracterizam porque os papéis sociais, assim como o *status* associado, mudam e se superpõem frequentemente. Dessa maneira, uma mesma pessoa desempenha diversos papéis em distintos contextos. Os papéis fixam modos de comportamento e, por isso, têm uma grande relevância ética. Por exemplo, os *status* de "esposa", "marido", "filhos" desempenham "papéis" distintos em uma sociedade patriarcal, na qual a figura masculina adulta é centralizadora, e em uma sociedade democrática, mais igualitária, que procura respeitar e valorizar cada um em seu *status* e papel específicos.

Situação de *status*

Em contraste com a "situação de classe", determinada somente economicamente, desejamos denominar "situação de *status*" a todo componente típico do destino existencial dos homens, determinado por uma específica apreciação social de honra, positiva ou negativa. Esta honra pode referir-se a qualquer qualidade compartilhada por uma pluralidade e, certamente, pode encontrar-se unida a uma situação de classe.

WEBER, Max. *Ensaios de sociologia*. 5. ed. Rio de Janeiro: LTC, 1982.

- Discuta o conceito "situação de *status*", dado por Max Weber.

Banhistas na praia de Ipanema, no Rio de Janeiro, em 2005. Vivemos em sociedade com as mais diferentes pessoas e nem ao menos as conhecemos. Mesmo assim, observamos uma série de regras éticas a fim de nos preservarmos mutuamente.

◼ Formas de agrupamento social: grupo, sociedade, Estado

Outra forma de estudar as relações entre indivíduo e sociedade é analisar modelos de organização social.

O indivíduo é o componente básico de uma sociedade, e esta, um conjunto numeroso de indivíduos. E entre um e outro estão os grupos sociais, conjuntos de pessoas que têm uma identidade comum, compartilham algumas normas, valores e fins. Costumam diferenciar-se entre:

- **Grupos primários**: a família e os grupos criados de laços de parentesco.
- **Grupos secundários**: a escola, o trabalho, as equipes esportivas, grupos artísticos, culturais, etc.

Os primeiros estão ligados por parentesco, amor, relações de subsistência e cotidiano; os segundos, pelos interesses afins e projetos baseados no acordo e na cooperação.

Uma sociedade é um amplo agrupamento social, e nela os indivíduos atuam conjuntamente e compartilham aspectos comuns de determinada cultura (*doc. 5*).

Doc. 5

O caráter social de nossa individualidade

É verdade que a sociedade nos supera e nos transcende por ser infinitamente mais vasta que nosso ser individual, mas ao mesmo tempo nos inunda e nos penetra por todas as partes; está fora de nós e nos rodeia, mas está também em nosso interior e nos confundimos com ela: é toda uma parte de nossa natureza. O mesmo que nosso organismo físico se nutre de alimentos que estão fora dele, também nosso organismo mental se alimenta de ideias, de sentimentos, de usos que provêm da sociedade. Dela tiramos a parte mais importante de nós mesmos. Entre ela e nós reinam os vínculos mais estreitos, os mais fortes, posto que é parte de nossa substância, e porque em certo sentido é o melhor que há em nós.

DURKHEIM, Émile. *Educación como socialización*. Salamanca: Sígueme, 1976.

- Explique a relação que Durkheim estabelece entre o indivíduo e a sociedade.

A definição de sociedade se distingue claramente da de grupo, porque este compreende somente um setor da sociedade e porque a cultura comum de uma sociedade é muito mais ampla que a de um grupo, mas também é menos identitária. Por exemplo, podemos nos referir à sociedade brasileira como um grande conjunto de pessoas que falam o português, mas dentro dessa sociedade há grupos que exprimem vocábulos e linguajares específicos, com sotaques típicos, que valorizam práticas culturais e religiosas próprias. Seguindo esse raciocínio, poderia se dizer, em geral, que o grupo está constituído de pessoas e que a sociedade está constituída de grupos.

Em certas ocasiões, confundem-se sociedade e Estado, pois são termos relacionados.

> **Estado** é uma forma de organização que constitui o sistema político de uma sociedade.

Na noção de Estado, devem-se considerar a categoria **política**, a organização do poder, as formas de exercer a autoridade em uma sociedade, etc. O Estado não é um objeto exclusivo da sociologia, e sim da ciência política.

Uma das definições clássicas de Estado é dada por Max Weber: "O Estado é uma associação de tipo institucional que em um território determinado tenta monopolizar com sucesso a violência legítima como instrumento de domínio" (*doc. 6*).

Doc. 6

O Estado do ponto de vista sociológico

Mas o que é então, do ponto de vista sociológico, um agrupamento político?

O que é um Estado? [...]. Este, como todo agrupamento político, somente se deixa definir desde o ponto de vista sociológico pelo meio específico que lhe é próprio; ou seja: a violência física [...]. Evidentemente, a violência não é o único meio normal do Estado, não há nenhuma dúvida, mas é seu meio específico.

WEBER, Max. *El político y el científico*. Madrid: Alianza, 1998.

- Comente a seguinte passagem: "Evidentemente, a violência não é o único meio normal do Estado, não há nenhuma dúvida, mas é seu meio específico".

◼ Saiba mais ◼

As instituições

As instituições são formas estáveis de regular a convivência; transcendem os indivíduos e permanecem no tempo. Por exemplo, a família, o sistema educativo, o sistema judicial, o Estado.

Têm como finalidade satisfazer necessidades humanas e estabilizar o comportamento social por meio de pautas estabelecidas.

- Cite três instituições e as carências humanas que cada uma delas busca satisfazer.

O Palácio do Planalto é a sede do Poder Executivo do Estado brasileiro, a maior instituição do país.

Delfim Martins/Pulsar Imagens

Leia

SATRAPI, Marjane. *Persépolis*. São Paulo: Companhia das Letras, 2007. Autobiografia em quadrinhos, narra as transformações sociais ocorridas no Irã com a ascensão do regime xiita, em 1979, a partir da perspectiva de uma família politizada.

Diferentes formas de organização social

Evolução das formas de organização social

As formas de organização social evoluíram ao longo da História, paralelamente à complexidade de problemas a serem enfrentados pelas sociedades. De agrupamentos primários, baseados em relações familiares e de parentesco, passamos a sociedades cada vez mais complexas, apoiadas em relações de interesse e projetos compartilhados.

Passamos por distintas fases, buscando formas mais adequadas de organizar a vida em comum. Podemos sintetizar as diferentes formas de organização social em:

- **Tribal**: formada por grupos familiares ou pequenas comunidades baseadas no parentesco. A economia se apoia na subsistência e na troca de produtos.
- **Escravocrata**: trata-se de grandes agrupamentos de indivíduos em cidades ou impérios nos quais a maioria dos que se ocupam da produção é escrava.
- **Feudal**: forma de organização própria da Idade Média, na qual a economia era predominantemente rural, e o senhor exercia poder sobre os servos.
- **Moderna**: baseada no desenvolvimento da indústria e do comércio, a forma de organização social sofreu uma revolução: todos os seres humanos são iguais, sem importar *status*, papel ou condição (*doc. 7*).

Os modelos anteriores podem se agrupar no chamado modelo organicista, enquanto, a partir da Modernidade, predomina o modelo individualista.

O modelo organicista

Nesse modelo, a sociedade está acima do indivíduo, que é tão somente uma parte que deve cumprir sua função dentro do todo. A sociedade é um todo organizado, e os indivíduos estão ligados pelos laços de necessidade, sejam familiares (nas sociedades tribais), sejam de dependência econômica (nas sociedades escravocratas e feudais).

O indivíduo não pode viver isolado nem à margem do social; não possui liberdade. A autonomia e a capacidade de decisão estão reservadas somente àquele que exerce o poder. A luta pela autonomia e pelo individualismo foi um signo de progresso social, e foram necessárias lutas e reivindicações.

As revoluções sociais vividas a partir do século XVII, que culminaram na Revolução Francesa, foram essenciais nesse sentido. Como consequência, começou a configurar-se um novo modelo social.

Museu Condé, Chantilly

Na sociedade feudal, havia pouca mobilidade social, e o princípio de organização social voltava-se para a vida comunitária.

<

Doc. 7

Uma sociedade de iguais: *Declaração dos Direitos do Homem e do Cidadão*

Art. 1º Os homens nascem e são livres e iguais em direitos. As distinções sociais só podem fundamentar-se na utilidade comum.

Art. 2º A finalidade de toda associação política é a conservação dos direitos naturais e imprescritíveis do homem. Esses direitos são a liberdade, a prosperidade, a segurança e a resistência à opressão.

Art. 3º O princípio de toda a soberania reside, essencialmente, na nação. Nenhuma operação, nenhum indivíduo pode exercer autoridade que dela não emane expressamente.

Art. 4º A liberdade consiste em poder fazer tudo que não prejudique o próximo. Assim, o exercício dos direitos naturais de cada homem não tem por limites senão aqueles que asseguram aos outros membros da sociedade o gozo dos mesmos direitos. Esses limites apenas podem ser determinados pela lei.

Art. 5º A lei não proíbe senão as ações nocivas à sociedade. Tudo que não é vedado pela lei não pode ser obstado e ninguém pode ser constrangido a fazer o que ela não ordene.

Art. 6º A lei é a expressão da vontade geral. Todos os cidadãos têm o direito de concorrer, pessoalmente ou por meio de mandatários, para a sua formação. Ela deve ser a mesma para todos, seja para proteger, seja para punir. Todos os cidadãos são iguais e igualmente admissíveis a todas as dignidades, lugares e empregos públicos, segundo a sua capacidade e sem outra distinção que não seja a das suas virtudes e dos seus talentos.

França, 26 de agosto de 1789. In: *Textos básicos sobre Derechos Humanos*. Madrid: Universidad Complutense, 1973. Traduzido do espanhol por Marcus Cláudio Acqua Viva. Apud FERREIRA FILHO, Manoel G. et al. *Liberdades públicas*. São Paulo: Saraiva, 1978.

- A *Declaração dos Direitos do Homem e do Cidadão* é um documento que revela a transformação de uma sociedade de súditos em uma sociedade de cidadãos, além de ser um dos resultados mais importantes da Revolução Francesa (1789). Destaque as passagens dos artigos citados que você julga mais importantes e justifique sua resposta.

■ O modelo individualista

A modernidade supôs a origem de um novo modelo social e uma nova forma de entender o indivíduo e sua relação com a sociedade, culminando com o reconhecimento de uma série de direitos iguais para todos.

A queda do Antigo Regime trouxe uma forma diferente de entender a organização social e política. Nesse novo cenário, o soberano já não é o rei ou o príncipe, mas o povo e seus representantes políticos.

O ser humano é social porque lhe convém compactuar com seus semelhantes algumas normas e um poder comum. É o momento do contratualismo: as teorias filosóficas do contrato social (Thomas Hobbes, Jean-Jacques Rousseau e John Locke, por exemplo, são filósofos da linha "contratualista") supuseram uma revolução na filosofia política e constituem modelo teórico sobre o qual se construíram as atuais democracias.

■ Características da organização social na atualidade

Algumas características destacadas da organização social hegemônica no Ocidente atual são:

- Somos herdeiros do modelo social e político desenvolvido na Modernidade. Predominam a valorização do indivíduo, da liberdade e da autonomia, assim como a aspiração a viver uma vida baseada na igualdade e na dignidade de todos os seres humanos (*doc. 8*).
- Valorizaram-se demais a autonomia e a importância do indivíduo, até o ponto em que se fala do "individualismo egoísta" como um sintoma próprio de nosso tempo. Isso se deve, em grande medida, ao auge do capitalismo e do consumismo, o que fez prevalecer a liberdade privada acima dos deveres sociais. Alguns autores, inclusive, definem o ser humano atual como "um ser consumista".

- O problema reside em conseguir o equilíbrio adequado entre o poder do Estado e o do indivíduo. O Estado tem suas instituições para exercer o poder, mas a legitimação de seus poderes depende do valor dos indivíduos como pessoas.
- Estímulo à participação da sociedade civil na esfera da organização política do Estado. A sociedade civil é a associação de indivíduos e pessoas à margem de interesses ou instituições políticas, que se unem porque compartilham interesses e preocupações comuns, como a família, as associações religiosas, culturais, de vizinhos, de consumidores, as organizações não governamentais, os agrupamentos humanitários, pacifistas, ecologistas, etc.

Todas essas associações têm grande importância, pois representam as vontades do indivíduo, como associado, o que lhe permite unir esforços na conquista de interesses comuns.

Além disso, essas associações podem exercer um controle sobre o poder do Estado, propiciando uma opinião pública independente, capaz de expressar e exigir conquistas que são de interesse comum. Na atualidade, há um grande número de filósofos e intelectuais que têm esperança de um mundo melhor, de consolidar uma sociedade civil culta e informada, solidária com os problemas do mundo e responsável pela direção da humanidade. Apelam à solidariedade e à responsabilidade da sociedade civil como alternativa de futuro.

- A **globalização**. A organização social superou os limites do Estado e recorre a organizações supraestatais, como a União Europeia, o Mercosul ou as Organização das Nações Unidas. Os novos tempos demandam soluções mundiais. A sociedade civil e a união responsável e solidária de grupos humanos também têm uma tarefa aberta nesse ponto.

A educação das novas gerações é um desafio social que pode contribuir para solucionar alguns problemas. Essas soluções devem partir de iniciativas pessoais, mas ter alcance social. O individual e o social se entrecruzam novamente.

Doc. 8

O valor do individualismo

Existe hoje quem despreze o descobrimento do indivíduo e de seu valor, usando "individualismo" em sentido derrogativo. Talvez um excesso de individualismo seja negativo, e certamente o individualismo pode manifestar-se em formas decadentes. Mas, ao fazer um balanço, não deve escapar-nos que o mundo não reconhece o valor do indivíduo em um mundo impiedoso, desumano; não que matar seja normal, tão normal como morrer. Era inclusive assim para os antigos, mas já não o é para nós. Para nós, matar é ruim, porque a vida de todo indivíduo conta, vale, é sagrada. E é esta crença que nos faz humanos, que nos faz recusar a crueldade dos antigos e, ainda hoje, a das sociedades não individualistas.

SARTORI, Giovanni. *Elementos de teoria política*. Madrid: Alianza, 2005.

- Por que se concede valor ao indivíduo?

∧ Parque Indígena do Xingu. O mundo globalizado eliminou muitas fronteiras econômicas e culturais. Fotografia de 2005.

Rosa Gauditano/StudioR

⌃ Criança aprendendo a montar um quebra-cabeça com os pais.

Doc. 9

Definição de socialização

Socialização é o processo por meio do qual a pessoa aprende e interioriza, no transcurso de sua vida, os elementos socioculturais de seu meio ambiente, integra-os na estrutura de sua personalidade, sob a influência da experiência e de agentes sociais significativos, e se adapta assim ao entorno social em cujo seio deve viver.

ROCHER, Guy. *Introducción a la sociología general*. Barcelona: Herder, 1996.

▪ Discuta o processo de socialização, de acordo com o texto.

Assista

Pequena Miss Sunshine. Filme de Jonathan Dayton e Valerie Faris, 2006, Estados Unidos. Uma família excêntrica se une em torno do sonho da filha caçula. Eles atravessam o deserto norte-americano em um furgão amarelo e, no caminho, são obrigados a relacionar-se com os medos, os desejos e os dramas existenciais de cada membro da família.

Processos de socialização

▪ O que é a socialização?

Um aspecto importante na relação entre indivíduo e sociedade refere-se aos processos de socialização, ou seja, à maneira como os indivíduos de uma coletividade absorvem os modelos sociais, como eles os assimilam e, finalmente, como se apropriam deles.

Esse processo é o que nos faz realmente pessoas e, ainda que pareça paradoxal, é o que nos permite ser autônomos e ter nossas próprias ideias e opiniões. Portanto, a socialização não consiste apenas em nos obrigar a uma série de papéis e normas sociais, mas se trata de um processo que nos conduz desde a aprendizagem e a educação até a construção de nossa própria personalidade (*doc. 9*).

Com base nessa definição, podemos extrair os elementos básicos do processo de socialização: (1) as fases, (2) os mecanismos e (3) os agentes.

▪ Fases da socialização

O sociólogo francês Émile Durkheim assinalou que a socialização compreende duas fases fundamentais: a socialização propriamente dita e a internalização.

▪ Na fase de **socialização**, o indivíduo adquire os conhecimentos, valores, modelos, símbolos, ou seja, "as maneiras de agir pensar ou sentir" próprias dos grupos e da sociedade que integra.

Esse processo se inicia com o nascimento e prossegue ao longo da vida. No entanto, é mais intenso na infância e na juventude. Também pode ocorrer quando somos adultos, ao mudarmos de grupo ou sociedade de forma drástica, por exemplo, no caso da mudança de uma cidade para outra.

▪ Na **internalização**, o que foi aprendido na fase anterior passa a ser parte integrante da estrutura da personalidade, até o ponto de converter-se em algo próprio. A proporção varia de pessoa para pessoa. A cultura e o sistema social, uma vez integrados, convertem-se em formas de pensar e de ser próprias. Esse processo permite que nos adaptemos a novos contextos sociais e que integremos e compreendamos a sociedade em que vivemos.

Essa fase não deve se entendida de modo fatalista; sempre há uma margem de liberdade pessoal. *Internalizar* significa "tomar para si" alguns elementos; portanto, pressupõe certa originalidade, criação e contribuição próprias. Não se trata de mera repetição ou cópia.

A escola é um espaço bastante propício à socialização.
‹

■ Mecanismos de socialização

Os mecanismos de socialização são os meios pelos quais os modelos sociais (valores, normas, crenças) se transmitem aos indivíduos na primeira fase da socialização. Podem destacar-se os seguintes mecanismos:

- **A aprendizagem**: talvez este mecanismo seja o mais geral e evidente. Geral porque, por meio da aprendizagem, temos de assimilar quase tudo o que é humano: andar, falar, escrever, as normas de higiene, as normas de cortesia e de urbanidade, os conhecimentos, etc. É evidente que desde que nascemos estamos aprendendo, ou seja, socializando-nos.
- **A motivação**: como uma pessoa – a criança em especial, mas também o adulto – é induzida a orientar sua conduta de acordo com os modelos sociais? Em algumas ocasiões, a aprendizagem é dura e vai contra os impulsos naturais ou os desejos imediatos.

  No entanto, desde pequenos, passamos a vida repetindo e fazendo o que nos dizem que é bom, correto, adequado e que nos convém. Logicamente, é assim porque, apesar dos possíveis inconvenientes oriundos da repetição ou do direcionamento social, também encontramos muitas vantagens nisso. Em cada fase da socialização, mudam as motivações ou as razões para fazer algo, mas sempre há alguma motivação: quando somos pequenos, receber a atenção, a aprovação e o carinho dos adultos; quando somos jovens, sentir-nos parte de um grupo; quando somos adultos, encontrar na sociedade o cargo e o reconhecimento que desejamos.
- **A herança e o meio social**: "herança" se refere aos instintos e emoções que são próprios de cada indivíduo, o que os psicólogos denominam "temperamento"; é de caráter biológico e vem determinado por nossa carga genética. "Meio social" refere-se ao contexto, situação e meio externo que nos rodeiam na fase de socialização.

  Esses dois elementos são partes integrantes da personalidade. Há autores que compreendem que o desenvolvimento da personalidade é uma herança biológica (deterministas biológicos), enquanto outros, ao contrário, o atribuem ao meio social (deterministas sociais).

  Nos processos de socialização, manifestam-se os dois elementos. A conclusão mais acertada consiste em afirmar que não se pode ignorar nem o aspecto hereditário nem a influência do meio social, mas que, pelo contrário, devem ser considerados ambos os elementos e sua constante interação.

■ Agentes de socialização

Os principais agentes ativos no processo de socialização são pessoas, instituições ou grupos sociais que, por meio dos mecanismos já expostos, ocupam-se da transmissão de modelos sociais (valores, crenças, símbolos, conhecimentos).

Entre os agentes de socialização considerados mais relevantes por sociólogos e psicólogos, estão:

- A família.
- A escola.
- Os grupos de idade (os amigos).
- As empresas, sindicatos, movimentos sociais, associações.
- Os meios de comunicação de massa (imprensa, televisão, internet).

■ Saiba mais ■

Pensar sistematicamente

A aprendizagem pode ser mais ou menos espontânea e relacionada com vínculos familiares, nas primeiras etapas da vida, ou regrada e institucionalizada, como no caso de o indivíduo frequentar a escola.

Os recursos utilizados nesse processo são similares: a repetição, a imitação, a aplicação de recompensas e castigos, as tentativas e os erros, etc. Mas em todo esse processo necessita-se de motivação.

Alunos medem a sombra em atividade escolar.

- Dê outros exemplos de circunstâncias em que se produz a aprendizagem.

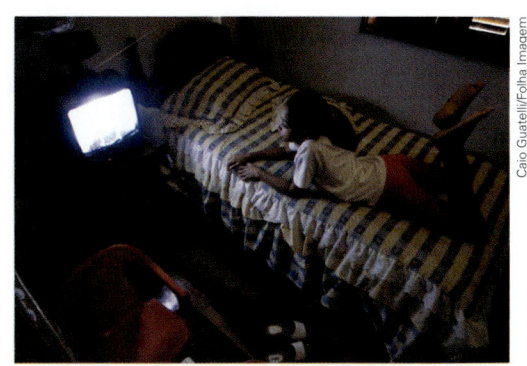

A televisão é um meio de comunicação que transmite modelos sociais.

A dívida social

Conquistas sociais e responsabilidade contraída

O homem vive em sociedade, o que significa que, para ser o que somos, necessitamos contar com os outros. É certo que a sociabilidade evoluiu valendo-se de formas de pressão social mais intensas em vez de outras mais permissivas.

O individualismo, modelo social próprio de nossa época, defende que acima do grupo ou do poder do Estado está a soberania do indivíduo e da pessoa. Essa afirmação é uma conquista social. É necessário dedicar um espaço a essas conquistas, pois uma parte importante das capacidades humanas são propriedades emergentes, que surgiram da relação social. Convém lembrar que foram resultado de lutas, conquistas, revoluções, empenho e esforço de pessoas unidas por ideias, valores e causas comuns.

Seus frutos mais importantes se deram a partir da Modernidade, mas essa época deve muito às anteriores. É necessário, pois, recordar as dívidas contraídas. A expressão "dívida social" começou a ser utilizada na filosofia iluminista: Immanuel Kant (1724-1804) e Johann Fichte (1762-1814), filósofos alemães, dedicaram-se a estudar essa herança e suas possibilidades (*doc. 10*).

A linguagem como fato social

A linguagem é nosso meio de comunicação comum. A linguagem verbal é exclusiva do ser humano e o que nos distingue dos outros animais. Por isso, o ser humano é definido como *homo loquens* ("loquaz, que fala").

Somos o que somos por estar em comunicação com os demais, por poder expressar, acumular e transmitir o que vemos e conhecemos por meio das palavras. Os primeiros filósofos já estudaram esse fato; o termo *logos*, que utilizaram para se referir à sabedoria, dava conta da íntima relação entre pensamento e palavra.

No entanto, agora queremos destacar a natureza social dessa conquista. Desde o momento do nascimento, somos acolhidos em um âmbito de comunicações de todo tipo, que vão nos socializando e, ao mesmo tempo, dão-nos a possibilidade de forjar nossa personalidade.

Do mesmo modo, graças à comunicação, entendemos e construímos a realidade.

O que sabemos e conhecemos do mundo devemos à linguagem. Assim, o ser humano, a sociedade e a realidade existem como tais graças à linguagem e à comunicação.

A inteligência como conquista social

A inteligência humana é uma inteligência verbal, lógica, que se expressa e se desenvolve por meio da linguagem. Não há pensamento sem linguagem, como o termo grego *logos* expressa em sua dupla raiz (pensamento e palavra). O ser humano também utiliza linguagens não verbais, como a mímica, mas elas são interpretadas por meio da linguagem verbal.

O conhecimento que temos é uma conquista social. Isso quer dizer que, pelo fato de viver em sociedade, podemos acumular e potencializar as possibilidades de nossa inteligência. Como já vimos, evoluímos para sociedades cada vez mais complexas. Essa complexidade pressupõe um acúmulo de problemas de todo tipo, mas também um acúmulo de saberes e um repertório de soluções cada vez mais amplo.

Na realidade, essa é a dinâmica do progresso humano: contamos com uma inteligência que deve ser compartilhada, porque nossos problemas são comuns.

Ainda que busquemos a autonomia dentro do grupo, entendemos que isso somente é possível se contarmos com a cumplicidade dos outros.

Avós e netos se comunicam enquanto se divertem.

Doc. 10

A dívida com a sociedade

O homem nasceu em sociedade. Ele já não encontra a natureza inteiramente selvagem, mas sim preparada de diversas maneiras para seus diversos fins [...]. Poderia talvez ter uma existência mais cômoda sem aplicar imediatamente suas forças à natureza; talvez poderia obter certa perfeição somente com o mero desfrute do que a sociedade já conseguiu e do que ela já faz de concreto por sua própria educação. Mas tudo isso não lhe está permitido: tem de buscar pelo menos pagar sua dívida com a sociedade, tem de ocupar seu lugar; pelo menos tem de se esforçar para levar a uma forma mais elevada a perfeição do gênero que tanto fez por ele.

FICHTE, Johann G. *Algumas lecciones sobre el destino del sábio*. Tres Cantos (Madrid): Istmo, 2002.

- Em que consiste a dívida com a sociedade, segundo Fichte?

■ A conquista e a aprendizagem da liberdade

Uma das definições clássicas do ser humano é a de "ser livre". O processo de socialização também leva consigo o exercício da liberdade humana. Isso pode se dar ao menos em dois planos:

- No **plano individual**: a faculdade de agir livremente é uma capacidade aprendida.

A liberdade não é uma propriedade real e estável do ser humano, mas uma possibilidade criada culturalmente pelo fato de o homem viver em sociedade. O mesmo ocorre com a linguagem: é verdade que temos uma base biológica que nos permite seu desenvolvimento, mas ela não chega a se desenvolver plenamente se não vivemos em sociedade.

Pode ser paradoxal, mas aprendemos a ser livres primeiro aprendendo a ter autocontrole e a obedecer. Desse modo, a criança vai aprendendo a dominar seus impulsos imediatos, a controlar seus desejos, ou seja, a exercer sua liberdade.

- No **plano político**: a sociedade nos oferece uma conquista de liberdades e direitos adquiridos ao longo da história. A história da sociabilidade humana é marcada por lutas e conquistas para fazer a vida mais digna e mais humana.

Essas conquistas se transmitem e se perpetuam por meio de diversos mecanismos sociais, como as instituições sociais e políticas. Desse modo, os direitos e as liberdades conquistadas com o tempo adquirem um valor institucional, ou seja, estão garantidas pela força do Estado. O resultado é extraordinário. Pelo fato de nascer em um Estado que garante certos direitos e liberdades, inclusive antes de poder exercê-los, já os temos garantidos. É a isso que nos referimos quando dizemos que a liberdade é uma conquista e uma dívida social (*doc. 11*).

■ A institucionalização da educação

Tanto a liberdade como a inteligência, assim como qualquer outro traço distintivo do ser humano, mais que qualidades dadas de antemão, são capacidades ou habilidades adquiridas com o desenvolvimento ao longo da vida. Dito de outro modo: não nascemos livres ou inteligentes; temos de aprender a sê-los, exercitá-los e praticá-los. E tudo isso por meio da educação e da aprendizagem, primeiro de nossos pais e da família, posteriormente da escola, dos amigos, dos meios de comunicação; enfim, de todos os agentes sociais.

Por isso a educação tem tanta importância para a vida, em todos os tempos e em todas as culturas. Por isso deve ser incluída entre as conquistas sociais, porque também com o transcurso do tempo a educação aperfeiçoou-se.

É fato que as sociedades desenvolvidas dedicam cada vez mais recursos aos sistemas educativos. Sistemas que são progressivamente mais completos e ambiciosos, entre outras coisas, porque, com o tempo, temos mais conhecimentos e habilidades para transmitir. O que um jovem formado pode saber hoje sobre o mundo e seus mistérios seria impensável para outro jovem de mesma idade que vivesse há um século, por exemplo.

Mas, quando nos referimos à melhora da educação e ao que isso pode oferecer à humanidade, referimo-nos também ao ideal iluminista de poder "melhorar a humanidade" (*doc. 12*). Porque, se o que somos depende em grande medida da educação, isso significa que podemos mudar o que somos, que podemos escolher nossos projetos de vida, aspirar viver mais dignamente e configurar nosso mundo. Precisamente nessa afirmação se baseia o projeto ético comum fundado na dignidade da pessoa e dos direitos humanos. Trata-se de um assunto de transcendental importância para a vida humana.

Doc. 11

Uma construção compartilhada

Se a linguagem é necessária para pensar, o indivíduo não pode inventar a linguagem, porque necessitaria possuí-la previamente para poder pensar nela. O mesmo sucederia com a inteligência.

Somente porque os membros do grupo já são inteligentes, o grupo poderia aumentar a inteligência dos indivíduos. A solução não está em admitir algumas propriedades emergentes da sociedade, mas uma construção lenta, compartilhada, de habilidades que foram sendo transmitidas pela educação.

MARINA, José Antonio. La libertad como artificio. In. *Leviantán: revista de hechos e ideas*. nº 65, 1996.

- Explique as ideias principais do texto.

Doc. 12

O valor da educação

Há dois séculos, Kant já afirmava em seus tratados de Pedagogia que não se deve educar as crianças pensando no presente, mas em uma situação melhor possível, no futuro. A profecia que se cumpre a si mesma viria aqui à colação, porque não há melhor modo de materializar um ideal que educar para alcançá-lo, ajudando a convertê-lo em realidade. Obviamente, esse ideal deve estar de algum modo entranhado na natureza humana, já que, caso contrário, mal poderia extrair-se algo dela, por muito que nos esforcemos. Mas, felizmente, o está, e consiste em configurar uma cidadania cosmopolita, um mundo em que todas as pessoas saibam-se e sintam-se cidadãs.

CORTINA, Adela. *Cidadãos do mundo: para uma teoria da cidadania*. São Paulo: Loyola, 2005.

- Qual é o ideal de Kant? Por que, segundo ele, se deveria educar pensando no futuro?

Aprender a ler filosofia

Resumos, mapas conceituais e diagramas de fluxo

Vimos que é importantíssimo compreender os textos de filosofia. Agora vamos tratar de apreender conteúdos filosóficos na memória. Sobre a memória, convém recordar:

- É um arquivo que utilizamos quando necessitamos. A memória inteligente é um mecanismo ativo que nos permite buscar, compreender, inventar, expressar, pensar.
- Capta melhor resumos do que textos muito detalhados.
- É mais eficaz quando configura redes, nas quais muitos elementos – por exemplo, os conceitos – estão relacionados entre si, ou diagramas de fluxo, que indicam a passagem de um elemento a outro.

1. Um texto original: A teoria dos três desejos

Vamos trabalhar essas três técnicas usando o texto a seguir:

Os desejos são o grande motor do comportamento humano. Podemos defini-los como a consciência de uma necessidade ou a antecipação de um prêmio. Caracterizam-se por um sentimento de carência, inquietude e mal-estar, uma polarização da atenção para o objeto desejado, atividades de busca e uma tensão que um ato pode aliviar.

O desejo de saborear iguarias é um dos mais comuns no dia a dia.

Dá-se um sistema circular entre o desejo e o objeto desejado. Algumas vezes é primeiro o impulso subjetivo o que revela a atração do objeto, e outras, a atração do objeto o que desperta o impulso. Quando temos fome, qualquer coisa nos resulta apetitosa; e, em muitas ocasiões, a aparição de algo apetitoso desencadeia o desejo de comer. Os psicólogos tentaram classificar os desejos humanos. Apesar de sua variedade, podemos afirmar que há três desejos fundamentais:

1. O desejo de bem-estar, que se manifesta na busca do prazer e na fuga da dor. Podemos denominá-lo "desejo hedônico".
2. O desejo de relacionar-se socialmente, fazer parte de um grupo e ser aceito, que nos impulsiona a manter relações sociais, a estabelecer vínculos de amizade ou de amor com outras pessoas, a comunicar-nos com elas. Deriva da essência social do ser humano.
3. O desejo de ampliar as possibilidades de ação. O ser humano precisou sempre criar coisas novas, explorar, progredir, aumentar seu poder e sua autonomia, tornar-se dono do mundo, intelectual ou fisicamente.

O primeiro desejo o compartilhamos com todos os animais, o segundo, com os animais grupais e o terceiro é uma exclusividade humana. A afirmação de que esses três desejos são universais e básicos se baseia nas experiências levadas a cabo por muitos psicólogos.

Por exemplo, uma das classificações mais famosas é a elaborada por Maslow, a chamada "pirâmide da motivação". Distingue: (1) necessidades fisiológicas básicas, (2) necessidades de segurança, (3) necessidades de filiação, (4) necessidade de reconhecimento, (5) necessidade de autorrealização.

Os níveis 1 e 2 pertencem ao desejo de bem-estar, os 3 e 4, ao desejo de sociabilidade, e o 5, ao desejo de ampliar as possibilidades [...].

O estudo da psicologia infantil nos oferece os mesmos resultados. Ao nascer, a criança é guiada por necessidades e desejos fisiológicos. Busca estar bem alimentada, limpa, quente, acolhida. Necessita também da vinculação social com seus cuidadores. Mas, a partir dos doze meses, desperta nela um desejo de independência, de exploração, de progresso. Quer ampliar suas possibilidades aprendendo o idioma, movendo-se, mantendo a curiosidade.

Todos esses argumentos são indutivos, tirados da experiência, mas justificam suficientemente a teoria dos três desejos. A cultura humana vai surgir da interação desses três desejos. Cada um deles vai determinar os demais. A busca do prazer tem de ver-se limitada pela necessidade de conviver com os demais. A ampliação de possibilidades pode obrigar a perder algo de comodidade. O desejo de reconhecimento social pode levar ao heroísmo ou ao sacrifício. A busca do prazer sexual está modulada pelo desejo de vinculação pessoal.

MARINA, José Antonio. *Las arquitecturas del deseo*. Barcelona: Anagrama, 2009.

1. Resuma com suas palavras o texto de J. A. Marina.

2. Resumo

É comum pensar que o resumo é a conclusão. Não é assim. Deve-se resumir todo o argumento. Podem-se eliminar os exemplos, ou as repetições. Vamos ler dois possíveis resumos do texto anterior:

Resumo A

Os principais desejos humanos são o de bem-estar, o de sociabilidade e o de ampliação das possibilidades. A interação dos três forma a cultura humana.

Resumo B

Desejo é a consciência de uma necessidade ou a antecipação de um prêmio. Os três desejos humanos fundamentais são o bem-estar, a sociabilidade e a ampliação de possibilidades, como indicam os estudos psicológicos. Os dois primeiros desejos são compartilhados com os animais, mas o terceiro é especificamente humano. Os três desejos interagem, limitando-se ou dirigindo-se mutuamente. Dessa interação surgiu a cultura inteira.

2. Em sua opinião, qual dos dois é o melhor resumo? Justifique sua resposta.

3. Agora é sua vez: escreva um resumo do texto da página 168.

3. Mapa conceitual

Os mapas conceituais tratam de expor os conceitos relacionados em um texto.

Permitem uma visão completa desses conceitos, o que facilita sua compreensão e retenção.

A memória funciona por redes, que permitem entrar em um sistema conceitual por diversas vias. Por exemplo, o conceito "cachorro" pode ser relacionado aos de "animal", "mamífero", "amigo do homem", "fidelidade", "grande olfato", "caça", "insulto", etc.

Podemos fazê-lo com tanta facilidade porque nossa memória formou redes muito ricas ao redor desse conceito. Quanto mais ricas forem as redes da memória que desenvolvemos, com mais facilidade nos ocorrerão coisas, e seremos mais inventivos e mais rápidos no processo de compreensão.

Algumas estratégias para fazer mapas conceituais são:

- Elaborar uma lista dos termos fundamentais.
- Escolher um termo mais amplo, que inclua os demais (neste caso, "desejo").
- Organizar os demais conceitos por ordem descendente (do mais geral para o menos geral).

4. Como exercício do que vimos acima, elabore um mapa conceitual sobre o texto "A teoria dos três desejos".

4. Diagrama de fluxo

É o sistema mais tradicional de representar um processo, sendo muito utilizado em programação de computadores. A passagem de um conceito a outro é indicada por setas.

É mais dinâmico que os mapas conceituais e, portanto, mais adequado para representar argumentos. Por exemplo:

Investigações psicológicas → três tipos de desejos → interagem entre si → produzem a cultura.

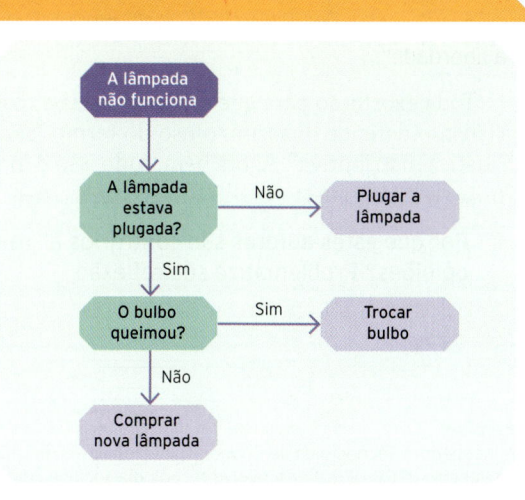

Exemplo de fluxograma ou diagrama de fluxo.

5. Elabore um diagrama de fluxo do texto "A teoria dos três desejos".

Buscar a verdade com os empreendedores

▪ Empreender

Empreender é uma atividade essencial da inteligência. A inteligência, quando plenamente explorada, é determinada e criadora. O dicionário define "empreender" como "começar uma coisa que implica trabalho ou apresenta dificuldades". É curioso que, na atualidade, o termo tenha sido reservado quase exclusivamente para designar as empresas industriais ou econômicas. Ninguém diz que os pesquisadores são empresários, ainda que empreendam um novo estudo e tenham de liderar uma equipe de trabalho importante.

A linguagem reconheceu a enorme força organizadora, inventiva, solucionadora de problemas que há nas organizações. Mas aqui vamos nos referir à atividade de empreender de maneira mais ampla: trata-se de inventar projetos e realizá-los.

A vida realmente livre resulta em uma constante produção de projetos. Nesse processo, podemos distinguir quatro etapas principais:

- Definir um projeto novo, propor-se uma meta (educativa, econômica, política, pessoal).
- Descobrir as possibilidades que a situação oferece.
- Elaborar um plano para aproveitá-las.
- Realizá-lo.

1. Ética e responsabilidade social nas empresas

Atualmente, uma das discussões mais importantes sobre o funcionamento das empresas trata da responsabilidade social que estas devem ter. Os economistas liberais afirmam que tentar introduzir objetivos morais na economia é perigoso, porque diminui sua eficácia, como afirma Milton Friedman (1912-2006):

Milton Friedman diz que a maioria dos gerentes da atualidade é constituída por profissionais, ou seja, não são donos dos negócios que administram. Isto significa que são apenas empregados, e que a sua única responsabilidade é prestar contas aos acionistas. Portanto, sua responsabilidade primária consiste em dirigir os negócios com a finalidade de proteger os interesses dos acionistas. Quais são esses interesses?

Friedman afirma que os acionistas têm um único interesse: obter um rendimento financeiro. Ainda de acordo com ele, quando os gerentes tomam a decisão de gastar os recursos da sua organização em benefício do "bem social", estão debilitando o mecanismo do mercado.

O papel da empresa. Disponível em: <www2.brasil-rotario.com.br/revista/materias/rev976/e976_p24.htm>. Acesso em: 16 abr. 2010. Extraído da palestra do EPRI Luis Vicente Giay.

Outro prêmio Nobel de economia, Friedrich Hayek (1899-1992), opina que a "justiça social vai contra a liberdade":

Toda exortação para que sejamos "sociais" constitui mais um passo para a "justiça social" que o socialismo defende. E assim, o uso do termo "social" faz-se virtualmente equivalente à apropriação da "justiça distributiva". Agora bem, tudo isso é incompatível com uma ordem de mercado competitivo.

HAYEK, Friedrich. *A arrogância fatal*: os erros do socialismo. Porto Alegre: Instituto de Estudos Empresariais/Editora Ortiz, 1995.

1. Por que estes autores são contrários à "responsabilidade social"? Você concorda com essas opiniões? Problematize sua reflexão.

Acesse

A Incubadora Tecnológica de Cooperativas Populares da Universidade Federal do Rio de Janeiro (ITCP-UFRJ) desenvolve tecnologia social e contribui com a autogestão de empreendedores populares. No Brasil, existem muitas incubadoras, a maior parte delas concebida por universidades públicas. O *site* da ITCP- UFRJ é: <http://www.itcp.coppe.ufrj.br/>. Acesso em: 31 mar. 2010.

2. Organizar como grande função da inteligência

Os grandes diretores de empresas sabem muito bem organizar equipes amplas e heterogêneas. Podemos aprender algo com eles?

Ao repassar os tratados que tratam da inteligência dos executivos, vemos que muitos deles coincidem com o que a filosofia afirma. Por isso, publicaram-se livros sobre direção de empresas, como o de Tom Morris, intitulado *Se Aristóteles dirigisse a General Motors*.

A seguir, vamos ler um breve resumo sobre a inteligência executiva que Justin Menkes assinala em sua obra:

Reunião de executivos. Numa empresa, a organização é fundamental para a produtividade.

Comportamento a respeito dos objetivos

1. Definem apropriadamente os problemas e diferenciam os objetivos essenciais dos assuntos menos essenciais.

2. Preveem prováveis obstáculos para alcançar os objetivos e identificam os meios apropriados para superá-los.

3. Examinam criticamente a exatidão das suposições implícitas.

4. Expressam os aspectos positivos e negativos das sugestões ou dos argumentos propostos pelos outros.

5. Reconhecem o que se sabe sobre um tema e o que mais se necessita saber, e como obter a informação pertinente e precisa.

6. Usam múltiplas perspectivas para identificar as prováveis consequências involuntárias dos diferentes planos da ação.

Respeito a si mesmos

1. Buscam e alimentam as críticas que lhes possam revelar um erro de juízo e fazem os ajustes necessários.

2. Demonstram capacidade para reconhecer os preconceitos ou limitações próprias e usam este conhecimento para melhorar suas ideias e seus planos de ação.

3. Admitem quando os erros sérios nas ideias ou ações próprias requerem um reconhecimento público do erro e uma mudança radical de direção.

4. Expressam adequadamente os erros essenciais nos argumentos dos outros e defendem sua posição com firmeza.

5. Reconhecem quando é apropriado resistir às objeções dos outros e continuar comprometidos com um curso de ação razoável.

MENKES, Justin. *Inteligência executiva*. Rio de Janeiro: Rocco, 2008.

2. Em sua opinião, qual é o tópico mais importante ressaltado por Menkes sobre a inteligência executiva? Argumente.

3. O pensamento sistemático

Os teóricos da administração de empresas insistem muito – como fizemos – na necessidade de desenvolver um "pensamento sistêmico". O bom "clima" entre os integrantes de uma equipe de uma empresa resulta na melhora do rendimento, que pode aumentar o bem-estar no trabalho.

Analise sua sala de aula com base no ponto de vista sistêmico. Quem determina o funcionamento? O professor. Mas o professor está condicionado pelo comportamento dos alunos. Que, por sua vez, estão condicionados pelo comportamento do professor. Compreender que os agrupamentos funcionam dessa maneira é o primeiro passo para poder agir.

Professor e alunos em atividade. Uma boa relação entre eles é muito importante para o aprendizado.

3. Em que consiste o pensamento sistêmico? Explique-o com suas próprias palavras e dê um exemplo.

4. Analise de forma sistêmica o funcionamento de sua sala de aula.

Buscar a felicidade com os filósofos

▪ A justiça

Não podemos falar de felicidade se não considerarmos que há uma forma ética de alcançá-la. Sem a justiça, toda e qualquer felicidade será efêmera. Hans Kelsen (1881-1973) escreveu: "A busca da justiça é a eterna busca da felicidade humana. É uma finalidade que o homem não pode encontrar por si mesmo e por isso a busca na sociedade. A justiça é a felicidade social, garantida por uma ordem social".

Isso é o que explicamos ao distinguir "felicidade subjetiva" de "felicidade objetiva". A felicidade objetiva, da *polis*, da sociedade, é uma condição para a felicidade pessoal. Realizamos nossos projetos mais íntimos integrando-os em projetos compartilhados, como o da justiça.

1. A justiça como princípio

Precisamente por sua relação com a felicidade, podemos compreender o que Kant disse sobre a justiça: "A maior e repetida forma de miséria a que estão expostos os seres humanos consiste na injustiça, mais exatamente na desgraça".

A justiça – como busca da felicidade social, de reconhecer o valor de cada pessoa, de respeitar seus direitos e ajudá-la em seu progresso – acabou por converter-se, em muitas culturas, como no antigo Israel ou na Grécia clássica, na virtude por excelência. Ser justo é ser bom, fazer as coisas corretamente, de acordo com as regras, não somente jurídicas, mas também morais:

A justiça é representada com os olhos vendados, porque não diferencia nenhum indivíduo. Todos estão sujeitos às mesmas leis.

> Esta classe de justiça é a virtude perfeita, não absolutamente falando, mas com relação a outro; e por isso muitas vezes a justiça parece a mais excelente das virtudes, e que "nem o entardecer nem a aurora são tão maravilhosos como ela"; e dizemos com o provérbio que "na justiça se dão, juntas, todas as virtudes". É a virtude mais perfeita porque é a prática da virtude perfeita, e é perfeita porque quem a possui pode usar a virtude para com outro e não somente consigo mesmo.
>
> A justiça é, entre todas as virtudes, a única que parece consistir no bem alheio, porque se refere aos outros; faz, de fato, o que convém ao outro, seja governante ou companheiro.
>
> ARISTÓTELES. *Ética a Nicômaco*. São Paulo: Edipro, 2009.

1. Resuma as ideias básicas do texto de Aristóteles.

2. Uma definição de justiça

Por justiça podemos entender um comportamento abstrato – dar a cada um o seu direito – ou uma virtude. Então se define como:

> O modo de conduta segundo o qual um homem, movido por uma vontade constante e inalterável, dá a cada qual seu direito.
>
> SANTO TOMÁS DE AQUINO. *Suma teológica*. Petrópolis: Vozes, 2006.

Mas essa definição apresenta um problema:

> Se o ato de justiça consiste em dar a cada um o seu [direito], é porque o dito ato supõe outro precedente, por virtude do qual algo se constitui em propriedade de alguém (Suma teológica). Esta proposição enuncia com soberana simplicidade uma realidade fundamental. A justiça é algo secundário. A justiça pressupõe o direito.
>
> Se algo se deve a um homem como seu, o fato em si de que lhe devam não é obra da justiça em si. "O ato pelo qual se constitui inicialmente algo em prol de alguém não pode ser um ato de justiça" (Suma teológica).
>
> PIEPER, Josef. *Justicia y fortaleza*. Madrid: Rialp, 1968.

2. Explique as objeções do filósofo católico alemão Josef Pieper (1904-1997) à definição de Santo Tomás de Aquino.

Assim, em primeiro lugar, devemos conhecer os direitos de cada pessoa. E como os conhecemos? Há alguns direitos assinalados pela legislação de cada país, mas há outros – aos quais chamamos "direitos humanos" – que não dependem da lei de um país, mas que obrigam as leis de um país a adequar-se a eles. Como se descobriu?

Devido ao desenvolvimento histórico da humanidade, às crises cada vez maiores do mundo moderno e ao progresso, ainda que precário, da consciência moral e da reflexão, os homens de hoje advertem, mais plenamente que no passado, ainda que de um modo imperfeito, um número de verdades práticas relativas à sua vida em comum sobre as quais podem chegar a um acordo, mas que derivam no pensamento de cada um deles – dependendo de suas ideologias políticas, suas tradições religiosas e filosóficas, sua base cultural e suas experiências históricas – de concepções teóricas extremamente distintas e inclusive fundamentalmente antagônicas. Como a Declaração Internacional de Direitos, publicada pelas Nações Unidas em 1948, o demonstrou claramente, resulta, sem dúvida, difícil, mas não impossível, estabelecer uma formulação comum das conclusões práticas ou, em outras palavras, dos diversos direitos com que conta o homem.

Os direitos são, muitas vezes, conquistados através de luta, assim como os que a população afrodescendente dos Estados Unidos conseguiu, com movimentos de afirmação, tendo em Martin Luther King (1929-1968), prêmio Nobel da Paz, um de seus grandes líderes.

MARITAIN, Jacques. *El hombre y el Estado*. 2. ed. Madrid: Encuentro, 2002.

Uma dessas "verdades práticas" mencionadas no texto do francês Jacques Maritain (1882-1973) é a chamada "regra de ouro da justiça", que foi reconhecida em todas as culturas. Há uma versão negativa: "Não faça a seu próximo o que não gostaria que fizessem com você", e uma versão positiva: "Ama a teu próximo como a ti mesmo".

3. De acordo com Maritain, o que dificulta o acordo nas verdades práticas?

4. As qualidades de uma pessoa justa

Como você gostaria que fosse uma pessoa que tivesse de julgá-lo? Como quer que um professor, ou um amigo, se comporte ao tomar decisões que lhe afetam?

Um dos filósofos mais importantes do século XX, o americano John Rawls (1921-2002), descreveu como deveria ser um juiz competente:

1. Um juiz moral competente deve conhecer as coisas relativas ao mundo que o rodeia, e as consequências produzidas pelos atos e pelos fatos sobre os quais tem que julgar.

2. Exige-se que seja um homem razoável, com as seguintes capacidades:

a) Disposto a fazer uso dos princípios da lógica indutiva para determinar o que deve crer.

A juíza Nicoletta Gandus, em 2009, considera David Mills culpado por proteger o primeiro-ministro italiano Silvio Berlusconi.

b) Disposto a encontrar razões a favor das ou contra as possíveis linhas de comportamento que tem.

c) Disposto a considerar as questões com mente aberta e, em consequência, ainda que possa ter já formada uma opinião sobre um problema, estar sempre disposto a reconsiderá-la à luz de ulteriores provas.

d) Conhece ou tenta conhecer suas predileções emocionais, intelectuais e morais, e faz um esforço consciente para que não interfiram em sua decisão.

3. Exige-se que tenha um conhecimento empático daqueles interesses humanos que, ao entrar em conflito em casos concretos, provocam a necessidade de tomar uma decisão moral. De um juiz competente se exige que tenha a capacidade e o desejo de pôr diante de si mesmo, na imaginação, todos os interesses em conflito, junto com os fatos relevantes do caso, e de prestar-lhes, ao avaliar cada um deles, a mesma atenção que prestaria se esses interesses fossem seus.

RAWLS, John. *Justiça como equidade*. São Paulo: Martins, 2003.

4. Explique, com um exemplo, em que consiste cada um dos pontos citados por Rawls. Em sua opinião, cumprimos com esses requisitos na hora de julgar as ações de outras pessoas?

Filosofia jovem

▪ As tecnologias da informação e da comunicação

As tecnologias da informação e da comunicação estão tornando possíveis novas formas de sociabilidade e de cooperação. Esse é um tema de grande relevância para uma filosofia jovem, uma vez que os jovens se habituam mais rapidamente aos novos meios de comunicação, bem como aprendem a manipulá-los em pouco tempo.

1. O celular

O celular mudou a maneira de relacionar-se, de entender a comunicação, a intimidade ou o companheirismo. No Japão, criou-se a palavra *oyayubisoku* – "a tribo do polegar" – para designar os adeptos da mensagem de texto por celular.

Os especialistas no tema assinalam alguns aspectos muito interessantes provocados pelo uso em massa do celular:

O uso do celular estabeleceu novas formas de comunicação.

- As mensagens de texto permitem uma grande privacidade. Podemos dizer coisas que não gostaríamos que os outros ouvissem.

- O celular cria um espaço social alternativo. Posso estar na sala de casa, com minha família, e estar conectado com meu grupo por meio de mensagens.

- As ideias de espaço e de tempo se tornaram muito flexíveis.

- O grande tabu atual é esquecer-se do celular, e a grande tragédia, perdê-lo.

- Inventou-se um novo modo de comunicação que consiste em "estar em contato". Não quero dizer nada, somente quero mostrar a outra pessoa que estou pensando nela ou conectada com ela.

- O celular também se converteu em uma ferramenta para organizar manifestações políticas ou sociais.

Em 20 de janeiro de 2001, o presidente das Filipinas, Joseph Estrada, tornou-se o primeiro chefe de Estado a perder o poder pelas mãos de uma coletividade inteligente.

Mais de um milhão de residentes em Manila, celularizados e coordenados através de mensagens de texto, se reuniram no lugar onde se desenvolveram as manifestações pacíficas de 1986 pelo "Poder popular", que derrubaram o presidente Marcos. Estrada foi destituído, e nasceu a lenda da geração "Txt".

RHEINGOLD, Howard. *Multitudes inteligentes*. Barcelona: Gedisa, 2004.

1. De que modo o celular pode mudar a realidade social e política em que vivemos? Elabore um texto valendo-se de suas experiências de vida.

Manifestação em Manila, em 2001, pelo *impeachment* do presidente filipino Joseph Estrada, popularmente conhecido como Erap.

2. Espaços hiperinformativos

Recentemente, alguns estudos constataram que os jovens possuem uma forma de atenção absolutamente nova. Ao mesmo tempo que navegam pela internet, por exemplo, falam com os amigos ao telefone, ouvem música e fazem os deveres de casa. Isso traz vantagens e inconvenientes:

- **Vantagens:** aumento da capacidade de passar de um foco a outro, mantendo vários sob controle, e uma grande habilidade para manipular a informação "na tela".

- **Inconvenientes:** dificuldades para manter a concentração em um objeto por muito tempo – há um desejo constante de "zapear" por todas as situações –, necessidade de estar continuamente desestimulado para não se preocupar de fato, e pouco uso da memória voluntária de longo prazo.

2. Você acredita que as vantagens são superiores aos inconvenientes ou vice-versa? Justifique sua resposta em um texto.

Sala de aula de informática, como pesquisas.
O computador se presta a múltiplos usos.

3. Os novos modos de cooperação

As novas tecnologias permitem um modo de cooperação muito mais intenso e eficaz que em outros momentos da história.

Estamos entrando na época das "multidões inteligentes"? Esse tema é muito interessante, uma vez que o pensamento compartilhado tem grande importância para a elaboração dos costumes e das normas. Por isso, se realmente conseguíssemos formar multidões inteligentes, seria um grande avanço para a humanidade.

Há casos muito conhecidos que demonstram que essa colaboração inteligente e anônima é possível. Por exemplo, a elaboração de Linux, o *software* de acesso livre:

Antes do desenvolvimento do Linux, todo o mundo acreditava que um *software* tão complexo como um sistema operacional deveria ser desenvolvido para um grupo de pessoas relativamente pequeno, sob controle e coordenado. Esse modelo era e é o mais comum no desenvolvimento do *software* comercial. O Linux evoluiu de um modo totalmente diferente. Quase desde o princípio, participaram de seu desenvolvimento numerosos voluntários coordenados somente pela internet. A qualidade se mantinha não pela autocracia ou por uma série de normas rígidas, mas pela simples estratégia de publicar partes do programa a cada semana e receber comentários de centenas de usuários em poucos dias, criando assim um tipo de rápida seleção darwiniana nas mutações introduzidas pelos programadores.

RAYMOND, Eric. *A catedral e o bazar*. Disponível em: <biblioweb.sindominio.net/telematica/catedral.html>. Acesso em: 13 abr. 2010.

A Wikipédia funciona de maneira parecida. Qualquer um pode inserir uma informação no *site*. No entanto, como não há um controle sobre essas inserções, as informações disponibilizadas não são plenamente confiáveis.

3. O que são as "multidões inteligentes"? Que benefícios podem trazer para a humanidade?

4. Com base nos exemplos citados, explique as vantagens da colaboração interpessoal.

Escrever um *blog* filosófico

Continue a reflexão pessoal em seu *blog*, o diário de "filosofia jovem", escrevendo sobre o papel das novas tecnologias da informação e da comunicação em nossa vida diária e nos novos modos de comunicar. Comente as vantagens e inconvenientes desses meios.

Resumo do capítulo

 A dimensão social do ser humano

Sociologia: indivíduo e sociedade
- Necessitamos viver em sociedade para desenvolver a inteligência.
- A sociedade é um conjunto de indivíduos que interagem entre si.

Os sistemas sociais
- Conferem a seus membros propriedades ou capacidades de vários tipos.
- O grupo influi sobre o indivíduo, e este faz parte do grupo: a interação é complexa.

Relações indivíduo--sociedade
- A sociedade existe antes do nascimento do indivíduo e determina o que ele será.
- Mas os indivíduos também podem influir e operar mudanças na sociedade.

A sociedade como sistema complexo

Os sistemas de interação social: *status* e papéis sociais
- O *status* social é o posto que o indivíduo ocupa na estrutura social, segundo avaliação da própria sociedade.
- Os papéis sociais são o conjunto de normas e pautas de conduta de um indivíduo em virtude da posição que ocupa.

Formas de agrupamento social
- Um grupo social é um conjunto de pessoas com identidade comum, que compartilham algumas normas, valores e objetivos.
- Uma sociedade se compõe de um grande número de indivíduos que agem conjuntamente e compartilham uma cultura comum.
- O Estado é uma forma de organização pela qual se constitui o sistema político de uma sociedade.

Diferentes formas de organização social

Evolução das formas de organização social
- De organizações simples a sociedades mais complexas: tribal, escravocrata, feudal e moderna.

O modelo organicista
- A organização social está acima do indivíduo, que carece de liberdade.
- A autonomia e as decisões estão reservadas a quem detém o poder.

O modelo individualista
- É uma nova forma de entender a relação do indivíduo com a sociedade.
- Reconhece direitos iguais para todos.

Características da organização social atual
- Somos devedores do modelo individualista.
- Deve haver equilíbrio entre o poder do Estado e o do indivíduo.
- Fomenta-se a intervenção da sociedade civil.

Os processos de socialização

O que é a socialização?
- É o processo que nos possibilita ser autônomos.

Fases da socialização
- O indivíduo adquire valores, modelos, símbolos do grupo.
- O aprendido integra a personalidade.

Mecanismos de socialização
- Aprendizagem.
- Motivação.
- Herança e meio social.

Agentes de socialização
- São pessoas, instituições ou grupos sociais que se ocupam da transmissão de modelos sociais.

A dívida social

Conquistas sociais e responsabilidade contraída
- Parte das conquistas humanas foi fruto de empenho e esforço.

A linguagem como fato social
- Graças à linguagem entendemos e construímos a realidade.
- Essa conquista tem natureza social.

A inteligência como conquista social
- Por viver em sociedade, acumulamos e potencializamos as possibilidades de nossa inteligência.

A conquista e a aprendizagem da liberdade
- Agir livremente é capacidade aprendida.
- A sociedade oferece uma conquista de liberdades e direitos.

A institucionalização da educação
- Temos de aprender a ser livres ou plenamente inteligentes.
- Todas as culturas consideraram a educação importante.

Atividades

1. Defina cada um dos seguintes conceitos:
   a) Sociedade
   b) *Status*
   c) Papel social
   d) Socialização

2. Leia o seguinte texto do sociólogo Joseph Fichter (1908-1994) e responda às questões.

   > Todos os seres humanos, enquanto se distinguem dos animais, são pessoas sociais.
   >
   > Os termos "racional" e "social" não são sinônimos, mas uma destas qualidades não existe sem a outra. O mero fato de dizer que um indivíduo é uma pessoa racional implica necessariamente que é uma pessoa social. Estas são características exclusivas das pessoas. Quando dizemos que os animais irracionais são sociais, falamos somente por analogia.

   FICHTER, Joseph H. *Sociología*. Barcelona: Herder, 1972.

   a) Que relação estabelece Fichter entre "racional" e "social"?
   b) Explique a frase: "Quando dizemos que os animais irracionais são sociais, falamos somente por analogia".

A socialização é um processo contínuo na vida do ser humano. Na foto, *show* da Virada Cultural na cidade de São Paulo, em 2008.

3. Leia o seguinte texto, do antropólogo francês Louis Dumont (1911-1998), e responda às questões.

   > A maior parte das sociedades valoriza em primeiro lugar a ordem, por conseguinte, a conformidade de cada elemento a seu papel no conjunto; em uma palavra: a sociedade como um todo; a esta orientação geral de valores a chamo "holismo" [...]. Outras sociedades, a nossa em particular, valorizam em primeiro lugar o ser humano individual: a nossos olhos cada homem é uma encarnação da humanidade inteira, e como tal é igual a qualquer outro homem, e livre. Isto é o que chamo "individualismo". Na concepção holista, as necessidades do homem como tal são ignoradas ou subordinadas, enquanto, pelo contrário, a concepção individualista ignora ou subordina as necessidades da sociedade. Pois bem, entre as grandes civilizações que o mundo conheceu, predominou o tipo holista

de sociedade. Inclusive dá a impressão de ter sido a regra, com a única exceção de nossa civilização moderna e seu tipo individualista de sociedade.

   DUMONT, Louis. *Homo aequalis*. Bauru: EDUSC, 2000.

   a) O que significa "holismo"? Em que se diferencia do individualismo?
   b) Resuma e explique as ideias básicas do texto. Faça um mapa conceitual ou um diagrama para esclarecê-lo.

4. Explique quais são as duas fases da socialização e que agentes e mecanismos costumam agir em cada uma.

5. Leia o seguinte texto e responda às questões.

   > A concepção que tenhamos da sociedade é também fundamental para compreender-nos a nós mesmos. É somente na sociedade em que vivemos que conseguimos certos objetos pessoais, por exemplo, a segurança material, como sugere Hobbes? Ou existe uma realidade social mais fundamental que se encontra na mesma essência de nossa natureza como seres humanos, como Marx e Durkheim tentaram fazer-nos crer? O ser humano pode ser, nas palavras de Aristóteles, um animal social, já que não pode viver permanentemente fora de um grupo social, e depende da sociedade somente como se fosse um apoio externo que serve para manter a vida pessoal ou não há nenhuma existência que seja genuína fora das relações sociais? Seja qual for a resposta dada a essas questões, a imagem que temos de nós mesmos é inseparável da representação que temos da sociedade.

   CAMPBELL, Tom. *Siete teorías de la sociedad*. Madrid: Cátedra, 1988.

   Qual é a ideia fundamental do texto? Você acredita que se pode dizer que não temos nenhuma existência que seja genuína fora de nossas relações sociais? Justifique sua resposta.

6. Leia o seguinte texto, do filósofo grego Epicteto (55-135), e responda às questões.

   > Recordes que és um ator em uma representação que será como o autor decidir: curta se a quer curta, longa se a quer longa; se ele quer que representes o papel de um pobre, ocupa-te de representar o papel com naturalidade; e se é o papel de um aleijado, de um magistrado ou de uma pessoa privada, faça outro tanto. Pois esse é teu dever: agir bem no papel que te dão; mas selecionar o papel corresponde a outro.

   EPICTETO. *Enquiridión*. Palma de Mallorca: Jose J. de Olañeta, 2007.

   Você concorda com Epicteto? Estamos limitados ao papel que nos cabe? Justifique sua resposta.

7. Volte a ler a introdução "Indivíduos e redes sociais". Escreva um breve texto com as ideias sugeridas e baseando-se no que você estudou no capítulo.

9

Da teoria à prática: ética e política

Neste capítulo

- Introdução: a ação política
- O modelo ético
- Sociedade política e sociedade civil
- Reflexão sobre a política
- Política e justiça
- Os Direitos Humanos, um projeto ético e jurídico

Tim Graham/Getty Images

Introdução: a ação política

Em 1978, a arqueóloga britânica Mary Leakey (1913--1996) encontrou impressas nas cinzas de um vulcão as pegadas de três antepassados dos humanos.

Esta poderia ser a imagem que melhor nos retrata como espécie: somos viajantes, andarilhos, nômades, estamos sempre no caminho e a caminho.

Sófocles (497-406 a.C.), grande dramaturgo grego, expressou sua admiração diante das capacidades humanas:

> Muitas são as coisas assombrosas, mas nada mais assombroso que o homem. Possui a fala e o pensamento rápido como o vento, e todas as competências com as quais se pode organizar a cidade. Penetrante até além do que caprichosamente poderíamos sonhar é sua fértil habilidade, seja para o bem, seja para o mal. Quando honra as leis de seu país e mantém a justiça que jurou diante dos deuses respeitar, ergue--se orgulhosamente na cidade; mas não tem cidade, quem, insensatamente, se afunda no delito.

Somos seres sociáveis e podemos ser, se assim quisermos, não sociáveis, assim como podemos ser egoístas e altruístas. Por isso, estamos sempre em condições precárias. Temos que estimular os modos de vida nobres, construir uma firme e acolhedora casa comum, uma cidade universal.

Platão contou em seu diálogo *Protágoras* um mito bastante adequado ao que estamos afirmando:

> Buscaram os homens a forma de reunir-se e de salvar-se construindo cidades, mas uma vez reunidos se ultrajavam entre si por não possuir a arte da política, de modo que, ao se dispersarem de novo, pereciam. Então Zeus, temendo que nossa espécie fosse exterminada por completo, enviou Hermes para que levasse aos homens o pudor e a justiça, a fim de que regessem nas cidades a harmonia e os laços comuns de amizade.
>
> Hermes então perguntou a Zeus a forma de distribuir a justiça e o pudor entre os homens:

Comemoração do Commonwealth Day (Dia da Comunidade de Nações) na Abadia de Westminster, Londres, Inglaterra (12 mar. 2007). O respeito às diferenças é um aspecto importante da boa convivência social.

— Distribuo-as como foram distribuídas as demais artes, basta que um só homem possua a arte da medicina para tratar a outros muitos leigos? Reparto assim a justiça e o pudor entre os homens, ou talvez os distribuo entre todos?

Respondeu Zeus:

— Entre todos, e que todos participem delas; porque se participam somente alguns poucos, como ocorre com as demais artes, jamais haverá cidades. Ademais, você estabelecerá em meu nome esta lei: que todo aquele que for incapaz de participar do pudor e da justiça será eliminado, como uma peste, da cidade.

A convivência social se funda na ação dos bons cidadãos. A resolução dos problemas depende, assim, de todos nós. Sem dúvida, isolados não podemos nada. Por isso, temos de aproveitar as possibilidades que nos oferecem a ação coletiva, a participação social e a atividade política.

A filosofia, a princípio, analisa o ser humano em sua singularidade (o indivíduo se autoanalisa), suas necessidades, seus recursos intelectuais e afetivos. Em seguida, parte para a compreensão da vida em sociedade deste objeto que antes havia refletido isoladamente, o que leva a pensar na ética e, por meio dela, na política.

A filósofa Hannah Arendt (1906-1975), que sofreu os horrores do totalitarismo nazista, dizia que a política é a fonte da liberdade social. É, sem dúvida, a tentativa de construir a casa comum. Por essa razão, os filósofos, desde os tempos de Platão, sempre estiveram muito interessados nos dois grandes meios de configurar o futuro: a educação, que se encarrega de fomentar os bons hábitos éticos, e a política, encarregada de levar à prática normas da ética social.

▨▨ O modelo ético

■ A passagem da teoria à ação

Até este momento nos movemos no campo teórico. Falamos da inteligência, dos critérios de verdade, dos sistemas normativos. Mas, desse modo, corremos o perigo de ficar no mundo das ideias. Não estaríamos fazendo proposições utópicas, belas, mas irreais? Como podemos passar da teoria à prática? Basta conhecer o mundo ou deve-se tentar mudá-lo? Enquanto a inteligência teórica se detém no conhecimento, a inteligência prática somente alcança sua plenitude na ação.

Karl Marx disse com propriedade em suas teses sobre Feuerbach que "Os filósofos se limitaram a interpretar o mundo diferentemente; cabe transformá-lo" (*doc. 1*).

O modelo ético somente pode realizar-se mediante uma ação política e social correta.

Todo projeto, inclusive o projeto ético de construir um mundo justo para todos, deve passar por uma etapa teórica e outra prática. A ética cívica e pública se encarrega de elaborar o projeto. Mas nenhuma ação se justificará se, previamente, não legitimarmos o projeto.

■ O modelo teórico

O modelo de ética pública tem de apresentar um conjunto de valores e normas aceitáveis para qualquer indivíduo racional e imparcial que cumpra os critérios de verdade ética que estudamos. Ademais, tem de coordenar a autonomia pessoal (a própria consciência como fonte de legitimação do comportamento livre) e a heteronímia moral, já que um projeto compartilhado nos impõe deveres.

O modelo de vida universalmente desejável, do qual derivarão os deveres individuais e que garante o acesso aos valores universalmente desejados, tem as seguintes noções fundamentais:

- **O reconhecimento de direitos individuais prévios à legislação**. Dessa maneira, são defendidos valores fundamentais como a vida, a liberdade e a igualdade.
- **A recusa das diferenças não legítimas**. Protegem-se, assim, os valores éticos de igualdade e justiça. Não se trata de que todos sejamos iguais em todos os sentidos, mas de que não sejamos vítimas de discriminações e segregações.
- **A participação no poder político**. Graças a essa participação, pode-se alcançar a liberdade, a igualdade e a segurança.
- **A racionalidade como forma de resolver os conflitos**. A razão nos permite buscar e encontrar o entendimento. Karl Popper escreveu: "É necessário que se enfrentem os argumentos para que não tenham que enfrentar as pessoas".
- **As seguranças jurídicas**. Protegem contra arbitrariedade e a injustiça.
- **As políticas de ajuda**. A igualdade essencial dos seres humanos e de seus direitos impõe condutas de ajuda para remediar a situação dos mais desfavorecidos. As políticas assistenciais – não só econômica, mas também para conseguir a democracia e a justiça – são imprescindíveis para a realização de todos os valores.

Doc. 1

Da incerteza à ação

Há, assim, três momentos diferentes que ciclicamente se repetem ao longo da história humana em formas cada vez mais complexas e densas. (1) O homem se sente perdido, náufrago nas coisas: é a alteração. (2) O homem, com um enérgico esforço, retira a sua intimidade para formar ideias sobre as coisas e sua possível dominação: é o ensimesmamento, "la vita" contemplativa, que diziam os romanos, a vida teórica dos gregos, a teoria. (3) O homem volta a submergir-se no mundo, para agir nele conforme um plano preconcebido: é a ação, a "vita" ativa, a práxis.

ORTEGA Y GASSET, José. Ensimismamiento y alteración. In: *Obras completas*: Tomo V (1932-1940). Madrid: Pensamiento, 2006.

- Discuta os três momentos cíclicos da história da humanidade apontados por Ortega y Gasset.

■ Este modelo cumpre os critérios éticos?

Para sermos rigorosos, devemos comprovar se esse modelo cumpre os critérios éticos que estudamos:

- A experiência moral da humanidade e o estudo da desenvolvimento histórico da moral nos proporcionam uma base indutiva para afirmar que os conteúdos do modelo são universalmente aceitáveis.
- O procedimento do "observador imparcial", ou seja, a análise das propostas sem levar em conta nossa situação real, mas nos colocando em lugar de qualquer pessoa, corrobora sua "viabilidade". Alguém gostaria de não possuir direitos, de ser discriminado ou de se submeter a normas injustas?
- O modelo ético cumpre também o critério de coerência. Seus componentes formam um sistema unificado. A participação no poder político assegura a não discriminação e a segurança jurídica e as políticas assistenciais que permitem a luta contra as desigualdades, e todas essas expectativas são garantidas ao converterem-se em direitos individuais.
- Um último critério exige que o modelo permita prever as consequências. A experiência histórica demonstra que o respeito aos direitos humanos e ao modelo ético produz as consequências desejáveis de paz, justiça e bem-estar, enquanto seu descumprimento conduz sempre ao horror.

■ Comparação com outras teorias

Ainda podemos submeter o modelo ético a uma última prova. Como nos ensinou Karl Popper, as teorias devem provar sua firmeza enfrentando outras teorias. Assim, as grandes teorias éticas se classificam em:

- **Éticas materiais**: defendem que existe um fim que guia nosso comportamento moral e estabelecem uma série de normas para alcançá-lo.
- **Éticas formais**: dizem como se deve encontrar ou realizar o bem, mas sem falar da felicidade, nem estabelecer normas concretas.

Por sua vez, os defensores do direito natural consideram que, para nos afastarmos do relativismo moral, devemos admitir que as normas derivam da natureza humana e, por isso, são universais e imutáveis.

O modelo ético que se concretiza na teoria dos direitos humanos aproveita a maior parte das descobertas das teorias éticas anteriores. Tenta facilitar a busca individual da felicidade, mas essa felicidade deve ser buscada na sociedade, por isso tem que ser uma felicidade compatível e cooperadora com a felicidade dos demais. Deve estar de acordo com as expectativas e necessidades humanas: o bem-estar, a sociabilidade e a ampliação de possibilidades vitais.

Também é verdade que do estudo da natureza humana podemos inferir necessidades ou desejos, mas não direitos nem deveres. Por outro lado, podemos afirmar

∧ Casal de adolescentes em parque de diversões de Vinhedo (SP). O bem-estar, a sociabilidade e a ampliação de horizontes fazem parte das expectativas e necessidades básicas dos seres humanos.

que o mais próprio da natureza humana é a inteligência e que agir inteligentemente é agir de acordo com nossa natureza. Desse modo, a inteligência prática fundamenta a ética no princípio básico da dignidade:

> Todos os seres humanos possuem dignidade, e desta dignidade derivam os direitos fundamentais.

De acordo com o princípio da dignidade, a inteligência redefine na prática a natureza humana. Nós nos formamos como seres humanos a partir do momento em que afirmamos a dignidade de nossa espécie e quando reconhecemos direitos prévios à lei. Esse conceito serve de base para um novo direito natural, fundado na natureza legisladora da inteligência humana.

Essa foi a proposta de Kant. A inteligência humana (natureza básica) se autodefine como sendo dotada de um valor intrínseco (segunda natureza), do qual derivam direitos e deveres. O ser humano demonstra sua dignidade ao afirmar a dignidade de todos os membros de sua espécie (*doc. 2*).

Doc. 2

Um ato perlocutivo

Os linguistas distinguem uma linguagem ilocutiva (por meio da qual se transmite um significado) de uma linguagem perlocutiva, na qual se cria uma realidade nova. Por exemplo, uma promessa é um ato perlocutivo.

Pois bem, o ato da inteligência humana mediante o qual nos reconhecemos como seres dotados de dignidade é um ato perlocutivo. Em seu próprio ato faz brotar a realidade a que se refere.

Da mesma maneira que se diz que o movimento se demonstra andando, a dignidade se demonstra dignificando.

- Diferencie os tipos de linguagem apresentados neste documento e discuta seus significados.

▨▨◾ Sociedade política e sociedade civil

◼ Quem deve realizar o modelo ético?

A linguagem, as modas, os costumes e a organização política influem sobre os cidadãos, e, como dissemos, são fenômenos que surgem da interação social. Por isso, devemos lembrar que os únicos agentes reais são as pessoas concretas.

Somos nós (elos) dentro de redes sociais nas quais podemos atuar passiva ou ativamente. Daí a distinção entre **cidadão passivo**, que se acomoda aos ditames da conjuntura, e **cidadão ativo**, capaz de submeter à crítica o mundo que o rodeia (*doc. 3*).

∧ Estudantes da África do Sul saindo da sala após participarem de uma palestra. Ser um cidadão ativo e crítico requer investimento na construção do indivíduo.

A ação do cidadão é regida por dois sistemas de regras:

- **Moral pessoal**: orienta a busca privada do indivíduo. Não se pode obrigar seu cumprimento, porque se baseia na liberdade de consciência e na convicção pessoal.
- **Ética pública**: é o modelo de convivência universalmente válido. Por referir-se a direitos e deveres fundamentais, seu cumprimento pode ser exigido e pode converter-se em direito positivo.

Doc. 3

A atividade política

A história de Ocidente distorceu a ideia de liberdade. Residia no âmbito político e passou ao domínio interno. O cristianismo e o liberalismo, que coincidem em acentuar o privado em detrimento do público, oficializaram a conversão. O cristianismo cultivou a interioridade e a quietude. Por sua vez, a modernidade liberal mudou o ideal de atividade, desde a arena política ao espaço econômico do mercado.

Ambos constituíram um individualismo que faz parte de nossa cultura e dos quais já não podemos prescindir. Mas, muito antes do indivíduo, com sua vida interior e seus direitos, era o cidadão.

Béjar, Helena. *El corazón de la república*: avatares de la virtud política. Barcelona: Paidos, 2000.

- Explique a diferença entre indivíduo e cidadão.

Doc. 4

A felicidade como projeto mancomunado

Nós, seres humanos, queremos ser felizes. Esse projeto colossal, irremediável e vago dirige todas as nossas ações. É um desejo pessoal, mas que somente pode culminar com a ação coletiva [...]. A necessidade de fundar nossa felicidade individual na felicidade da *polis*, na felicidade política, nos obrigou a construir metafóricas pontes, albergues, muralhas, soberbas torres, eficientes deságues, toda uma arquitetura da vida, que chamamos de ética e direito. A criação sempre produz surpresas. Os seres humanos, acreditando estar se proporcionando um refúgio, estavam em realidade desenhando um modo novo de ser homem, uma nova humanidade.

Marina, José Antonio e De La Valgoma, Maria. *La lucha por la dignidad*. Barcelona: Anagrama, 2005.

- Resuma as ideias fundamentais desse texto.

◼ Saiba mais ◼

Decisões pessoais e limites éticos

Uma pessoa pode considerar que, para alcançar a sua felicidade, deve se tornar advogado. É uma decisão que deriva de suas convicções. A ética pública não deve se opor a essa decisão e tem de defender a liberdade dessa pessoa de realizar seu objetivo.

Outra pessoa, todavia, pode considerar que sua felicidade está na destruição de outros indivíduos. Também é uma decisão que pode derivar de suas convicções, mas não é permitida pela ética pública e deve ser impedida pelo direito (*doc. 4*).

- Por que no primeiro caso a ética pública defende a liberdade da pessoa e não o faz no segundo caso? Justifique sua resposta.

Monges fazem prece em um mosteiro da Índia. Praticar uma religião é uma decisão bastante pessoal.

Assista

Entre os muros da escola, França, 2008, direção de Laurente Cantet. Filme documentário que narra o dia a dia de uma classe do Ensino Médio no subúrbio de Paris. Nesse cotidiano, tanto o professor quanto os alunos são protagonistas. Todos são desafiados à compreensão de uma realidade que não é estática nem absoluta.

■ A ação política

A ação política é imprescindível para realizar o modelo ético. Em um sentido amplo, política é o modo de organizar o governo comum e de participar dele, o que se pode fazer de muitas maneiras: dedicando-se a cargos públicos, exercendo uma profissão, votando, participando de associações, colaborando com uma ONG, etc. Nesse sentido, costuma-se distinguir entre:

- **Sociedade política**: o Estado e as instituições e poderes que o compõem.
- **Sociedade civil**: o conjunto de instituições e mecanismos de coordenação social não dependentes do sistema de administração estatal.

Os dois âmbitos são necessários. Sem uma sociedade civil segura e independente das esferas públicas, o risco de um abuso de poder político, de uma desconexão e marginalização do cidadão é enorme (*doc. 5*).

Em uma democracia existe o último recurso do voto, mas se trata de uma participação pontual; cabe ao cidadão ativo agir constantemente no sentido de participar da vida política de sua sociedade.

∧ Votar com consciência é uma ação política de grande importância.

Doc. 5

Sociedade civil e Estado

No sentido mais abstrato, a sociedade civil pode se considerar como um agregado de instituições, cujos membros participam em um conjunto de atividades não estatais – produção econômica e cultural, vida doméstica e associações de ajuda mútua –, e que aqui preservam e transformam sua identidade, exercendo todo tipo de pressões ou controles sobre as instituições do Estado [...]. Desta maneira, sociedade civil e Estado devem se converter em condições de uma democratização recíproca. A sociedade civil deve se transformar em um espinho cravado permanentemente no flanco do poder político.

KEANE, John. *Democracia y sociedad civil*. Madrid: Alianza Universidad, 1992.

- Resuma as ideias básicas desse texto e explique o sentido da seguinte ideia: "A sociedade civil deve se transformar em um espinho cravado permanentemente no flanco do poder político".

■ A participação cidadã

A participação do cidadão nos assuntos públicos deve ocorrer nos campos de atuação político e civil. A partir deles, é possível realizar o modelo ético desejado. Para isso, é necessário cumprir três objetivos:

- **Melhorar o espaço público**. O espaço público é o mediador da sociedade civil e do poder político. É o lugar da "opinião pública", o espaço em que se discutem problemas e soluções. O estabelecimento do modelo ético depende da qualidade desse espaço público.
- **Aumentar o "capital comunitário" de uma sociedade**. "Capital comunitário" ou "capital social" é o conjunto de valores compartilhados de uma sociedade, o índice de participação na vida pública. É imprescindível para os sistemas democráticos e a cidadania.
- **Promover o fortalecimento político dos cidadãos**. O fortalecimento político refere-se à liberdade real do cidadão, à capacidade de aumento de suas possibilidades de atuação. Pressupõe uma ampliação de seu poder, mas também de sua responsabilidade.

Todas as pessoas, organizações e instituições têm a obrigação de colaborar. Os meios de comunicação e o mundo empresarial têm importância especial. Em ambos os casos, têm seus objetivos particulares – influir, informar, obter benefícios, produzir bens –, mas têm um dever ético comum: colaborar na realização do modelo ético. Nesse sentido, fala-se da responsabilidade social das empresas.

■ Saiba mais ■

A necessária regulação estatal

As instituições econômicas de uma sociedade de mercado regem-se pelos mecanismos de oferta e demanda. Mas, sem regulação estatal, poderiam conduzir a práticas que atentam contra os consumidores. Nos anos de 2008 e 2009 assistimos a uma crise em todo o mundo capitalista, proveniente da ausência de controle estatal de diferentes setores da economia – por exemplo, o mercado imobiliário norte-americano. Isso não implica, necessariamente, uma estatização da economia, mas saber que sem nenhum tipo de regulação econômica os diferentes atores sociais estarão desprotegidos contra possíveis problemas.

- Faça uma pesquisa sobre a crise econômica que afetou o mundo em 2008 e em 2009 e discuta por que é necessária a participação do Estado na economia.

Operário do Polo Petroquímico de Camaçari (BA), fev. 2007. O empreendimento conta com a participação de capital estatal e privado, tanto nacional como estrangeiro.

Reflexão sobre a política

Ciência política e filosofia política

A política tem um papel indispensável na realização do projeto ético. É o modo de organizar o governo da comunidade. É a atividade pela qual os seres humanos tomam decisões coletivas.

A política é um fenômeno social estudado por outras ciências, e a filosofia se encarrega de relacioná-la com o ser humano e com outros aspectos de sua atividade, bem como avaliar seus métodos e seus objetivos. Na política, podemos destacar as seguintes áreas do conhecimento:

- **História política**: é a parte da história que narra o desenvolvimento dos sistemas de organização política.
- **Ciência política**: estuda os conceitos fundamentais dos sistemas políticos, sua estrutura, funções, variedades e as distintas formas de organização social relacionadas com o exercício do poder.
- **Filosofia política**: se encarrega da origem da política, de sua relação com a inteligência social, de justificar as instituições públicas, de estudar as virtudes cívicas e de contribuir para formar o juízo político do cidadão. Não se limita a estudar os sistemas políticos, mas elabora teorias sobre a procedência e a legitimidade do poder político, e sobre as formas de exercê-lo.

As teorias políticas

As distintas teorias tratam de modo diferente a procedência ou a legitimidade do poder político, assim como a forma de exercer o poder. As principais classificações são:

- **Teoria organicista / teoria individualista**. Essa diferenciação corresponde às teorias da organização social:
– A teoria organicista considera que o ser humano somente pode realizar-se e alcançar a felicidade plena na comunidade (*polis*). Por isso, Aristóteles, em sua *Política*, afirma "que a cidade (*polis*) faz parte das coisas naturais, e que o homem é por natureza um animal político".
O poder político se justifica por essa necessidade e superioridade da comunidade sobre o indivíduo, ou seja, há uma relação indissociável entre ética e política e entre indivíduo e sociedade. A teoria organicista prevaleceu até o início da Idade Moderna, quando sofreu uma profunda transformação, de acordo com as novas concepções do ser humano da filosofia moderna, que deram lugar às teorias individualistas.
– A teoria individualista em política pressupõe que indivíduo é soberano, que decide viver sob um poder comum como uma forma mais eficaz de organizar a convivência. A mudança se traduz na premência do indivíduo e de sua autonomia pessoal. Dentro do modelo individualista, encontram-se duas teorias políticas distintas, o absolutismo e o liberalismo (*doc. 6*).

- **Teoria absolutista / teoria liberal**. São duas teorias políticas modernas, nascidas no contexto comum do individualismo, mas que se diferenciam na maneira de entender o exercício do poder político:
– A teoria absolutista, que tem em Thomas Hobbes (1588-1679) e Jean Bodin (1530-1596) dois de seus grandes pensadores, defende que o poder deve ser exercido de forma absoluta sobre os súditos, à margem de qualquer controle legal. O objetivo do príncipe (ou de qualquer governante absoluto) não é de caráter moral, mas está a serviço de manter a ordem, a grandeza e a força do Estado que governa.
– A teoria política liberal, precursora das democracias modernas, desenvolveu-se perante o modelo absolutista. Buscava uma legitimação do poder que não se encontrasse no próprio poder, mas no respeito a uma série de direitos e liberdades. Afirma que todos os seres humanos são iguais e soberanos, porque são possuidores de uma série de direitos naturais, pelo fato de serem pessoas dotadas de liberdade, racionalidade e dignidade. O Estado terá que partir do respeito e reconhecimento desses direitos e liberdades.

Sessão da Câmara dos Deputados, no Congresso Nacional, em 2005. Moderno exercício do poder político.

Doc. 6

O modelo individualista

Encontrar uma forma de associação que defenda e proteja de toda a força comum a pessoa e os bens de cada associado, e em virtude da qual cada um, unindo-se a todos, não obedeça mais que a si mesmo e fique tão livre como antes. Tal é o problema fundamental ao qual dá solução o contrato social [...]. Assim, se eliminamos do pacto social o que não é essencial, encontramos reduzido aos seguintes termos: "Cada um de nós põe em comum sua pessoa e todo seu poder sob a suprema direção da vontade geral, e nós recebemos corporativamente a cada membro como parte indivisível do todo".

ROUSSEAU, Jean-Jacques. *O contrato social*. Porto Alegre: L&PM, 2007.

- Explique em que consiste o contrato social segundo Rousseau. Por que o contrato social pode ser exemplo do modelo individualista?

■ A relação entre ética e política

A política deve levar em conta princípios éticos? Qual é o modo de relação mais adequado entre ética e política? Há duas respostas possíveis:

- Não há relação, são duas realidades diferentes: uma coisa é a ética e outra a política. Nesse modelo, distinguem-se duas teorias diferentes:

  – O realismo político defende que a tarefa da política é diferente à da ética. Enquanto a ética se baseia em valores superiores que devem guiar a convivência, a política deve guiar o exercício do poder de forma eficaz, procurando o crescimento da comunidade. A política se considera uma ciência autônoma.

  – O idealismo político defende que a política deve estar sempre sujeita à ética. Considera, além disso, que o poder é corruptor dos homens, e proclama a redução do Estado. Um exemplo dessa teoria está na obra de Thomas Morus (1478-1535). Morus, em *Utopia* (que em grego significa "em nenhum lugar"), imaginou uma ilha onde reinavam a igualdade e a propriedade comum. Mas essa obra reconhece sua impossibilidade de realização política. Por isso, essa teoria se denomina "idealismo político". Morus, ao batizar seu livro de *Utopia*, criou um novo conceito político, o de se desejar uma sociedade política ideal mas irrealizável.

- Há entre política e ética uma íntima relação, todavia, também há afastamentos. Parte-se do reconhecimento das diferenças, mas também de uma necessária relação entre ética e política, que deu lugar ao que se denomina "ética política".

Essa expressão procede de Max Weber, que une as disciplinas em um compromisso comum. O político tem como tarefas essenciais a organização da realidade social e a prática política, mas não pode desvincular-se totalmente da ética.

As distintas teorias manifestam um problema dramático: o modelo ético funciona quando todos os participantes o respeitam, mas o que acontece quando uma pessoa ou uma nação atenta contra ele?

Seria muito sensato que as nações não gastassem tanto dinheiro em armas e que se estabelecesse uma cultura de paz, mas um desarmamento universal não permitiria o triunfo de qualquer um que não o respeitasse?

Enquanto o modelo ético não estiver estabelecido, a política terá que "manchar as mãos" muitas vezes. Pode-se viver sem se corromper em um mundo de corruptos? Pode-se ser verdadeiro em um mundo de mentirosos? Essa tensão entre "o que se deve fazer" e "o que se pode fazer" é dramática e nos coloca diante de graves problemas.

A defesa do modelo ético deve ser prioritária para todos, porque, enquanto não se conseguir consolidá-lo, nossa situação continuará precária. Os mais fortes (que detêm o poder econômico e político) poderão impor uma lei que lhes beneficie. Por isso, devemos exigir com toda firmeza o cumprimento das normas éticas: quando elas são transgredidas, todos estamos em perigo (*doc. 7*).

■ Saiba mais ■

O Príncipe

Um exemplo significativo do **realismo político** é a obra *O Príncipe*, do florentino Nicolau Maquiavel (1469-1527). Para ele, o objetivo do príncipe ou do político é alcançar o poder e conseguir a grandeza de seu país e a segurança de seus súditos, conquistando glória e sucesso. A virtude do príncipe está a serviço desse objetivo único, e para isso deve-se fazer uso, se fosse necessário, da crueldade, da astúcia e da força. Maquiavel afirma que o príncipe, "para manter o Estado, com frequência está obrigado a atuar contra a humanidade, contra a caridade, inclusive contra a religião". Ou seja, para poder governar com eficácia, ele está além do bem e do mal. A **razão do estado** justifica qualquer ação, ainda que esta contradiga os princípios éticos. De fato, Maquiavel supõe que a política tem uma lógica absolutamente própria e, portanto, os políticos deveriam ter uma conduta de acordo.

- As ideias políticas de Maquiavel a respeito da ética são autônomas? Faça uma pesquisa sobre o pensamento de Maquiavel e discuta se ainda é atual.

Maquiavel, em retrato de Santi di Tito (séc. XVI): os fins justificam os meios.

Palazzo Vecchio (Palazzo della Signoria), Florença/ID/BR

Doc. 7

O trabalho do político

Fica descartada a conclusão de que é injusto dedicar-se à política porque nos faz imorais por princípio. Talvez possamos deduzir algo diferente: a política representa um dos campos da atividade humana que impõe maiores exigências ao sentimento moral, à capacidade de autorrealização crítica, à autêntica responsabilidade, ao tato e ao bom gosto, à capacidade de sensibilizar-se com a alma dos demais, ao sentido da moderação, à humildade. É um emprego apto para pessoas especialmente modestas. Para pessoas que não se deixam enganar. Mentem todos os que afirmam que a política é algo sujo. A política é, simplesmente, um trabalho que requer indivíduos genuinamente puros, posto que ao desenvolvê-la podemos sujar-nos moralmente com especial facilidade. Por isso, somente deveriam dedicar-se à política pessoas com um espírito de alerta especialmente desenvolvido.

HAVEL, Vaclav. *Discursos políticos*. Madrid: Espasa-Calpe, 1995.

- Explique como Havel concebe os políticos e seus deveres.

Política e justiça

Os regimes ditatoriais sabem que não podem se manter sem a obediência dos súditos e, por isso, sempre tentaram legitimar seu poder. A noção de justiça conecta, ao menos teoricamente, a política com a ética.

Mas o que podemos entender por justiça no âmbito da política? Como esse conceito foi evoluindo?

A palavra **justiça** vem do latim *iustitia* e traduz a ideia de dar a cada um o que é seu; por isso representa o valor moral por excelência na vida em comunidade. É uma aplicação da moral no campo dos direitos e da política. Ambos se guiaram pela justiça, que lhes outorgou legitimidade moral. São várias as concepções de justiça que se empregam no direito e na política, como igualdade e liberdade, em relação à segurança jurídica ou segundo a expressão de "dar a cada um o que é seu".

■ A justiça como igualdade

A ideia de justiça foi quase sempre ligada à de igualdade. Aristóteles distinguia dois tipos de justiça: a distributiva e a comutativa. A primeira se baseava na distribuição por parte do Estado de uma série de honras, segundo o mérito ou a classe. Com isso, a igualdade e a justiça dependiam da posição ou *status* de cada um. A segunda se baseava no acordo ou contrato e dependia dos termos acordados.

O conceito de igualdade, tal como hoje o conhecemos, se consolidou na Idade Moderna. Distinguem-se dois sentidos: a igualdade natural e a igualdade política ou de direito. A afirmação "todos os seres humanos são iguais" pressupõe uma igualdade do segundo tipo, pois por natureza somos diferentes. O direito é o que pode dar-nos um estatuto de igualdade, e mais concretamente de igualdade diante da lei. Por isso, a concepção da justiça como igualdade refere-se à segunda acepção, e é um termo intimamente relacionado com o Estado democrático de direito.

■ A justiça como liberdade

A noção de liberdade também está intimamente vinculada à justiça. Durante a Antiguidade e a Idade Média, a liberdade era entendida como uma condição social ou *status* diante do escravo, que não a possuía. Mas, a partir das primeiras revoluções liberais, passou a ser entendida como uma característica própria e específica do ser humano. Ela começou a ser considerada um direito natural, inalienável e próprio do ser humano.

Os regimes democráticos não só devem garanti-la, como devem procurar as condições adequadas para que a liberdade possa se desenvolver e os meios adequados para que os cidadãos possam cultivar e praticar as liberdades próprias do ser humano: a educação, o acesso à informação, a participação, a transparência política, etc. Isso também faz parte da justiça: a justiça social própria de um Estado de direito.

■ A justiça e a segurança jurídica

A justiça no âmbito da política também se identificou com a **"segurança jurídica"**, um conceito que foi evoluindo. Na atualidade, implica a necessidade de velar pelo cumprimento dos princípios morais e éticos essenciais na regulação da convivência.

Em um sentido estrito, a segurança jurídica é a certeza que o direito oferece de que certos valores, liberdades e atos serão cumpridos e estarão garantidos pela lei.

■ A justiça é dar a cada um o que é seu

Esta é a ideia tradicional de justiça, mas há que se resolver um problema prévio: o que é seu? O que é meu? O que corresponde a cada pessoa? Os direitos são prévios à justiça. O comportamento político justo consiste em tratar cada pessoa de acordo com seus direitos, ou seja, de acordo com o modelo ético. Faz parte da política, por meio das funções do Estado, promulgar a legislação necessária para o governo.

Pois bem. Todas essas normas devem estar de acordo com os direitos fundamentais, ou seja, com os direitos humanos.

Acesse

No *site* brasileiro da Organização das Nações Unidas (ONU) é possível encontrar a Declaração dos direitos humanos na íntegra. <http://www.onu-brasil.org.br/documentos_direitoshumanos.php>. Acesso em: 8 de abr. 2010.

Museu Carnavalet, Paris/Coleção Roger-Viollet/IF/AFP

Juramento do jogo da pela, de Vacques-Louis David. Esse episódio se relaciona à Revolução Francesa: representantes do povo invadiram a sala onde se praticava esse jogo, jurando só se dispersar após a votação de uma Constituição para a França. <

Os Direitos Humanos, um projeto ético e jurídico

Ética e direito

Os Direitos Humanos, como projeto que integra ética e direito, aparecem como exemplo contundente da necessária implicação entre as duas disciplinas.

Por um lado, os Direitos Humanos se referem à ética, aos valores e princípios que deveriam inspirar as normas da convivência. Por outro, referem-se ao direito positivo, que com o tempo espera-se ter aplicação no mundo todo. Por isso, os Direitos Humanos representam uma exigência ou ideal ético e, para serem efetivados, têm de contar com a presença do direito positivo.

Mas os Direitos Humanos são direitos subjetivos ou objetivos? Direito positivo ou natural? Convém delimitar seus significados:

- São **direitos subjetivos** enquanto pretensões legítimas dos sujeitos, que por isso mesmo exigem garantia do direito positivo.
- São **direitos naturais** porque se baseiam na natureza humana, na especificidade do ser humano como ser racional e livre, e em garantir essas liberdades acima de qualquer poder político.
- São **direitos morais e éticos** enquanto exigências morais para regular uma convivência baseada na justiça. Mas se trata de um processo incompleto, pois muitos países ainda não incluíram esses direitos em seus ordenamentos jurídicos concretos.

Desafios éticos e políticos atuais

Os desafios da ética e da política têm a ver com o descumprimento ou a transgressão de algum dos componentes do modelo ético. Por isso, pode-se considerar que o grande desafio é precisamente conseguir fazer que se respeitem os Direitos Humanos. Os principais problemas e sua relação com o descumprimento do modelo ético são:

- **A negação dos direitos individuais**. É a causa de grandes problemas. As tiranias têm sua origem no abandono dos Direitos Humanos. A negação dos direitos provocou terríveis genocídios.

- **A permanência de desigualdades não justificadas**. Há exclusões por razões econômicas, raciais, de gênero ou religiosas.
- **A ausência de democracia**. Ainda que o número de países democráticos tenha aumentado, há muitos submetidos a regimes autoritários. Outros, ainda que democráticos, possuem governos centralizadores e que não observam os Direitos Humanos.
- **A arbitrariedade jurídica**. Todos os regimes ditatoriais são arbitrários e não garantem a segurança jurídica. Como dizia Hannah Arendt, trata-se de defender o direito a ter direitos.
- **A pobreza**. A ausência de uma distribuição mais justa de renda oferece, em muitas regiões, condições para o surgimento de regimes políticos ditatoriais, uma vez que exploram exatamente a miséria em que vive a população local, manipulando-a e oprimindo-a.
- **A falta de solidariedade**. As políticas sociais são necessárias porque os problemas são globais e exigem soluções globais. Os países mais pobres necessitam de ajuda econômica, social e política (*doc. 8*).

Doc. 8

A justiça, requisito para a paz

Enquanto continuar existindo a pobreza no mundo, não poderá haver paz. A justiça é um requisito inviolável para a paz. Daí que se deva colocar as bases para novas formas de desenvolvimento justo. Mas esta tentativa se choca contra graves obstáculos, quase sempre insuperáveis, porque pressupõe transformar o sistema econômico em que nos movemos, evitando a marginação e a exclusão, e buscando os meios para fazer efetiva e eficientemente compatível a competitividade e a cooperação [...]. Por conseguinte, devem-se levar em conta as condições econômicas da possível paz e da ordem no mundo. Essas condições são hoje de caráter marcadamente internacional. Ultrapassam muito os limites das "economias nacionais". São de caráter "global".

CONILL, Jesús. *Guerra económica y comunidad internacional*. In: *Sistema. Revista de Ciencias Sociales*, Madrid, n. 149, p. 99-110, 1999.

- Relacione esse texto com a necessidade de haver políticas sociais.

^ Paisagem de Campo Maior (PI), em 2008. A obrigação de preservar a natureza é parte da função social da propriedade, estendida para as futuras gerações.

Palê Zupani/Pulsar Imagens

Leia

DIMENSTEIN, Gilberto. *O cidadão de papel*. São Paulo: Ática, 2005. Com base na Declaração dos Direitos Humanos e na Constituição do Brasil, o autor reflete sobre a situação dos jovens e das crianças na sociedade brasileira contemporânea. Ele mostra que, apesar da nossa Constituição ser uma das mais progressistas do mundo, nossos jovens e crianças ainda são os mais atingidos pelas mazelas da desigualdade social.

Aprender a ler filosofia

■ Comprovar a compreensão

Lemos uma coisa e parece que, em um primeiro momento, entendemos. Muitos leitores, quase sempre os que não são especialistas, costumam deixar-se levar por um otimismo apressado e achar que entenderam tudo. É como se tivessem pressa de terminar a tarefa. Como sabemos se entendemos algo ou não? Há vários modos de fazer isso: tentar explicar o conteúdo lido a outra pessoa, buscar exemplos do texto ou fazer a si mesmo perguntas sobre o conteúdo do texto e respondê-las.

1. Explicar o texto a alguém

Não conseguimos compreender uma coisa quando não sabemos explicá-la bem a outra pessoa. Essa é uma experiência que os professores conhecem bem.

No texto a seguir, Miguel de Unamuno se mostra inconformado, escandalizado pela mediocridade humana. Por isso, tenta despertar grandes ideais nas pessoas. Propõe o exemplo de Dom Quixote e dos cavaleiros andantes.

As ordens de cavalaria designavam uma moral do cavaleiro. Ele devia ser valente, não podia mentir e, sobretudo, devia buscar a justiça, protegendo os fracos e enfrentando os poderosos.

Como disse Cervantes, na voz de seu Dom Quixote: "Perdoar os humildes e castigar os soberbos". E acrescentou:

> O remédio para os males, o socorro das necessidades, o amparo das donzelas, o consolo das viúvas, em nenhum tipo de pessoa se encontra melhor que nos cavaleiros andantes.
>
> CERVANTES, Miguel de. *O engenhoso fidalgo dom Quixote de la Mancha*. São Paulo: Editora 34, 2007. 2v.

Unamuno admira essa forma de agir e pensa que seus contemporâneos caíram na desconfiança e acabaram guiando-se por um ditado miserável: "Pense mal e acertará". Escreve:

> Se nosso senhor Dom Quixote ressuscitasse e voltasse a esta sua Espanha, buscaria uma segunda intenção a seus nobres desvarios. Se alguém denuncia um abuso, persegue a injustiça, fustiga a vulgaridade, se perguntam os escravos: o que está buscando nisso? A que aspira?
>
> Algumas vezes acreditam e dizem que o faz para que lhe tapem a boca com ouro; outras, que é por sentimentos ruins e baixas paixões de vingativo ou invejoso; outras, que vale nada mais que fazer barulho e que dele se fale, por vangloriar-se; outras, que o faz para passar o tempo, por esporte. Lástima grande que a tão poucos se incline por esportes semelhantes!

Para afastar-se da vulgaridade, Unamuno propõe buscar o sepulcro de Dom Quixote:

> Coloquem-se a caminho! Aonde vão? Ao sepulcro! O que vamos fazer no caminho enquanto caminhamos? O quê? Lutar! Lutar, e como? Como? Topam com alguém que mente? Gritem na cara: mentira!, e adiante! Topam com um que rouba? Gritem na cara: ladrão!, e adiante! Topam com um que disse bobagens, a quem ouve toda uma multidão com a boca aberta? Gritem: estúpidos!, e adiante! Adiante sempre!
>
> É que com isso – me disse alguém –, é que com isso se apagam a mentira, o latrocínio, a estupidez do mundo? Quem disse que não? A mais miserável de todas as misérias, a mais repugnante e viciosa argúcia da covardia é essa de dizer que nada adianta em denunciar a um ladrão porque outros seguirão roubando, que nada adianta dizer-lhe em sua cara à gentalha porque não por isso a gentalha diminuirá no mundo.
>
> Sim, deve-se repeti-lo mil e uma vezes: se com uma vez, uma só vez, acabasse totalmente e para sempre com um só embusteiro, ter-se-ia acabado o embuste de uma vez para sempre.
>
> UNAMUNO, Miguel de. *Vida de Don Quijote y Sancho*. Madrid: Alianza Editorial, 2001.

1. O que propõe Unamuno? O que ele nos diz sobre a eficácia dos atos pessoais? Elabore uma explicação sobre o texto e troque-a com um colega, de modo que ele compreenda tão bem quanto você.

Dom Quixote, de Cervantes, é um personagem fundamental na história da literatura. Valores éticos fundamentais embasavam os delírios do fidalgo arruinado.

Museus Castro Maya, Rio de Janeiro/Reprodução autorizada por João Candido Portinari

2. Buscar exemplos

O tema do poder e do medo ao poder preocupa os seres humanos: Como pode ser que tantos homens, tantos povos, tantas cidades, tantas nações suportem às vezes a um só tirano, que não tem mais poderio do que o que [os súditos] lhe concedem... Grande coisa é, e mais triste que assombrosa, ver um milhão de homens submeterem seu pescoço ao jugo não obrigado por uma força maior, mas somente pelo encanto do nome de alguém.

La Boétie, Étienne de. *Discurso sobre a servidão voluntária*. Brasília: LGE, 2009.

Para compreender o sentido completo do texto, podemos pensar em exemplos reais que ilustrem o tema exposto: como os imperadores romanos chegavam ao poder?

Como as monarquias se mantiveram na Idade Média, se havia senhores que eram mais fortes que o rei? Será que os súditos não se davam conta de sua servidão? Por que não se atreviam a opor-se? Não lhes ocorria que a insubordinação seria possível?

2. Pesquise algum exemplo histórico recente sobre a queda de um regime político graças à oposição dos cidadãos.

3. Fazer perguntas

O terceiro método para comprovar o entendimento de um texto consiste em fazer perguntas e tentar respondê-las. Vejamos os dois textos a seguir sobre o Estado e a liberdade:

Dos fundamentos do Estado se deduz evidentemente que seu fim último não é dominar aos homens nem calá-los pelo medo ou sujeitá-los ao direito de outro, mas, pelo contrário, libertar do medo a cada um para que, enquanto seja possível, viva com segurança, isto é, para que conserve o direito natural que tem à existência, sem dano próprio nem alheio. Repito que não é o fim do Estado converter os homens de seres racionais em bestas ou em autômatos, mas, pelo contrário, que seu espírito e seu corpo se desenvolvam em todas suas funções e façam livre uso da razão sem rivalizar pelo ódio, pela cólera ou pelo engano, nem façam a guerra com ânimo justo. O verdadeiro fim do Estado é, pois, a liberdade.

Espinosa, Baruch de. *Tratado teológico-político*. São Paulo: Martins Fontes, 2008.

O ser humano não se converte em ser humano mais que em uma sociedade e somente pela ação coletiva da sociedade inteira; não se emancipa do jugo da natureza exterior mais que pelo trabalho coletivo ou social, e sem essa emancipação material não pode haver emancipação intelectual nem moral para ninguém. O ser humano isolado não pode ter consciência de sua liberdade. Ser livre para o ser humano somente é possível por outro ser humano, por todos os seres humanos que lhe rodeiam. A liberdade não é, pois, um fato de isolamento, mas de reflexão mútua, não de exclusão, mas ao contrário, de aliança, pois a liberdade de todo indivíduo não é outra coisa que o reflexo de sua humanidade ou de seu direito humano na consciência de todos os seres humanos livres, seus irmãos, seus iguais. Não posso dizer e sentir-me livre mais que na presença e diante de outros seres humanos. Não sou inteiramente livre mais do que quando todos os seres humanos que me rodeiam, homens e mulheres, são igualmente livres. A liberdade de outro, longe de ser um limite ou a negação de minha liberdade, é ao contrário sua condição necessária e sua confirmação.

Não me torno verdadeiramente livre mais que pela liberdade dos outros.

Bakunin, Mikhail. *La libertad*. Buenos Aires: Agebe, 2005.

3. Relacione os textos e reflita: Como o Estado pode aumentar a liberdade? O que significa: "Não me torno verdadeiramente livre mais que pela liberdade dos outros"?

O russo Mikhail Bakunin (1814-1876) foi um dos expoentes do pensamento anarquista no século XIX.

Buscar a verdade com um juiz

▪ Argumentar e julgar

A profissão de juiz é apaixonante e difícil, e tem muito a ver com a filosofia. O juiz, como o filósofo, tem que buscar a verdade e a justiça mediante o raciocínio. Argumentar constitui a atividade central dos juristas e se pode dizer que há poucas profissões em que a argumentação tenha um papel mais importante que no direito.

Um especialista nesses temas, o inglês Stephen Toulmin (1922-2009), disse que "a lógica inteira deveria ser considerada como uma jurisprudência generalizada. Os argumentos podem ser comparados com litígios jurídicos". Ou seja, quando temos que decidir entre uma teoria e outra estamos nos comportando, de certo modo, como um juiz que escuta todas as partes, avalia as provas apresentadas antes de se pronunciar e depois dita quais são as mais fortes.

1. Um caso real

Vamos revisar um caso real para comprovar a complexidade dos assuntos judiciais e verificar como se relacionam com a filosofia:

Em 1989, vários presos do grupo terrorista espanhol Grapo (Grupo de Resistência Antifascista Primeiro de Outubro) declararam greve de fome para pressionar o governo. Como a greve se estendeu, os tribunais tiveram de decidir se, para evitar sua morte, se deveria alimentá-los à força ou não. Ou seja, tinham que decidir o que era mais importante, se proteger a vida do grevista ou proteger sua autonomia e sua liberdade de decisão. Havia três posturas possíveis:

- A administração tem a obrigação de alimentar aos presos pela força ainda que se encontrem conscientes.
- A administração somente está autorizada a fazê-lo quando os presos estejam inconscientes.
- A administração não está autorizada a tomar essas medidas em nenhum caso.

A **primeira opinião** se baseia no valor sagrado da vida e sua premência com relação a qualquer outro direito. O juiz que a manteve acrescentou que o direito à vida pressupõe também "a obrigação de fazer o possível para conservá-la" e que "ninguém é dono absoluto de sua própria vida, já que não a cria, mas somente a recebe". Apela-se a noções de direito natural para defender o valor absoluto da vida. Outro juiz acrescentou que, se a vida do grevista corre perigo, a administração deve intervir, pois caso contrário cometeria um delito de omissão do dever de auxílio.

A **segunda opinião** sustenta que o dever assistencial da administração deve ceder diante do direito do interno, respeitando sua decisão livre e voluntária. A liberdade, como característica essencial da dignidade, pode ser considerada tão importante como a vida. Mas, se o grevista perdeu a consciência, pode-se agir sem atentar contra sua autonomia, porque não sabemos se nesse momento o preso teria mudado de atitude.

Manuel Atienza, cujo livro *Por trás da justiça* trata desse caso, defende a **terceira opinião**: em nenhum dos casos se deveria alimentá-los forçosamente. Critica as outras duas opiniões: a primeira postura apela ao direito natural e deveria demonstrar que existe um princípio de direito natural que estabelece que o direito à vida tem premência diante de qualquer outro direito, e que seu exercício é, além disso, obrigatório, no sentido de que o titular do direito não é livre para optar entre viver e morrer. Por outra parte, se a perda de consciência anular as decisões tomadas pelo doente, também se deveria negar a validade do chamado "testamento vital", no qual uma pessoa declara de maneira consciente que, em caso de doença terminal, não deseja ser mantido com vida.

O caso chegou até o Tribunal Constitucional da Espanha, que reconheceu que havia um conflito entre o valor da vida e o valor da autonomia pessoal e a liberdade moral, e sentenciou a favor do primeiro. Considerou que não existe um direito subjetivo para decidir sobre a própria morte. Esse é um caso especialmente complicado, porque há choque de valores fundamentais, o que ocorre muitas vezes. Por exemplo, o direito de propriedade pode ser limitado por uma expropriação por causa de utilidade pública.

1. Resuma as três opiniões sobre o caso e os argumentos que as apoiam.

2. Casos práticos

Vejamos agora outros casos:

- Os vizinhos de uma praça denunciam os pais de menores que se embebedam ao ar livre, e exigem uma indenização pelo barulho.

- As empresas denunciaram a falsificação de produtos, por exemplo, de DVD, e pedem que se multem não só os vendedores, como os compradores.

- Um clube de futebol ofereceu dinheiro aos jogadores de outro time como prêmio caso vencessem o outro time que disputaria o título do campeonato. A diretoria do time que receberia o dinheiro denuncia o clube pagador por práticas esportivas condenáveis.

CDs falsificados apreeendidos numa *blitz* na galeria Pagé, São Paulo, SP (9 maio 2002). Os produtos piratas prejudicam o comércio formal e a economia.

2. Identifique, em cada um desses casos, os direitos que entram em choque e dê sua opinião sobre como deveriam ser resolvidos.

3. O raciocínio jurídico

Quando o caso é simples, a única coisa que o juiz precisa fazer é saber se o fato aconteceu, provar que uma pessoa é responsável por ele, ver o que a lei diz sobre o caso, sentenciar e, se procedente, fixar as penas correspondentes. Mas, em casos mais complexos, os juízes podem enfrentar direitos fundamentais e ter de pesar qual deles é de maior importância. Há sempre uma resposta correta.

– Às vezes, há conflitos entre valores que não podem se resolver racionalmente: por exemplo, se o direito não estabelecesse com clareza se em um determinado caso deve outorgar-se maior valor à vida ou à autonomia do indivíduo, nos encontraríamos com duas respostas corretas. Deve-se reconhecer o caráter limitado da razão.

Mas os juízes têm de sentenciar sempre; em que eles podem basear sua decisão?

– Os juízes, ou quem deve tomar decisões em casos difíceis, não teriam que estar adornados unicamente do que podemos chamar virtudes da racionalidade prática, mas deveriam possuir também outras qualidades, como bom juízo, perspicácia, prudência, ampla visão, sentido de justiça, humanidade, compaixão ou valentia. De fato, uma teoria da razão prática teria que ser completada com uma teoria das paixões.

Atienza, Manuel. *Tras la justicia.* Barcelona: Ariel, 2003.

3. Explique por que um juiz deve reunir as características citadas por Atienza.

4. Um caso de direito internacional

A dívida externa é o valor que um Estado deve a instituições financeiras (bancos e órgãos internacionais). Governos de países que estiveram submetidos a ditaduras depois de um golpe militar podem pensar que, ao se restaurar a democracia, não têm por que devolver o dinheiro emprestado pelos tiranos que haviam usurpado o poder. Entretanto, no caso de uma nação, o empréstimo deveria ser pago pelo povo, que não esteve representado no ato do empréstimo.

4. É justo uma instituição financeira reclamar o empréstimo que fez a um poder ilegítimo? Por quê?

Buscar a felicidade com os filósofos

▪ As virtudes cidadãs

Aristóteles considerava que a finalidade da *polis* (sociedade ou cidade, no caso) era fazer bons indivíduos políticos, ou seja, bons cidadãos. Muitos séculos depois, o filósofo inglês John Stuart Mill (1806-1873) afirmava que o objetivo do governo representativo devia ser "promover a virtude e a inteligência do povo". Entende-se por virtude o hábito que permite fazer uma coisa de forma excelente. As virtudes de um tenista fazem dele um bom jogador: rapidez, resistência, velocidade no saque, variedade dos movimentos, etc. E sobre as virtudes que deve ter um bom cidadão? Quais devem ser as mais importantes?

1. Definir o bom cidadão

Os persas acreditavam que o bom cidadão devia ter duas qualidades: "Não mentir e saber disparar flechas". Os romanos elogiavam o *Vir bonus dizemdi peritus* ("varão bom que sabe falar bem"). Péricles (c. 492-429 a.C.), governante de Atenas no século V a.C., afirmou em um famoso discurso:

> Em nossa cidade, nos preocupamos ao mesmo tempo pelos assuntos privados e públicos; gente de diferentes ofícios conhecem suficientemente a coisa pública, pois somos os únicos que consideram no homem pacífico, mas inútil, ao que nada participa nela, e além disso ou formamos um juízo próprio ou ao menos estudamos com exatidão os negócios públicos, não considerando a discussão como um estorvo para a ação, mas como passo prévio indispensável a qualquer ação sensata.

TUCÍDIDES. *História da guerra do Peloponeso.* v. 1. São Paulo: WMF Martins Fontes, 2008.

1. Em sua opinião, as ideias de Péricles continuam sendo válidas? Justifique sua resposta.

Péricles foi um dos grandes políticos do período áureo de Atenas, no século V a.C.

2. Cidadania como cumprimento das responsabilidades sociais

O bom cidadão deve possuir as virtudes necessárias para realizar a finalidade da sociedade, que é a justiça. Nesse caso, trata-se de virtudes públicas:

> Por que virtudes públicas e não privadas? Primeiro, porque a moral é pública e não privada. O âmbito da moral, ali onde cabe e é preciso regular e julgar, é o das ações e decisões que têm uma repercussão na coletividade ou que são de interesse comum. As ações que conformam o que podemos denominar a felicidade coletiva, que não é o mesmo que a felicidade individual. O espaço da felicidade coletiva é o da justiça, virtude central da ética desde Platão [...].
> Os membros de uma sociedade que busca a justiça devem ser solidários, responsáveis e tolerantes. São estas virtudes ou atitudes indissociáveis da democracia, condição necessária da mesma.

CAMPS, Victoria. *Virtudes públicas.* Madrid: Espasa-Calpe, 1996.

2. Elabore uma reflexão sobre as virtudes necessárias a um cidadão segundo o texto.

Psicóloga da ONG Médicos sem Fronteiras conversa com crianças do interior do Peru vitimadas pelo terremoto de 2007.

3. Ética e etiqueta

Podemos dividir a conduta social das pessoas de duas formas: uma que observa as ações dos cidadãos no cumprimento de seus deveres e no exercício de seus direitos políticos, e outra que versa sobre a postura dos indivíduos em eventos privados ou públicos. As duas formas, todavia, não são universais e diferem de cultura para cultura, o que não significa dizer que há práticas melhores ou piores, mas simplesmente distintas.

No caso das sociedades ocidentais, influenciadas pela cultura europeia, a etiqueta (*grosso modo*, "pequena ética") é sinônimo de boa educação. Esta é geralmente adotada como um critério elitista e de diferenciação social. Norbert Elias (1897-1990), sociólogo alemão, dedicou parte de suas pesquisas à análise do progresso de suavização dos costumes na sociedade europeia, entendendo-o como um sintoma daquilo que chamou de "processo civilizador". Abaixo vemos algumas das normas de etiqueta que se ensinavam na Idade Média e que constam no trabalho de Elias:

Muitos, depois de ter mordido o pão, voltam a molhá-lo na tigela, como os camponeses. As pessoas de bem não fazem tais coisas [...]. Outros sentem a necessidade, depois de ter roído um osso, de devolvê-lo à tigela, o qual é um costume muito feio [...]. O que pigarreia quando vai comer, e assoa o nariz com a toalha de mesa, faz coisas que não estão bem.

ELIAS, Norbert. *O processo civilizador*. Rio de Janeiro: Jorge Zahar, 1995.

As normas da "boa educação" também têm a finalidade de suavizar os incômodos que a convivência entre indivíduos diferentes pode acarretar, bem como demonstrar o respeito para com outras pessoas e não ferir a privacidade alheia.

3. Em sua opinião, quais deveriam ser as normas de etiqueta na sala de aula e no intervalo? Justifique sua resposta.

As normas de etiqueta e os valores da boa educação se desenvolveram ao longo da história.

4. Para além da cidadania

Podemos avançar mais um passo. Em que consistiria ser uma boa pessoa? A bondade pessoal vai além do cumprimento dos deveres como cidadão. Vejamos o que Aristóteles pensa disto:

[...] se a função do homem é uma atividade da alma que segue ou que implica um princípio racional, e se dizemos que "um tal e tal" e "um bom tal e tal" têm uma função que é a mesma em espécie (por exemplo, um tocador de lira e um bom tocador de lira, e assim em todos os casos, sem maiores discriminações, sendo acrescentada ao nome da função a eminência com respeito à bondade – pois a função de um tocador de lira é tocar a lira, e a de um bom tocador de lira é fazê-lo bem); se realmente assim é [e afirmamos ser a função do homem uma certa espécie de vida, e esta vida uma atividade ou ações da alma que implicam um princípio racional; e acrescentamos que a função de um homem bom é uma boa e nobre realização das mesmas; e se qualquer ação é bem realizada quando está de acordo com a excelência que lhe é própria; se realmente assim é], o bem do homem nos aparece como uma atividade da alma em consonância com a virtude e, se há mais virtude, com a melhor e mais completa.

Mas é preciso ajuntar "numa vida completa". Porquanto uma andorinha não faz verão, nem um dia tampouco; e da mesma forma um dia, ou um breve espaço de tempo, não faz um homem feliz e venturoso.

ARISTÓTELES. *Ética a Nicômaco, Livro I*. São Paulo: Abril Cultural, 1973. (Coleção Os Pensadores).

4. O que define uma pessoa boa, para Aristóteles? Justifique sua resposta.

Filosofia jovem

▪ Convivência e diferenças culturais

As sociedades atuais são multiculturais. Convivemos com pessoas de costumes, crenças e códigos de valores muitas vezes distintos dos nossos.

Qual é o comportamento mais justo nas relações multiculturais? Em primeiro lugar, devem-se conhecer as diferentes culturas e respeitá-las.

As diferenças culturais podem ser superficiais ou profundas. As superficiais têm a ver com os costumes, o vestuário, as comidas, as formas de cortesia, etc. As diferenças profundas têm relação com crenças morais. Ou seja, com a ideia do ser humano e do tipo de sociedade que cada uma dessas culturas propõe.

A identidade cultural é muito importante para todos nós. No entanto, se enfatizamos muito essa identidade, podemos produzir separações ou enfrentamentos. Necessitamos reconhecer que todos temos identidades múltiplas. Todos esses pontos de referência são importantes, mas não excludentes. Acima de todos eles, permitindo-nos sentir implicados em um destino comum, encontra-se nossa identidade humana. Todos somos membros da espécie humana, e essa identidade é a que estabelece entre nós laços de fraternidade.

Mulheres iranianas rezam na Universidade de Teerã, em 2009, comemorando a Festa do Sacrifício, que simboliza a disposição de Abraão de sacrificar seu filho Ismael para atender à vontade de Deus.

1. As religiões e os direitos

A Declaração dos Direitos Humanos reconhece o valor das religiões. É um elemento protetor das crenças. O respeito à liberdade de crenças foi um grande avanço para a humanidade.

Art. 18. Toda pessoa tem direito à liberdade de pensamento, de consciência e de religião; este direito inclui o de mudar de religião ou de crença, assim como a liberdade de manifestar sua religião ou sua crença, individual ou coletivamente, tanto em público como em privado, pelo ensino, pela prática, pelo culto e pela observância.

(*Declaração Universal dos Direitos Humanos*, 1948).

Como todos os direitos, o exercício da liberdade religiosa está limitado "pelo respeito aos direitos e liberdades dos demais, e pelas justas exigências da moral, da ordem pública e do bem-estar geral em uma sociedade democrática".

Durante séculos, a maior parte dos Estados esteve vinculada a uma religião oficial. Isso provocaria conflitos entre a religião e a política. A melhor solução foi afirmar o Estado como laico (sem religião oficial) ao mesmo tempo que se reconhece o direito à liberdade de consciência, de religião e de culto.

1. Que relação se pode estabelecer entre "liberdade religiosa" e "Estado laico"? Devem ocorrer ao mesmo tempo? Por quê?

Como seria justo que as distintas culturas convivessem? Vejamos três soluções para a questão:

- Assimilação: quando alguém chega à outra cultura deve assimilá-la, esquecer sua procedência e integrar-se completamente.

- Multiculturalismo segregacionista: cada cultura se mantém isolada da outra, respeitando-se, mas sem pretender integrar-se.

- Interculturalismo: é o multiculturalismo em que as culturas se relacionam entre si, tentando compreender-se e aprender umas com as outras.

2. Quais são as vantagens e os inconvenientes dessas três soluções? Justifique suas respostas pensando na perspectiva da pessoa que chega a outra cultura e no ponto de vista daqueles que a recebem.

3. O diálogo entre as religiões

As crenças religiosas são muito importantes para as pessoas. Por isso, merecem respeito.

Cada um deve reconhecer as razões de suas crenças. As religiões são crenças muito particulares. Não se baseiam em raciocínios, mas em experiências pessoais ou em tradições aceitas pela fé.

Mahatma Gandhi (1869-1948), importante líder pacifista da Índia, pensava que se devia confiar na *satyagrapha*, a força da verdade. Por isso faz parte de nosso dever tentar compreender e explicar. A busca contínua e conjunta da verdade é imprescindível. O esforço para compreender e avaliar as crenças, a valentia para render-se às evidências mais fortes, e o respeito

Ato ecumênico na catedral da Sé, em São Paulo, em 2006, que reuniu, entre outros, o líder do budismo tibetano Dalai Lama, o cardeal Dom Cláudio Hummes, o rabino Henry Sobel e mulher representante do candomblé.

àquelas decisões que não se chocam contra direitos fundamentais é uma obrigação de todos.

Mas as religiões têm a obrigação de cooperar na elaboração de um modelo ético universal, válido para todas as pessoas, independentemente de suas crenças religiosas. Para trabalhar nesse sentido, reuniram-se em várias ocasiões o Parlamento das religiões.

Não é possível uma nova ordem mundial sem uma ética mundial. Os crentes, por sua orientação espiritual e religiosa, por dar sentido à sua vida em uma realidade última da que obtêm confiança (através da oração ou meditação, da palavra ou do silêncio), se sentem na especialíssima obrigação de atender ao bem da humanidade inteira e de cuidar do planeta Terra [...]. Há quatro orientações inalteráveis nas quais é preciso trabalhar. Quatro compromissos a favor de: uma cultura da não violência e respeito a toda vida; a solidariedade de uma ordem econômica justa; a tolerância e um estilo de vida honrado e veraz, e a igualdade e camaradagem entre homem e mulher.

KÜNG, Hans e KUSCHEL, Karl-Josef. *Hacia una ética mundial*: declaración del Parlamento de las religiones del mundo. Madrid: Trotta, 1994.

Das três atitudes possíveis para a convivência entre as culturas, a postura mais de acordo com o modelo ético é o interculturalismo. Com base em uma ética comum, podemos proteger e defender as distintas culturas e aprender com todas elas.

3. Resuma os princípios básicos citados pelo Parlamento das religiões.

Escrever um *blog* filosófico

Em seu *blog* ou diário de "filosofia jovem", escreva uma reflexão pessoal sobre o interculturalismo e a necessidade de convivência de culturas distintas. Você pode mencionar algum caso real que conheça relacionado a este tema.

O modelo ético

A passagem da teoria à ação
- A inteligência teórica se detém no conhecimento; a inteligência prática, na ação.

O modelo teórico
- Reconhecimento de direitos individuais; recusa das diferenças não legítimas; participação no poder político; racionalidade para resolver conflitos; seguranças jurídicas; políticas de ajuda.

Esse modelo cumpre os critérios éticos?
- O desenvolvimento histórico, o procedimento do "observador imparcial", o critério de coerência e a possibilidade de prever as consequências permitem afirmar sua aceitação.

Comparação com outras teorias
- Aproveita descobertas das teorias éticas anteriores.
- Deve estar de acordo com as expectativas humanas.
- A inteligência prática fundamenta a ética no princípio da dignidade.

Sociedade política e sociedade civil

Quem deve realizar o modelo ético?
- Moral pessoal: orienta a busca privada.
- Ética pública: é o modelo de convivência válido.

A ação política
- É imprescindível para realizar o modelo ético.
- Sem uma sociedade civil segura, há o perigo de abuso de poder político.

A participação cidadã
- Deve ser feita por dois campos de atuação: o político e o civil.
- Deve cumprir com os objetivos de melhora do espaço público, aumento do "capital social" e fortalecimento político dos cidadãos.

Reflexão sobre a política

Ciência política e filosofia política
- A ciência política estuda os sistemas políticos e as formas de organização do poder.
- A filosofia política contribui para formar o juízo político do cidadão.

As teorias políticas
- As principais classificações são: a teoria organicista, a teoria individualista, a teoria absolutista e a teoria liberal.

A relação entre ética e política
- Algumas teorias afirmam que não há relação entre elas.
- Outras propõem que há relação, mas com diferenças.
- A defesa do modelo ético deve ser prioritária para todos.

Política e justiça

A justiça como igualdade
- Há dois sentidos: a igualdade natural e a igualdade política ou de direito.
- A justiça como igualdade refere-se à igualdade diante da lei.

A justiça como liberdade
- A liberdade é um direito natural e inalienável.
- A liberdade deve ser garantida aos homens.

A justiça e a segurança jurídica
- A segurança jurídica é a certeza de que certos valores, liberdades e atitudes serão garantidos pela lei.

A justiça é dar a cada um o que é seu
- O comportamento político justo consiste em tratar cada pessoa de acordo com seus direitos.

Os direitos humanos, um projeto ético e jurídico

Ética e direito
- Os direitos humanos são direitos subjetivos, naturais e éticos.

Desafios éticos e políticos atuais
- O grande desafio é conseguir que os direitos humanos sejam respeitados.
- Problemas em relação ao descumprimento do modelo ético: negação dos direitos individuais, permanência de desigualdades não justificadas, ausência de democracia, arbitrariedade jurídica, pobreza, falta de solidariedade.

1. Defina os seguintes conceitos:
   a) Ciência política
   b) Filosofia política
   c) Realismo político
   d) Idealismo político

2. Leia o seguinte texto e responda à questão.

   > Podemos distinguir a filosofia política em quatro acepções principais:
   >
   > 1) A filosofia política como busca da melhor forma de governo; 2) a filosofia política como identificação do fundamento último do poder, ou seja, como determinação do critério de legitimidade da obrigação política; 3) a filosofia política como explicitação do conceito geral de política e 4) a filosofia política como análise reflexa dos mapas linguísticos e conceituais da linguagem política.
   >
   > Abbagnano, Nicola. *Dicionário de filosofia*. 5. ed. São Paulo: WMF Martins Fontes, 2007.

   Segundo o autor do texto, em que consiste a filosofia política?

Manifestação na praça Denfert-Rochereau, em Paris, em 1968. O movimento que começou como um protesto estudantil sem maiores pretensões adquiriu a forma de contestação furiosa à ordem estabelecida.

Coleção Roger-Viollet, Paris

3. Leia o seguinte texto do filósofo espanhol José Luis L. Aranguren (1909-1996) e responda à questão.

   > A chamada "ética política" teria como objeto nos ensinar como devem ser e organizar-se as sociedades civis, conforme o princípio que deve governar, para que estas sociedades e este governo sejam morais, isto é, para que satisfaçam as exigências da "ética geral" [...]. A moralidade política – como as demais, a moralidade privada ou individual – é árdua, problemática, difícil, nunca realizada plenamente, sempre em via e, ao mesmo tempo, sempre "em questão". A autêntica moral não pode deixar de ser luta pela moral. Luta incessante, cair e voltar-se a levantar, busca sem possessão, tensão permanente e autocrítica implacável. A relação entre a ética e a política, enquanto constitutivamente problemática, somente pode ser vivida, de um modo genuíno, dramaticamente.
   >
   > Aranguren, José Luis L. *Ética y política*. Madrid: Biblioteca Nueva, 1996.

   O que é a "ética política", segundo Aranguren? Que relação estabelece com a ética geral?

4. Explique em que consiste a teoria política individualista e quais são as duas grandes teorias políticas que existiram historicamente dentro do individualismo.

5. Leia o seguinte artigo da Declaração de Direitos da ONU e responda à questão.

   > Artigo 1º. Todos os seres humanos nascem livres e iguais em dignidade e direitos, e dotados como estão de razão e consciência, devem comportar-se fraternalmente uns com os outros.
   >
   > (*Declaração Universal dos Direitos Humanos*, 1948)

   Discuta o primeiro artigo da *Declaração Universal dos Diretos Humanos* com base na realidade em que você vive. Em sua opinião, esse artigo está sendo respeitado? Justifique a sua resposta.

6. Leia o seguinte texto do filósofo francês Jacques Maritain, que foi um dos inspiradores da Declaração Universal dos Direitos Humanos, e responda à questão.

   > Durante uma das reuniões da comissão nacional francesa da Unesco em que se discutiam os direitos humanos, alguém manifestou sua estranheza ao ver que certos defensores de ideologias violentamente opostas se haviam posto de acordo para redigir uma lista de direitos. Claro, replicaram eles, estamos de acordo nesses direitos com a condição de que não nos pergunte por quê. É com o porquê que a discussão começa.
   >
   > Maritain, Jacques. *O homem e o Estado*. Rio de Janeiro: Agir, 1952.

   Relacione o problema mencionado com as distintas teorias políticas.

7. Volte ao texto da introdução, "A ação política". Depois, faça uma redação com as ideias que o texto sugere, considerando o que você estudou neste capítulo.

10

O poder político: formas e legitimação

Derival Moreira/SambaPhoto

Introdução: o exercício do poder

Toda relação de poder opera segundo uma condição dinâmica ou perene entre aquele que exerce o poder e aquele que resiste a esse exercício. Todavia, ainda que os personagens atuem de formas distintas em contextos diferentes, as relações interpessoais sempre parecem relações de poder.

Os filósofos, ao longo de toda a história do pensamento filosófico, também se ocuparam de uma realidade tão importante e estudaram o poder de diversos pontos de vista: ontológico, psicológico e político. Contar o que disseram seria expor toda a história da filosofia.

Baruch Espinosa, por exemplo, pensou que, no fundo, toda a realidade tinha um impulso, chamado por ele de "conatus", que fazia com que todas as coisas se esforçassem por manter-se, ou seja, buscassem em si mesmas a conservação. O ser humano não é diferente. Quando experimenta o aumento de sua potência, sente alegria, que é a experiência da plenitude e, portanto, quer manter tal estado.

Friedrich Nietzsche assinalou que "no poder se experimenta a realidade como liberdade, como abertura real de possibilidades". Esse tipo de poder não gera nenhum problema. Os problemas surgem quando o poder se refere a outro, quando se converte em capacidade de impor determinada vontade sobre outra, cuja liberdade pode ver-se afetada ou limitada. Aparece então o medo – ou ao menos a desconfiança – diante do poder.

William Shakespeare (1564-1616) escreveu: "É belo ter a força de um gigante, mas é terrível usá-la como um gigante". E Lorde Acton (1834-1902) pronunciou uma frase que tem sido muito repetida: "O poder corrompe, e o poder absoluto corrompe absolutamente".

Protesto da Ong Rio de Paz em frente ao Congresso Nacional, em 2007, exigindo das autoridades políticas uma solução para a violência. Exercer o poder político implica conferir poder aos cidadãos.

A política tem a ver com o exercício do poder e provoca a mesma desconfiança. Durante séculos os humanos aceitaram o poder político de um soberano com submissão, pensando que essa era a ordem natural das coisas. O poder do soberano – o mesmo que o poder do mar, do vento ou do Sol – procedia da divindade, segundo o que se acreditava. Nas colmeias há uma abelha rainha, e nas manadas, um chefe. O humano não teria por que ser diferente. A submissão ao poderoso pareceu, durante milênios, a atitude mais conveniente para se livrar do caos ou da insegurança.

Mas a luta pela autonomia e liberdade e o desejo de tomar decisões sobre a própria vida são muito fortes. Um movimento de rebeldia e de rejeição ao poder parece essencial ao ser humano. Mas também é fato que a total ausência de poder impede uma convivência pacífica.

O modo satisfatório de coordenar essas duas necessidades – o poder pessoal e o poder político – é muito difícil, pois implica fazer com que o exercício do poder político não diminua o poder do cidadão, e sim o aumente.

Que solução fantástica! Que grande triunfo da inteligência social! O poder político, em vez de limitar o cidadão, lhe dá poder. A lei, em lugar de circunscrever a liberdade, aumenta as possibilidades de agir. O direito deixa de ser só uma defesa da individualidade contra ingerências alheias para se converter em fonte de possibilidades.

Pelo fato de ser cidadão, o poder pessoal se reforça. Hannah Arendt escreveu: "O sentido da política é a liberdade. O homem alcança sua própria natureza quando se separa da natureza e alcança um poder-com-os-outros". Uma vez descoberta a solução, fica apenas a meta de colocá-la em prática. É isso que buscamos.

O poder

Definição e características

Os psicólogos dizem-nos que o ser humano tem três grandes **motivações sociais**: a **afiliação** (o desejo de ser aceito e reconhecido socialmente), o **sucesso** (o desejo de adquirir uma habilidade, de conseguir um objetivo) e o **poder** (a capacidade de impor-se aos outros).

No desejo do sucesso, a meta é interna, pois consiste na percepção do próprio progresso. Por outro lado, na **busca pelo poder** o que se deseja é conseguir a adesão ou a dominação de outras pessoas e, com isso, uma ampliação das possibilidades pessoais.

Bertrand de Jouvenel (1903-1987) diz sobre a liderança, em sua obra *História do poder*, que "o mundo é o cume de uma montanha. O ar que ali se respira é diferente, e as perspectivas que desde lá se divisam diferem das quais se vêm desde o vale da obediência". E Bertrand Russell disse: "Dos infinitos desejos do ser humano, os dois mais poderosos são o desejo de poder e o de glória".

> **Poder** é, num sentido amplo, a faculdade de fazer com que algo possível passe a ser real. Num sentido mais técnico, é o modo de relação pelo qual um sujeito exerce sua vontade sobre outras pessoas.

Equipe de futebol feminino treina sob orientação da técnica. O exercício de poder se dá em todas as relações humanas.

Marcos Peron/Folha Imagem

Os mecanismos do poder

Para o filósofo francês Michel Foucault (1926-1984), o poder não é exercido apenas mediante a violência física. Há formas mais sofisticadas, institucionalizadas e menos "físicas" de poder, mas tão controladoras quanto. Vejamos a seguir alguns desses mecanismos de poder:

- **Castigar**. O medo é um dos grandes motores da obediência e da submissão. Os medos podem ser de origens muito diferentes: dor, retirada de carinho, abandono, etc. Considera-se que, quanto ao poder político, o Estado reservou-se o poder de castigar.
- **Premiar**. Também podem ser muito variados os prêmios: prazer, aceitação, reconhecimento, bajulação, posição, dinheiro, etc. O poder econômico baseia-se na capacidade de dar prêmios e controlar.
- **Alterar as crenças, os sentimentos, os desejos**. A sedução, a persuasão, o engano, as técnicas de publicidade ou propaganda são procedimentos para exer-

Mansell/Time & Life Pictures/Getty Images

Saiba mais

Relações de poder e obsessão pelo poder

As relações de poder aparecem em todos os campos da sociabilidade humana. Por exemplo, nas relações de casais ou nas relações familiares – a força é o modo mais elementar de exercê-las. No entanto, qualquer tipo de ato violento deveria provocar em nós repugnância e nos levar à rejeição desse comportamento.

Como muitos desejos, o poder pode converter-se numa obsessão, quer dizer, dominar completamente a mente de uma pessoa, fazendo-a incapaz de pensar noutra coisa. O obcecado pelo poder transforma-se inevitavelmente em alguém perigoso (*doc. 1*).

- Em sua opinião, quais são as relações legítimas de poder numa família? E quais são as ilegítimas?

Doc. 1

As "recompensas" do poder

Do contexto e do exercício do poder deriva uma sensação de valia autoinduzida. Em nenhum outro aspecto da existência humana se encontra a vaidade submetida a tanto risco. Em palavras de William Hazlitt "o amor ao poder é o amor a nós mesmos". Disso que se desprende que o poder é perseguido, não só pelo serviço que presta aos interesses pessoais, valores ou percepções sociais, mas também por ele mesmo, pelas recompensas emocionais e materiais inerentes à sua posse e seu exercício.

GALBRAITH, John Kenneth. *A anatomia do poder*. São Paulo: Thompson Pioneira, 1999.

- O que significa a frase: "O amor ao poder é o amor a nós mesmos"?

cer o poder. Os grandes líderes políticos e religiosos as utilizam.

- **Limitar as possibilidades de ação dos demais**. Niklas Luhmann (1927-1998) define o poder como uma redução da informação que chega ao liderado. A ignorância facilita o exercício do poder.

Também se pode diferenciar **poder pessoal**, aquele que uma pessoa consegue por suas capacidades individuais, de **poder posicional**, aquele que uma pessoa recebe por sua situação na família ou na estrutura de poder (cargo político, econômico ou trabalhista). Nesse segundo caso, o poder reside na organização.

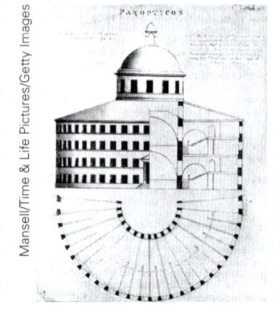

O panóptico é um mecanismo de controle e exercício de poder concebido pelo filósofo Jeremy Bentham em 1796, primeiramente para a organização de um presídio. No panóptico, cada cela ficava sob observação da segurança sem que o prisioneiro soubesse.

A política e o poder político

Funções do poder político

As sociedades buscam objetivos coletivos e, no seu desenvolvimento, surgem conflitos que precisam ser administrados e solucionados. Para isso, recorremos a uma estrutura de regras, procedimentos e instituições, com o objetivo de **alcançar soluções e adotar decisões**. Precisamos contar com algum tipo de **autoridade** ou **poder** social que possa se impor aos possíveis conflitos sociais. Essa é a função do poder político.

Qualquer que seja o tamanho da comunidade, os seres humanos estruturaram formas de organizar sua interação para promover diversos objetivos e propósitos. O mais comum e elementar desses objetivos é **assegurar a segurança física e o bem-estar material**.

O Estado Civil é considerado um dos modos de organização social mais sofisticados. Por isso, a autoridade estadual ou o Estado representa um elemento-chave na definição de política e de poder político da maioria das sociedades contemporâneas (*doc. 2*).

O poder soberano

Soberano significa "supremo" e, aplicado ao poder político, faz referência ao poder supremo, ao que tem a **capacidade de organizar e legislar**. Na democracia, considera-se que a soberania reside **no povo**, que pode transferir o poder ao Estado ou ao governante. Essa afirmação cria, às vezes, conflitos políticos pela dificuldade de definir **quem é o povo soberano**.

Os **nacionalismos** querem identificar esse poder com a **nação** e definem a nação por procedimentos variados (território, cultura, língua, etnia, religião, etc.). Por isso, reclamam a soberania – quer dizer, a capacidade para organizar-se e ditar leis – para seus povos, nacionalidades ou nações.

Os Estados existentes são fruto de longos e violentos processos históricos. A Constituição brasileira de 1988 diz no seu artigo 1º, parágrafo único, que "Todo o poder emana do povo, que o exerce por meio de representantes eleitos ou diretamente, nos termos desta Constituição". Para salvar a distância entre "povo soberano" e "cidadão soberano" forjou-se a noção de **vontade geral** (*doc 3*).

Quando dizemos que um Estado é soberano, não só nos referimos à sua condição de **poder legislador supremo**, mas também à sua **independência em relação aos**

Israel Pinheiro toma posse como prefeito de Brasília (09/05/1960). O Estado emana do povo, e os governantes não passam de seus representantes, que deveriam defender os interesses coletivos.

Arquivo/Agência Estado

Doc. 2

A realidade da política

A ciência da política é uma ciência positiva que quer conhecer a realidade da política por dentro, quer dizer, por debaixo da sua aparência formal, jurídica e institucional. Por isso, seus precursores, longe de serem teóricos "idealistas", foram quem, dotados de um olhar agudo, enfrentaram a política como um feito real e se ativeram a ela [...]. A ciência política está constituída, antes de tudo, pela estrutura e funcionamento do poder.

Noção de poder político

Seu conceito oscila entre dois polos: "poder" como pura força, exercido diretamente pela coerção – do aparelho de Estado – ou, indiretamente, pela pressão democrática aberta (greves, manifestações, etc.); também é exercido por meio de atitudes veladas de grupos de interesse ou, ainda, revestido de prestígio, *glamour*, *status* social, etc., quer dizer, "poder" como autoridade (autoridades que nem sempre possuem as chamadas "autoridades").

ARANGUREN, José Luis L. *Ética y política*. Madrid: Biblioteca Nueva, 1996.

- Quais são os aspectos que interessam à ciência política? E quais são as principais definições de poder político, segundo o texto?

demais Estados. Implica o reconhecimento internacional. A Organização das Nações Unidas discutiu muito sobre o **direito de ingerência** num país para defender os direitos humanos. O que devemos considerar prioritário: a proteção das pessoas ou o respeito à soberania? Na atualidade, os Estados que fazem parte da União Europeia perderam parte de sua autonomia, porque devem acatar as leis comunitárias, que não foram elaboradas pelos parlamentares nacionais, mas pelas instituições europeias. Nesse caso, denomina-se **soberania compartilhada**.

Doc. 3

A soberania

Não sendo o Estado ou a cidade mais que uma pessoa moral, cuja vida consiste na união de seus membros, e se o mais importante de seus cuidados é o de sua própria conservação, torna-se necessária uma força universal e compulsiva para mover e dispor cada parte da maneira mais conveniente a todos. Assim, como a natureza dá a cada homem poder absoluto sobre todos os seus membros, o pacto social dá ao corpo político um poder absoluto sobre todos os seus, e é esse mesmo poder que, dirigido pela vontade geral, ganha nome de soberania.

ROUSSEAU, Jean-Jacques. *O contrato social*. Porto Alegre: L&PM, 2007.

- O que é a soberania, segundo Rousseau?

As formas de exercer o poder político

Governantes e governados

A evolução da organização das diversas instituições sociais foi muito diversa, desde comunidades tribais ou familiares até as grandes sociedades atuais. Mas, neste capítulo, quando nos referirmos ao poder político e à política, falaremos do **Estado Civil**.

Uma das tarefas essenciais da política consiste em estudar as diferentes formas com que os Estados realizam suas tarefas básicas. Isso é o que se conhece como **regimes políticos**, que são as diferentes formas de exercer o poder por meio do Estado.

Em todas elas, distinguem-se os **governantes**, que exercem o poder – príncipe, soberano, monarca, rei, imperador, cônsul, presidente, primeiro-ministro, etc. – e os **governados**, isto é, o povo, a sociedade civil, os cidadãos, os súditos, etc.

As primeiras formas de organização sustentavam que o poder político do soberano provinha de uma categoria superior, até mesmo divina, e não do povo. Isso foi muito habitual na Antiguidade e na Idade Média e ocorreu praticamente até a Idade Moderna.

Formas clássicas do poder político

As quatro formas clássicas de poder político são:

- **Teocracia**. Nessa forma de governo, considera-se que todo poder provém de alguma instância superior de **caráter divino** (*theos*, "deus"). Algumas pessoas recebem esse dom de Deus, como mediadora de seu conceito de justiça divina. Esse caráter divino faz com que a obediência e o respeito às leis sejam mais fáceis, delegando ao poder uma posição de superioridade ou de distância, à qual se torna muito difícil opor-se.
  A teocracia foi uma forma de organização política bastante comum na **Antiguidade** e na **Idade Média**.

Atualmente, alguns Estados religiosos continuam sustentando a sua legitimidade política em um preceito teocrático, como é o caso do Estado do Vaticano, estado da Igreja Católica, que tem um sacerdote como chefe de Estado (o papa), e o Irã, controlado pelos aiatolás, que são, simultaneamente, líderes religiosos islâmicos e governantes.

- **Aristocracia**. É uma forma de poder político segundo o qual o exercem "os melhores" (do grego *aristos*), ou, ainda, os mais aptos a governar (*doc. 4*).
  Pode haver concepções muito diferentes sobre quem são os "melhores": os mais velhos, porque são os mais experientes; os de melhor linhagem, família, posição, educação; os mais sábios; ou os mais poderosos, economicamente falando (nesse caso, o regime seria chamado de "oligarquia").

- **Monarquia**. Forma de governo na qual o poder do Estado transmite-se por **herança** e é representado por uma única pessoa (o rei, por exemplo).
  As monarquias podem ser **absolutas** (nenhuma lei limita o poder do soberano), **constitucionais** (o poder legislativo do soberano é exercido em colaboração com o Parlamento) e **parlamentares** (o Parlamento exerce a soberania efetiva, e o monarca exerce funções meramente simbólicas: "o rei reina, mas não governa"). Exemplo desse último caso é o regime político inglês, que possui o Rei ou Rainha como chefe de Estado e um Parlamento que legisla e, de fato, governa.

- **República**. Forma de governo na qual o chefe do Estado é eleito por votação. Em alguns casos é eleito por votação direta (como no Brasil ou na França), e, em outros, é eleito por um colégio eleitoral (como nos Estados Unidos), em que o presidente é escolhido por uma eleição popular. Em alguns países, como a Alemanha, o presidente eleito possui um cargo representativo do Estado, enquanto o chefe de governo (o primeiro-ministro) provém de seu Parlamento.

^ *A consagração do imperador Napoleão e a coroação da imperatriz Josefina pelo papa Pio VII (1806-7), de Jacques-Louis David (1748--1825). Napoleão coroando-se imperador: o mundo político europeu rompe com a tradição teocrática.*

Museu do Louvre, Paris; Album/Akg Images/Latinstock

Doc. 4

O governo dos filósofos

A menos que os filósofos reinem nos Estados ou os que agora são chamados reis e governantes filosofem de modo genuíno e adequado e que coincidam numa mesma pessoa o poder político e a filosofia e que se proíba rigorosamente que andem separadamente [...], não haverá fim dos males para os Estado, tampouco, acho, para o gênero humano.

PLATÃO. *A República*. São Paulo: Martins Fontes, 2009.

- Você concorda com Platão? Justifique sua resposta.

■ Regimes políticos atuais

Na atualidade, a democracia é conhecida como a forma mais legítima de organizar o poder político; todavia, não é a única forma. Os regimes políticos classificam-se em:

- **Regimes democráticos.** Fundam-se no direito dos cidadãos de decidir quem é o governante e de responsabilizá-los pelas ações que empreendem. As democracias impõem também certos limites legais ao poder do Estado, garantindo uma série de direitos aos cidadãos. As democracias consistem em reconhecer aos cidadãos o poder de **decidir quem lhes governa** e de **participar na vida pública** (*doc. 5*).
- **Regimes ditatoriais.** Situam o Estado acima dos cidadãos e reprimem qualquer resistência da sociedade. Ao longo da história, as ditaduras revestiram-se de formas muito diferentes:

  – A **monarquia absoluta**, na qual o imperador, o rei ou príncipe, apoiado frequentemente pela nobreza, exerce o poder de forma absoluta. Na atualidade, alguns países do Oriente Médio mantêm esse tipo de regime.

  – A **ditadura dirigida por um só partido político**, encabeçada por um líder carismático ou um pequeno grupo de líderes. O regime nazista de Hitler na Alemanha ou os regimes comunistas da antiga União Soviética (1922-1991), da China e de Cuba ilustram esse exemplo de ditadura.

  – As **ditaduras militares**, dirigidas por oficiais do exército e combinadas, em algumas ocasiões, com o apoio do partido dominante. Países como o Brasil, a Argentina e o Chile tiveram ditaduras militares entre as décadas de 1960 e 1980.
- **Regimes mistos ou híbridos.** São regimes que combinam elementos democráticos e ditatoriais. É o caso de algumas ditaduras que permitem, com restrições, a existência de câmaras legislativas, partidos políticos e eleições (manipuladas).

Doc. 5

Os princípios da democracia

Aceitemos, pois [...], definir a democracia por três princípios institucionais: em primeiro lugar, como "um conjunto de regras (primárias ou fundamentais) que estabelecem a tomada de decisões coletivas e conforme determinados procedimentos"; em segundo lugar, que um regime é mais democrático quanto maior o número de pessoas que participam direta ou indiretamente nas decisões; por último, que as eleições devem ser reais. Também aceitamos que a democracia se apoia na substituição de uma concepção orgânica da sociedade por uma visão individualista.

Touraine, Alain. *O que é a democracia?* Petrópolis: Vozes, 1996.

- Quais são os elementos que definem a democracia, conforme Touraine? O que é a visão individualista da sociedade?

■ Saiba mais ■

Fundamentos da democracia

- **Soberania popular.** Baseia-se na vontade do povo, que se expressa por meio do sufrágio universal.
- **O poder é transitório e é regulado pelo direito** (Estado democrático de direito). O poder do Estado é limitado pelas leis e por um mandato.
- **Divisão de poderes.** O poder não é exercido exclusivamente por uma mesma pessoa ou grupo.
- **Princípio de inclusão.** Toda a população adulta deve ter os direitos democráticos reconhecidos e ser considerada cidadã.
- **Princípio de igualdade.** Os direitos devem ser distribuídos entre todos por igual.

- Explique cada fundamento da democracia.

Na realidade, não são verdadeiras democracias. Os dirigentes ditatoriais costumam adotar essas instituições democráticas normalmente por **pressão internacional**, pois certas ajudas econômicas internacionais estão condicionadas à existência ou não de uma verdadeira democracia; alguns dirigentes adotam esse tipo de medida para ter uma **imagem democrática**.

O enfrentamento entre o poder do cidadão e o do Estado tem sido contínuo na história da humanidade. A democracia parece-nos, atualmente, a melhor forma de governo, mas não está imune a ações políticas autoritárias que limitem a liberdade dos cidadãos. Por isso, essa relação entre Estado e povo é, muitas vezes, de tensão. Em suma, por melhor que seja um regime democrático e, por mais sólidas que sejam suas instituições políticas, tudo isso não exclui manifestações populares reivindicando novos direitos ou questionando determinadas medidas governamentais.

■ Saiba mais ■

O totalitarismo

Esse termo refere-se aos regimes ditatoriais que defendem o poder total do Estado e que negam todo direito aos cidadãos.

Um exemplo de regime totalitário foi o fascismo italiano, cujo líder, Benito Mussolini (1883-1945), escreveu: "O homem não é nada. O fascismo levanta-se contra a abstração individual que se baseia em fundamentos e utopias materialistas. Além do Estado, nada humano ou espiritual tem valor algum".

Mussolini discursa na Praça da Catedral, em Milão, na década de 1930.

Harlingue/Coleção Roger-Violet/IF/AFP

- Discuta a relação de um Estado totalitário com os cidadãos submetidos ao seu poder.

A legitimidade do poder político

A força e a autoridade

Os dois elementos básicos do poder político são a força e a autoridade:

Força é o poder de coação legítima, de exercer controle e domínio sobre a sociedade civil, sobre os cidadãos.

Autoridade é a razão ou o fundamento que pode justificar essa força.

As pessoas que podem exercer poder estão revestidas de autoridade. Nesse caso, entende-se "autoridade" como o poder obtido em virtude de certas qualidades vinculadas a um determinado cargo politicamente instituído e socialmente reconhecido. Quer dizer, a **autoridade serve para legitimar e justificar racionalmente o poder político e quem o exerce**. Na realidade, a força e a autoridade são dois aspectos do poder (*doc. 6*).

De um lado, o poder é entendido como absolutamente **necessário para regular a convivência humana**; de outro, percebe-se como uma **forma de controle e de força** sobre os cidadãos.

Por isso, é necessário propor as formas de legitimação do poder político. O que significa o poder? O que pode torná-lo legítimo? Quais são as possíveis formas de legitimação do poder político?

Formas de legitimação do poder político

Conforme a classificação de **Max Weber**, a legitimidade do poder político pode assumir basicamente três formas. Trata-se de três modos diferentes, ainda que às vezes combinados, em que a autoridade dos líderes políticos, ao longo da história, tem sido reconhecida como legítima:

- **Legitimidade tradicional**. Nesse caso, considera-se que um poder político é legítimo quando se explica ou se justifica fundamentado na tradição. Recorre-se a costumes de uma validade imemorial, ou seja, embasados na **crença da validade do que sempre existiu**. As monarquias centenárias, como as que regeram no seu momento Europa, China ou Japão, são exemplos de legitimidade baseada na tradição.

- **Legitimidade carismática**. A legitimidade está nas **características pessoais e extraordinárias** que um governante tem: a graça pessoal, o carisma, o heroísmo demonstrado, sua capacidade de chefiar as forças armadas, sua oratória.

  Grandes líderes religiosos, como Moisés e Maomé, encaixam-se claramente nessa descrição. Entre os políticos, destacam-se Napoleão, Lênin, Hitler ou Fidel Castro. Também aparecem nos sistemas democráticos, como Roosevelt, Churchill ou Mandela. No entanto, é uma forma de legitimidade pouco estável, pois não tem continuidade.

- **Legitimidade legal**. A legitimidade encontra-se na **validade das leis** e na **justificação racional** das mesmas. Um poder é legítimo quando exercido de acordo com a legalidade ou com o direito vigente.

  O poder de deliberar, de ordenar e de ser obedecido é exercido de um modo impessoal; esse direito é fruto de convenções humanas, e não do resultado da revelação ou de costumes ancestrais.

  Portanto, o poder da autoridade não se baseia na tradição nem no prestígio pessoal, mas é conferido fundamentalmente de acordo com **regras** e **procedimentos**. Nesse caso, o cidadão só se sujeita às leis como membro da sociedade que as reconhece como legítimas (*doc. 7*).

Doc. 6

As duas faces do poder

Definitivamente, a essência da política, sua própria natureza, sua verdadeira significação parte da ideia de que sempre e em todo lugar é ambivalente. A imagem de Janus, o deus das duas faces, é a verdadeira representação do Estado e a expressão mais profunda da realidade política. O Estado – e, de forma mais geral, o poder instituído numa sociedade – é ao mesmo tempo, sempre e em todas as partes, o instrumento de dominação de certas classes sobre outras [...] e um meio de assegurar certa ordem social, certa integração de todos os indivíduos da comunidade com objetivo do bem comum.

DUVERGER, Maurice. *Introducción a la política*. Barcelona: Ariel, 1990.

- De acordo com o texto, quais são as duas faces da política?

Doc. 7

Legitimidade do poder

De acordo com uma famosa distinção de Max Weber, a legitimidade do poder pode assumir basicamente três formas. Isso quer dizer que a consciência que se tem sobre a legitimidade do poder pode basear-se nas qualidades excepcionais que se atribuem a uma pessoa – autoridade carismática –, na crença na validade do que sempre existiu – autoridade tradicional –, ou na crença na legalidade – autoridade legal. Esta última, a legitimidade do tipo legal, é o que caracteriza o direito e o Estado modernos. O que se quer dizer com isso é que o poder de mandar e de ser obedecido exerce-se aqui de uma maneira abstrata e impessoal; as normas em que consiste o direito moderno não podem ser vistas como uma série de mandatos que um superior dá a um subordinado, como ocorre, por exemplo, com o funcionamento de um exército.

ATIENZA, Manuel. *As razões do Direito*. São Paulo: Landy, 2003.

- Discuta as três formas que, segundo Max Weber, legitimam o poder.

■ Dimensões da legitimidade legal

As atuais democracias (Estados democráticos de direito) baseiam-se na legitimidade legal. Por sua vez, esse tipo de legitimidade tem duas dimensões:

- **Legitimidade de origem**. Quando o acesso ao poder resulta da conformidade com um processo democrático, por exemplo, por meio das eleições gerais.
- **Legitimidade no exercício do poder**. Quando a manutenção do poder se realiza atendendo ao projeto socialmente compartilhado, à justiça e às leis vigentes.

O desejável é que exista harmonia entre ambas as dimensões, embora possa ser rompida. Um governo pode obter o poder graças a determinada Constituição, mas, depois de tomar posse, considerar que não tem por que se submeter a ela ou querer mudá-la, isso pode ferir sua legitimidade democrática.

■ A legitimidade nas democracias modernas

A identificação entre legal e legítimo, que constitui a forma de legitimação do poder político própria das democracias atuais, também apresenta problemas, que levaram a uma **revisão do conceito de legitimidade**.

Trata-se de um problema crucial, que se traduz num dilema moral: o que legitima o poder político? Apresentaremos a seguir algumas possibilidades explicativas:

- **Teorias que tentam identificar legitimidade com eficácia**. Conforme essas teorias, algumas medidas dos governantes – ainda que antipopulares ou aparentemente ilegítimas – poderiam se justificar caso os **resultados** obtidos coincidam com as **preocupações** e **demandas dos cidadãos**. Esse tipo de legitimidade lembra o lema do despotismo esclarecido: "Tudo para o povo, mas sem o povo".

Trata-se de uma legitimidade dirigida pelos resultados. Nesse caso, ainda que o cidadão discorde das decisões do governo, pode prestar seu consentimento se apreciar os resultados. No entanto, o fundamento da legitimidade da democracia **não pode se basear só na eficácia**. Sob seu lema foi cometido todo tipo de abuso sobre as liberdades e os direitos dos cidadãos.

- **Teorias que baseiam a legitimidade da democracia na participação ativa dos cidadãos nas decisões políticas**: eleições, assembleias, associações, sindicatos, organizações não governamentais, etc.

Esta participação e representatividade real dos cidadãos na política podem resultar em ocasiões de menor eficácia e rapidez do sistema político, mas se ganha na sua legitimação. Por essa razão, há uma grande corrente de pensadores políticos que defendem essa forma nos sistemas democráticos, pois isso garante aos cidadãos e seus representantes a tomada de decisões.

Essa participação ativa também garante que os cidadãos, ainda que não de acordo com certas medidas, sintam-se obrigados a cumpri-las, ao senti-las como

^ *Sessão de abertura da Assembleia dos Estados Gerais em 5 de maio de 1789*, quadro de 1839, de Luis Charles Couder (1789-1873). Esse acontecimento histórico se relaciona com o fim do absolutismo monárquico na França.

parte de um projeto comum que vai além de seus interesses particulares (*doc. 8*).

- **Teorias que apelam para a legitimidade baseada na lealdade aos valores democráticos e na defesa dos direitos humanos**. Trata-se de um tipo de legitimidade a longo prazo, que requer uma educação cívica muito sólida.

A maioria das democracias europeias, por exemplo, inclui, entre seus objetivos, a educação cívica dos cidadãos, consciente da importância de estimular e encorajar um projeto social comum baseado nos princípios democráticos e na defesa dos direitos humanos. Do ponto de vista ético, a função da política é a realização de um modelo, e a democracia é o melhor sistema para concretizá-lo.

Assista

A vida dos outros. Filme alemão (2006), de Florian Henckel von Donnersmarck. Aborda as relações entre a liberdade e a censura no regime comunista da Alemanha Oriental.

Doc. 8

A sociedade civil

A sociedade civil é, por definição, complexa. Não admite definições nítidas. Inclui, para começar, indivíduos na sua capacidade privada. Indivíduos atrás dos seus assuntos pessoais, aqueles que não concernem ao público em geral. Engloba famílias, associações voluntárias, grupos de amigos, irmandades e clãs, quer dizer, grupos cuja vida interna fica à margem da esfera de competência das autoridades. Nessa sociedade civil encontramos, além disso, a maior parte da atividade econômica dos países. As empresas industriais, comerciais ou de serviços são um componente essencial, poderoso e visível da sociedade civil, pois são instituições privadas do mercado. Como se vê, a sociedade civil possui uma grande diversidade interna.

GINER, Salvador. *Carta sobre la democracia*. Barcelona: Ariel, 1998.

- De acordo com esse texto, o que é a sociedade civil? Discuta a sua resposta.

Os limites da obediência

O poder nem sempre ocasionou a justiça. Durante quase toda a história da humanidade, os cidadãos estiveram submetidos a tiranias, o que gerou dois problemas éticos e políticos de grande magnitude: O que fazer diante da injustiça? Como evitar os abusos de poder?

A revolução

A resposta mais contundente contra o poder que causa injustiças é a **revolução**. Com ela, os grupos revolucionários tentam conseguir o controle do poder, com o objetivo de **estabelecer uma nova ordem moral e material**. Toda revolução refere-se a um "antes", marcado por um modo equivocado e injusto de viver, e a um "agora", que presencia o nascimento de uma realidade nova.

Todavia, a história das revoluções não é apenas uma narrativa de eventos heroicos e gloriosos, uma vez que houve revoluções que fugiram aos propósitos que a motivaram e se tornaram tiranias.

Maximilien de Robespierre (1758-1794), importante líder jacobino da Revolução Francesa de 1789, afirmava: "Devemos ter a coragem de sermos justos, para que as gerações próximas possam viver justamente". A experiência das revoluções acontecidas no século XX obriga a se pensar com extrema cautela, pois aconteceram muitas tragédias.

Muitos filósofos negaram a legitimidade de qualquer oposição ao poder. **Kant**, por exemplo, pensava que **nunca havia razão suficiente para desobedecer à lei**, porque isso levava à **anarquia**, que para ele era a pior injustiça. Escreveu: "Toda resistência contra o poder legislador supremo, toda rebelião, é o maior e mais punível delito numa comunidade, porque destrói seus fundamentos".

Por outro lado, os **juristas teólogos espanhóis** dos séculos XVI e XVII defenderam que um regime político ou sistema jurídico injusto não tem legitimidade para exigir obediência. O jesuíta Francisco Suárez (1548-1617) não só justificou a **desobediência**, mas a impôs como um dever: "Uma vez que se constata a injustiça de uma lei, por nenhuma razão é lícito obedecê-la, nem sequer para evitar qualquer mal ou escândalo". João de Mariana (1536-1624) justificava o **tiranicídio**, isto é, o assassínio de um tirano.

A desobediência civil

Nas sociedades democráticas, tem-se estudado profundamente o tema da **desobediência civil**. Esse termo designa um grupo de comportamentos que têm em comum desobedecer ao direito por motivos ideológicos, religiosos, éticos ou políticos, como nos casos da resistência à opressão, dos movimentos revolucionários, da insubmissão, da objeção de consciência.

> **Desobediência civil** é um ato público, consciente e político contrário à lei, não necessariamente violento, cometido com o propósito de ocasionar uma mudança na lei ou nos programas de governo.

Costuma-se considerar que não tem como finalidade uma mudança radical no sistema, mas a solução de uma injustiça. É possível que o aspecto mais característico seja a não violência. Ao menos, assim o entenderam alguns de seus grandes defensores, como Henry David Thoreau (1817-1862), Mahatma Gandhi (1869-1948) e Martin Luther King (1929-1968).

John Rawls (1921-2002) destaca que a desobediência civil é protagonizada por um grupo social que não pretende negar a legitimidade do sistema constitucional, que aceita sua ideia de justiça e seus procedimentos para elaborar leis, mas que **tenta corrigir algumas injustiças** que considera insuportáveis.

É, fundamentalmente, um **protesto de uma minoria contra uma lei da maioria**, que julga discriminatória e injusta. A desobediência civil, o mesmo que a objeção de consciência, é um dos recursos estabilizadores do sistema, ainda que seja, por definição, ilegal.

Parece contraditório que a estabilidade do direito possa depender da possibilidade de não respeitá-lo, mas algo parecido acontece com a "lei da greve", que permite regular um procedimento que baseia sua força no cumprimento de algumas normas. São os **últimos recursos** para conseguir soluções justas.

A Revolução Francesa propôs uma mudança radical da ordem social e política que tinha existido até então na França.

Rosa Parks (1913-2005), na década de 1950, recusou-se a ceder seu lugar para um branco em um ônibus na cidade de Montgomery, nos Estados Unidos. Sua atitude desencadeou um forte movimento pela defesa dos direitos civis dos negros nesse país. Martin Luther King foi uma das grandes lideranças desse movimento.

O abuso de poder

Em todas as sociedades, desde muito tempo, há a percepção de que o poder político do soberano deve ser limitado. O rei babilônico Hammurabi (1810-1750 a.C.), há mais de 3 700 anos, já expressou sua preocupação: "fazer brilhar a justiça para impedir que o poderoso fira o fraco". Por isso, os fundadores da democracia norte-americana, por exemplo, os pais da Revolução de Independência Americana, que iniciaram os passos do Estado liberal de direito, interessaram-se especialmente por criar um sistema de governo que protegesse os cidadãos dos possíveis abusos de um governo excessivamente poderoso.

Há alguns recursos e estratégias para evitar o abuso do poder:

- **Recorrer a um sistema constitucional**. Num sistema constitucional, o Estado assenta-se em dois pilares básicos: (1) a **divisão de poderes** – legislativo, executivo e judiciário –, que se controlam e se equilibram mutuamente (algo como uma relação de pesos e contrapesos). Com essa medida, trata-se de evitar tanto a concentração do poder como o abuso por parte de alguma das instituições criadas. (2) A elaboração de uma **Constituição**, aprovada pelo povo, que estabeleça um sistema de pesos e contrapesos (controles mútuos entre as instituições) para conseguir certo equilíbrio no poder.

- **Evitar a tirania das maiorias**. Nesse caso, o abuso de poder não procede da elite política, mas da cidadania: é o chamado **poder das maiorias**.
No século XIX, o francês Alexis de Tocqueville (1805--1859), depois de elogiar a forma de governo dos Estados Unidos, se atreveu a prognosticar, na sua obra *A democracia na América*, que o excesso de poder das maiorias pode levar ao **conformismo** e à **mediocridade intelectual**, como resultado das influências e desejos vulgarizadores da maioria, entendida como "massa".
Trata-se de um perigo real, e as democracias tentam solucioná-lo buscando medidas em duas frentes: em primeiro lugar, tomando especial cuidado no acesso de todos os cidadãos à **educação**, à **formação** e à **informação**, procurando elevar o nível intelectual da maioria; e, em segundo lugar, pensando em sistemas que possam permitir a **participação das propostas ou ideias das minorias** nos sistemas políticos. Pode-se avaliar a justiça de um sistema político segundo o modo como respeita suas minorias (*doc. 9*).

- **Lutar contra a corrupção política**. A corrupção é o uso ilegal e ilícito de uma posição de poder político com o fim de proporcionar vantagens específicas a indivíduos ou grupos, abusando da confiança depositada neles. As causas desse problema, relacionado com o abuso de poder, resumem-se em:
– **Assimetria e falta de homogeneidade na sociedade civil**: quando se necessita de uma sociedade civil solidária aos problemas sociais, o poder político pode se concentrar numa classe social favorecida que abusa dessa situação de prestígio.
– **Falta de transparência política no acesso ao poder**: se isso acontece, resulta impossível estabelecer, posteriormente, mecanismos de controle, com penas estabelecidas por um poder legislativo independente (*doc. 10*).

A solução para evitar abusos de poder é estabelecer instituições democráticas eficazes, mas a garantia de todo o sistema é uma cidadania ativa, bem informada e participativa, capaz de controlar o poder.

Doc. 9

Meios de persuasão

Desde o aparecimento do Estado constitucional e mais completamente desde a instauração da democracia, o "demagogo" é a figura típica do chefe político no Ocidente [...]. A democracia moderna serve-se também do discurso, mas ainda que utilize o discurso em quantidades aterrorizantes (basta pensar na quantidade de discursos eleitorais que deve pronunciar qualquer cidadão moderno), seu instrumento permanente é a palavra impressa.

WEBER, Max. *El político y el científico*. Buenos Aires: Universidad Nacional de Quilmes, 2004.

- Quais são os meios de persuasão utilizados nas democracias modernas?

Doc. 10

A corrupção política

O maior dos males que espreitam a democracia é a corrupção dos cidadãos e, sobretudo, a de quem possui responsabilidades públicas. A corrupção consiste na traição da comunidade por parte de quem tem a obrigação de manter suas leis ou fazê-la prosperar, representando, governando ou administrando.

GINER, Salvador. *Carta sobre la democracia*. Barcelona: Ariel, 1998.

- O que é a corrupção política? Em sua opinião, quais seriam os melhores dispositivos de fiscalização para controlá-la?

Saiba mais

O controle do governo

James Madison (1751-1836), quarto presidente dos Estados Unidos (1809-1817), escreveu: "Se os homens fossem anjos, não seriam necessários nem os controles externos nem os internos sobre o governo. Na hora de organizar um governo sobre as pessoas, administrado por pessoa, a grande dificuldade reside aqui: primeiro, deve-se capacitar o governo para que controle os governados e, segundo, deve-se obrigá-lo a que se controle a si mesmo".

- Por que é necessário o controle sobre o governo? Você concorda? Justifique sua resposta.

Aprender a ler filosofia

▪ O pensamento oriental

Cada cultura possui um determinado modo de interpretar e resolver os problemas da vida. É importante conhecer os mecanismos de cada uma para saber o que podemos aprender. Nesta seção, vamos entrar em contato com textos que procedem de culturas orientais: da Índia, da China e do Japão. Essas culturas constituem um modo de pensar e de sentir diferente do ocidental. A filosofia oriental está mais preocupada com a prática que com a teoria, com o "ser" mais que com o "ter". Seu objetivo é a liberação do sofrimento, a superação da limitação, a busca da transcendência, o encontro com o Absoluto, a unidade com a natureza.

1. O pensamento hindu

O pensamento hindu considera que a multiplicidade dos seres é uma mera aparência. Debaixo dela há um Ser único. A sabedoria, o conhecimento e a salvação consistem em perceber essa unidade. Dizem as escrituras sagradas hindus: "Como o fogo, que, sendo um, quando aparece toma formas diferentes conforme as substâncias que queima, assim o Ser, que está em todos os seres, sendo único, assume todas as formas dos diferentes seres. E ao mesmo tempo transcende toda forma. Como o ar, que, sendo um, aparece em formas diferentes conforme a coisa que penetra, assim o Ser, que está em todos os seres, sendo único, assume as formas dos diferentes seres. E ao mesmo tempo transcende toda forma".

Esse Ser único é chamado "Brahman": o Ser único é consciência. Tudo o que conhecemos está presente em nossa consciência. A realidade externa, ainda que esteja fora, está de alguma maneira dentro de nós. Os pensadores hinduístas creem que isso é possível porque tudo é consciência. Vimos que o aparecimento da consciência introduz um novo modo de realidade. Diante da realidade material, deve-se admitir uma realidade mental: os fenômenos conscientes.

Os filósofos hinduístas acreditam que essa é a única realidade. O Ser, o Absoluto, é consciência. E cada pessoa participa desse Absoluto porque é consciência; as coisas estão presentes na consciência e incomodam essa percepção. Por isso, todo o empenho, com técnicas como a ioga, consiste em manter a consciência vazia, pura, não contaminada, a fim de identificar-se com o Absoluto.

Continuam a dizer as escrituras sagradas: "A existência do Absoluto é conhecida porque é o ser de tudo, já que todo mundo sente que seu ser existe e nunca sente 'Eu não existo'. Se não houvesse um reconhecimento geral da existência do ser, todos sentiriam: 'Eu não existo'. Esse Ser é o Absoluto".

1. Explique com suas próprias palavras a ideia de "Brahman" para o hinduísmo.

Segundo as escrituras sagradas, "Ushasa perguntou: 'Explique-me o que é o Brahman que está imediatamente presente e que é diretamente percebido, que é a entidade de todas as coisas'.

– É tua própria entidade. Isso é o que há em todas as coisas.

– O que é que há dentro de todas as coisas?

– O que encoraja com o teu fôlego é tua entidade, que está em todas as coisas. O que respira com tua respiração é tua entidade, que está em todas as coisas.

E Ushasa disse: 'Explicaste-o como quem diz isto é uma vaca, isto é um cavalo. Explica-me o Brahman que está imediatamente presente, e que é diretamente percebido, que é a entidade de todas as coisas. O que é que há dentro de todas as coisas?'.

– Tu não podes ver o que vês em tua visão, não podes ouvir o que ouves em teu ouvido, não podes pensar o que pensas no pensamento, não podes entender o que entendes em teu entendimento".

2. Analise a seguinte passagem e diga como ela pode contribuir com a sua maneira de ver o mundo: "Tu não podes ver o que vês em tua visão, não podes ouvir o que ouves em teu ouvido, não podes pensar o que pensas no pensamento, não podes entender o que entendes em teu entendimento".

Pessoas se banham no Rio Ganges durante ritual hindu (14 dez. 2007).

O modo de pensar chinês é muito diferente do ocidental. Seus grandes pensadores, como Lao Tsé (séc. VI a.C.?) e Confúcio, aspiravam, sobretudo, seguir o ritmo da natureza – o Tao, o caminho. Da união do budismo e do pensamento chinês surgiu uma nova mentalidade, um modo novo de viver, o budismo zen, que se desenvolveu basicamente no Japão.

Enquanto no Ocidente o modo de explicar o conhecimento baseia-se na distinção entre sujeito que conhece e objeto conhecido, os orientais negam essa distinção. Buscam uma experiência direta, intuitiva, interior. D. T. Suzuki (1870-1966), um mestre zen, explica as diferenças entre o pensamento oriental e o ocidental:

Monges celebram o ano novo tibetano com tambores e cornetas ao ritmo dos cantos sagrados, na província de Ganshu, Labrang, China (30 mar. 2010).

> Bashô (1644-1694), um grande poeta japonês, compôs uma vez um poema de dezessete sílabas denominado "haicai":
>
> > Quando olho com cuidado,
> > Vejo florescer a nazuna [flor japonesa]
> > Junto aos arbustos!
>
> É provável que Bashô fosse caminhando pelo campo quando observou algo junto aos arbustos. Aproximou-se, então, olhou-o detidamente e descobriu que era nada menos que uma planta silvestre (a nazuna), insignificante e geralmente despercebida pelos caminhantes; isso é o que conta o poema.
>
> A maioria dos ocidentais tende a separar-se da natureza. Pensam que esta e o homem não têm nada em comum, e que a natureza só existe para ser utilizada pelo homem. Para os orientais, a natureza está muito próxima. Esse sentimento surge quando Bashô descobre uma planta que não chamava atenção. Assim é o Oriente. Vejamos o que pode oferecer o Ocidente em uma situação semelhante. Tennyson [poeta inglês do século XIX] escreve um poema em uma situação parecida à de Bashô. O que nos permite ver a diferença:
>
> > Flor no muro gretado,
> > te arranco das gretas.
> > Te tomo entre minhas mãos,
> > florzinha, mas se pudesse entender
> > o que és,
> > saberia o que é Deus e o que é o homem.
>
> A diferença entre os dois poemas é que Bashô não arranca a flor. Olha-a simplesmente. Está absorto em seus pensamentos. Sente algo em seu espírito, mas não o expressa. Deixa que um sinal de exclamação diga tudo o que quer dizer. Tennyson, ao contrário, é ativo e analítico. Primeiro arranca a flor do lugar onde ela cresce. Tem de arrancá-la da parede gretada, o que significa que a planta deve morrer. Ele não se importa com esse fato.

Suzuki, Daisetz T. e Fromm, Erich. *Budismo zen y psicoanálisis*. Madrid: Fondo de Cultura Económica de España, 1979.

3. Compare os poemas de Bashô e de Tennyson e discuta seus significados.

O mundo ficou muito pequeno: pessoas de diferentes culturas têm de conviver entre si, e isso exige que se entendam. Em um livro de Robert Rosen (1934-1998), há a seguinte passagem:

> Por que a cultura é tão importante em um mundo sem fronteiras? Não teria de ter menos importância em lugar de mais? Em absoluto. Na medida em que nossas fronteiras nacionais se dissolvem, afirmamos as culturas com mais ferocidade [...]. A tecnologia vincula instantaneamente as culturas, criando uma assombrosa transparência e oportunidades para a conexão e a colaboração, ou para os conflitos e os mal-entendidos.

Rosen, Robert. *Éxito global y estrategia local*. Buenos Aires: Javier Vergara, 2000.

4. Por que, segundo Robert Rosen, é cada vez mais importante a cultura própria em um mundo globalizado?

Buscar a verdade com os políticos

▪ O papel do governante

Quem é um político? Em sentido amplo, todos os cidadãos ativos são políticos, mas costuma-se reservar esse nome para aqueles que "participam, dirigem ou influenciam a direção de uma associação política, ou seja, em nosso tempo, de um Estado" (Max Weber). De acordo com pesquisas, no Brasil há uma grande desconfiança em relação aos políticos e ao poder em geral. Posto que os políticos influenciam decisivamente nossas vidas, é natural que os filósofos tenham se preocupado em saber como deveria ser e agir o político. O governante tem um papel fundamental no bom andamento da sociedade e na realização do modelo ético.

1. A figura do político

Antes da democracia ateniense, na Grécia antiga, a política havia sido um exercício de tirania e de poder absoluto. Os gregos decidiram organizar a cidade sob a avocação de uma deusa – Diké, a justiça –, à qual o político deveria se submeter.

Platão compara o político injusto aos sofistas. Os sofistas eram especialistas em retórica, capazes de convencer as pessoas de qualquer coisa, sem necessariamente fazer-lhes o bem. Diante deles, defende a figura do educador. Há um poder que rege na natureza – a lei da selva, o forte se impõe ao fraco –, e há um poder especificamente humano baseado na educação, que é regido pela justiça. No diálogo de *República*, Platão é muito claro: posto que os políticos vão dirigir a cidade, que é o lugar da perfeição do ser humano, os governantes devem ser "os melhores".

Erige-se o monarca ideal em personificação da educação do povo e em encarnação visível da ética do Estado. A figura do governante toma corpo ante seus olhos, pois a determina pelo equilíbrio harmônico das duas forças em cuja fusão vê o postulado mais difícil de cumprir de seu código de educação de príncipes: a bondade do caráter e a severa dignidade. A dignidade é real, mas faz com que as pessoas se retraiam. A amabilidade faz fácil e grato o trato com os homens, mas propende a rebaixar a categoria do rei. E o mesmo que lhe ocorre no campo moral ocorre no campo do espírito. Também aqui é necessário conciliar dois princípios antiéticos: o princípio da experiência e o da ideia filosófica.

JAEGER, Werner. *Paideia*. São Paulo: WMF Martins Fontes, 2010.

1. De acordo com o texto, quais características o governante ideal deve reunir?

2. As contradições do político: moralidade e imoralidade

No texto anterior, aparecem já as contradições do político, que se fazem cada vez maiores: Deve guiar-se pela experiência ou pelos princípios? Deve ser moralmente impecável ou deve estar disposto a fazer qualquer maldade pelo bem da cidade? Nas palavras de Jean-Paul Sartre: "É possível ser político sem sujar as mãos?" Para Maquiavel, a política possui uma lógica própria, de modo que seus códigos de conduta e valores também são de outra ordem. Para ele, o político deve seguir os eventos reais e não os desejáveis.

César Bórgia (1475--1507) foi um dos modelos inspiradores para *O príncipe*, de Maquiavel. Agia de acordo com as regras da própria política, sem se preocupar com todos os valores considerados virtuosos.

O soberano não necessita, para professar a arte de reinar, possuir as boas prendas morais; basta aparentá-las; e ainda me atreverei a dizer que com frequência seria perigoso para um príncipe fazer uso delas, ainda que sempre lhe seja útil aparentar que as tem. Deve procurar que seja tido por piedoso, clemente, bom, fiel em seus tratos e amante da justiça; mas ao mesmo tempo deve ser bastante senhor de si mesmo para obrar de um modo contrário quando seja conveniente [...]. Um príncipe não pode praticar todas as virtudes; porque muitas vezes lhe obriga o interesse de sua conservação a violar as leis da humanidade, e as da caridade e as da religião. Em uma palavra, tão útil lhe é perseverar no bem quando não há inconveniente, quanto saber desviar-se dele se o interesse o exige.

MAQUIAVEL, Nicolau. *O príncipe*. São Paulo: WMF Martins Fontes, 2004.

2. Que tipo de governante propõe Maquiavel nesse texto? Você concorda com o pensador italiano? Justifique sua resposta.

3. O político "salvador"

O século XX nos vacinou contra o "político messiânico", aquele que se sente investido de uma missão suprema e salvadora. São personagens aos quais a democracia parece um estorvo; desconfiam dela e se arrogam um papel absoluto. Uma democracia saudável tem de impedir a aparição de políticos pretensamente iluminados.

Tivemos que reconhecer que milhões de pessoas, na Alemanha, estavam tão ansiosas em entregar sua liberdade como seus pais o estiveram em lutar por ela; que, em lugar de desejar a liberdade, buscavam caminhos para recusá-la [...]. Pode a liberdade transformar-se numa carga demasiado pesada para o homem, a ponto de que trate de esquivá-la? Não existirá, talvez, junto ao desejo inato de liberdade, um desejo instintivo de submissão? E, se isto não existe, como podemos explicar a atração que sobre tantas pessoas exerce atualmente a submissão ao líder?

FROMM, Erich. *O medo à liberdade*. Rio de Janeiro: LTC, 1983.

3. Explique as ideias básicas do texto de Erich Fromm e diga se esse tipo de político que ele menciona ainda existe nos dias atuais.

4. A ética e a política são compatíveis?

Max Weber teve plena consciência das contradições da política:

Quem faz política pactua com poderes diabólicos que espreitam em torno a todo poder. Os grandes virtuosos do amor ao próximo como Jesus de Nazaré ou Francisco de Assis não operaram com meios políticos, com o poder. Seu reino não era "deste mundo", ainda que tenham tido (e tenham) eficácia nele.

Mas destacou também uma saída:

A política consiste em uma dura e prolongada penetração através de tenazes resistências, para a qual se requer ao mesmo tempo paixão e mesura. Prova a história, muito acertadamente, que neste mundo não se consegue o possível se não se tenta o impossível uma e outra vez. Mas para ser capaz de fazer isso não só se deve ser um caudilho, mas também um herói no sentido mais simples da palavra. Mesmo aqueles que não são nem um coisa nem outra hão de armar-se dessa fortaleza de ânimo que permite suportar a destruição de todas as esperanças, se não quiserem acabar incapazes de realizar mesmo o que hoje é possível. Só quem está seguro de não se quebrar quando, de seu ponto de vista, o mundo se mostra demasiado estúpido ou demasiado abjeto para o que ele lhe oferece; só quem frente a tudo isso é capaz de responder com um "entretanto"; só um homem desta forma construído tem "vocação" para a política.

WEBER, Max. *El político y el científico*. Buenos Aires: Universidad Nacional de Quilmes, 2004.

4. Que saída Weber encontra diante de suas dúvidas sobre a compatibilidade entre a ética e a política?

Coleção particular

Max Weber (1864-1920) é considerado um dos modernos fundadores da Sociologia, ao lado de Durkheim e Karl Marx. Foi quem primeiro relacionou a cultura protestante à própria essência do capitalismo. Assim, o seu pioneirismo articulou o que se costuma chamar de sociologia da religião com a sociologia econômica propriamente dita; viveu a realidade econômica da Alemanha de princípios do século XX.

Buscar a felicidade com os filósofos

▪ Os sentimentos de identidade

A identidade costuma ser definida como "pertencimento" a um grupo. É um laço afetivo que pode contribuir, em grande medida, para a firmeza e o calor de nossas relações com os outros: vizinhos, membros da mesma comunidade, concidadãos ou fiéis de uma mesma religião. Fazer parte de uma comunidade enriquece nossas vidas e aumenta nossas possibilidades de ação, mas o sentido de pertencimento também pode excluir, de modo inflexível, muitas pessoas. Por isso, é um sentimento ambivalente.

1. A violência nos conflitos de identidade

O economista Amartya Sen narra algumas lembranças de sua infância sobre os conflitos entre hindus e muçulmanos, quando a Índia obteve a independência dos britânicos e o país se dividiu em dois (partição da qual nasceram o Paquistão e a Índia):

De minhas lembranças da infância sobre as brigas entre hindus e muçulmanos na década de 1940, relacionadas com a política de partição do país, vem à minha memória a velocidade com que os tolerantes seres humanos de janeiro rapidamente se transformaram nos implacáveis hindus e nos cruéis muçulmanos de julho. Centenas de milhares de pessoas pereceram nas mãos de indivíduos que, encabeçados pelos comandantes do massacre, mataram a outros em nome de seu "próprio povo". A violência é fomentada mediante a imposição de identidades singulares e beligerantes em pessoas crédulas, enroladas detrás de exímios artífices do terror [...].

Minhas lembranças perturbadoras dos distúrbios entre hindus e muçulmanos incluem ter visto – com os olhos desconcertados de uma criança – as massivas mudanças de identidade que seguiram à política de partição. As identidades de muitas pessoas que se haviam sentido indianos, subcontinentais, asiáticos ou membros da espécie humana, pareceram ceder – de modo bastante repentino – à identificação sectária com as comunidades hindu, muçulmana ou sij. A matança posterior teve muito a ver com o elementar comportamento gregário que fazia as pessoas "descobrir" suas identidades beligerantes recentemente detectadas, sem submeter o processo a um exame crítico. De repente, as mesmas pessoas foram diferentes [...].

O cultivo da violência associada aos conflitos de identidade parece repetir-se em todo o mundo cada vez com maior persistência.

SEN, Amartya. *Identidade e violência.* Lisboa: Tinta da China, 2007.

1. Discuta a seguinte afirmação: "De repente, as mesmas pessoas foram diferentes".

2. Com base no texto, responda: Como as identidades de paquistaneses e indianos foram construídas?

População migrante em busca de refúgio na Caxemira (1º jun. 1999). Tão logo o subcontinente indiano conquistou sua independência do domínio inglês, Índia e Paquistão entraram em guerra.

Entende-se por patriotismo o sentimento de pertencimento a uma nação, e os deveres e lealdades que disso se derivam. Com frequência, estimulou-se o patriotismo contra alguém (xenofobia) ou com propósitos belicosos, o que prestigiou em parte esse sentimento. O patriotismo é compatível com a cidadania universal? Há alguns anos, vários dos especialistas em filosofia moral e política mais importantes do mundo participaram de um debate sobre "Os limites do patriotismo".

A filósofa norte-americana Martha Nussbaum afirmou:

Fachada da sede da União Europeia, em Bruxelas, Bélgica, com bandeiras dos países-membros.

Nossos alunos deveriam aprender que são, antes de tudo, cidadãos do mundo, e que, ainda que tenham nascido e vivam em um Estado, têm que saber compartilhar com os cidadãos de outros países. Os estoicos gregos desenvolveram a imagem de "cidadão do mundo" aduzindo que cada um de nós habita em duas comunidades: a comunidade local, na qual nascemos, e a comunidade humana, "que é verdadeiramente grande e verdadeiramente comum, na qual não olhamos nem este canto nem aquele, mas que medimos as fronteiras de nossa nação pelo Sol" (Sêneca). Esta é a comunidade da qual, basicamente, emanam nossas obrigações morais.

NUSSBAUM, Martha. *Los límites del patriotismo*. Barcelona: Paidos Ibérica, 1999.

Outro filósofo norte-americano, Michael W. McConnell, continuou:

Ensinamos as crianças a serem "cidadãs do mundo" e "cosmopolitas", e, com toda probabilidade, acabarão por não ser patriotas, mas amantes da abstração e da ideologia, intolerantes com as quais existem no mundo. A humanidade em toda sua extensão é algo demasiado abstrato como para poder gerar um núcleo forte de afetos.

NUSSBAUM, Martha. *Los límites del patriotismo*. Barcelona: Paidos Ibérica, 1999.

Por fim, o pensador canadense Charles Taylor concluiu:

Nussbaum propõe a identidade cosmopolita como alternativa ao patriotismo. Creio que é um erro. E isso se deve a que no mundo moderno não podemos fazer nada sem o patriotismo. As sociedades que estamos tentando criar – livres, democráticas, dispostas em certa medida a compartilhar por igual – precisam que seus cidadãos se sintam profundamente identificados com elas. A tradição do humanismo cívico sempre sustentou que as sociedades livres, que dependem do apoio espontâneo de seus membros, necessitam de um forte sentido de lealdade [...]. Uma democracia cidadã só pode funcionar se a maioria de seus membros está convencida de que sua sociedade política é uma empresa comum de considerável transcendência, e que a importância desta empresa é tão vital que estão dispostos a participar em todo o possível para que siga funcionando como uma democracia.

NUSSBAUM, Martha. *Los límites del patriotismo*. Barcelona: Paidos Ibérica, 1999.

3. No texto acima, há concepções políticas diferentes. Compare-as e posicione-se concordando com a tese que lhe parece mais adequada. Lembre-se de justificar sua posição.

Nas conclusões do debate, Martha Nussbaum propõe uma solução:

Os cosmopolitas sustentam que é bom que nos preocupemos especialmente pelo local. Mas a razão fundamental que um cosmopolita deve ter para isso não é que o local seja melhor *per si*, mas que é a maneira mais sensata de fazer o bem. Uma analogia útil é nossa língua materna. Amo a língua inglesa. E ainda que possua certo conhecimento de algumas outras línguas, tudo quanto de mim mesma expresso no mundo o expresso em inglês. Se tentasse equiparar meu domínio de cinco ou seis línguas e escrever um pouco de cada uma delas, escreveria bastante mal. Mas isso não implica que acredite que o inglês seja intrinsecamente superior a outras línguas.

NUSSBAUM, Martha. *Los límites del patriotismo*. Barcelona: Paidos Ibérica, 1999.

Nossos deveres para com a humanidade podem ser cumpridos diretamente, favorecendo iniciativas que resolvam problemas globais mediante ajudas econômicas, educando para o cosmopolitismo; e por meio do Estado ao qual pertencemos, como cidadãos de uma nação, temos responsabilidades em relação a nossos cidadãos e aos demais seres humanos.

4. Relacione essas ideias com a figura do político. Explique como, a partir da situação local (patriotismo), o papel do político consistiria em colaborar na realização do modelo ético (cosmopolitismo).

Filosofia jovem

▪ Moda e publicidade

Deve-se estar sempre na moda? Deve-se rebelar contra ela? As grandes lojas têm enormes departamentos de moda jovem, e a indústria considera que a juventude é um nicho comercial prioritário. Só com essas linhas podemos observar que existem múltiplos temas para um bom capítulo de "filosofia jovem". A juventude é consumista? Preocupa-se em estar na moda? O que é a moda? Quem decide a moda? Uma pessoa pode liberar-se da moda?

1. Os desejos, o consumo e a publicidade

Em uma sociedade opulenta, como a nossa, o sistema produtivo já não está dirigido a satisfazer necessidades existentes. Há um excesso de produção, uma necessária e obsessiva exageração produtiva nos países desenvolvidos, consumistas, que já não se rege pela demanda do cliente, senão pela mesma oferta que o sistema cria. Primeiro, fabrica-se, e depois se induz a necessidade do fabricado, que permitirá vender esses produtos.

MARINA, José Antonio. *Las arquitecturas del deseo*. Barcelona: Anagrama, 2009.

1. O que se entende pela ideia de que "em uma sociedade opulenta, como a nossa, o sistema produtivo já não está dirigido a satisfazer necessidades existentes"?

Desfile de coleção outono/inverno no encerramento da semana de moda São Paulo Fashion Week, São Paulo, 3 fev. 2004. O consumismo é o mundo social das apetências e do reino momentâneo dos caprichos.

2. O que é a moda? Como se impõe?

A moda é um sistema original de regulação e de pressão sociais. Suas mudanças apresentam um caráter recompensável, e são acompanhadas do "dever" de adoção e de assimilação. Impõe-se a um meio social determinado; tal é o "despotismo" da moda, tão frequentemente denunciado através dos séculos [...]. Os decretos da moda conseguem estender-se graças ao desejo dos indivíduos de parecer-se àqueles a quem julgam superiores, àqueles que irradiam prestígio e classe. A difusão da moda é [...] um signo de pretensão social.

LIPOVETSKY, Gilles. *O império do efêmero*. São Paulo: Companhia das Letras, 2009.

2. Como o texto define a moda? E como explica sua difusão?

3. As marcas

O mundo das marcas fez muito mais que distinguir ou prestigiar alguns e outros produtos. Instalou no espaço social uma construção de valores e narrações em cujo interior vivemos, por cujos espaços transitamos e cujas ideologias ingerimos.

VERDÚ, Vicente. *Yo y tú*: objetos de lujo. Barcelona: Debolsillo, 2007.

A ansiedade está também na base do gosto dos adolescentes pelas marcas. Se bem é verdade que a marca permite diferenciar ou classificar os grupos, a motivação que sustenta a aquisição não está menos ligada à cultura democrática. Pois exibir um logotipo, para um jovem, não equivale a colocar-se por cima dos outros, senão a não parecer **menos que os outros** [...]. Sem dúvida, é a razão pela qual a sensibilidade às marcas se vê tanto nos meios desfavorecidos. O jovem sai da impessoalidade por uma marca apreciada e com ela não quer dar testemunho de uma superioridade social, senão de sua participação total e igualitária nos jogos da moda, da juventude e do consumo.

LIPOVETSKY, Gilles. *A felicidade paradoxal*. São Paulo: Companhia das Letras, 2007.

3. Resuma as ideias desses textos sobre as marcas. Você concorda com elas? Justifique sua resposta.

4. Impor a moda

A moda gera uma grande indústria, que precisa ser capaz de convencer o público sobre o que tem que usar ou consumir. É difícil haver a imposição de qualquer moda. Por isso, as grandes empresas de moda contratam *coolhunters*, caçadores de tendências, que tentam averiguar para onde vão os gostos do público.

Há canais privilegiados de persuasão, como a publicidade, a intervenção de pessoas conhecidas, daqueles que ditam a moda, dos meios de comunicação, mas, ainda assim, nunca se pode garantir o sucesso de uma proposta, porque há um elemento decisivo para a consolidação de uma moda: a decisão do consumidor. Cada pessoa pode decidir aceitar a proposta – e então converter-se em um elemento transmissor – ou recusá-la.

É evidente que aos especialistas em publicidade, *marketing* ou moda interessa um público dócil, que copia, que tenha pouco senso crítico e siga a tendência massiva.

4. É bom ou ruim que o público seja dócil e tenha pouco senso crítico? Argumente.

5. As modas de comportamento

Ao falar de "moda", assim no singular, costumamos pensar em roupa, penteados, questões que se relacionam à aparência física. Por outro lado, quando usamos a palavra no plural – "modas" –, estamos nos referindo a qualquer aspecto que, por um momento, é objeto de uma predileção massiva, que se concretiza em compras ou em comportamentos. Sempre se referem a questões não necessárias. Não entra na moda comer ou beber, mas podem entrar na moda um restaurante ou uma bebida.

5. Por que as modas são seguidas?

6. Os falsos rebeldes

"A propaganda é a alma do negócio" é um ditado popular largamente conhecido e de eficácia também testada. Não que um produto, para ser vendido, possa ser desprovido de qualidade, mas certamente sua difusão será maior se o maior número de pessoas souber de uma forma ou de outra de sua existência. Todavia, a propaganda alcançou um *status* no mundo do mercado maior do que o de simplesmente fazer os consumidores conhecerem o produto. A partir de campanhas bem elaboradas, esteticamente falando, tratando de valores e sentimentos próprios do potencial público consumidor, a propaganda cria um elemento sedutor e o anexa à utilidade da mercadoria (por exemplo, o homem que usa aquela marca de perfume viverá cercado por belas mulheres e será valorizado entre seus pares). As campanhas publicitárias dirigidas aos jovens – que buscam sua autonomia e têm dúvidas a respeito de sua personalidade e da formação de sua identidade – muitas vezes amplificam essa situação. Se o produto oferecido é ou não útil para o jovem, se é ou não saudável, tanto faz; o propósito, em algumas situações, é gerar uma sensação extremamente paradoxal de independência (desejo comum dos jovens) e, ao mesmo tempo, de necessidade de consumo deste ou daquele produto.

6. Por que o texto diz que o produto gera "uma sensação extremamente paradoxal"? O que isso nos mostra?

Escrever um *blog* filosófico

A influência da moda na juventude, os canais pelos quais ela se estabelece, a atitude dos jovens para com a moda são temas interessantes que só seus protagonistas podem esclarecer. Reflita em seu *blog* ou diário de "filosofia jovem" sobre essas questões.

O poder

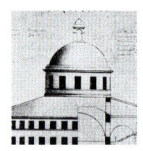

Definição e características
- Poder é a faculdade de fazer com que alguma possibilidade passe a ser real. Em um sentido mais técnico, é um modo de relação em que um sujeito se impõe a outras pessoas.
- Na busca do poder, quer-se dominar outras pessoas e ampliar possibilidades pessoais.

Os mecanismos do poder
- O poder exerce-se castigando, premiando, alterando crenças, sentimentos ou desejos e limitando as possibilidades de ação.
- É possível diferenciar entre poder pessoal e poder posicional.

A política e o poder político

Funções do poder político
- Recorremos a uma estrutura de regras, procedimentos e instituições, com o objetivo de alcançar soluções e decisões.
- O Estado representa um elemento-chave na definição de política e de poder político.

O poder soberano
- Soberano refere-se ao poder que ordena e legisla.
- Um Estado é soberano quando legisla e é independente frente a outros Estados.

As formas de exercer o poder político

Governantes e governados
- Regimes políticos são as distintas formas de exercer o poder por meio do Estado.
- Distinguem-se os governantes, que exercem o poder, e os governados, que constituem o povo.

Formas clássicas do poder político
- Teocracia: todo poder provém de alguma instância divina.
- Aristocracia: exercem o poder político "os melhores" ou os "mais aptos para governar".
- Monarquia: o poder está na mão de um único indivíduo e é transmitido por herança.
- República: o chefe do Estado é eleito por votação.

Regimes políticos atuais
- Regimes democráticos: cidadãos decidem quem governa e participam da vida pública.
- Regimes ditatoriais: situam o Estado acima dos cidadãos.
- Regimes mistos ou híbridos: combinam elementos democráticos e ditatoriais.

A legitimidade do poder político

A força e a autoridade
- Força é o poder de coação.
- Autoridade é a razão que justifica essa força. A autoridade legitima quem exerce o poder político.

Formas de legitimação do poder político
- Legitimidade tradicional.
- Legitimidade carismática.
- Legitimidade legal.

Dimensões da legitimidade legal
- Legitimidade de origem: é produzida como resultado do processo democrático.
- Legitimidade no exercício do poder: é exercida atendendo-se à justiça e às leis.

A legitimidade nas democracias modernas
- Identificam legitimidade com eficácia.
- Baseiam-se nos procedimentos.
- Apelam aos valores democráticos e direitos humanos.

Os limites da obediência

A revolução
- Revolucionários tomam o poder para estabelecer uma nova ordem.
- A história das revoluções pode mostrar as que fugiram dos propósitos que as motivaram e se tornaram tiranias.

A desobediência civil
- Desobediência civil é um ato público, consciente e político, não necessariamente violento, com o propósito de ocasionar uma mudança na lei ou no governo.
- Consiste em um protesto de uma minoria contra uma lei da maioria.

Prevenção do abuso de poder
- Recorrer a um sistema constitucional; evitar a tirania das maiorias; lutar contra a corrupção política.
- As instituições democráticas devem ser eficazes e contar com uma cidadania participativa.

Atividades

1. Defina os seguintes conceitos:
   a) Soberania.
   b) Teocracia.
   c) Aristocracia.
   d) Monarquia absoluta.
   e) Totalitarismo.

2. Leia o texto a seguir e responda às questões.

   As posições nazistas, fascistas e stalinistas negavam os direitos individuais. Durante a discussão da Declaração dos Direitos Humanos de 1948, Bogomolov, representante da União Soviética, defendeu a prelação do Estado: "A delegação da URSS não reconhece o princípio de que um homem possui direitos humanos independentemente de sua condição de cidadão de um Estado". Em 1933, um dia em que o Conselho da Sociedade de Nações se ocupava da queixa de um judeu, o representante da Alemanha nazista, Goebbels, afirmou o seguinte: "Somos um Estado soberano e o que disse esse indivíduo não nos concerne. Fazemos o que queremos de nossos socialistas, de nossos pacifistas, de nossos judeus e não temos que suportar controle algum, nem da humanidade nem da Sociedade de Nações". Em contraste com essas afirmações, a senhora Mary Robinson, Alta Comissionada das Nações Unidas para os Direitos Humanos, sustentou em uma entrevista publicada na imprensa espanhola (*El País*, 16.2.1998) que "a proteção dos direitos humanos não pode deter-se nas fronteiras nacionais de nenhum país; nenhum Estado pode dizer que a maneira que tem de tratar seus cidadãos é um assunto exclusivamente de sua incumbência".

   MARINA, José Antonio e DE LA VÁGLOMA, María: *La lucha por la dignidad*. Barcelona: Anagrama, 2005.

   a) Qual era o ponto em comum entre a posição soviética de 1948 e a postura nazista em 1933? Em que a opinião de Mary Robinson era radicalmente distinta em 1998?

   b) Discuta as relações entre indivíduo e Estado presentes no texto, com base no que você estudou neste capítulo.

3. Leia o seguinte texto sobre o conceito de "totalitarismo" e responda às questões.

   O termo totalitarismo foi acunhado ao longo dos anos vinte na Itália, para sinalizar, de um ponto de vista valorativo, as características do Estado fascista como oposto ao Estado liberal. Ainda que se tenha utilizado ao longo das décadas posteriores, seu uso se generalizou depois da Segunda Guerra Mundial, para designar as formas de governo surgidas após a chegada da democracia de massas: os regimes fascistas... Em uma primeira aproximação, podemos definir o governo totalitário como "uma forma de governo personalizado de um líder ou de uma elite, que tratam de dominar tanto a sociedade quanto a estrutura regular legal, à qual chamamos de Estado".

   PASTOR, Manuel. *Fundamentos de ciencia política*. Madrid: McGraw-Hill, 1994.

   a) Explique o que é o totalitarismo e que tipo de regime político impõe.

   b) Busque exemplos, passados ou atuais, de regimes ditatoriais.

Cena do filme *O triunfo da vontade* (1935), de Leni Riefenstahl. Mostra uma concentração nazista na Alemanha de Hitler.

4. Explique os três tipos de legitimidade definidos por Max Weber: legitimidade tradicional, legitimidade carismática e legitimidade legal, e dê um exemplo histórico de cada um deles.

5. Leia o seguinte discurso de Lísias (440-380 a.C.), um orador ateniense do século V a.C., e responda às questões.

   Os atenienses foram o primeiro povo, e o único em seu tempo, em tirar as classes dominantes do poder político e em estabelecer a democracia, na crença de que a liberdade de todos é o mais robusto vínculo de acordo. E compartilhando uns com outros as esperanças nascidas dos perigos, tiveram liberdade de espírito em sua vida cívica. E se serviram da lei para honrar os bons e castigar os malvados. Pois consideravam que era coisa de feras selvagens estarem sujeitos uns a outros pela força, e dever de homens; por outro lado, perfilar a justiça com a lei, convencer com a razão e servir na ação a ambas, à lei e à razão, submetendo-se à soberania da primeira e à instrução da segunda.

   LÍSIAS. *Discursos*. Madrid: Gredos, 1988.

   a) De acordo com Lísias, que características definem a democracia ateniense? Quais continuam sendo válidas hoje em dia?

   b) Explique o significado da frase: "era coisa de feras selvagens estarem sujeitos uns a outros pela força".

6. Volte a ler o texto da introdução, "O exercício do poder". Depois, escreva uma redação com suas próprias reflexões, considerando o que você estudou neste capítulo.

11

O Estado democrático de direito

Neste capítulo

Juca Martins/Pulsar Imagens

Introdução: o Estado, uma criação humana

O conhecimento acumulado ao longo da história da humanidade nos ensinou que temos potencial para desenvolver muitos aspectos de nossa vida.

O que vemos é o resultado provisório de uma longa história biológica e cultural, que nos impulsiona e a qual somos encarregados de dirigir. Para compreender a realidade, temos de pensá-la dinamicamente, como um momento dentro de uma trajetória, investigando a genealogia dos seres, seja natural, seja cultural. Como escreveu o biólogo francês François Jacob, prêmio Nobel de Biologia (1965): "O ser humano é o primeiro produto da evolução capaz de controlá-la".

Depois do desenvolvimento da inteligência, a realidade é aquilo que construímos mais as possibilidades que nela podemos vislumbrar. E estas podem ser belas, dignas, ascendentes, ou podem ser miseráveis, cruéis e destrutivas.

A filosofia atual nos situa em um lugar de protagonismo e de riscos. A inteligência humana cria projetos, possibilidades e dá sentido à realidade. Volta a ressoar em nós o texto sobre a dignidade humana do renascentista italiano Pico della Mirandola (1463-1494):

> Deus fez do ser humano a composição de uma forma indefinida e, colocado no centro do mundo, falou-lhe desta maneira: "Não te demos nenhum posto fixo, nem uma face própria, nem um ofício peculiar, oh, Adão! Para que o posto, a imagem e os empregos que desejes para ti, esses tenhas e possuas por tua própria decisão e escolha. Para os demais seres, uma natureza contraída dentro de certas leis que lhes prescrevemos. Tu, não submetido a estreitos condutos, a definirás segundo teu arbítrio o qual te entreguei. Coloquei-te no centro do mundo para que voltasses mais comodamente a vista a teu redor e olhasses tudo o que há nesse mundo. Nem celeste nem terrestre te fizemos, nem mortal nem imortal, para que tu mesmo, como moldador e escultor de ti mesmo, mais a teu gosto e

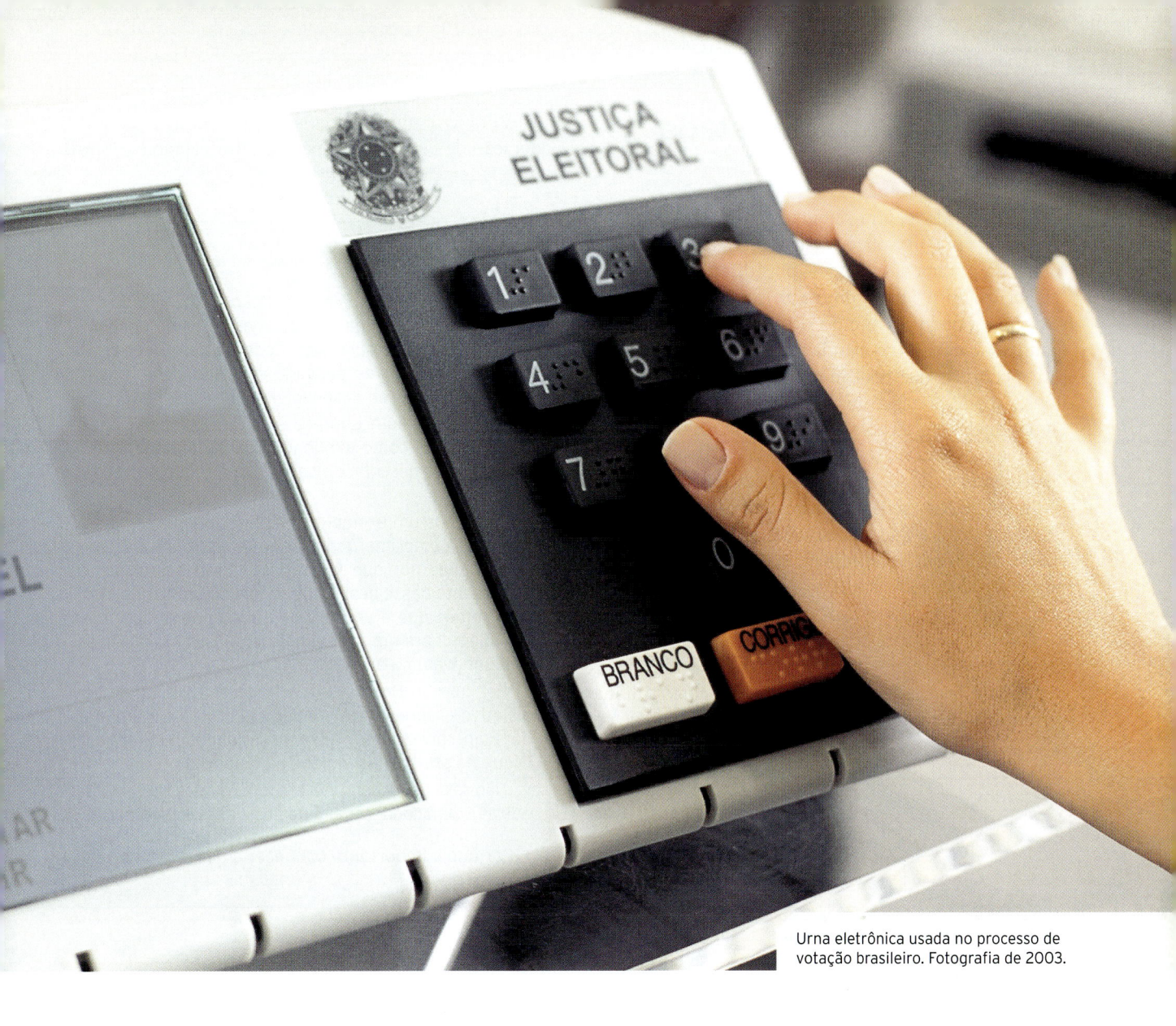

Urna eletrônica usada no processo de votação brasileiro. Fotografia de 2003.

honra, forjes-te a forma que prefiras de ti. Poderás degenerar ao inferior, com os brutos; poderás realçar-te junto às coisas divinas, por tua mesma decisão.

Que responsabilidade! Que orgulho! Que perigo! Cuidamos do Universo, mas também podemos ser os carrascos dele. É necessário que tenhamos consciência dessa situação, e para isso é importante conhecer o dinamismo que nos impulsiona. Devemos buscar no passado a sabedoria para o presente.

Tudo o que sabemos, toda a cultura, toda a história é a base de toda a nossa vida e nos impulsiona, queiramos ou não, para algo melhor. Mas somente poderemos aproveitar esse impulso adequadamente se soubermos manejar esses conhecimentos.

Às vezes, podemos pensar que o mundo se tornou muito complicado e desejássemos voltar ao estado de natureza, como se quiséssemos encontrar um paraíso terreno. Todavia, não podemos recuperar uma natureza humana prévia à cultura; formamo-nos com ela, e nosso sonhado paraíso terreno não está ao nosso alcance. Em todo caso, devemos esperar que a cultura, a inteligência e a criatividade humana nos possibilitem construir um futuro melhor.

Neste capítulo vamos estudar a genealogia de uma das instituições mais poderosas e discutidas de nosso presente: o Estado.

A ação inteligente é o auge da ação humana. É evidente que estamos relacionando a inteligência com o bem comum. Não podemos esquecer que o que nos mobiliza, o que nos anima a esforçar-nos por algo – por exemplo, por fazer ciência – é sempre um valor. Buscamos a verdade porque é um bem ou, melhor ainda, porque nos permite determinar com mais segurança o que é bom. A verdade está a serviço da bondade da mesma maneira que a inteligência teórica está a serviço da inteligência prática.

Genealogia do Estado

Um conceito prático

Este capítulo centra-se no conceito de Estado do ponto de vista filosófico. Não será tratado como um "conceito puramente teórico", pois disso se encarrega a "ciência política", mas como um "conceito prático", ou seja, relacionado ao mundo dos valores e com a ação. Para isso, é necessário estudar sua genealogia.

Popper dizia que podíamos considerar todos os órgãos fisiológicos respostas a problemas. Algo semelhante deveríamos fazer com as nossas criações culturais – a arte, as ciências, o direito, o Estado –, e considerá-las modos mais ou menos acertados de satisfazer às necessidades humanas.

Friedrich Nietzsche assinalou que os entes culturais não têm essência, mas história. Considerava que a essência era demasiado estática para aplicá-la às criações humanas. Por isso é tão difícil defini-las. O que é poesia? O que é arte? O que é política? O que é nação? O que é filosofia? O que unifica suas diversas manifestações é um projeto: expressar com palavras a intensidade de uma experiência é transfigurar a realidade com cores e linhas, organizar a vida pública, dar forma à necessidade de pertencimento, responder às perguntas mais arriscadas.

O Senado Romano foi uma das mais importantes instituições políticas da Antiguidade. Na imagem ao lado, Cícero, no Senado Romano, acusa Catilina de traição. Reprodução colorida à mão a partir de ilustração do século XIX.

North Wind Picture Archives/Akg-Images/Latinstock

Definição de Estado

A realidade atual que vamos estudar é o Estado. É relevante afirmar que estamos tratando de um tipo específico de organização social.

> **Estado** é uma forma de organização política, destinada a regular as formas de exercer o poder, o controle e a autoridade.

Max Weber definiu Estado como "aquela comunidade humana que, no interior de determinado território – o conceito de território é essencial para a definição –, reclama para si, com sucesso, o monopólio da coação física legítima" (doc. 1).

Há, assim, três elementos necessários: povo, território e soberania.

A França é um Estado, os Estados Unidos são uma federação de Estados, a Espanha é um Estado e o Brasil é uma federação de Estados.

■ Saiba mais ■

A genealogia

Genealogia, habitualmente falando, é o estudo dos antepassados de uma pessoa, mas na filosofia se entende por "genealogia" **um modo de compreender o presente a partir do passado**, buscando, com o conceito estudado, seu desenvolvimento e sua história.

A história não nos interessa agora como sucessão de fatos, mas como **explicação da atualidade**, como um modo de descobrir o sentido, a direção dos acontecimentos.

Tomemos um exemplo trivial: normalmente os homens se cumprimentam dando-se as mãos uns aos outros, mas por que fazem isso? Se procurarmos o surgimento desse gesto, que se tornou um hábito, descobriremos que é vestígio de um mundo antigo muito violento: era um gesto para demonstrar que não se empunhava uma arma.

Por que no Brasil há três poderes (Executivo, Legislativo e Judiciário)? Por que nosso país é uma federação, formada por diversas unidades federativas? O que há por trás da violência de gênero?

Não se pode responder a essas perguntas – e a muitas outras – sem conhecer a genealogia desses fenômenos.

- Por que é importante conhecer a genealogia do Estado?

Doc. 1

O núcleo do poder político

Os especialistas em política costumam utilizar o termo "Estado" para se referir a todas as instituições de governo e administração de um país, assim como aos funcionários e empregados que trabalham nelas. As instituições do Estado realizam funções específicas de acordo com as leis, regras, diretrizes e outros procedimentos e práticas estabelecidas [...]. O aspecto mais significativo que distingue o Estado de outras entidades – como organizações ou empresas privadas – é a capacidade de elaborar e cumprir leis aplicáveis a toda a população.

Para isso, dispõem dos principais meios do poder coercitivo: a polícia, os tribunais, o sistema penal e o exército. Precisamente porque ao Estado é reconhecido o monopólio da autoridade legal e do uso dos meios de coerção legalmente sancionados, quem quer que o controle estará no núcleo do poder político.

Sodaro, Michael. *Política y ciencia política*: una introducción. Madrid: McGraw-Hill/Interamericana de España, 2006.

- Com base nesse texto, discuta o significado do conceito de Estado.

■ O nascimento dos primeiros Estados

Na genealogia do Estado se mesclam interesses, forças sociais e ideias. O Estado não existiu sempre, nem é o único modelo de organização política existente. Há outras formas de organização social, baseadas na tradição, em relações familiares, clãs, etc. Esse é o caso, por exemplo, de algumas sociedades indígenas, nas quais as decisões são tomadas sem ter de se recorrer a instituições impessoais, como ocorre nos Estados.

As famílias, os clãs, as tribos se submetem a chefes, que podem ser patriarcais, sacerdotais ou guerreiros. Em alguns casos, essas organizações se tornaram Estados.

Na formação dos Estados, encontramos ao menos duas trajetórias distintas:

- Em uma predominam razões externas: um grupo quer alcançar a independência, constituindo-se em Estado. Assim nasceram muitos Estados europeus.
- Em outra, são razões internas: os antropólogos utilizam a expressão "Estado primitivo" para se referir àqueles que se formaram não por influência externa de outras sociedades, mas como consequência de um processo interno.

Nesse segundo caso, o crescimento da produção tornou possível a existência de territórios densamente povoados, com um grande excedente econômico e uma classe, mais ou menos numerosa, de indivíduos que já não se dedicam diretamente à produção de alimentos, mas a tarefas de organização em distintas frentes (organização produtiva, militar ou de defesa, de relações com outros territórios, etc.).

Os exemplos clássicos de Estados primitivos são os reinos da Mesopotâmia, por volta de 3 300 a.C., o Egito, por volta de 3 100 a.C., as organizações políticas do Peru, a partir do século I d.C. e da América Central, por volta de 300 d.C. Em todos esses casos, trata-se ainda de modelos de Estado diferentes dos Estados modernos.

■ O Estado moderno

Para entender os atuais modelos de Estado, temos de partir da noção de Estado moderno, surgida na última fase do Renascimento, quando se começou a utilizar a expressão em seu sentido atual, em substituição ao Estado feudal da Idade Média. Quentin Skinner, pensador britânico, afirmou:

> O mais claro indício de que uma sociedade tenha ingressado na posse consciente de um novo conceito [...] está na geração de um novo vocabulário, em termos do qual o conceito passa a ser articulado e debatido. Considero, assim, que minha tese central se vê confirmada pelo fato de em fins do século XVI, pelo menos na Inglaterra e na França, encontrarmos as palavras *State* e *État* começando a ser utilizadas no sentido que terão na modernidade.

SKINNER, Quentin. *As fundações do pensamento político moderno.* São Paulo: Companhia das Letras, 1996.

As principais características do Estado moderno são:

- Concentração e monopólio do poder político em uma mesma pessoa: o soberano. Diante disso, na sociedade medieval, por exemplo, falava-se de dois aspectos do poder: o do Estado, entendido como autoridade política, e o da Igreja, que tinha a autoridade moral. A organização política moderna se baseia no reconhecimento de um só poder político: o estatal.
- A primeira forma de Estado moderno foi o Estado absolutista, representado pelas monarquias absolutas e também chamado de "Antigo Regime". Constituía-se um duplo processo: de **concentração**, porque o soberano (o rei ou os funcionários que dependiam dele) tinha o poder de ditar normas que valiam para todos os habitantes de um território extenso; e de **centralização**, porque se restringia à independência política das ordens jurídicas inferiores, como as cidades ou as corporações (*doc. 2*).
- Distinguem-se as esferas do público e do privado. Em termos mais atuais, estabelece-se uma diferenciação clara, pela primeira vez, entre o que se entende por sociedade civil, baseada na noção de cidadão como indivíduo autônomo, e a dimensão política e a autoridade assumidas pelo Estado.

Além disso, a organização política já não é entendida como algo natural, ao modo aristotélico ("o ser humano é social por natureza"), mas como fruto de um contrato ou pacto prévio entre os indivíduos. O Estado começa a ser entendido, pela primeira vez, como uma associação ou agrupamento de iguais, apesar de suas enormes diferenças naturais, econômicas ou sociais. Isso somente é possível porque se parte de um projeto ou acordo prévio.

Doc. 2

Absolutismo

O soberano era absoluto porque não estava ligado à lei, estava absolvido desse dever. Bastava-lhe promulgar a seguinte norma: "O rei não se submete às leis". E muitos a promulgaram. Essa ideia, que agora nos parece um insensato salvo-conduto para a tirania, foi comumente aceita durante milênios. Ainda em 1826, um famoso jurista inglês, John Austin, defendia que um soberano limitado pelas leis que ele mesmo dava era uma contradição lógica: "Um monarca ou grupo soberano limitado por um dever jurídico estaria sujeito a um soberano superior. Ou seja, o monarca ou o grupo soberano limitado por um dever jurídico seriam soberanos e não soberanos".

MARINA, José Antonio, y DE LA VÁLGOMA, María. *La lucha por la dignidad.* Barcelona: Anagrama, 2005.

- Explique o significado do conceito de poder soberano absoluto.

■ As fases do Estado moderno: o Estado liberal

■ Do Estado absolutista ao Estado representativo

O enfrentamento entre distintos poderes é uma das causas da evolução do Estado.

Por meio de uma luta contínua, os indivíduos vão conseguindo maiores graus de autonomia e liberdade. Por isso, a evolução do Estado constitui também um bom índice da evolução ética. Nesse sentido, Friedrich Hayek (1899-1992) escreveu: "A liberdade individual surgiu – e assim é possível que ocorra sempre – como consequência da luta pelo poder, mais que como o fruto de um plano deliberado".

A humanidade se dirige espontaneamente para modelos mais justos; não o faz de maneira linear e cumulativa, mas com oscilações, avanços e retrocessos, e sofrendo, às vezes, graves cataclismos. As revoluções liberais forçaram a passagem do Estado absolutista ao Estado representativo, porém o século XX voltou a sofrer com a aparição de formas absolutas (totalitárias) de Estado – na Alemanha, na Itália, na União Soviética stalinista, etc. –, que causaram a morte de dezenas de milhares de pessoas. Esses fatos nos lembram que as conquistas da liberdade e da justiça não são eternas nem imutáveis, mas podem desaparecer; por isso, o cidadão deve estar atento.

Museu do Louvre, Paris

A Liberdade guiando o povo, 1830, do artista Eugène Delacroix (1798-1863). Óleo sobre tela. Museu do Louvre, Paris, França.

Estado representativo é a forma que adquire o Estado moderno quando se admite que o poder procede do povo, que se constitui como soberano e que decide ser representado por um poder comum.

Os representantes desse poder comum têm de se submeter a alguns limites impostos a todos os indivíduos do Estado, de modo que ninguém, nem mesmo o chefe do poder Executivo, está isento de respeitar a legislação.

Mas esse acordo implícito, esse pacto prévio, é mais uma questão formal que real, pois nos primeiros modelos de Estado moderno ainda não existia um sufrágio real consolidado, já que muitas minorias sociais não estavam representadas, como as mulheres, as pessoas de baixa renda ou alguns grupos étnicos.

As fases históricas do Estado representativo podem ser concebidas da seguinte forma: (1) Estado liberal, (2) Estado social e (3) Estado globalizado.

■ Saiba mais ■

As revoluções liberais

A passagem do Estado absolutista ao Estado representativo se produziu nas distintas revoluções liberais a partir do século XVII: primeiro na Inglaterra (século XVII) e, em seguida, nos Estados Unidos (1776-1783) e no continente europeu (desde 1789, com a Revolução Francesa). Os primeiros Estados representativos não podem ser considerados equivalentes aos atuais Estados democráticos, pois a democracia, tal como a conhecemos agora, surgiu somente no século XX.

- Que diferença fundamental existe entre os Estados surgidos das revoluções liberais e os Estados absolutistas anteriores?

■ O Estado liberal

O Estado liberal coincide com o capitalismo clássico, que se estende desde as revoluções liberais (de acordo com os países, entre o fim do século XVIII e o começo do XIX) até a Primeira Guerra Mundial (1914-1918).

O Estado liberal de direito se opôs ao absolutismo. Para isso, teve de afirmar a existência de alguns direitos comuns a todos os seres humanos. Desse modo, o Estado se converteu no poder legítimo para fazer cumprir e garantir os direitos e liberdades prévias.

- O conceito de "Estado de direito" pressupõe que o poder do Estado está limitado pelo direito. Daí seu interesse em dar prioridade ao império da lei sobre o poder.
- A noção de "Estado liberal", ligada à teoria política do liberalismo, nasceu da desconfiança diante do poder estatal (que anteriormente, com o absolutismo, era centralizador) e pressupôs a necessidade de limitá-lo.
- Assim, da combinação das ideias de "Estado de direito" e de "liberalismo político" surgiu a concepção do "Estado liberal de direito".

As formas do Estado moderno

Estado moderno (desde o século XV)			
	Estado absolutista (séculos XV-XVIII)		
	Estado representativo (desde as revoluções liberais, séculos XVIII-XIX)		
		Estado liberal	
		Estado social	
		Estado globalizado	

■ Liberalismo político e liberalismo econômico

O liberalismo é uma teoria política que surgiu, em um primeiro momento, como reivindicação de garantias constitucionais e de direitos individuais, ou seja, como defesa da liberdade diante do absolutismo. O liberalismo pretendia abolir o Antigo Regime para fundar um novo regime: o Estado liberal de direito.

Mas o liberalismo logo abarcou também uma doutrina sobre a organização econômica, que passou a ser o modelo econômico que sustentava o novo modelo de Estado. Na atualidade, o termo "liberalismo" inclui ambas as dimensões, por isso é necessário diferenciá-las:

- O **liberalismo econômico** é uma teoria econômica que entende que as mercadorias e o capital devem se mover livremente, aceitando as regras da competitividade e da liberdade de mercado. O papel do Estado consiste em garantir e permitir essas regras do jogo, sem intervir sobre o livre jogo dos agentes econômicos no mercado.

- O **liberalismo político** se centra na ideia de que os seres humanos devem ser livres para seguir suas próprias preferências nos assuntos religiosos, econômicos e políticos, o que supõe marcar alguns limites e controles ao poder estatal; todavia, sustenta um princípio intimamente vinculado ao conceito de liberalismo econômico: a propriedade privada. As funções básicas do Estado liberal, além de manter a segurança e a ordem, consistem em garantir esses direitos e liberdades individuais. Deve abster-se de intervir em outros assuntos.

- Tanto no liberalismo político como no econômico se concebe a liberdade como proteção diante da ingerência dos demais.

■ O constitucionalismo

Logo se entendeu que, para que fosse possível alcançar esses objetivos, o Estado deveria ser constitucional – ou seja, um Estado onde existisse um sistema de regras fundamentais, com uma Constituição ou algumas normas equivalentes que determinariam claramente os poderes estatais, com a finalidade de evitar o abuso dos governantes, problema principal do Antigo Regime (*doc. 3*).

A Constituição Federal do Brasil (1988) é o documento mais importante do Estado brasileiro.

Doc. 3

A necessidade de uma constituição

Uma constituição que promova a maior liberdade humana de acordo com leis que façam com que a liberdade de cada um seja compatível com a liberdade dos demais [...] é no mínimo uma ideia necessária que deve servir de base não somente ao projeto de constituição política, mas a todas as leis. Para isso, deve-se abstrair, desde o começo, dois obstáculos atuais, que acaso não provenham inevitavelmente da natureza humana, mas talvez do descuido das ideias autênticas da legislação.

KANT, Immanuel. *Crítica da razão pura*. São Paulo: Ícone, 2009.

- Por que, para Kant, uma constituição é uma ideia necessária para o Estado?

As cidades-Estado gregas tiveram constituições que costumavam ser redigidas por algum personagem de prestígio, como Sólon (c. 640-558 a.C.), em Atenas. Sobre ela, Aristóteles escreveu um livro intitulado *A Constituição de Atenas*.

Depois de várias tentativas, o pensamento constitucional configurou-se nas colônias inglesas da América do Norte. Para impor limites aos poderes, os constitucionalistas norte-americanos elaboraram uma lei superior que limitasse as atribuições dos outros poderes. Tiveram a clara consciência de que estavam tentando construir um governo racional.

Assim, John Jay (1745-1829), um dos pais fundadores dos Estados Unidos, afirmava em 1777: "Os americanos são o primeiro povo a que os céus favoreceram com uma oportunidade para deliberar sobre a forma de governo e escolher aquela sob a qual desejam viver. Todas as outras constituições derivam sua existência à violência ou a circunstâncias acidentais e se encontram, portanto, mais distantes da perfeição". Desde então, o pensamento constitucional se generalizou e foi adotado praticamente por todos os Estados do mundo.

A Constituição dos Estados Unidos (1787) foi a primeira constituição escrita do mundo moderno.

As fases do Estado moderno: o Estado social e o Estado globalizado

As origens do Estado social

Se o interesse da tradição liberal se centrou na liberdade individual, na defesa diante dos possíveis abusos do poder político, a tradição socialista se propôs estabelecer a igualdade material e defender condições sociais e econômicas iguais para todas as pessoas.

O modelo de Estado também se viu influenciado por essas novas demandas econômicas e sociais. Segundo os teóricos socialistas, o liberalismo econômico, ainda que pareça favorecer a liberdade individual, não o faz de fato: o que produz é um intenso contraste social e econômico. O mercado não se pauta por aspectos como a dignidade, o respeito e o reconhecimento recíproco. Por isso, os movimentos socialistas estiveram, desde seu início, em desacordo com a liberdade econômica e a propriedade privada. Diante disso, afirmaram a necessidade de controlar o mercado.

Por outro lado, no próprio seio do pensamento econômico, começou-se a emitir duras críticas contra o liberalismo econômico primitivo. Formularam-se novas ideias e modelos econômicos que pudessem fazer frente à crise econômica, especialmente durante a Grande Depressão da década de 1930.

O Estado deixou de ser uma simples garantia de liberdade para converter-se no representante do bem comum, dos interesses da sociedade.

Acervo Iconografia

↗ Funeral de José Martinez no cemitério do Araçá, na capital paulista. Martinez foi um jovem sapateiro anarquista morto pela polícia de São Paulo em um piquete. Sua morte constituiu o estopim para a greve geral de 1917.

Saiba mais

A teoria de Keynes

Com a crise econômica do capitalismo no fim da década de 1920, os Estados liberais passaram a pensar em **mecanismos de controle sobre o mercado**, que regulassem, e inclusive protegessem, certo tipo de atividades, consideradas de interesse geral, para **reanimar a atividade econômica**. O economista britânico J. M. Keynes (1883-1946) recomendou essa intervenção ativa e reguladora do Estado. Desenvolveu-se, assim, a **escola keynesiana**, que propunha a intervenção do Estado na economia, diante do modelo liberal puro baseado no *laissez faire* ("deixar fazer").

- Como a teoria econômica keynesiana influenciou a concepção do Estado?

Teorias socialistas

Desde o século XIX, distintas teorias filosóficas e econômicas socialistas começaram a se formar e tiveram uma influência significativa na forma de conceber o Estado. As duas grandes tendências do socialismo são:

- **Socialismo científico**. Baseia-se nas ideias do economista e filósofo Karl Marx e foi desenvolvida pelos líderes da Revolução Russa de 1917, Vladimir Ilyitch Ulianov, mais conhecido como Lênin (1870-1924), e Lev Davidovitch Bronstein, também conhecido por Leon Trotsky (1879-1940). Essa concepção do socialismo define Estado liberal como um instrumento a serviço da classe dominante (a burguesia). Por isso, exige a recusa não só dos princípios do livre mercado, mas da própria concepção do Estado liberal. Diante disso, considera que são os próprios trabalhadores, como parte essencial do sistema produtivo, que devem regular e governar por si mesmos.

  Fundamenta-se nos princípios de supressão do mercado e socialização dos meios de produção; abolição da propriedade privada e, com ela, da diferença de classes sociais, e destruição revolucionária do Estado burguês, levando a classe trabalhadora a assumir o poder. No entanto, a prática dessas ideias na União Soviética e em outros países comunistas não conduziu ao desaparecimento do Estado, mas a Estados ditatoriais.

- **Socialismo reformista** ou **social-democracia**. Surgiu a partir das ideias de Ferdinand Lassalle (1825--1864) e Eduard Bernstein (1850-1932). Com eles se abriu uma linha de ação mais moderada no interior do socialismo. Também propunha a subordinação do mercado às necessidades sociais e comuns, mas diante da destruição revolucionária do Estado, propuseram que o Estado interviesse e permitisse regular os mecanismos do mercado, quando fosse necessário, pelo interesse do bem comum.

O resultado da combinação entre a influência do pensamento social-democrata e a própria evolução da tradição liberal em busca de maior igualdade social será o chamado **Estado social de direito**, baseado em um sistema de economia mista (entre o liberalismo e a intervenção estatal), que recebe também o nome de **Estado do bem-estar social** (*Welfare State*).

■ O Estado social

O Estado social de direito ou o Estado de bem-estar social inclui no sistema de direitos fundamentais não só as liberdades individuais (como para o Estado liberal), mas também a preocupação pela igualdade social de seus cidadãos. Para isso, o Estado foi assumindo um papel cada vez mais ativo na sociedade civil, principalmente por duas razões:

- **Como resposta às exigências da justiça social, para tornar real a igualdade de oportunidades.** O Estado começou a assumir, de maneira progressiva, alguns serviços sociais, de modo a garanti-los. Entre esses serviços, podem ser citadas a educação, a assistência sanitária, a proteção dos desfavorecidos (idosos, crianças, mulheres, desempregados), assim como a redistribuição da riqueza por meio de medidas de política fiscal ou da segurança social.
- **Como resposta aos problemas próprios do sistema econômico.** As crises econômicas recorrentes do capitalismo liberal incentivaram a busca por novas políticas econômicas. Nesse contexto se situa a aposta de Keynes na intervenção necessária do Estado na economia. Para isso, o Estado teve de assumir mudanças na política fiscal – incrementando a arrecadação de impostos para financiar políticas sociais –, e até mesmo recorrer à dívida pública, para assegurar certas necessidades básicas dos cidadãos.

Desse modo, teve início o desenvolvimento das chamadas economias mistas, baseadas no keynesianismo, que procuraram fazer frente às exigências da liberdade de mercado e dos consumidores, mas com certo grau de controle estatal sobre a economia para garantir algumas necessidades sociais básicas: segurança social, defesa, transporte, educação, etc.

O Estado social de direito é consequência dessa dupla demanda. O Estado assume como tarefa própria não só a proteção dos direitos e liberdades básicas, como havia feito o modelo primitivo de Estado liberal, mas a proteção de direitos sociais, econômicos e culturais (*doc. 4*).

■ O Estado globalizado

A partir da década de 1960, iniciou-se certa crise no modelo do Estado de bem-estar social, que se reflete em uma dupla tendência:

- A privatização do público, ou seja, a venda de empresas públicas a sociedades privadas.
- A perda de soberania do Estado em benefício de entidades supranacionais, sejam de caráter político (como a União Europeia ou a ONU), sejam do tipo econômico e financeiro (as empresas multinacionais).

O fenômeno da globalização, tanto em nível tecnológico como econômico, introduziu importantes mudanças no modelo de sociedade de nosso tempo. Isso nos apresenta um problema novo: devemos restringir o poder do Estado e permitir que a iniciativa privada coloque em prática toda sua criatividade?

O liberalismo econômico, desde Adam Smith, considerou que o jogo dos interesses particulares funciona como uma "mão invisível" que soluciona todos os problemas.

Todavia, esse modelo político e econômico entrou em profunda crise entre 2008 e 2009, levando alguns economistas a apontar esse período como o da maior crise do capitalismo depois de 1929. Desse modo, mais uma vez, discute-se a participação do Estado no mercado a fim de proteger os agentes econômicos em seus mais diferentes níveis.

A presença do Estado é necessária não só para manter a segurança e proteger a ação individual, mas para permitir a efetivação dos direitos humanos.

O grande desafio presente é obter um equilíbrio entre poder estatal e liberdades individuais que resulte em um mundo mais justo e eficaz. A melhor solução seria a existência de um Estado promotor que tivesse como função estimular o apoderamento dos indivíduos e a consecução das propostas do modelo ético, que, entre seus princípios, defende o reconhecimento dos direitos individuais e o respeito a eles.

Doc. 4

O Estado social de direito

O Estado de direito pode revestir-se de formas diversas, entre elas, o "Estado liberal de direito", o "Estado social de direito", ou o "Estado de bem-estar"; e, ainda que na prática os dois últimos possam ter-se dado juntos, urge, no entanto distingui-los com clareza. Porque se o Estado de bem-estar degenerou-se em um mega Estado e, por isso mesmo, entrou em um processo de decomposição, o mínimo de justiça que pretende defender o Estado social de direito constitui uma exigência ética, que de modo algum podemos deixar insatisfeita. Com efeito, o Estado social de direito tem por pressuposto ético a necessidade de defender os direitos humanos, ao menos das duas primeiras gerações, com o qual a exigência que apresenta é uma exigência ética de justiça, que deve ser satisfeita por qualquer Estado que hoje queira pretender-se legítimo.

CORTINA, Adela. *Cidadãos do mundo*: para uma teoria da cidadania. São Paulo: Loyola, 2005.

- Que argumentos a autora do texto usa para defender o Estado social de direito? Você concorda com essa posição política? Justifique.

Fundamentos filosóficos do Estado: o contratualismo

O Estado de direito

> **Estado de direito** é uma forma de organização política em que o exercício do poder é regulado pelo direito.

É a forma de organização política própria das atuais democracias. Na Idade Média, eram os monarcas e os senhores feudais quem estabeleciam as normas. O Estado de direito, no entanto, se baseia na afirmação de que, acima do poder político, estão os direitos reconhecidos e aceitos pelo povo.

Portanto, um Estado de direito não pressupõe somente a submissão ao direito, mas um Estado cujo poder e atividade estão controlados pela lei que reúne a vontade popular (*doc. 5*).

Sem dúvida, trata-se de uma das realizações mais importantes da inteligência humana e que demorou muito a se consolidar. Os filósofos políticos elaboraram diferentes teorias para fundamentar a existência do Estado democrático de direito. As principais são:

- O contratualismo filosófico, que contribuiu para a defesa da liberdade e dos direitos naturais do ser humano, anteriores ao poder do Estado.
- Os modelos de Estado hegeliano e da chamada esquerda hegeliana, que centraram a preocupação do Estado na comunidade.
- As contribuições da teoria pura do direito de Kelsen, que aportou o fundamento jurídico necessário no qual se assentam hoje as atuais democracias.

O contratualismo

> **Contratualismo** é uma teoria filosófica e política que explica a origem e o exercício do poder político mediante a figura do contrato social.

Nesse caso, a origem da obrigação política não está na obediência a um poder alheio à vontade dos indivíduos, mas na obediência a um poder que nasceu da própria vontade dos indivíduos e que, por conseguinte, eles aceitam livremente.

"Cada um de nós põe sua pessoa e todo seu poder sob a suprema direção da vontade geral". Jean-Jacques Rousseau (1712-1778). Retrato pintado por Maurice Quentin de la Tour, em 1753.

Musée Antoine Lécuyer, St-Quentin/ Erich Lessing/Album Art/Latinstock

Doc. 5

Noção de "Estado de direito"

Um aspecto importante – talvez o mais importante – da função civilizadora que cumpriu – e cumpre – o Estado consiste precisamente em colocar limites (por meio do direito) ao exercício do poder. A ideia de Estado de direito (em inglês se diz *the rule of law*, isto é, o império ou o governo do direito) pressupõe essencialmente isto: que o poder público – o uso público da força – não pode exercer-se de qualquer maneira, mas de acordo com normas pre-estabelecidas e que cumprem certos requisitos.

Atienza Rodrigues, Manuel. *As razões do direito*. São Paulo: Landy, 2003.

- O que significa "Estado de direito"?

O contratualismo tem dois momentos: o clássico e o contemporâneo, também chamado neocontratualismo. Vamos nos centrar no estudo do contratualismo clássico, porque de suas grandes figuras surgiu a principal fundamentação do Estado democrático de direito.

Essas teorias elaboradas pelos filósofos podem ser consideradas "teorias práticas". Pois, ainda que afirmassem estudar a realidade, estavam ajudando a construí-la. As explicações contratuais remetiam a um "Estado de natureza" que nunca existiu. Tampouco existiu realmente esse contrato social. Os filósofos não estavam fazendo história, mas tentavam justificar o Estado existente ou vindouro, inventando uma história legitimadora. Por isso, suas ideias foram aproveitadas por movimentos políticos: Locke influenciou a Revolução americana, e Rousseau, a francesa.

Saiba mais

O contrato social

Com a figura do contrato social se consegue:

- Um compromisso da vontade individual com a vontade de todos, denominado por Rousseau de "vontade geral".
- Uma fórmula que garante a **igualdade** de todos os indivíduos diante do poder político.
- Uma harmonização dos interesses individuais com o **interesse geral**.
- Uma nova proposta da **liberdade civil**, que já não é uma concessão do soberano aos súditos, mas o exercício da condição do cidadão.
- Uma **legitimação racional da liberdade e do poder**. Ambos têm uma explicação que parte da própria natureza racional do ser humano, e não de explicações sobrenaturais.

- Explique o sentido de cada um dos itens anteriores.

■ O contratualismo clássico

O contratualismo clássico inclui as teorias do contrato social elaboradas, ao longo de quase dois séculos, por quatro grandes filósofos: Hobbes, Locke, Rousseau e Kant. Apesar de haver diferenças, todos eles recorrem à figura do contrato social para explicar de maneira racional o poder político, que consegue a harmonia entre a dimensão privada e a dimensão pública da vida humana.

Trata-se de um passo decisivo e necessário para configurar dois princípios aparentemente irreconciliáveis: o indivíduo é considerado soberano, sujeito de uma série de direitos e liberdades naturais, mas o poder comum é necessário; como justificá-lo?

O poder político deve ser fruto de um pacto ou acordo prévio entre os indivíduos, que discordam quanto ao modo de entender esse poder comum e às razões que levam ao pacto ou ao contrato social.

- **Hobbes: a defesa do Estado absoluto.** Thomas Hobbes (1588-1679), considerado o primeiro filósofo político moderno, explica a origem do Estado civil como uma necessidade antropológica.
  Para ele, o ser humano é uma mistura de paixão e razão. A paixão o conduz a um desejo desmedido, em virtude de seu instinto natural egoísta. Mas a razão o leva a pensar que, em dito Estado civil, viverá ameaçado pela força e egoísmo dos demais. Por isso, o ser humano abandona o Estado de natureza, que o conduziria a uma "guerra de todos contra todos", para estabelecer um poder comum. O Estado, que Hobbes defende em sua obra *Leviatã*, é fruto da razão, de um pacto ou acordo de submissão. De modo que, para ser mais eficaz, o Estado, segundo esse autor, está acima de todos os homens e, portanto, o governo é o próprio Estado.
- **Locke: os fundamentos da teoria liberal.** John Locke (1632-1704) aporta sua teoria da divisão de poderes e insiste nos conceitos de propriedade privada, direito à vida e à liberdade. Por isso, é considerado o principal teórico do liberalismo. Exerceu uma enorme influência em todos os autores liberais posteriores a ele.
  Como Hobbes, Locke parte do Estado de natureza como hipótese para explicar a existência de uma série de direitos naturais anteriores à vida social. Ele defende a existência de uma ordem natural que deve ser entendida como manifestação da vontade divina, que ensina que ninguém deve ferir os outros em sua vida, saúde e bem-estar. Todavia, uma vez que os seres humanos possuem direitos naturais como a liberdade, a vida e a propriedade, o Estado surge para defendê-los, e este não pode estar acima das próprias leis. De fato, o Estado se constitui como a união política e legal que determina a defesa dos direitos naturais, e os governos, submetidos a esse pacto, também estão submetidos às leis políticas desse Estado. Podemos dizer que, enquan-

to para Hobbes o melhor Estado era o absoluto, em que o governo e o Estado são indivisíveis, para Locke, Estado e governo são separados, e o primeiro é superior ao segundo. A ordem natural e o direito natural que nela se baseiam são a justificativa do direito civil e do Estado Civil.

- **Rousseau: a teoria revolucionária da sociedade.** Jean-Jacques Rousseau (1712-1778) não concebe a sociedade como um instrumento necessário para alcançar fins pessoais, mas como um obstáculo para a própria felicidade. Tampouco está de acordo com a noção de propriedade privada, esta por ele considerada o mal maior introduzido na vida em sociedade e a origem da desigualdade.
  Rousseau valoriza o Estado natural, considerado bom e solidário. Mas tem consciência de que a sorte humana não está no retorno ao Estado de natureza, que resulta em algo impossível. Sua teoria é revolucionária e introduz uma exigência de regeneração na sociedade. Pretende que a sociedade se converta em sua segunda natureza. Isso pressupõe mudar a sociedade e suas instituições políticas, o que exige um pacto do qual resulta a constituição do Estado.
  A liberdade de cada um depende, pois, da liberdade de todos. Por isso, o direito à propriedade privada "sempre estará subordinado ao direito que a comunidade tem sobre tudo". O principal propósito do Estado consistirá em capacitar o povo soberano para expressar e realizar sua vontade geral.
- **Kant: a defesa da autonomia individual.** Immanuel Kant (1724-1804) reconhece que o lugar da felicidade individual é a sociedade, mas não nega a competitividade e a luta dos indivíduos em sociedade. Parece que os humanos se odeiam tanto quanto necessitam uns dos outros. Para referir-se a essa dualidade, Kant falava da "insociável sociabilidade do homem".
  De outro lado, toda a sua teoria ética e política centra-se na suposta autonomia moral exclusiva e própria do ser humano, no imperativo categórico: "atua de tal modo que sua máxima de conduta possa ter um valor universal".
  Kant não encontrou contradição entre o comportamento individual, do qual se ocupa a moral ou a ética, e o social e político. Para ele, a lei moral obriga tanto os indivíduos como os Estados.

Leviatã (1651), de Thomas Hobbes, é a obra fundadora do contratualismo. Gravura de Abraham Bosse.

Biblioteca Nacional Britânica, Londres

Fundamentos filosóficos do Estado: Hegel e Kelsen

Hegel e a esquerda hegeliana

A filosofia contratualista, e mais ainda a de Kant, desembocaram em um intenso individualismo.

O Estado era interpretado como uma força externa destinada a garantir as liberdades naturais e individuais; por isso se concebia como fruto de um pacto. Esse modelo supôs uma debilidade da concepção social do ser humano e do próprio Estado entendido como comunidade política.

A recuperação dessa dimensão provém de G. W. Friedrich Hegel (1770-1831) e da chamada "esquerda hegeliana", grupo de filósofos posteriores inspirados em sua filosofia, como Feuerbach (1804-1872), Engels e Marx.

Hegel herdou a tradição contratualista e kantiana. Mas se mostrou em desacordo com a interpretação que essa tradição fazia do Estado, entendido como um pacto de vontades individuais. Para Hegel, o Estado supõe:

- Uma realidade orgânica primeira, que integra em si a sociedade civil e a família. Por sua vez, os Estados se integram entre si, dando forma à história da humanidade em seu conjunto, o que Hegel denominou "desenvolvimento do espírito absoluto". A união, a síntese dialética entre indivíduo e Estado, assim como entre todos os Estados entre si, é mais importante para a realização do destino e sentido da humanidade que as liberdades caprichosas e individuais reivindicadas pelo contratualismo.

- Uma garantia de progresso, que deve estar acima das liberdades individuais. O Estado é o governo e deve partir de uma constituição geral que marque suas funções e objetivos. O fim principal do Estado, entendido como totalidade, como um organismo vivo, é conservar e integrar as outras partes (os cidadãos) e atuar perseguindo fins universais, algo que não podem realizar a família e a sociedade civil, que se movem por interesses privados.

- Com a interpretação hegeliana do Estado, recupera-se o ideal organicista do Estado clássico inspirado na filosofia grega. O Estado está acima dos indivíduos. Seu modelo de Estado pode ser interpretado como uma defesa do valor da comunidade e do grupo, na consecução de certos objetivos sociais para o desenvolvimento do progresso humano, ainda que à simples vista pareça tão somente a defesa do poder acima do indivíduo (doc. 6).

Essa imagem mais social e comunitária do Estado se percebe em outros filósofos posteriores, que se viram muito influenciados pelo pensamento de Hegel: a chamada esquerda hegeliana.

Marx e Engels criticaram o modelo de Estado liberal, e, diante da defesa hegeliana do Estado, apostaram pela dissolução do Estado como tal.

Perante o idealismo de Hegel, propuseram um "materialismo dialético" ou materialismo histórico: porque, segundo eles, são as forças sociais, materiais e econômicas que movem o mundo e possibilitam o andamento da história. Portanto, são os produtores dessas forças, os trabalhadores, que devem constituir-se como autoridade.

A teoria pura do direito de Kelsen

Hans Kelsen (1881-1973), considerado o maior jurista do século XX, foi o autor de uma elaborada concepção do direito, denominada "Teoria pura do direito". Foi o representante máximo do positivismo jurídico, porque considerava que a norma e o direito positivo são a expressão que define o direito.

Para Kelsen, o componente fundamental – e, de certo modo, único – do direito são as normas, e mais precisamente as normas coativas, as que integram o direito positivo concreto de um Estado. As normas não pertencem ao mundo do ser, mas do "dever ser"; não estabelecem como alguém se comporta, mas como deve se comportar.

A coação é a característica distintiva do direito a respeito da moral ou da ética. Para isso, necessita contar com o poder político do Estado. Por isso, Kelsen identifica o direito com o Estado. Considerava que não tinha sentido introduzir nenhuma norma ética como superior ao direito, ou que lhe impedisse distinguir leis justas de injustas. As leis somente poderiam ser eficazes ou ineficazes.

Tanto a teoria hegeliana – que situa o Estado acima do indivíduo – como a de Kelsen – que afirma que o Estado era a única fonte do direito – favoreceram o surgimento dos Estados totalitários no século XX.

Doc. 6

A sociabilidade do indivíduo

O indivíduo somente pode ter, na verdade, uma existência objetiva e uma vida ética se é membro do Estado. A união, como tal, é ela mesma o verdadeiro conteúdo e o verdadeiro fim, já que os indivíduos estão destinados a levar uma vida universal; as demais formas de se satisfazer, suas atividades e sua conduta têm como ponto de partida e como resultado esse elemento substancial e universal.

HEGEL, G. W. F. *Princípios da filosofia do direito*. 2. ed. São Paulo: Martins Fontes, 2003.

- Explique como Hegel valoriza a relação entre indivíduo e Estado.

▨◼ Instituições e funções do Estado democrático de direito

◼ Instituições básicas

O Estado conta com uma série de instituições políticas que lhe possibilitam realizar múltiplas tarefas. Atendendo ao princípio essencial da divisão tripartida do poder, fundamento de todas as democracias, a organização básica é:

- O Poder Executivo, que se ocupa da administração, da execução das leis e do estabelecimento das diretrizes gerais do governo.
- O Poder Legislativo, que reside no Parlamento e representa a todos os cidadãos; sua missão é a proposta e elaboração das leis.
- O Poder Judiciário, encarregado de zelar pelo cumprimento das leis e de julgar e sancionar as condutas contrárias a elas.

Além disso, o Estado conta com uma poderosa administração, composta de pessoas (funcionários) que trabalham para que o Estado possa realizar suas funções.

Também conta com um corpo especial de funcionários dedicados à defesa dos cidadãos e do Estado em seu conjunto (polícia, guarda nacional e exército, por exemplo).

◼ Funções e legitimação

Todas as instituições estatais são necessárias? Por quê? Quais são seus propósitos? A pergunta pelos fins últimos do Estado suscitou muita controvérsia durante séculos.

As funções básicas que o Estado assume e para as quais está legitimado são:

- **Garantir a ordem e a segurança**. É a principal função, já manifestada por Hobbes, um dos primeiros teóricos do Estado moderno. Consiste basicamente na ordenação e no bom funcionamento das instituições estatais, no controle e cumprimento das normas fundamentais e na defesa do Estado diante de possíveis ameaças.
  Nesse sentido, adquiriu um papel relevante para a defesa do Estado perante possíveis ameaças ou agressões externas. Durante muito tempo, essa função foi considerada uma das fundamentais. Na atualidade, continua sendo importante, mas a nova ordem internacional demanda uma concepção mais ampla da segurança: a busca da paz em escala mundial.
- **Preservar os direitos**. Supõe a defesa dos direitos subjetivos ou naturais, que em uma terminologia mais moderna estão representados pelos direitos humanos.
- **Defender os valores democráticos**. Alguns desses valores fundamentais são a representação, o recurso às maiorias e às decisões consensuais, a busca de acordos, as políticas de aproximação intercultural, etc.
- **Manter o Estado de bem-estar social**. Durante o século XX, sobretudo a partir da Segunda Guerra Mundial (1939-1945), os Estados democráticos assumiram um crescente número de funções relativas ao bem-estar, como a educação e a cultura, a saúde pública gratuita e universal, etc.
- **Colaborar com os outros Estados**, a fim de solucionar, de maneira conjunta, os problemas globais da humanidade.

O Estado é um modelo político importante para conquistar os direitos fundamentais.

Nesse sentido, Hannah Arendt considerava que o direito mais fundamental é "o direito de ter direitos", ou seja, o direito de poder reclamar seu cumprimento. E isso se faz sempre por meio do Estado.

Quando uma pessoa é excluída, ou o Estado do qual faz parte não cumpre sua função de permitir acesso ao desfrute desses direitos, ela continua sendo titular nominal dos direitos humanos, mas sem poder exercê-los. Daí a imperiosa necessidade de que todas as pessoas possam reclamar o respeito a seus direitos, ainda que nenhum Estado as ampare.

Aprender a ler filosofia

▪ Avaliar um texto

Ao ler um romance ou um poema, a única coisa em que temos de pensar é se nos interessa e emociona, ou, com um ponto de vista crítico, se está bem ou mal escrito. Com os textos filosóficos acontece algo diferente: como eles têm a pretensão de ser discursos bem argumentados e buscar a verdade, nós, como leitores, temos de saber se esses argumentos são convincentes, se as afirmações estão bem fundamentadas ou não.

Com frequência, os autores nos comunicam suas opiniões e seus modos de ver a realidade, o que chamamos "filosofia autoanalítica". Costumam ser textos muito interessantes, porque nos proporcionam modos novos de ver ou de pensar as coisas e enriquecem nossa maneira de interpretar a realidade. Mas costumam almejar que aceitemos suas opiniões como verdades objetivas.

Friedrich Nietzsche (1844-1900).

---

1. Valorizar informações

Vejamos um exemplo. Nietzsche, em sua obra *A genealogia da moral*, afirma que a primeira moral foi a moral da força:

Os juízos de valor têm como pressuposto uma constituição física poderosa, uma saúde florescente, rica, inclusive transbordante, junto com o que condiciona a manutenção da mesma, ou seja, a guerra, as aventuras, a caça, a dança, as brigas e, em geral, tudo o que a atividade forte, livre, regozijada leva consigo.

NIETZSCHE, Friedrich. *A genealogia da moral*. São Paulo: Companhia das Letras, 2009.

Logo detecta uma mudança. Apareceu uma moral da compaixão, do altruísmo, e ele a interpreta assim:

Foram os judeus os que, com uma consequência lógica aterradora, se atreveram a inverter a identificação aristocrática dos valores e mantiveram com os dentes do ódio mais abismal (o ódio da impotência) essa inversão, a saber, "os miseráveis são os bons; os pobres, os impotentes, os baixos são os únicos bons" [...]. A rebelião dos escravos na moral começa quando o ressentimento mesmo se torna criador e engendra valores.

NIETZSCHE, Friedrich. *A genealogia da moral*. São Paulo: Companhia das Letras, 2009.

1. O que Nietzsche quer dizer em cada um desses fragmentos?

Nietzsche desprezou outras possíveis explicações que estudamos ao fazer a genealogia do modelo ético: a busca da felicidade que impulsionava a lutar pela justiça, pela dignidade, pela emancipação, pela segurança, pela liberdade.

Nietzsche nos deu sua própria visão do mundo, mas não uma teoria que seja corroborada universalmente.

O leitor de filosofia deve, primeiramente, perguntar ao autor: "Como você sabe disso?". E se, em seus textos, o autor não responde a essa pergunta, deve-se colocá-lo na seção das "filosofias autoanalíticas". Nesse sentido, o texto anterior de Nietzsche faz uma interpretação da origem do cristianismo.

A segunda pergunta deve ser: "Que força essas evidências têm? Até que ponto são confiáveis?". Alguns casos são fáceis de recusar. Deve-se suspeitar das afirmações ou negações absolutas: "Todos...", "Ninguém...", "Nunca...", "Sempre...", etc.

Além disso, deve-se ter cuidado com os argumentos de autoridade. "X, que é prêmio Nobel, disse...". O fato de que seja prêmio Nobel não lhe concede nenhuma garantia especial. O texto também deve argumentar livremente sobre o que afirma.

2. Resuma o procedimento que deve ser seguido para valorizar as afirmações presentes em um texto.

3. O que é um argumento de autoridade? Que valor tem?

2. O estado de ânimo

Martin Heidegger sustentava que o pensamento filosófico brotava de um "estado de ânimo fundamental": felicidade, tristeza, nostalgia, cólera, angústia, irritação. A temperatura do ânimo revela um mundo. O mundo daquele que tem coragem não é o mesmo que o do covarde; o mundo do otimista difere daquele do pessimista. Heidegger considera que a angústia é o estado de ânimo fundamental, o que nos permite captar com mais profundidade a finitude do mundo, o fato de que somos seres mortais.

Por sua vez, Jean-Paul Sartre sustentou que o estado fundamental é a náusea. O protagonista do romance que leva esse título descobre o sentido da existência enquanto está em um jardim. De repente, o mundo lhe parece pegajoso, viscoso:

O pensamento filosófico é uma reflexão crítica da realidade, que pode ser desenvolvido por todos os indivíduos e sobre qualquer objeto.

Éramos um monte de existências incômodas, prenhes por nós mesmos; não tínhamos a menor razão de estar ali, nem uns nem outros; cada um dos existentes, confuso, vagamente inquieto, se sentia demais a respeito dos outros. Demais: foi a única relação que pude estabelecer entre as árvores, as grades, os seixos [...]. Demais a castanheira, lá, frente a mim um pouco à esquerda [...]. E eu – fraco, lânguido, obsceno, digerindo, removendo melancólicos pensamentos –, também eu estava demais.

SARTRE, Jean-Paul. *A náusea*. Rio de Janeiro: Nova Fronteira, 2006.

Ernst Bloch (1885-1977) considerava que o estado fundamental é a esperança. Bergson, por sua vez, a experiência criadora. Outros dirão que o amor ou o entusiasmo ou a compaixão ou a admiração.

Esses autores descrevem, com muito talento, um aspecto de nossa relação com a realidade. Cada sentimento dá um sentido determinado às coisas: quando estamos apaixonados, a realidade aparece de maneira distinta de quando sentimos medo.

Para avaliar o que dizem, tentamos comprová-lo em nossas experiências ou em experiências descritas por outras pessoas. Mas necessitamos avançar mais, situar-nos em uma atitude propensa ao conhecimento: de objetividade, de imparcialidade, de precisão, de totalidade. O mundo que aparece na irritação, na alegria, no medo, na confusão, na angústia... deve integrar-se dentro de uma teoria do ser humano, o que não pode ser feito por meio de um desses estados de ânimo.

Husserl, que foi professor de Heidegger, considerava que essa atitude de objetividade era muito difícil de alcançar. Recomendava o que chamou *epoknhé*, que consistia em suspender nossas preferências, nossos prejuízos, nossas emoções.

4. O que é o estado de ânimo? O que você destacaria do texto de Sartre?

3. Dados e exemplos

Há outros procedimentos que convém pôr em prática para saber se a opinião de alguém é verdadeira ou falsa: buscar dados a favor ou contra; buscar exemplos ou contraexemplos. Vejamos o seguinte texto:

O conhecimento socialmente aprovado consiste em um conjunto de receitas destinadas a ajudar a cada membro do grupo a definir sua situação na realidade da vida cotidiana de uma maneira típica. Que o conhecimento socialmente aprovado e derivado seja ou não um conhecimento verdadeiro carece por completo de importância para descrever o mundo que uma sociedade em particular pressupõe. Acredita-se que são verdadeiros todos os elementos de tal conhecimento que são componentes reais do modo como os membros do grupo "definem a situação". A "definição da situação" remete ao chamado "teorema de Thomas" que tão bem os sociólogos conhecem: "Se os seres humanos definem certas situações como reais, então são reais em suas consequências".

SCHÜTZ, Alfred. *El problema de la realidad social*. Buenos Aires: Amorrortu, 2003.

5. Faça uma avaliação desse texto, discutindo seus argumentos.

Buscar a verdade contra a intolerância

▪ A intolerância

O ditado "É conversando que a gente se entende" não costuma funcionar com os intolerantes. Com eles tampouco funcionam os argumentos, porque, como diz outro ditado: "Não há pior surdo que aquele que não quer ouvir". Podemos, pois, considerar a intolerância um fracasso da inteligência.

A inteligência fracassa quando alguém se empenha em negar uma evidência, quando uma crença se torna invulnerável à crítica ou aos fatos que a contradizem, quando não se aprende com a experiência.

1. A intolerância como fracasso da inteligência

Há mais de dois séculos, o filósofo francês Voltaire (1694-1778) escreveu algumas linhas que ainda são muito atuais:

> O que se pode responder a um homem que nos diz que quer obedecer mais a Deus que aos homens e que, portanto, está seguro de que ganhará o céu nos matando?

VOLTAIRE. *Diccionario filosófico.* Madrid: Akal, 2007.

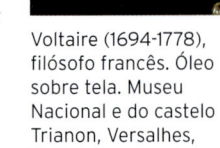

O que disse Voltaire (que no final das contas lutou com sucesso contra a intolerância religiosa) soa, dado seu realismo, bastante pessimista: "Contra essa doença epidêmica não há mais remédio que o espírito filosófico, que pouco a pouco suaviza os costumes da humanidade e previne a irrupção do mal. Mas quando este mal se estende, deve-se empreender a fuga ou esperar que o ar se acalme".

SCHLEICHERT, Hubert. *Cómo discutir con un fundamentalista sin perder la razón.* Madrid: Siglo XXI, 2004.

Voltaire (1694-1778), filósofo francês. Óleo sobre tela. Museu Nacional e do castelo Trianon, Versalhes, França.

1. Em que consiste o "espírito filosófico" de que fala o segundo texto?

A intolerância é um fracasso da inteligência. Existem três fracassos cognitivos: o preconceito, a superstição e o dogmatismo:

▪ Segundo o psicólogo Gordon Allport (1897-1967), ter um **preconceito é** "estar absolutamente seguro de uma coisa que não se sabe". Caracteriza-se por selecionar a informação de tal maneira que o sujeito somente percebe aqueles dados que corroboram seu preconceito. Um racista somente recordará de um jornal a notícia de um assassinato cometido por um negro, mas esquecerá os cometidos pelos brancos.

▪ Etimologicamente, a **superstição** é a sobrevivência de uma crença morta, injustificável, mas que continua influenciando um sujeito que, com frequência, tenta justificar, senão a crença, ao menos sua aceitação. A superstição não costuma ter o aspecto discriminador, seletivo do preconceito, mas coincide com ele em ser uma certeza injustificável, invulnerável às evidências contrárias.

▪ Chama-se **dogmática** a pessoa que não admite contradição às suas opiniões. Não admite críticas e não muda sua crença ainda que os fatos a desmintam.

Preconceitos, superstições e dogmatismos têm em comum o fato de não aceitarem ideias contrárias. Formulam argumentos para não ter de mudar de posição. Vejamos, como exemplo desses mecanismos de adaptação e defesa, o seguinte diálogo:

> X: O mal dos judeus é que somente se preocupam com seu próprio grupo.
> Y: Mas o registro da campanha do Fundo de ajuda à cidade mostra que eles são mais generosos que os não judeus.
> X: Isso demonstra que sempre andam tentando comprar o apreço da gente e de meter-se nos assuntos dos cristãos. Não pensam mais que em dinheiro; por essa razão há tantos banqueiros judeus.
> Y: Mas um recente estudo mostra que a porcentagem de judeus nos bancos é mínima, e muito menor que a porcentagem de não judeus.
> X: É óbvio. Nunca são vistos. Atuam sempre às escondidas.

2. Qual dos personagens desse diálogo é intolerante? Qual é o nome que esse tipo de preconceito recebe?

A intolerância inclui todos os fracassos cognitivos, mas agrega um elemento extremamente perigoso: a passagem à ação. Os neonazistas são um exemplo atual de intolerância. A *Enciclopédia*, escrita pelos iluministas franceses no século XVIII, definiu assim a palavra "intolerância": "Um ciúme cego e apaixonado que surge de crenças supersticiosas e produz fatos ridículos, injustos e cruéis; e não só sem vergonha nem remorsos de consciência, mas ademais com algo semelhante à alegria e ao consolo. A intolerância não é mais que a superstição levada à prática".

3. Explique a definição de "intolerância", de acordo com a *Enciclopédia*.

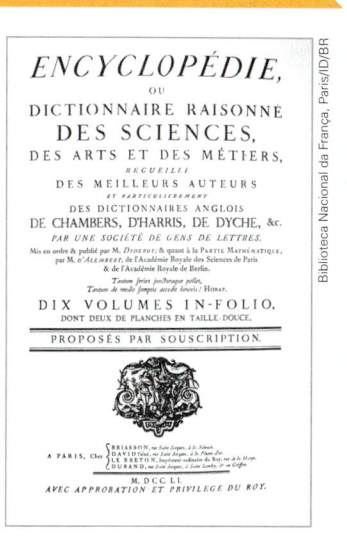

Capa de um dos volumes da *Enciclopédia*. A obra, escrita por Diderot e D'Alembert, foi publicada entre 1751 e 1780, contando com mais de 70 mil artigos, distribuídos em 35 volumes.

Por que esses fenômenos são um fracasso da inteligência? Porque bloqueiam duas de suas funções básicas: conhecer a realidade e aprender com a experiência. O conhecimento, como vimos, é um processo no qual as evidências vão sendo corroboradas. Os intolerantes interrompem esse progresso porque não querem que seus valores, opiniões e crenças sejam contestados ou colocados à prova. Estão absolutamente seguros delas. Tampouco aproveitam o que a experiência lhes diz, e essa incapacidade afeta seriamente a sua liberdade.

Reunião da Ku Klux Klan em Maryland, nos Estados Unidos, em 1986. A sociedade secreta, que prega a supremacia branca e protestante, é um exemplo extremo de intolerância étnica e religiosa.

Para ilustrar os perigosos efeitos destes fracassos da inteligência, que conduziram à Inquisição, às cruzadas, às guerras de religião, às câmaras de gás, à *jihad* islâmica, a genocídios diversos, aos assassinatos massivos dos regimes comunistas, mencionarei um exemplo muito próximo: a secular ideologia contra a mulher. Santo Tomás de Aquino pontificava: "A mulher precisa do homem para ser governada porque o homem é mais perfeito por sua razão e mais forte em virtude". Que isto se dissesse no século XIII estava mal, mas que se continuasse repetindo no século XX clama ao céu. Até 1975, o artigo 57 de nosso Código Civil espanhol dizia: "O marido deve proteger a mulher, e esta deve obedecer ao marido".

MARINA, José Antonio. *La inteligencia fracasada*. Barcelona: Quinteto, 2008.

4. Que preconceitos são citados nesse texto?

O que o ilustrado, o crítico das ideologias de toda espécie, tem que atacar no intolerante é sua distância da realidade. O intolerante se parece com um comprador inexperiente, que entra em um mercado mal abastecido, e o vendedor se aproveita dele. O comprador não sabia qual mercadoria lhe estavam oferecendo. Aqui está o ponto de partida para um tipo distinto de confrontação argumentativa, a qual daremos o nome de "argumentação subversiva". O ilustrado pode restituir o que omitiu o "vendedor"; uma informação mais ampla e exata da ideologia em questão; uma exposição mais ampla de seus problemas, atos estranhos e de suas alternativas, mostrar outras possibilidades de pensamento.

SCHLEICHERT, Hubert. *Cómo discutir con un fundamentalista sin perder la razón*. Madrid: Siglo XXI, 2004.

5. Explique a comparação que se faz nesse texto do ilustrado e do intolerante com o comprador e o vendedor. A que conclusão é possível chegar?

Buscar a felicidade com os filósofos

▪ Os filósofos autoanalíticos

Há problemas inevitáveis que a filosofia sempre enfrentou: a morte, o sofrimento, o mal, o sentido da vida, o desespero, o mistério... Também há atitudes que manifestam experiências de grande profundidade humana: o amor, o perdão, a reconciliação, a humildade, a esperança, o misticismo, etc. O tratamento desses temas constitui uma das páginas mais comoventes da história da filosofia autoanalítica. Cada pensador procurou enfrentar a morte e a vida à sua maneira.

1. A vida e a morte

Sobre a morte houve posturas contraditórias. Platão acreditava que a filosofia devia ser uma "preparação para a morte". Por sua vez, Espinosa escreveu: "Um homem livre em nada pensa menos que na morte, e sua sabedoria não é uma meditação da morte, mas da vida". Já Miguel de Unamuno sempre esteve preocupado com a morte e a imortalidade e enfrenta o problema com um sentimento trágico:

Quero viver sempre, sempre, sempre, e viver eu, este pobre eu que sou e me sinto ser agora e aqui, e por isso me tortura o problema da duração de minha alma [...].

Não quero morrer, não; não quero nem quero querê-lo. Não me submeto à razão e me rebelo contra ela, e me jogo a criar, com força de fé, a meu Deus imortalizador e a torcer com minha vontade pelo curso dos astros.

UNAMUNO, Miguel de. *Do sentimento trágico da vida*. São Paulo: WMF Martins Fontes, 1996.

1. Por que o sentimento destacado por Unamuno é trágico?
2. Explique a postura de Unamuno diante da morte. Para você parece razoável? Justifique.

2. Diferentes atitudes diante da morte

Heidegger considerou que o ser humano é um ser consciente que deve morrer, e que essa preocupação é a que manifesta sua verdadeira condição.

Os filósofos, portanto, enfrentaram a morte e a sua própria morte de muitas maneiras: os estoicos, desprezando-a; os platônicos, afirmando a imortalidade da alma; os religiosos, admitindo a ressurreição, como o cristão, ou a identificação com o Absoluto, como os budistas; os existencialistas, considerando que a morte define nossa existência, o que leva alguns à angústia e outros a uma consideração e valorização mais cuidadosa da vida.

O desprezo, o esquecimento, a angústia, a reflexão... Qual é a resposta mais adequada para que o valor da vida não seja anulado pela presença da morte e para que seu esquecimento ou recusa não nos submeta à inconsciência? Unamuno nos dá um bom conselho:

Ocorre com frequência nas conversas que se chega a tratar do que as pessoas chamam filosofia, da brevidade da vida, da vaidade de tudo. E então quase sempre se diz: o melhor é não pensar nisso, porque não se poderia viver. E, no entanto, o melhor é pensar nela, porque somente assim se pode chegar a viver desperto, não no sonho da vida [...].

Posto que a morte é o fim natural da vida, o caminho natural deve ir desta para aquela; e sua natural luz, à luz de seu fim. Somente se compreende vida à luz da morte. Preparar-se para morrer é viver naturalmente.

UNAMUNO, Miguel de. *Diario íntimo*. Madrid: Alianza, 1998.

3. Qual é, em sua opinião, a resposta mais habitual diante da morte? Por quê?
4. Explique por que Unamuno diz que "o melhor é pensar nela" e que "preparar-se para morrer é viver naturalmente".

Ao busca pelo sentido da vida é outra preocupação essencial da filosofia autoanalítica.

Deve-se esclarecer o que significa essa expressão. A palavra "sentido" pode ser entendida como "direção" (o sentido da flecha) ou como "significado" (o sentido de uma frase). Ao aplicar "sentido" à vida utilizamos ambos os conceitos. O que queremos saber é se a vida humana é um fato casual, insignificante, que não faz parte de nenhum projeto, ou se, pelo contrário, podemos encontrar alguma justificativa ou valor para nossa vida. Vejamos um relato da vida em um campo de concentração nazista:

Chegada de judeus húngaros no campo de extermínio de Auschwitz: milhares de judeus foram mortos neste lugar.

De forma instintiva, alguns prisioneiros tentavam encontrar uma meta própria.

O homem tem a peculiaridade de que não pode viver se não olha para o futuro: ***sub specie aeternitatis***. E isto constitui sua salvação nos momentos mais difíceis de sua existência, ainda que às vezes tenha que dedicar-se à tarefa com os cinco sentidos [...]. O prisioneiro que perdia a fé no futuro – em seu futuro – estava condenado. Com a perda de fé no futuro perdia, também, sua sustentação espiritual; abandonava-se e decaía e se convertia no sujeito do aniquilamento físico e mental. Via de regra, este se produzia logo, em forma de crise, cujos sintomas eram familiares ao recluso com experiência no campo.

Todos temiam este momento [...]. Costumava começar quando uma manhã o prisioneiro se negava a vestir-se e a lavar-se ou a sair do barracão. Nem as súplicas, nem os golpes, nem as ameaças surtiam nenhum efeito. Limitavam-se a ficar ali quase sem se mover.

> ### Glossário
>
> *Sub specie aeternitatis*: Que não depende daquilo que é passageiro ou temporal; que é considerado uma perspectiva eterna.

FRANKL, Viktor. *Em busca de sentido*. 26. ed. São Paulo: Vozes, 2008.

5. Por que algumas pessoas perdiam a fé no futuro, segundo o relato anterior? O que acontecia com elas?

Há três atitudes diante do sentido da vida. Os que afirmam que a vida é absurda, inexplicável e sem significado, postura que conduz à resignação ou ao desespero. A segunda encontra o sentido na transcendência religiosa: Deus como doador de significado. A terceira consiste em converter o ser humano em criador de sentidos.

Viktor Frankl (1905-1997) considerava que a busca de sentido para a vida é própria da natureza humana, mas que não se inventa um sentido, e sim se descobre um sentido. No texto abaixo, o autor usa as palavras "espírito" e "espiritual" para indicar experiências referentes a algo que transcende a limitação humana. A experiência estética, a experiência religiosa, a experiência criadora fariam parte desse conceito de espírito.

A partir da minha experiência pessoal, a espiritualidade é uma capacidade de recepção (uma receptividade) que todas as pessoas têm para tomar consciência, entrar em contato e relacionarem-se (desenvolver um processo) com as realidades que dinamizam a vida em seu sentido mais profundo e imaterial. Essas realidades podem ter a ver com a fé e tudo o que isso significa. Estaríamos nesse caso falando de uma espiritualidade religiosa. Podem ter a ver tanto a partir de uma perspectiva religiosa como não religiosa, por exemplo, com o amor à vida, a solidariedade para com os outros, a incondicionalidade no amor, a confiança diante da morte, a generosidade na entrega, a esperança no mundo, a capacidade de perdão ou reconciliação, a gratuidade ética, a identificação com a natureza, a sensibilidade para a arte, a inspiração para criar...

FERNÁNDEZ, Jonan. *Vivir y convivir*: cuatro aprendizajes básicos. Madrid: Alianza, 2008.

6. O que é a "espiritualidade", de acordo com o texto?

Filosofia jovem

▪ Desmontar tópicos

"Estereótipos" são concepções que se repetem com frequência, como lugares-comuns, sem que pareçam necessitar de explicações.

Supomos que alguns são verdadeiros e outros falsos ou exagerados. Ocorre com eles o mesmo que com os ditados. Por exemplo: "Farinha pouca, meu pirão primeiro", "Mais vale perder um minuto na vida do que a vida num minuto". Nestas duas páginas, vamos nos referir a algumas frases estereotipadas muito utilizadas:

- Antes de tudo, deve-se ser tolerante.
- Todas as opiniões têm de ser respeitadas.
- Todos têm o direito de errar.
- Todos somos iguais. Ninguém é melhor que ninguém.
- Não me arrependo de nada do que fiz.

1. Tolerância e intolerância

Leiamos algumas reflexões sobre a tolerância e seus limites:

Trânsito caótico na avenida Rio Branco, no centro do Rio de Janeiro. Fotografia de 2009.

É fácil aplaudir a tolerância, mas é difícil praticá-la e ainda mais difícil explicá-la. Tolerar é suportar. Deve-se tolerar o bom? Não. O bom deve ser aplaudido e incentivado. Deve-se tolerar o mau? Tampouco. O mau deve ser combatido. Então, o que se deve tolerar? Historicamente, "tolerância" foi um conceito cunhado para combater a intolerância e suas maldades.

Como todos os conceitos negativos (infinito, por exemplo), este também é vago. Proponho uma definição objetiva, quase engenhosa, da tolerância: "Tolerância é a margem de variação que uma solução admite sem deixar de ser solução". Há problemas que admitem muito pouca tolerância, por exemplo, os matemáticos, ou os que afetam a dignidade humana. Outros, como os propostos pela convivência, permitem e inclusive às vezes exigem amplas margens. Em uma estrada de cem quilômetros, um erro de cinco centímetros é tolerável, mas não o é em neurologia.

O intolerante afirma que somente há uma solução para cada problema, a que ele possui; que essa solução não admite nenhuma flexibilidade e que está disposto a impô-la se puder. Tolerante inteligente é o que conhece e justifica a margem de tolerância de cada solução. Sabe que para resolver o problema do trânsito deve ser intolerante com os que desprezam os sinais, mas tolerante com o aparato dos motoristas. Tolerante tolo é o que pensa que todas as soluções têm uma margem infinita de tolerância. Acaba dirigindo pelo sentido proibido e atropelando um pedestre.

MARINA, José Antonio. *Crónicas de la ultramodernidad*. Barcelona: Quinteto, 2004.

1. Resuma e explique o sentido e os limites da tolerância, de acordo com o texto.

2. Opiniões e equívocos

O que significa "Todas as opiniões têm de ser respeitadas"? Que todas têm valor e são dignas de consideração. O direito à liberdade de opinião protege as pessoas. O tema, no entanto, não é tão simples. Consideremos alguns aspectos: É respeitável a opinião de um professor que avalia seus alunos com base na cor de pele? E a de um pedófilo que opina que não há nada de errado em violentar sexualmente uma criança? Ou a de alguém que defende a inferioridade da mulher?

Uma coisa é que toda pessoa deve ser respeitada e tem o direito de expressar-se, e outra, muito distinta, é analisar se o que ela diz também é respeitável. O direito ampara a respeitabilidade da pessoa, enquanto a respeitabilidade de suas opiniões depende dos critérios aplicáveis a ela: científicos, matemáticos, jurídicos ou éticos.

2. Você aceita "relativizar" as questões sobre as quais acabamos de falar? Defenda sua opinião com argumentos claros e justificáveis.

É verdade que "Ninguém é melhor que ninguém"? Devemos começar definindo o que entendemos por "melhor". Em que sentido todos somos iguais e em que sentido somos diferentes?

3. Busque exemplos que justifiquem a ideia acima e outros exemplos que mostrem que ela não é aceitável.

4. Arrependimento e culpa

"Não me arrependo de nada do que fiz" é uma frase que se escuta com frequência nos meios de comunicação. Costuma ser um modo de expressar a aceitação de si mesmo, ou de aceitar a responsabilidade dos próprios atos, mas o que diz exatamente é outra coisa. Em que consiste o arrependimento? Em que se diferencia do sentimento de culpa? Há dois sentimentos que nos advertem de que nosso comportamento não foi adequado:

- A vergonha é um sentimento social, um estado de ânimo penoso ocasionado pela perda real, presumida ou temida da própria dignidade, de nossa imagem social ou do apreço dos demais. Depende do juízo alheio. É o medo de ser malvisto. Há muitas derivações da vergonha, por exemplo, a timidez. A vergonha pode ser excessiva ou injusta, porque o juízo social pode ser destrutivo.

- A culpa é o sentimento de pesar que se experimenta depois de ter realizado uma ação considerada má, porque feriu a outra pessoa ou porque foi contra suas crenças ou as normas morais de sua sociedade. Essa culpa às vezes é sentida de maneira insistente e ofensiva.

Arrependimento é algo mais forte: é a dor que sentimos por ter cometido um delito, um erro ou uma maldade; desejamos ao mesmo tempo emendá-lo, repará-lo, assim que possível. É também a decisão de não voltar a fazê-lo.

Alguns psicólogos recusam o valor desses sentimentos, porque lhes parecem negativos.

Sentimentos contraditórios que sentimos nas experiências essenciais de nossas vidas podem abrir caminho para que nos conheçamos melhor.

No entanto, os sentimentos sempre nos proporcionam algum conhecimento útil. Por isso permaneceram ao longo da evolução. São os sentimentos que nos ajudam a cumprir os deveres e as normas, e, nesse sentido, são bons. No entanto, pela profundidade com que afetam a pessoa e pela facilidade com que adquirem demasiada importância, convém tê-los sob controle. Há vergonhas justificadas e vergonhas estúpidas, há culpas fundamentadas e culpas sem causa.

Todo esse conjunto de sentimentos morais deve, portanto, ser medido e regido pela razão. Ajudam-nos a perceber o mal e a tentar endireitar nosso comportamento, mas isso exige um grande rigor na avaliação.

4. Explique as funções positivas do arrependimento e da culpa.

Escrever um *blog* filosófico

Em seu *blog* ou diário de "filosofia jovem", escreva uma reflexão sobre algum dos tópicos mencionados. Você pode referir-se a algum caso real relacionado com o tema.

Genealogia do Estado

Um conceito prático
- Para estudar o Estado como conceito prático, deve-se examinar sua genealogia.

Definição de Estado
- É uma forma de organização que regula o exercício do poder.
- São necessários: povo, território e soberania.

O nascimento dos primeiros Estados
- O Estado não existiu sempre, nem existe em todas as sociedades.
- Na formação dos Estados há razões externas e internas.

O Estado moderno
- Concentração do poder político não soberano.
- Passou-se a distinguir as esferas do público e do privado.

As fases do Estado moderno: o Estado liberal

Do Estado absolutista ao representativo
- No Estado representativo se admite que o poder procede do povo, que decide ser representado por um poder comum.

O Estado liberal
- No Estado de direito o poder do Estado é limitado pelo direito.
- Nasceu da desconfiança do poder estatal absoluto.

O liberalismo político e o econômico
- Econômico: prega a competitividade e a liberdade de mercado.
- Político: impõe limites ao poder estatal e garante os direitos individuais.

O constitucionalismo
- Defende que o Estado deve contar com um sistema de regras fundamentais.

As fases do Estado moderno: o Estado social e o Estado globalizado

As origens do Estado social
- O socialismo defende a igualdade material e critica o liberalismo econômico.

Teorias socialistas
- Socialismo científico: recusa do Estado liberal.
- Socialismo reformista: subordinação às necessidades sociais.

O Estado social ou Estado de bem-estar
- Crescente papel do Estado na economia.
- O Estado assume a proteção das liberdades e dos direitos.

O Estado globalizado
- Privatização do público e perda de soberania do Estado em benefício de entidades supranacionais.

Fundamentos filosóficos do Estado: o contratualismo

O Estado de direito
- Forma de organização política na qual o poder está regulado pelo direito.

O contratualismo
- Teoria que explica a origem e o exercício do poder político mediante o contrato social.

O contratualismo clássico
- Hobbes: a defesa do Estado absoluto; Locke: os fundamentos da teoria liberal; Rousseau: a teoria revolucionária da sociedade; Kant: a defesa da autonomia individual.

Fundamentos filosóficos do Estado: Hegel e Kelsen

Hegel e a esquerda hegeliana
- O Estado civil pressupõe uma realidade orgânica primeira, garantia de progresso e defesa do valor da comunidade.
- A esquerda hegeliana apostou na dissolução do modelo de Estado liberal.

A teoria pura do direito de Kelsen
- A norma e o direito positivo são a expressão definidora do direito.
- Identifica o direito com o Estado.

Instituições e funções do Estado

Instituições básicas
- Poder Executivo, Legislativo e Judiciário.
- A administração e os corpos dedicados à defesa dos cidadãos e do Estado.

Funções e legitimação
- Garantir a ordem, a segurança, os direitos, a democracia; manter o Estado de bem-estar e colaborar com os outros Estados.

1. Defina os seguintes conceitos e explique em que períodos da história europeia se desenvolveram:
   a) Estado absolutista.
   b) Estado moderno.
   c) Estado liberal.
   d) Estado social.

2. O que é o Estado de direito? Qual é seu aspecto fundamental? Um Estado liberal é um Estado de direito? E um Estado totalitário? Elabore uma reflexão com base no que você estudou neste capítulo.

3. Leia o seguinte texto do filósofo iluminista franco-suíço Jean-Jacques Rousseau e responda às questões.

   > Assim, se eliminamos do pacto social o que não é essencial, o encontramos reduzido aos termos seguintes: cada um de nós põe em comum sua pessoa e todo seu poder sob a suprema direção da vontade geral, e nós recebemos corporativamente a cada membro como parte indivisível do todo. Este ato de associação produz imediatamente, no lugar da pessoa particular de cada contratante, um corpo moral e coletivo composto de tantos membros quantos votos tem a assembleia, o qual recebe deste mesmo ato sua unidade, seu eu comum, sua vontade e sua vida. Esta pessoa pública que assim se constitui com a união de todas as demais tinha em outro tempo o nome de Cidade, e agora o de República, o corpo político, o qual é chamado por seus membros de Estado quando é passivo. Soberano quando é ativo e Poder quando o compara com seus semelhantes.
   >
   > ROUSSEAU, Jean-Jacques. *O contrato social*. Porto Alegre: L&PM, 2007.

   a) O que é o pacto ou contrato social segundo Rousseau?
   b) Explique a diferença que Rousseau assinala entre "Estado", "Soberano" e "Poder".

4. Leia o seguinte texto do filósofo espanhol José Ortega y Gasset e responda às questões.

Utilização de urna eletrônica no referendo sobre a proibição da comercialização de armas de fogo e munições no país, em outubro de 2005.

   Democracia e liberalismo são duas respostas a duas questões de direito político completamente distintas.

   A democracia responde à pergunta: quem deve exercer o poder público? A resposta é: o exercício do poder público corresponde à coletividade dos cidadãos. Mas nessa pergunta não se fala da extensão que deve ter o poder público. Trata-se somente de determinar o sujeito a quem o mando compete. A democracia supõe que todos mandamos; ou seja, que todos intervenhamos soberanamente nos fatos sociais.

   O liberalismo, por outro lado, responde a esta outra pergunta: exerça quem quiser o poder público, quais devem ser seus limites? A resposta soa assim: o poder público, a exercê-lo um autocrata ou o povo, não pode ser absoluto, mas as pessoas têm direitos prévios a toda ingerência do Estado. É, assim, a tendência a limitar a intervenção do Estado.

   ORTEGA Y GASSET, José. *El espectador*. Madrid: EDAF, 1998.

   a) O que é liberalismo e o que é democracia? A que questões distintas respondem?
   b) Pode existir um Estado liberal que não seja democrático? E um Estado democrático que não seja liberal? Justifique sua resposta.

5. Explique em que consiste o contratualismo como fundamento filosófico do Estado e quais pensadores desenvolveram as teorias contratualistas clássicas. Descreva o que cada um deles propunha.

6. Leia o seguinte texto sobre a "teoria pura do direito" de Hans Kelsen e responda às questões.

   > A "teoria pura do direito" é uma tentativa de eliminar da jurisprudência todos os elementos não jurídicos. Direito e Estado devem ser entendidos em sua pura realidade jurídica, e as disciplinas estranhas, como Psicologia, Sociologia e Ética, devem ser desterradas da ciência jurídica [...]. Kelsen define a ciência do direito como o "conhecimento das normas".
   >
   > Entende por "norma" um juízo hipotético que declara que o fazer ou não fazer um determinado ato deve ser seguido de uma medida coerciva por parte do Estado. Em outros termos, uma norma significa que, em determinadas circunstâncias, o Estado exercerá uma ação coerciva para obrigar a uma conduta determinada.
   >
   > BODENHEIMER, Edgar. *Teoría del derecho*. México: Fondo de Cultura Económica, 1994.

   a) Em que consiste a "teoria pura do direito" de Hans Kelsen?
   b) O que é uma norma, segundo Kelsen? O que significa dizer que "o Estado exerce uma ação coerciva para obrigar a uma conduta determinada"?

7. Releia a introdução deste capítulo e escreva uma redação que explique a importância do Estado como criação humana, suas funções e finalidades, considerando o que você estudou.

Referências bibliográficas

Referências bibliográficas em português

ARISTÓTELES. *Os segundos analíticos.* In: *Órganon.* São Paulo: Edipro, 2009.

_____. *Ética a Nicômaco.* São Paulo: Edipro, 2009.

_____. *Metafísica.* São Paulo: Edipro, 2005.

_____. *Política.* Brasília: Universidade de Brasília, 1985. p. 15.

_____. *De anima.* São Paulo: Editora 34, 2006.

ATKINS, Peter. *O dedo de Galileu.* Lisboa: Gradiva, Lisboa, 2007.

BERGSON, Henri. *As duas fontes da moral e da religião.* Coimbra: Almedina, 2005.

BRÉAL, Michel. *Ensaio de semântica.* Campinas: RG, 2008.

CASSIRER, Ernst. *Filosofia das formas simbólicas.* São Paulo: Martins Fontes, 2001.

CORTINA, Adela. *Cidadãos do mundo:* para uma teoria da cidadania. São Paulo: Loyola, 2005.

Declaração dos Direitos do Homem e do Cidadão. In: FERREIRA FILHO, Manoel G. et. al. *Liberdades públicas.* São Paulo: Saraiva, 1978.

DESCARTES, René. *Discurso do método.* São Paulo: Martin Claret, 2008.

_____. *Regras para a direção do espírito.* São Paulo: WMF Martins Fontes, 2007.

_____. *Tratado das paixões.* São Paulo: Martins, 1998.

DURKHEIM, Émile. *A educação moral.* Petrópolis: Vozes, 2008.

ESPINOSA, Baruch. *Ética.* Belo Horizonte: Autêntica, 2007.

FRANKL, Viktor. *Em busca de sentido.* Petrópolis: Vozes, 2008.

GAARDER, Jostein. *O mundo de Sofia.* São Paulo: Companhia das Letras, 1995.

GARCÍA MORENTE, Manuel; ZARAGÜETA, Juan. *Fundamentos de filosofia.* São Paulo: Mestre Jou, 1980.

GEERTZ, Clifford. *A interpretação das culturas.* Rio de Janeiro: LTC, 1989.

GOLEMAN, Daniel. *Inteligência emocional.* Rio de Janeiro: Objetiva,1996.

HAWKING, Stephen H. *Uma breve história do tempo* – do big-bang aos buracos negros. Rio de Janeiro: Rocco, 2002.

HEGEL, G. W. F. *Princípios da filosofia do direito.* São Paulo: Martins, 2003.

HEIDEGGER, Martin. *Introdução à metafísica.* Rio de Janeiro: Tempo Brasileiro, 1999.

HESÍODO. *Teogonia:* a origem dos deuses. São Paulo: Iluminuras, 1995. p. 112-113, versos 116-128.

HUME, David. *Sobre o entretenimento humano e sobre os princípios da moral.* São Paulo: Unesp, 2004.

KANT, Immanuel. *Tratado da natureza humana.* São Paulo: Unesp, 2009.

_____. *A metafísica dos costumes.* São Paulo: Edipro, 2008.

_____. *Antropologia de um ponto de vista pragmático.* São Paulo: Iluminuras, 2006.

_____. *Crítica da razão pura.* São Paulo: Icone, 2007.

LURIA, Alexander. *Pensamento e linguagem:* as últimas conferências de Luria. Porto Alegre: Artmed, 2001.

MALEBRANCHE, Nicolas. *Em busca da verdade.* São Paulo: Paulus, 2004.

MENKES, Justin. *Inteligência executiva.* Rio de Janeiro: Rocco, 2008.

MERLEAU-PONTY, Maurice. *Fenomenologia da percepção.* São Paulo: WMF Martins Fontes, 2006.

NIETZSCHE, Friedrich. *A genealogia da moral.* São Paulo: Companhia das Letras, 2009.

ORTEGA Y GASSET, José. *A rebelião das massas.* São Paulo: Martins, 2002.

ONFRAY, Michel. *Contra-história da Filosofia.* São Paulo: WMF Martins Fontes, 2008.

PASCAL, Blaise. *Pensamentos.* São Paulo: WMF Martins Fontes, 2005.

PLATÃO. *A República.* São Paulo: Martins Fontes, 2008.

_____. *Apologia de Sócrates.* Porto Alegre: L&PM, 2008.

_____. *Teeteto-Crátilo.* Belém: UFPA, 1988.

POLYA, George. *A arte de resolver problemas.* Rio de Janeiro: Interciência, 1995.

POPPER, Karl. *A lógica da pesquisa científica.* São Paulo: Cultrix, 2000.

_____. *Conhecimento objetivo.* Belo Horizonte: Itatiaia, s. d.

_____. *Conjecturas e refutações.* Brasília: Editora da UNB, 2008.

RISO, Walter. *Amar ou depender?* Porto Alegre: L&PM, 2009.

ROUSSEAU, Jean-Jacques. *Discurso sobre a origem e os fundamentos da desigualdade entre os homens.* Porto Alegre: L&PM, 2008.

_____. *Emílio ou da educação.* São Paulo: Martins Fontes, 1999.

_____. *O contrato social.* Porto Alegre: L&PM, 2007.

SANTO AGOSTINHO. *Confissões.* São Paulo: Paulus, 1997. v. 10.

SANTO TOMÁS DE AQUINO. *Suma teológica.* Petrópolis: Vozes, 2001. 9 v.

SARTRE, Jean-Paul. *A náusea.* Rio de Janeiro: Nova Fronteira, 2006.

_____. *O existencialismo é um humanismo.* Apud. In: *Os pensadores.* vol. XLV. São Paulo: Abril Cultural. p. 9-28.

_____. *O ser e o nada.* Petrópolis: Vozes, 2005.

SELIGMAN, Martin. *Felicidade autêntica.* Rio de Janeiro: Ponto de Leitura, 2009.

SMITH, Adam. *A teoria dos sentimentos morais.* São Paulo: WMF Martins Fontes, 1999.

STERNBERG, Robert. Minha vida como imbecil. In: *Inteligência plena.* Porto Alegre: Artmed, 2003.

THOREAU, Henry David. *Walden – ou a vida nos bosques.* São Paulo: Aquariana, 2007.

UNAMUNO, Miguel de. *Do sentimento trágico da vida.* São Paulo: Martins, 1996.

WEBER, Max. *Ensaios de sociologia contemporânea.* Rio de Janeiro: LTC, 1982.

WITTGENSTEIN, Ludwig. *Tractatus logico-philosophicus.* São Paulo: Edusp, 2001.

Referências bibliográficas em espanhol

AJDUKIEWICZ, Kazimierz. *Introducción a la filosofía:* epistemologia y metafísica. Madrid: Cátedra, 1986.

ALLPORT, Gordon W. *La naturaleza del prejuicio.* Buenos Aires: Universitaria de Buenos Aires, 1977.

AYALA, Francisco J. *Darwin y el diseño inteligente; creacionismo, cristianismo y evolución.* Bilbao: Mensajero, 2009.

BRENIFIER, Oscar et al. *La opinión, el conocimiento y la verdad. Aprendiendo a filosofar.* Madrid: Laberinto, 2006.

BUNGE, Mario. *Buscar la filosofía en las ciencias sociales.* México: Siglo XXI, 1999.

CHALMERS, David J. *La mente consciente:* en busca de una teoría fundamental. Barcelona: Gedisa, 1999.

DERRIDA, Jacques. *El derecho a la filosofía desde el punto de vista cosmopolítico.* Endóxa, n. 12, vol. 2, Madrid: Uned, 1999.

DURKHEIM, Émile. *Educación como socialización.* Salamanca: Sígueme, 1976.

_____. *Escritos selectos.* Buenos Aires: Nueva Vision, 2000.

EIBL-EIBESFELDT, Irenäus. *Amor y odio:* historia natural del comportamiento humano. Barcelona: Salvat, s.d.

ELIADE, Mircea. *La búsqueda; historia y sentido de las religiones.* Barcelona: Kairos, 1999.

ELZO, Javier. *El silencio de los adolescentes.* Madrid: Temas de Hoy, 2000.

FICHTE, Johann G. *Algumas lecciones sobre el destino del sábio.* Tres Cantos, 2002.

FRANKL, Viktor. *El hombre en busca de sentido.* Barcelona: Herder, 2005.

FROMM, Eric. *Ética y psicoanálisis.* Ciudad de México: Fondo de Cultura Economica de España, s.d.

GARCÍA BACCA, Juan David. *Antropología y ciencia contemporáneas.* Barcelona: Anthropos, 1993.

HABERMAS, Jürgen. *Escritos sobre moralidad y eticidad.* Barcelona: Paidos Iberica, 1998.

HEGEL, G. W. F. *Lecciones sobre la filosofía de la historia.* Madrid: Tecnos, 2005.

HUIDOBRO, Álvaro; JIMÉNEZ, Miguel Ángel. *Cómo funciona mi cérebro.* Madrid: Acento, 2003.

HUIZINGA, Johan. *Sobre el estado actual de la ciencia histórica:* cuatro conferencias. Madrid: Universidad Internacional Menéndez Pelayo, 2002.

JASPERS, Karl. *Origen y meta de la Historia.* Madrid: Revista de Occidente, 1986.

JENOFONTE. *Recuerdos socráticos.* Madrid: Alianza Editorial, 2009.

KANT, Immanuel. Acerca del pretendido derecho de mentir por humanidad (1797). In: DERRIDA, Jacques. *Historia de la mentira:* prolegómenos. Buenos Aires: Universidad de Buenos Aires, s. d.

_____. *¿Que es la Ilustración? Y otros escritos de ética, política y filosofía.* Madrid: Alianza Editorial, 2004.

LAÉRCIO, Diógenes. *Vidas de los filósofos más ilustres; vida de los sofistas.* México: Porrua, 2004.

MARINA, José Antonio. *Elogio y refutación del ingenio.* Barcelona: Anagrama, 2004.

_____. *La inteligencia fracasada.* Barcelona: Quinteto, 2008.

_____. *Las arquitecturas del deseo.* Barcelona: Anagrama, 2009.

MARITAIN, Jacques. *El hombre y el Estado.* Madrid: Encuentro, 2002.

MINGOTE, Antonio; SANCHEZ RON, José Manuel. *¡Viva la ciencia!* Barcelona: Crítica, 2008.

MOSTERÍN, Jesús. *India:* historia del pensamiento. Madrid: Alianza Editorial, 2007.

ORTEGA Y GASSET, José. *El espectador.* Madrid: EDAF, 1998.

_____. *Unas lecciones de metafísica.* Madrid: Alianza Editorial, 1999.

_____. *Sobre la razón histórica.* Madrid: Alianza Editorial, 1988.

OSAKA, Samir. *Una brevísima introdicción a la filosofía de la ciencia.* Ciudad del México: Océano, 2007.

POPPER, Karl. *Búsqueda sin término.* Madrid: Tecnos, 2007.

RHEINGOLD, Howard. *Multitudes inteligentes.* Barcelona: Gedisa, 2004.

RUSSELL, Bertrand. *La perspectiva científica.* Barcelona: Ariel, 1996.

SAN AGUSTÍN. *Obras.* v. 12. Madrid: Biblioteca de Autores Cristianos, 1954.

SCHANK, Roger. *El ordenador inteligente.* Barcelona: Bosch, 1987.

SCHLEICHERT, Hubert. *Cómo discutir con un fundamentalista sin perder la razón.* Madrid: Siglo XXI, 2004

SCHLICK, Moritz. Sobre el fundamento del conocimiento. In: AYER, Alfred J. *El positivismo.*

SCHÜTZ, Alfred. *El problema de la realidad social.* Buenos Aires: Amorrortu Editores, 2003.

SÉNECA. Lucio Anneo. *Sobre la ira.* Tenerife: Artemisa, 2007.

TERRICABRAS, Josep-María. *Atrévete a pensar a utilidade del pensamento riguroso en la vida cotidiana.* Barcelona: Paidos Ibérica, 1999.

WEBER, Max. *El político y el científico.* Buenos Aires: Universidad Nacional de Quilmes, 2004.

ZUBIRI, Xavier. *Naturaleza, historia, Dios.* Madrid: Alianza Editorial, 1999.